# Kant

郭立田 著

# 康德《纯粹理性批判》文本解读

KANT

黑龙江大学出版社
HEILONGJIANG UNIVERSITY PRESS
哈尔滨

**图书在版编目（CIP）数据**

康德《纯粹理性批判》文本解读 / 郭立田著 . -- 哈
尔滨：黑龙江大学出版社，2010.1（2021.8 重印）
ISBN 978-7-81129-232-9

Ⅰ．①康… Ⅱ．①郭… Ⅲ．①康德，
Ⅰ．（1724～1804）－哲学思想－研究②认识论－研究　Ⅳ．
① B516.31 ① B017

中国版本图书馆 CIP 数据核字（2010）第 000581 号

康德《纯粹理性批判》文本解读
KANGDE《CHUNCUI LIXING PIPAN》WENBEN JIEDU

郭立田　著

责任编辑　李小娟　管小其　梁　秋
出版发行　黑龙江大学出版社
地　　址　哈尔滨市南岗区学府三道街 36 号
印　　刷　三河市春园印刷有限公司
开　　本　720 毫米 ×1000 毫米　1/16
印　　张　23.75
字　　数　357 千
版　　次　2010 年 1 月第 1 版
印　　次　2022 年 1 月第 2 次印刷
书　　号　ISBN 978-7-81129-232-9
定　　价　59.80 元

本书如有印装错误请与本社联系更换。

# 前　　言

　　《康德〈纯粹理性批判〉文本解读》的原稿是本人为黑龙江大学研究生所开设专题课的讲义,现经修订和整理发表出来。本《解读》的宗旨不是对《纯粹理性批判》一书作全面的批判性研究,因为这不仅需要弄清其在哲学史上的地位和贡献,而且要弄清其在认识论上的得失与价值,甚至还要弄清其与马克思主义哲学的关系。本《解读》也不完全是对该书进行解释学意义上的全面解释,因为按照伽达默尔的说法:"解释也就是'理解'"①,而所谓理解不仅要加上解释者对文本本身的理解和看法,而且还要加上解释者对文本的永恒文化意义和意识形态价值作出评估。相反,本《解读》的目标十分单纯,就是引导初学者读懂文本,包括文本的基本观点、概念内涵、篇章结构甚至语法关系,因为这是进一步理解和研究的前提。至于所加的提示、批注与短评,也旨在帮助读者弄懂文本。其中的"译评"是整章节的重译与评论,"摘要译评"则是摘要重译与评介。

　　本《解读》的译文以《纯粹理性批判》2006年莫斯科新版俄译本为基础,同时参考了现行各种中文译本(包括蓝公武、韦卓民、邓晓芒、李秋零等人的译本)的成功译法,并在所有疑难和关键的地方都尽量核对了德文原文,而且诸重要概念也都标明了德文原文。本人的德文水平不高,因此即便是在核对了德文原文的地方,也难保准确,这是要特别向读者申明的。

　　俄文版译者尼·奥·罗斯基(1870—1965)原系俄国圣彼得堡大学著名哲学教授,精通康德哲学,自称"直觉主义者"。1922年流亡国外,先后定居布拉格和纽约,一生著述甚丰,主要有《知识的直觉基础》(1906年)、《作为有机整体的世界》(1917年)、《认识论基本问题》(1919年)、《意志自由》

---

　　① 伽达默尔:《真理与方法》,王才勇译,辽宁人民出版社1987年版,第39页。

(1927年)、《价值与存在》(1935年)、《俄国哲学史》(1951年)等。罗斯基的俄文译本从德文原文译出，几经后人修订，成为目前唯一权威的俄文译本。本人发现该译本不仅对德文原文的理解有许多精到之处，而且译文清新、流畅、易懂，读后竟使本人豁然开朗，从而给了本人撰写本《解读》以很大的帮助。

本《解读》所标明的文本页码主要为《纯粹理性批判》蓝公武译本的页码，必要时则标明邓晓芒译本或李秋零译本的页码。因为蓝译本是国内较早的中文译本，也是本人最初讲课时所用的唯一译本，虽从英译本转译，有些概念的译法现在已经过时，译文又是半文言性质，但却通达严谨，至今仍在广泛流行，有很高的参考价值；而邓译本和李译本在目前则享有盛誉，特别是邓译本不仅直接从德文原文译出，而且还在页边标明了德文原文的页码，因此更容易核对。但因本《解读》的译文与上述各译本的译文不尽相同，故所标页码仅供参考，这也是要特别向读者申明的。

本人因教学的关系，对康德哲学虽有些研究，但远远谈不上深入，因此本《解读》中不妥或谬误之处在所难免，尚望专家学者和细心的读者给予指正。

本《解读》之所以能够顺利出版，首先要特别感谢黑龙江大学校长、康德哲学研究专家、博士生导师张政文教授，他阅读了本书的原稿并对出版本书给予了鼓励和支持，这使本人增强了信心。其次还要特别感谢黑龙江大学出版社社长、总编辑李小娟编审，是她给予了大力支持并亲自主持了本书的出版工作。与此同时，还要感谢本书的责任编辑管小其博士和梁秋博士，他们在本书的内容审读、编排设计、书名推敲等方面都花费了不少心血。

作　者

2009年12月22日

# 目　　录

# 第一章　引　论

## 第一节　康德的《纯粹理性批判》及其
## 在哲学史上的地位与贡献

　　伊曼努尔·康德(1724—1804)是德国古典哲学的奠基人,是德国哲学革命的始祖。《纯粹理性批判》(以下简称《批判》)一书是康德经过12年沉思,最后用4~5个月的时间,于1780年底仓促写成,并于1781年5月出版的。《批判》一书的出版标志着以对理性和传统形而上学进行"批判"为己任的康德哲学的诞生。此书与随后出版的《实践理性批判》(1788年)、《判断力批判》(1790年)一起被称之为"康德三批判书"。康德哲学在哲学史上的地位与贡献是无与伦比的,甚至可以说,没有康德哲学就没有德国古典哲学,就没有整个现代西方哲学,也就没有马克思主义哲学。黑格尔称它是"近代德国哲学的基础和出发点"[1],奥地利著名哲学家与哲学史家施太格缪勒称它是"认识论和形而上学历史上的转折点"[2]。我国早在上世纪初就有人开始介绍和研究康德哲学。梁启超在1903年曾说过:"康德者,非德国人,而世界之人也;非十八世纪之人,而百世之人也。"[3]中国最早的康德哲学研究家郑昕[4] (1905—1974)在1946年也说过:"超过康德,可能有新哲学,掠过康德,只能有坏哲学。"[5] 而整个康德哲学的认识论基础就是《批判》一书,它与《未来形而上学导论》一起被称之为康德

---

[1]　黑格尔:《逻辑学》上卷,杨一之译,商务印书馆1977年版,第45页。
[2]　施太格缪勒:《当代哲学主流》上卷,王炳文等译,商务印书馆1986年版,第16页。
[3]　《近世第一大哲康德之学说》,载《新民丛报》1903年2月11日第25号、2月26日第26号。
[4]　郑昕先生是国内第一个专门研究康德哲学的人,师从郑昕先生者有齐良骥、杨祖陶等当代著名康德哲学研究家。
[5]　郑昕:《康德学述》,商务印书馆1984年版,第1页。

的"第一批判"。英国的罗素称《批判》是康德的"最重要的书"①。当代德国康德哲学研究专家赫费教授更宣称该书是"现代哲学的基石",是"哲学科学的百科全书","持久地改变了现代思想"。②

《批判》是一本纯哲学著作,是一个极其丰富的理论思维的宝库,可以说没有一个纯粹的哲学问题没有在这里被涉及和论述过,它带给人们的启发和教诲实在是太多太多,但这里我们首先要认清以下几个问题。

## 一、纯粹理性批判

康德说他的"纯粹理性批判"是一种"特殊科学的理念"③。他称理性④ 是人类"最高的认识能力"(第247页),给理性下定义说"理性是向我们提供先天知识的原理的能力"(第43页),而纯粹理性则是"绝对先天地认识某物的原理的理性"(同上页)。在康德看来,"纯粹理性的思辨"就是所谓的"形而上学"⑤,即今天所说的哲学。但是他认为,这种形而上学一直都处在形形色色的独断论(包括经验论与唯理论)的统治之下,最后竟陷入无政府状态,成为无休止争吵的战场。而在康德看来,真正的形而上学应当是关于纯粹理性概念体系的知识,这就是他所设计的"先验哲学"体系,它既包括纯粹哲学,又包括经验哲学;既包括批判,又包括形而上学;既包括自然形而上学,又包括道德形而上学。但是他又认为,建立这样的纯粹理性体系的条件还不具备,科学的形而上学还没有建立起来,因此他所能做的只是对纯粹理性进行批判性的研究,目的是为先验哲学或科学形而上学的建立清理场地、打好基础,这就是"纯粹理性批判"。而广义的纯粹理性批判则包括纯粹知性批判、纯粹判断力批判和纯粹理性批判⑥,因此它是未来形而上学的"导论"和先验哲学的"准备"。但应当指出

---

① 罗素:《西方哲学史》下卷,何兆武等译,商务印书馆1981年版,第249页。
② 奥特弗里德·赫费:《康德的〈纯粹理性批判〉——现代哲学的基石》,郭大为译,人民出版社2008年版,分别见第6页、第2页。
③ 康德:《纯粹理性批判》,蓝公武译,商务印书馆2005年版,第43页。
④ 应当指出,康德的"理性"概念是多义的,有时甚至是含混的。从广义看,理性是指包括知性、判断力和理性(狭义)在内的"全部高级认识能力"(见康德:《纯粹理性批判》,蓝公武译,商务印书馆2005年版,第572页),狭义的理性是指"理性自身"或"纯粹理性"(见康德:《纯粹理性批判》,蓝公武译,商务印书馆2005年版,第251页),是凌驾于感性和知性之上的"最高的认识能力"(见康德:《纯粹理性批判》,蓝公武译,商务印书馆2005年版,第247页)。这里是指狭义的理性。
⑤ 康德:《未来形而上学导论》,庞景仁译,商务印书馆1978年版,第168页。
⑥ 康德:《判断力批判》,邓晓芒译,人民出版社2002年版,第13页。

的是,康德的"批判"不光是针对其前人的,也是针对他自己原有观点的,带有某种自我批判的性质,因此他又常常是自相矛盾的。他把不同时期的不同观点糅合在一起,给读者留有广阔的思考空间,给以后的各派哲学都提供了丰富的思想资源。

## 二、先验论、二元论与不可知论

康德哲学中的先验论、二元论与不可知论,是经验论与唯理论调和的产物。欧洲近代哲学从一开始,就在知识观上产生了根本分歧,并由此而分成了两大流派:经验论与唯理论。经验论主张一切知识都来源于经验,其代表人物是培根、洛克、休谟等人。

**培根**(1561—1626)被誉为近代唯物主义经验论和实验科学的"第一创始人"。他认为,寻求与发现真理的真正道路是:从感觉与特殊事物出发,引申出公理,然后不断地逐渐上升,最后达到最普遍的公理。为此他提出了以经验与实验为基础、以理性为指导的**归纳法**。

**洛克**(1632—1704)完成了唯物主义经验论体系的建立工作。他批驳了当时英国与法国唯理论者的天赋观念论,提出了著名的"**白板说**",主张一切知识或观念都导源于经验(其基础则是感觉)。与此同时他还提出了著名的关于"**简单观念**"与"**复杂观念**"、"**第一性质**"与"**第二性质**"、"**物质实体**"与"**精神实体**"的学说。这就是洛克的"**经验论**"。

**休谟**(1711—1776)跟随培根与洛克,也是一个经验论者,因为他把"**知觉**"分为两类,即"**印象**"(感觉)与"**观念**"(思想),强调观念或思想依赖于印象或感觉,观念或思想不过是把感官和经验所提供的材料加以混合、调换、增加或减少罢了。但与此同时,他又把笛卡儿与洛克的怀疑主义传统推向极端,认为除数学外,一切关于"事实"的理论都建立在因果关系上,而因果关系所凭借的却是经验,但经验却不能指示出因果间的"必然联系"。因此他认为一切以因果关系为依据的推论或知识都是或然的,从而,除了知觉以外,他不仅对物质实体的存在表示怀疑,而且对精神实体的存在也表示怀疑。这就是休谟的"**怀疑论**"或"**不可知论**"。

唯理论主张一切真实的知识都来源于理性,其代表人物是法国的笛卡儿和德国的莱布尼茨等人。

　　**笛卡儿**(1596—1650)推崇欧几里德的**演绎法**,主张运用理性从最清楚明白的观念(如数学公理、逻辑规律、天赋观念等)出发,一步步地推演出整个系列的知识或真理来。他按照演绎法建立了一个庞大的哲学体系,把"**我思故我在**"作为哲学的第一原理,从它出发不仅推出心灵(精神实体)、上帝(最高实体)和物质(物体实体)的存在,而且推出整套的形而上学、自然哲学与精神哲学。在他看来,心灵(精神)是**无形的实体**,其唯一本质属性是**思维**;物质是**有形的实体**,其唯一本质属性是**广延**。他还认为精神实体与物体实体都是由于自己而存在的东西,二者是彼此可以分开的、有区别的和互相排斥的。这就是笛卡儿的"**二元论**"。

　　**莱布尼茨**(1646—1716)建立了他的"**单子论**"的哲学体系。他认为上帝是**最初的单子**,它创造了所有其他的单子;世界万物都是由这种被创造出来的单子构成的,这种单子则是不能再分的**单纯实体**,即**灵魂**;它们突然产生和突然消灭,在数量上无限、在性质上不同,有能动性、有变化;它们按照内在原则活动,没有可供其他事物出入的窗子;每个单子都有知觉,都是宇宙的一面"镜子",都表象全宇宙;知觉有混乱的和清晰的之分;人具有高级的清晰的知觉,这就是"理性灵魂"或"精神",而这种理性灵魂或精神不仅能认识宇宙,而且能进行"反省",使我们能思想到"我",思想到自身,这就是所谓的"统觉"。他还把真理区分为带有必然性的"推理的真理"和带有偶然性的"事实真理";承认在人的灵魂(统觉或理性)中存在着"**天赋观念**"或"**天赋原则**";认为形体(物质或肉体)附属于灵魂,灵魂与形体的结合或一致来自于"**前定的和谐**"。他还对洛克的经验论观点进行了全面的评论,同时对自己的体系作出了详细的和充满真知灼见的发挥。这就是莱布尼茨的"**唯理论**"。

　　**康德**对上述两派哲学家的贡献都给予了充分的肯定,并曾一度在两派哲学之间摇摆。但是对他影响最大的却是休谟和莱布尼茨两人。是休谟最先打破了他的"教条主义迷梦"[①],对他产生了决定性的影响。康德赞成休谟的观点:知识的普遍性与必然性在知觉(经验)中是找不到的。这迫使他不得不另寻出路,以解决知识的普遍性与必然性的来源问题,

---

① 康德:《未来形而上学导论》,庞景仁译,商务印书馆 1978 年版,第 9 页。

结果就导致了他自称的"**思维方式的变革**",即所谓"**哥白尼式的革命**"。既然普遍性与必然性不可能来自于经验,就只能来自于先天,来自于知性与理性本身。这样他就转向莱布尼茨的唯理论即"智性体系"①。在《批判》一书中,到处都可以看到莱布尼茨影响的痕迹,他谈到莱布尼茨的地方比谈到任何其他哲学家的地方都多。但是他却并不完全接受莱布尼茨的单子论,尤其不赞成他的天赋观念论和前定和谐论,相反,他试图把莱布尼茨等人的唯理论同洛克等人的经验论结合在一个体系中。

康德把自己的哲学叫做"**先验哲学**",这种哲学所研究的不是关于对象的知识,而是关于对象的"**认识方式**"(**即认识形式,包括感性、知性和理性的认识形式**)的知识,并且认为这种知识来自于纯粹知性和纯粹理性,是先天可能的②,这就是他的"**先验论**"。康德的先验哲学或先验论的主导思想被他称之为"**先验的观念论**"(即"**先验的唯心论**"),以区别于"先验的实在论"(机械唯物论与客观唯心论)和"经验的观念论"(主观唯心论),其内容是:一切可能经验的对象,都无非是些现象,即仅仅是些表象;而与此相适应,纯粹的直观(即空间与时间)、纯粹的知性概念(即范畴)和纯粹的理性概念(即理念)不过是对其对象进行认识或思维的先天形式,它们先天地存在于心灵中,因而是先验的。这也就是他所谓的"先验的观念论"③,也就是把先验论与唯心论结合起来的先验论的唯心论。同时,康德还承认经验虽然在我们之内,但却有其可以"直接知觉到的"实在性,这就是所谓的"**经验的实在论**"。于是他就把他的"先验的观念论"与"经验的实在论"结合起来,宣称先验的观念论者也可以是经验的实在论者,这又是他自称的"二元论"④。而与此同时,他还把思维的对象二重化为"**现象**"与"**物自身**"(或"自在之物")两个各自独立的领域,并把现象说成是认识的唯一对象,而把物自身说成是虽然可以思维,但却是"不能认识"或"不知道"⑤ 的,这就是通常所说的康德的"**二元论**"与"**不可知论**"。

---

① 康德:《纯粹理性批判》,蓝公武译,商务印书馆 2005 年版,第 231 页。
② 康德:《纯粹理性批判》,蓝公武译,商务印书馆 2005 年版,第 44 页。
③ 见康德:《纯粹理性批判》,蓝公武译,商务印书馆 2005 年版,第 301、371 页的定义。
④ 康德:《纯粹理性批判》,蓝公武译,商务印书馆 2005 年版,第 301~302 页。
⑤ 见康德:《纯粹理性批判》,蓝公武译,商务印书馆 2005 年版,第 11、65、303 等页。

### 三、科学认识论

康德把《批判》一书看成是关于数学、自然科学和科学形而上学"如何可能"的科学,因此《批判》一书是一部认识论巨著,更准确地说,是一部科学认识论或科学哲学巨著,是讲科学认识的起源、范围、结构、原理、客观有效性和真理性标准等问题的。康德在所有这些问题上都提出了自己的独到见解,例如他对认识的主客体关系的研究,对认识的主体结构的论述,对各门科学知识的系统统一的猜测,无不富有开拓意义,并对后世科学认识论和科学哲学的发展起到了巨大推动作用。维也纳学派的掌门人石里克提出,认识论是各门科学的哲学基础,他说:"我们无需给各门科学提供认识论基础也能进行这些学科的研究,但是除非我们提供了认识论基础,否则就决不会深刻地理解这些科学。"① 康德认为,他的《批判》一书正是为各门科学提供"认识论基础"的。为了解决具有普遍性与必然性的各门科学知识如何可能的问题,他求助于先验论,提出了"先验感性"论、"先验知性"论和"先验理性"论的学说。当然讲认识论又不能不涉及"本体论",但康德却不想直接涉足这个问题,因为他认为本体(物自身)是不可知的,因而关于本体的学问即本体论,至少在他的时代还是一门伪科学,因此他甚至要求放弃本体论的名称②。

但是,康德的这本书虽然研究了科学认识的起源与结构等问题,却不是皮亚杰所讲的"发生认识论",因为那是研究主体认识结构的生成过程的,具体说是研究人类个体(特别是儿童个体)的认识结构的动态发生发展规律和动态结构的,是建构主义的认识论;也不是库恩的科学"范式论",因为那是讲科学革命的结构的动态模式的,也是一种建构主义的认识论。相反,康德的认识论,所研究的则是人类种系认识的永远不变的结构,例如他把他的范畴表看成是"知性先天固有的一切本源的纯粹综合性概念的清单"③,是形而上学体系的"完备性图式"④,所以他的认识论可称之为"静态"的结构主义认识论。因此贝塔郎菲批评康德,说他把范畴看

---

① 石里克:《普通认识论》,李步楼译,商务印书馆 2005 年版,第 17 页。
② 康德:《纯粹理性批判》,蓝公武译,商务印书馆 2005 年版,第 215 页。
③ 康德:《纯粹理性批判》,蓝公武译,商务印书馆 2005 年版,第 89 页。
④ 《康德著作全集》第 4 卷,李秋零译,中国人民大学出版社 2005 年版,第 482 页。

成是"先验的、绝对的",说"康德在他那个时代是打破一切'教条主义'的伟大人物,现在对我们来说是无根据的绝对主义和教条主义的范例"①。但康德的先验的主体认识结构论在当时仍然具有开拓性的价值,并对现代科学认识论产生了重大影响,几乎没有哪个科学认识论的研究者能够避开康德,他们中几乎所有的人都充分肯定了康德对科学认识论研究的重大贡献。

### 四、科学方法论

康德把《批判》一书中的"先验方法论"列为"**科学方法**"论② 的范畴,但是构成该书中科学方法论真正核心的则是"分析"与"综合"的方法③,其中包括一切同"分析"与"综合"相关的方法论问题,如分析判断与综合判断、分析统一与综合统一、理念系统的分析顺序与综合顺序、理性心理学体系的分析方式与综合方式以及它们之间的相互关系等问题。黑格尔说:"哲学的方法既是分析的又是综合的。"④ 毫无疑问,康德已经敲开了哲学**方法论核心**的大门。不过这里我们还是先看一下康德在比较他的《批判》与《导论》这两部著作的写作方法时,所涉及到的分析方法与综合方法的问题。在康德看来,《批判》一书采用的是"**综合法**",即"**前进法**",也就是从理性本身这个"源泉"出发,不根据任何材料,不依靠任何事实,只根据理性本身,推演出关于纯粹的感性、知性和理性的知识来。⑤ 而《导论》一书所采用的则是"**分析法**",即"**倒退法**",也就是从人们已经知道的东西出发,追溯到人们还不知道的"源泉",而这个来源的发现不仅能够给我们解释已知的东西,而且能够使我们看到从来源那里产生的许多知识。⑥ 实际上,前一种方法是从因到果的"叙述"⑦ 的方法,就是康德、黑

① 冯·贝塔朗菲:《一般系统论》,秋同、袁嘉新译,社会科学文献出版社 1987 年版,第 193 页。
② 康德:《纯粹理性批判》,邓晓芒译,人民出版社 2004 年版,第 644 页。
③ 同分析方法与综合方法密不可分的是归纳方法与演绎方法、研究方法与叙述方法、从具体到抽象的方法与从抽象到具体的方法、经验方法与先验方法等等,这些都是理解康德的方法论的关键,因此也是本《解读》特别关注的重点之一。对此,读者还可参看郑昕:《康德学述》,商务印书馆 1984 年版,第 75 页,李泽厚:《批判哲学的批判》,人民出版社 1984 年版,第 81 页,齐良骥:《康德的知识学》,商务印书馆 2000 年版,第 123 页的相关论述,特别是黑格尔:《小逻辑》,贺麟译,商务印书馆 1980 年版,§38、§115、§227、§228、§238 等节的相关论述。
④ 黑格尔:《小逻辑》,贺麟译,商务印书馆 1980 年版,第 424 页。
⑤ 康德:《未来形而上学导论》,庞景仁译,商务印书馆 1978 年版,第 30 页。
⑥ 康德:《未来形而上学导论》,庞景仁译,商务印书馆 1978 年版,第 30～31 页。
⑦ 康德:《未来形而上学导论》,庞景仁译,商务印书馆 1978 年版,第 14 页。

格尔和马克思曾使用过的从抽象到具体的方法,它靠的是"演绎",本质上是"综合的过程",即马克思所说的"抽象的规定在思维行程中导致具体的再现",最后达到"许多规定的综合"和"多样性的统一"的过程①,而这点一旦做到,"呈现在我们面前的就好像是一个先验的结构了",也就是马克思所说的"叙述方法"②,实际上是一种先验论的方法。后一种方法是从果到因的"研究"(或"检查")③ 的方法,也就是从具体到抽象的方法,它靠的是归纳,本质上是"分析"的过程,即马克思所说的从"混沌的关于整体的表象"出发,使"完整的表象蒸发为抽象的规定",然后"在分析中达到越来越简单的概念"的过程④,这也就是马克思所说的"研究方法"⑤,实际上是一种经验论的方法。当然,在康德那里,特别是后来在黑格尔和马克思那里,分析方法与综合方法并不是绝对对立的,而是相互补充、相互依存的。⑥ 显然,康德关于分析方法与综合方法的研究和运用有着许多合理和独到的地方,虽然他还不能完全达到辩证思维的高度,但毕竟对哲学方法论的研究作出了重要贡献,并且对黑格尔与马克思都曾产生过巨大影响。

### 五、主体性原则

康德在《批判》一书中所确立的一条重要原则是**主体性原则**。他特别强调主体在认识活动中的能动性(即"自发性"或"自动性"),认为这种能动性也就是"自由"⑦。这种能动性或自由至少表现在以下几个方面:

首先,他把知性与理性看做是人类的"高级认识能力",认为知性是提供"规则"的能力,它通过自身所固有的范畴体系为自然界立法;而理性则是提供"原则"的能力,它试图通过逻辑推理而达到关于灵魂、宇宙和上帝的"绝对"知识。这样他就突出了主体在认识活动中的决定性作用,而这恰恰是经验论和机械反映论所忽视的东西。

---

① 《马克思恩格斯选集》第 2 卷,人民出版社 1995 年版,第 18 页。
② 《马克思恩格斯选集》第 2 卷,人民出版社 1995 年版,第 111 页。
③ 康德:《未来形而上学导论》,庞景仁译,商务印书馆 1978 年版,第 32 页。
④ 《马克思恩格斯选集》第 2 卷,人民出版社 1995 年版,第 18 页。
⑤ 《马克思恩格斯选集》第 2 卷,人民出版社 1995 年版,第 111 页。
⑥ 见黑格尔:《小逻辑》,贺麟译,商务印书馆 1980 年版,§ 227、§ 228、§ 238。
⑦ 康德:《纯粹理性批判》,蓝公武译,商务印书馆 2005 年版,第 329 页。

其次,他反对各种"**独断论**"(或"**教条主义**"),痛恨"**学派专制**",主张建立理性的法庭,用来检验和批判一切事物。他认为人类已经进入了"真正批判的时代",即便是宗教凭借其神圣,法律凭借其权威,也不能逃脱理性的批判①;认为每一个人都有"说出自己的思想和怀疑"的自由,而不会被视为危险的公民,这是"人类理性的根本权利"②。这样他就向宗教和世俗的权威提出了挑战,把人类理性确立为一切事物的真理性标准。

再次,他特别强调主体(即人)作为"**本体**"在行动上的自由,即"实践的自由",认为这种自由就是人所固有的"自己决定的能力",并且这种自由以"先验的理念"为根据,因此如果取消了先验的自由也就消灭了任何实践的自由。③ 这样他就充分肯定了主体的行动自由。

总之,《批判》一书是完全站在人本主义立场上的,它远远超出了纯粹认识论的范围,而涉及到了**人本身、人的思想、人的自由、人的解放、人的权利、人的尊严**等问题。罗素称康德"是一位自由主义者"④,波普尔称康德一生都在"为精神自由而斗争"⑤,这些评价都是正确的。亚里士多德说:"人本自由","所以我们认取哲学为唯一的自由学术而深加探索"。⑥ 黑格尔看清了康德哲学的本质,他说:"康德哲学的观点首先是这样:思维通过它推理的作用达到了:自己认识到自己本身是绝对的、具体的、自由的、最高无上的。"⑦ 这正是《批判》一书乃至整个康德哲学的最耀眼、最可贵之处。

## 第二节　康德认识论体系概述

康德是近代哲学史上承前启后,对**认识论**问题作了全面系统研究的人,可以说没有一个认识论问题没有被他涉及过和论述过,没有一个认识论问题没有在他那里得到深化、发展和解决。但是他所构筑的认识论体

---

① 见康德:《纯粹理性批判》,邓晓芒译,人民出版社 2004 年版,第 25、3 页。
② 康德:《纯粹理性批判》,蓝公武译,商务印书馆 2005 年版,第 524 页。
③ 见康德:《纯粹理性批判》,蓝公武译,商务印书馆 2005 年版,第 395~396 页。
④ 罗素:《西方的智慧》下,崔全醴译,文化艺术出版社 1997 年版,第 18 页。
⑤ 波普尔:《猜想与反驳》,傅季重等译,上海译文出版社 1986 年版,第 253 页。
⑥ 亚里士多德:《形而上学》,吴寿彭译,商务印书馆 1981 年版,第 5 页。
⑦ 黑格尔:《哲学史讲演录》第 4 卷,贺麟、王太庆译,商务印书馆 1981 年版,第 256 页。

系博大精深、气势磅礴、惊世骇俗、异彩纷呈,而且又很难把握。特别是如黑格尔所指出的,由于他的表述形式的"散漫、冗长和特有的术语",而更加重了理解的困难。① 因此,不要说弄清其**理论**意义,就是弄清其概念内涵、篇章结构甚至语法关系,也都是困难重重的。这里让我们依据《批判》和《导论》,先给出一个系统框图(见附图),然后再加以必要的解析,以期使初学者对康德的庞大认识论体系先有一个整体性的把握。

## 一、关于主体、客体、物自身、本体、现象与幻象及其相互间的关系

康德认识论的基本课题是所谓的"先天综合判断如何可能"的问题。为了解决这个问题,他对知识的判断形式作了"双重分类"②。一是他把作为一种认识形式的判断,按主谓关系区分为"**分析判断**"与"**综合判断**"两种。在他看来,在分析判断中,谓词的内容包含在主词的概念之中,对主词的内容无所增添,如"一切物体都是有广延的";在综合判断中,谓词的内容不包含在主词的概念之中,对主词的内容有所扩展,如"一切物体都有重量"。二是他又把判断按知识来源区分为"先天判断"与"经验判断"两种。他的一个**最基本的假设**是:先天判断来源于人类的先天认识能力,所以带有**严格的普遍性**与**绝对的必然性**,如"一切发生的事物都有其先前的存在";经验判断来源于后天的经验,因此只带有相对的普遍性与必然性,如"一切物体都有重量"。他认为,一切分析判断必为先天判断③,即必为"先天的"分析判断;而一切经验判断必为综合判断④,即必为经验性的综合判断。而所谓的"**先天综合判断**",就是把先天的分析判断与经验性的综合判断各自的优点结合起来,而形成的一种既具有严格的普遍性和绝对的必然性又具有新知识内容的判断形式,如"一切发生的事物都有其原因"。他认为,一切理论科学(包括纯粹数学、纯粹自然科学和一些形而上学)都含有这种先天综合判断作为其基本原理。于是他就进

① 黑格尔:《哲学史讲演录》第4卷,贺麟、王太庆译,商务印书馆1981年版,第260页。
② 施太格缪勒:《当代哲学主流》下卷,王炳文等译,商务印书馆1986年版,第279页。
③ 见康德:《未来形而上学导论》,庞景仁译,商务印书馆1978年版,第19页。
④ 见康德:《纯粹理性批判》,蓝公武译,商务印书馆2005年版,第35页。

附图：

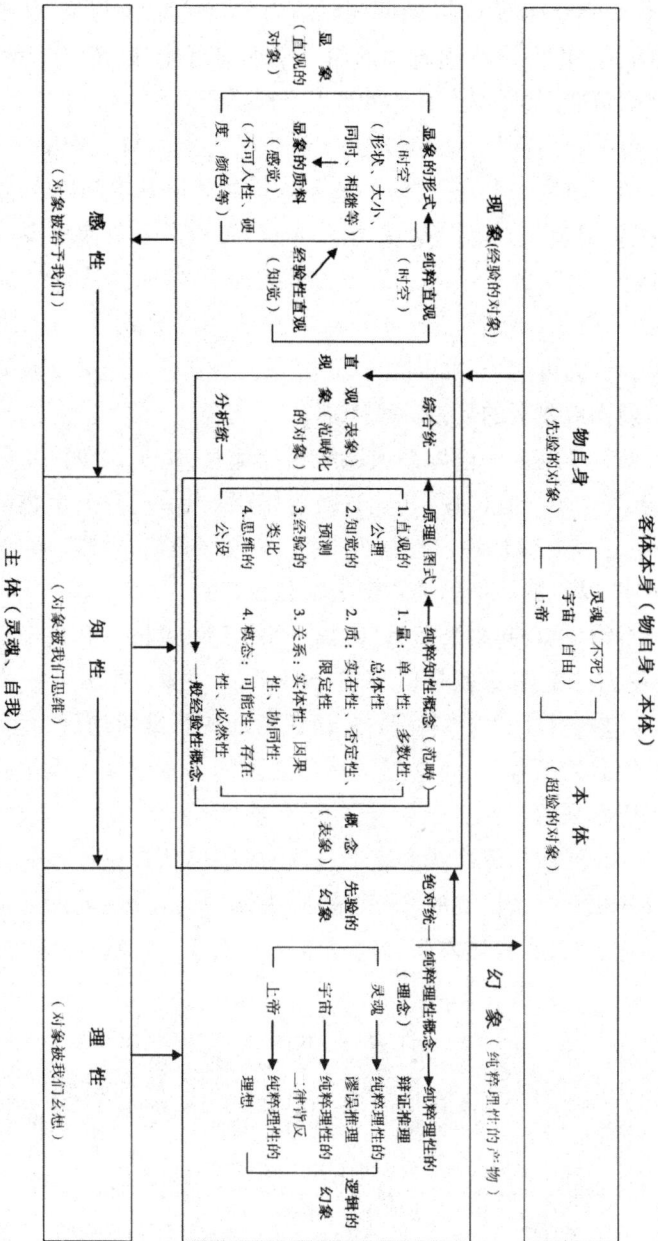

而把"先天综合判断如何可能"的问题归结为"纯数学如何可能"、"纯自然科学如何可能"、"作为自然倾向的形而上学如何可能"以及"作为科学的形而上学如何可能"这样四个具体问题。

而为了解决这些问题,必然要涉及到认识的主体与认识的客体,即"精神与自然"、"思维与存在"之间的关系这样的哲学基本问题①,用康德的话来说就是"或者是对象使表象成为可能,或者是表象使对象成为可能"② 的问题。除此之外还必然涉及到感性认识与理性认识的关系问题,用康德的话就是"或者经验[指知觉]③ 使这些概念成为可能,或者这些概念使经验成为可能"④ 的问题。而所有这些基本问题又涉及到认识活动中一系列构成要素的复杂关系问题。

康德批判哲学的认识论体系或系统粗略地看,确实如黑格尔所指出的,包括以下"三项",即:1.我们(我);2.思维(思维活动);3.事物("自在之物")。⑤ 列宁就此概括说:"批判哲学把'三项'(我们、思维、事物)之间的关系设想成这样:我们把思维置于事物和我们的'中间',这个居中者不是把我们和事物'结合起来',而是'隔离开来'。"⑥ 黑格尔和列宁所说的"三项",从我们的框图看就是以下三个环节:1.主体(即灵魂或自我);2.客体本身(包括物自身与本体⑦);3.认识活动或思维活动(包括对现象的认识和对幻象的思考)。而这三个环节之间的关系就是由连接它们之间的箭头表现出来的。

但是,如果仔细看,那么我们就会发现,康德的认识论体系是由四个基本要素及其相互关系构成的,这就是:1.主体(即心灵或自我,包括感性、知性和理性三种能力⑧);2.客体本身(即物自身或本体,包括灵魂、宇宙和上帝三个

---

① 黑格尔:《哲学史讲演录》第4卷,贺麟、王太庆译,商务印书馆1981年版,第7页。
② 康德:《纯粹理性批判》,蓝公武译,商务印书馆2005年版,第99页。
③ 在康德那里,"经验"(Erfahrung)具有双重含义,一为"知觉",即"经验性意识"(见康德:《纯粹理性批判》,蓝公武译,商务印书馆2005年版,第119、161页);二为"经验性的知识"(见康德:《纯粹理性批判》,蓝公武译,商务印书馆2005年版,第120~121页)。这里取第一种含义。
④ 康德:《纯粹理性批判》,蓝公武译,商务印书馆2005年版,第121页。
⑤ 黑格尔:《逻辑学》上卷,杨一之译,商务印书馆1977年版,第12~14页。
⑥ 列宁:《哲学笔记》,人民出版社1974年版,第87~88页。
⑦ 在康德看来,物自身(Ding an sich)与本体(Noumenon)虽有区别,但并不矛盾,从内容看是相同的(见康德:《纯粹理性批判》,蓝公武译,商务印书馆2005年版,第219、221、284页,康德:《未来形而上学导论》,庞景仁译,商务印书馆1978年版,第83、87、153页),因此两者被同列在"客体本身"(Objeket selbst)之下。
⑧ 见康德:《纯粹理性批判》,蓝公武译,商务印书馆2005年版,第247页。

对象①）;3.**现象**(经验或知识的对象);4.**幻象**(纯粹理性的产物)。上述四个基本要素以及它们之间的关系,在框图中用四个方框和它们之间的箭头方向来表示,但箭头的方向并不表示认识活动在时间关系上的先后顺序,而只是表示认识活动在逻辑关系上的先后顺序。为了弄清这些要素在认识活动中的地位及其相互关系,这里我们先概括地说明以下几层关系(由于它们互相交叉,所以在论述时难免会有些重复):

第一,是**主体**与**客体**的关系。这里的主体是指"思维的主体"②,即认识的主体。在康德看来,认识的主体就是我(自我)、自我意识、统觉或灵魂。③ 首先,主体作为**"我"**或**"自我"**只不过是一种"内部知觉"④,它分为两个方面(它们是"同一个主体"⑤:一为"我思之'我'"⑥ 或"我自身"⑦,即作为物自身的主体,或**"先验的主体"**⑧;二为"直观自身之我"⑨,即"作为现象的主体"⑩)。其次,主体作为**自我意识**,也分为两个方面:一为"先验的"自我意识;二为"经验性的"自我意识⑪。再次,主体作为**统觉**,同样包括两个方面:一为先验的统觉;二为经验性的统觉⑫。最后,主体作为**灵魂**,还是分为两个方面:一为"物自身"⑬,即"灵魂本身",简称"灵魂",是"内感官的先验对象"⑭,并且"是不可知的"⑮;二为"现象"⑯,即"心灵",是可以通过内感官直观到的,是"内感官的一个对象"⑰。但康德又常常对灵魂与心灵不加区别,例如他宣称灵魂具有三种认识能力,即感官、想象力与统觉⑱,有时又声称心灵具有两个基本的认识来源,即感性

---

① 康德:《纯粹理性批判》,蓝公武译,商务印书馆 2005 年版,第 550 页。
② 康德:《纯粹理性批判》,蓝公武译,商务印书馆 2005 年版,第 115 页。
③ 见康德:《纯粹理性批判》,蓝公武译,商务印书馆 2005 年版,第 103、272 等页。
④ 康德:《自然科学的形而上学初始根据》,见李秋零主编:《康德著作全集》第 4 卷,中国人民大学出版社 2005 年版,第 558 页。
⑤ 康德:《纯粹理性批判》,蓝公武译,商务印书馆 2005 年版,第 115 页。
⑥ 康德:《纯粹理性批判》,蓝公武译,商务印书馆 2005 年版,第 115、276 页。
⑦ 康德:《纯粹理性批判》,蓝公武译,商务印书馆 2005 年版,第 61、62、275、277 页。
⑧ 康德:《纯粹理性批判》,蓝公武译,商务印书馆 2005 年版,第 274、364、402 等页。
⑨ 康德:《纯粹理性批判》,蓝公武译,商务印书馆 2005 年版,第 115 页。
⑩ 康德:《纯粹理性批判》,蓝公武译,商务印书馆 2005 年版,第 399 页。
⑪ 见康德:《纯粹理性批判》,蓝公武译,商务印书馆 2005 年版,第 103、128 页,并见康蒲·斯密:《康德〈纯粹理性批判〉解义》,韦卓民译,华中师范大学出版社 2000 年版,第 283 页。
⑫ 康德:《纯粹理性批判》,蓝公武译,商务印书馆 2005 年版,第 128 页。
⑬ 康德:《纯粹理性批判》,蓝公武译,商务印书馆 2005 年版,第 20 页。
⑭ 康德:《纯粹理性批判》,蓝公武译,商务印书馆 2005 年版,第 296 页。
⑮ 康德:《未来形而上学导论》,庞景仁译,商务印书馆 1978 年版,第 117 页。
⑯ 康德:《纯粹理性批判》,蓝公武译,商务印书馆 2005 年版,第 20 页。
⑰ 康德:《未来形而上学导论》,庞景仁译,商务印书馆 1978 年版,第 117 页。
⑱ 康德:《纯粹理性批判》,蓝公武译,商务印书馆 2005 年版,第 101 页。

与知性①。这样在康德那里，灵魂与心灵的关系就常常是模糊不清甚至是混乱的。② 而"客体"或与其同义的"对象"，则是指与"主体"相对的概念，包括双重含义，即或为**现象**[显象③]，或为**物自身**④。前者是指主体之内的对象，即主体之内的"感性的表象"⑤ 或"感性存在物"⑥；后者是指主体之外的对象，即主体之外的"自在之物本身"⑦（蓝公武译为"物自身"）或"知性存在物"⑧，也就是"客体本身"⑨ 或"对象本身"⑩。而现象就是物自身作用于主体的感官所产生的表象，二者同为主体所要面对的客体或对象，一为经验的客体或对象，一为先验的客体或对象。客体或对象的这种二重性在框图中用文字表示出来。

第二，是**物自身**与**现象**[显象]的关系。按康德的看法，"现象"，作为"未被规定的经验性直观的对象"⑪，是"感官的对象"⑫、"感性直观的对象"⑬ 或"经验的对象"⑭、"经验的客体"⑮ 等等，是能够直接被给予我们的"唯一对象"⑯，而现象又"仅仅是感性的表象"，即物自身"作用于我们

① 康德：《纯粹理性批判》，蓝公武译，商务印书馆2005年版，第73页。
② 黑格尔指责康德哲学就是"主观唯心论"，说："他认为自我或能知的主体既供给认识的形式，又供给认识的材料。认识的形式作为能思之我，而认识的材料则作为感觉之我。"（见黑格尔：《小逻辑》，贺麟译，商务印书馆1980年版，第123页）他批评康德"把那个'我思'当作是一个在思维的东西，一个自在之物"（见黑格尔：《逻辑学》下卷，杨一之译，商务印书馆1977年版，第475页）。恩格斯则就此与黑格尔一起指责康德在"自我"中找出了一个"不可认识的物自身"（见恩格斯：《自然辩证法》，曹葆华等译，人民出版社1955年版，第202页）。
③ 在康德那里，Erscheinung（按李秋零译本译为"显象"）与作为范畴化对象的Phänomen（通常译为"现象"，邓晓芒译本则译为"现相"）是有区别的。例如他说："诸显象（Erscheinungen），就其依照范畴的秩序作为对象被思维而言，就叫做现象[Phaenomena（拉丁文）]。"（见康德：《纯粹理性批判》，蓝公武译，商务印书馆2005年版第223页。）但两者其实是一个东西，区别只在于前者是未被规定的，后者是被规定了的，也就是说：显象是未被规定的现象，现象是被规定了的显象，故蓝公武译本与俄文译本均不作区分，而本《解读》在一般情况下亦不作区别，把Erscheinung与Phänomen均译作"现象"，如需区别则把Erscheinung直接译作"显象"，或标明"显象"，或标明原文，同时也把Phänomen译作"现象"，必要时也标明原文。
④ 见康德：《纯粹理性批判》，蓝公武译，商务印书馆2005年版，第223页；康德：《纯粹理性批判》，李秋零译，中国人民大学出版社2004年版，第22页；康德：《康德书信百封》，李秋零译，上海人民出版社2006年版，第173页。
⑤ 康德：《未来形而上学导论》，庞景仁译，商务印书馆1978年版，第50页。
⑥ 康德：《纯粹理性批判》，蓝公武译，商务印书馆2005年版，第217页。
⑦ 康德：《纯粹理性批判》，蓝公武译，商务印书馆2005年版，第66页。
⑧ 康德：《纯粹理性批判》，蓝公武译，商务印书馆2005年版，第217页。
⑨ 见康德：《纯粹理性批判》，蓝公武译，商务印书馆2005年版，第53、68等页；康德：《纯粹理性批判》，邓晓芒译，人民出版社2004年版，第31、47、48等页。
⑩ 见康德：《纯粹理性批判》，蓝公武译，商务印书馆2005年版，第54、64等页；康德：《纯粹理性批判》，邓晓芒译，人民出版社2004年版，第31、39等页。
⑪ 康德：《纯粹理性批判》，蓝公武译，商务印书馆2005年版，第49页。
⑫ 康德：《未来形而上学导论》，庞景仁译，商务印书馆1978年版，第86、145页。
⑬ 康德：《纯粹理性批判》，蓝公武译，商务印书馆2005年版，第19页。
⑭ 康德：《纯粹理性批判》，蓝公武译，商务印书馆2005年版，第19、100、131、221等页。
⑮ 康德：《纯粹理性批判》，邓晓芒译，人民出版社2004年版，第50、85页。
⑯ 康德：《纯粹理性批判》，蓝公武译，商务印书馆2005年版，第129页。

的感官时在我们之内所产生的表象"① 或"表象的总和"②。但是在康德看来,既然谈到现象,就必然涉及到物自身。用他的话说就是:"既然我们有理由把感官对象仅仅看做是现象,那么我们也就由之而承认了作为这些现象的基础的自在之物"③。[自在之物的假设是康德哲学的重要假设之一,其他如先验的主体(灵魂)、先天知识、先天综合判断等等的假设。]他称这种自在之物为"**一般物**"④、"**先验的对象**"⑤、"**先验的客体**"⑥、"**客体本身**"⑦ 等等,说它们是"纯粹思维的对象"⑧,但却是"真实的"⑨ 和"存在于我们之外的"⑩,如前所述,它们共有三个内容,即:"**灵魂**"(不死)、"**宇宙**"[或"世界"](自由)⑪ 和"**上帝**"⑫。但康德又宣称物自身是"不可知的"。他说:"作为我们的感官对象而存在于我们之外的物[指现象]是已有的,只是这些物本身[指物自身]可能是什么样子,我们一点也不知道,我们只知道它们的现象,也就是当它们作用于我们的感官时在我们之内所产生的表象。"⑬ 他认为,我们之所以不可能知道物自身,是因为物自身与现象是"完全异类的东西"⑭。因此在他看来,即使我们对现象可以有详尽的知识,但对物自身也还是一无所知,也就是说,我们不可能通过现象而认识物自身。由于康德只承认物自身是现象的"基础"或"原因",但不承认可以通过现象而认识物自身,所以框图中连接物自身与现象的箭头,是从物自身指向现象(即经验的对象),而不是从现象(即经验的对象)指向物自身,以此表明

---

① 康德:《未来形而上学导论》,庞景仁译,商务印书馆1978年版,第50页。
② 康德:《纯粹理性批判》,蓝公武译,商务印书馆2005年版,第177页。
③ 康德:《未来形而上学导论》,庞景仁译,商务印书馆1978年版,第86页。
④ 康德:《纯粹理性批判》,蓝公武译,商务印书馆2005年版,第19页。
⑤ 康德:《纯粹理性批判》,蓝公武译,商务印书馆2005年版,第129、130、224、225、303、374等页。
⑥ 康德:《纯粹理性批判》,蓝公武译,商务印书馆2005年版,第66、373页。
⑦ 康德:《纯粹理性批判》,蓝公武译,商务印书馆2005年版,第53页。
⑧ 康德:《纯粹理性批判》,蓝公武译,商务印书馆2005年版,第15页。
⑨ 康德:《纯粹理性批判》,蓝公武译,商务印书馆2005年版,第16页。
⑩ 康德:《未来形而上学导论》,庞景仁译,商务印书馆1978年版,第50页。
⑪ 康德把"自由"在宇宙论的意义上,理解为"自己开始一种状态的能力"(见康德:《纯粹理性批判》,蓝公武译,商务印书馆2005年版,395页),这样"自由"就成了一个"纯粹先验的理念","自由"就仅仅是"自在之物的自由"(见康德:《未来形而上学导论》,庞景仁译,商务印书馆1978年版,第128页),实践论(即道德论)中意志的"自由"就是从这里引申出来的。
⑫ 见康德:《未来形而上学导论》,庞景仁译,商务印书馆1978年版,第144页;康德:《纯粹理性批判》,蓝公武译,商务印书馆2005年版,第267、483~486页;黑格尔:《小逻辑》,贺麟译,商务印书馆1980年版,第129~135页;郑昕:《康德学述》,商务印书馆1984年版,第24页。
⑬ 康德:《未来形而上学导论》,庞景仁译,商务印书馆1978年版,第50页。
⑭ 康德:《未来形而上学导论》,庞景仁译,商务印书馆1978年版,第144页。

康德的不可知论观点。

第三，是**现象**[显象]与**幻象**的关系。康德称现象为"**感性直观的对象**"或"**经验的对象**"，简言之"**直观的对象**"。他认为，现象作为知识（或认识）的对象，不仅包括由物自身对感官的刺激而产生的后天质料，而且还包括由感性这种知识能力或认识能力所提供的先天形式，即空间与时间。但是光有感性的现象还不能构成知识，他说："使对象的知识成为可能唯有两个条件：第一，是**直观**[感性认识的方式]，通过它，对象只作为现象[或显现]被给予；第二，是**概念**[知性认识的方式]，通过它，那与直观相应的对象被思维。"① 而概念则属于知性的领域，其先天形式则是**纯粹知性概念**即**范畴**。康德把"依据范畴的统一而被作为对象来思维"的诸"显象"，称之为"现象"，这就是"依据范畴的统一而被思维的对象"②，简而言之，就是"范畴化的对象"③。因此现象的领域，也就是感性与知性共同涉足的领域。但幻象却不同，它们存在于"理性自身"或"纯粹理性"之中，因而是理性自身或纯粹理性的产物。康德认为，"理性自身"或"纯粹理性"④ 是"提供原则的能力"，即"按照原则建立知性规则的统一的能力"⑤，它被"诱使"，而对纯粹知性的概念（即范畴）或原理做了"超验的使用"⑥，目的是凭借"空洞的玄想"⑦ 去追求"知性知识的系统的统一"，企图摆脱一切经验性条件的限制，去玄想着把握不受这种条件限制的"绝对的全体"⑧，但结果却造成了"**幻象**"（即假象），即"**辩证的幻象**"⑨。他说："一切幻象都可以归结为：思维的主观条件被当做了关于客体的知识。"⑩ 因此幻象来自于"理性的本性"⑪，是"自然的和不可避免的"⑫，它们既存在于理性的概念（即理念）之中，也存在于理性的推理（即辩证推理）之中，前者为"先验的幻象"（包括灵魂、宇宙和上帝），后者为"逻辑的幻象"（包括谬误

---

① 康德：《纯粹理性批判》，蓝公武译，商务印书馆 2005 年版，第 99 页。
② 康德：《纯粹理性批判》，蓝公武译，商务印书馆 2005 年版，第 223 页。
③ 张世英：《黑格尔〈小逻辑〉绎注》，吉林人民出版社 1982 年版，第 132 页。
④ 康德：《纯粹理性批判》，蓝公武译，商务印书馆 2005 年版，第 251 页。
⑤ 康德：《纯粹理性批判》，蓝公武译，商务印书馆 2005 年版，第 247、249 页。
⑥ 康德：《纯粹理性批判》，蓝公武译，商务印书馆 2005 年版，第 79 页。
⑦ 康德：《纯粹理性批判》，邓晓芒译，人民出版社 2004 年版，第 59 页。
⑧ 康德：《纯粹理性批判》，蓝公武译，商务印书馆 2005 年版，第 268、316 页。
⑨ 康德：《纯粹理性批判》，蓝公武译，商务印书馆 2005 年版，第 78 、79 页。
⑩ 康德：《纯粹理性批判》，蓝公武译，商务印书馆 2005 年版，第 316 页。
⑪ 康德：《纯粹理性批判》，蓝公武译，商务印书馆 2005 年版，第 270 页。
⑫ 康德：《纯粹理性批判》，蓝公武译，商务印书馆 2005 年版，第 246 页。

推理、二律背反和先验理想),它们成为旧形而上学(即亚里士多德意义上的"玄学")的研究对象。由于现象与幻象同时涉及到知性,也就是说,知性居于感性与理性之间,既介入感性又介入理性,因此现象与幻象就在知性领域中形成了交叉。现象与幻象的这种交叉关系,在框图中以两个方框的部分重叠表现出来。

**第四**,是**幻象**与**本体**的关系。康德认为,理性的概念(即理念)由于缺少任何经验性的根据,也就是在经验性的直观中找不到相应的对象,而成为"或然性的概念",并由此而产生"不可避免的幻象"。① 但本体与幻象不同,它是"**超验的对象**"②、"**直悟的对象**"③、"纯粹知性的对象"④、"理智直观的对象"⑤、"理念的对象"⑥、"夸张的客体"⑦,是"纯粹知性物"、"思想物"或"理性物"⑧,是"被思维为仅提供给知性而不提供给感官"⑨ 的东西,或"既不能说它可能又不能说它不可能"⑩ 的东西,是一种"玄想"的东西或"超验"的东西,等等。它们所包含的内容也是:"灵魂"(不死)、"宇宙"(自由)、"上帝"。如果说幻象是主观的玄想,那么本体就是这种玄想的对象;如果说幻象是"在我们之中",那么本体就被玄想为"在我们之外";如果说幻象是属于意识或思维,那么本体就被玄想为属于存在。由于幻象并不来自本体,而仅仅是理性对本体的"玄想",因此框图中连接幻象与本体的箭头,只是从幻象(即理性的产物)指向本体(即超验的对象),而不是从本体(即超验的对象)指向幻象(即理性的产物),以此表明幻象对本体之间的玄想与被玄想的关系。

**第五**,是**物自身**与**本体**的关系。在康德那里,"物自身"(或"自在之物")与"本体"有时是通用的,他多次称"物自身"为"本体"⑪,因为两者包

---

① 康德:《纯粹理性批判》,蓝公武译,商务印书馆2005年版,第270页。
② 见奥特弗里德·赫费:《康德的〈纯粹理性批判〉——现代哲学的基石》,郭大为译,人民出版社2008年版,第6页;康德:《纯粹理性批判》,邓晓芒译,人民出版社2004年版,杨祖陶"序"第6页。
③ 康德:《纯粹理性批判》,蓝公武译,商务印书馆2005年版,第219、222、227、240、414页。
④ 见康德:《纯粹理性批判》,蓝公武译,商务印书馆2005年版,第221、227、228、231、263页。
⑤ 康德:《纯粹理性批判》,蓝公武译,商务印书馆2005年版,第223、236页。
⑥ 康德:《纯粹理性批判》,蓝公武译,商务印书馆2005年版,第270、359、436、479页。
⑦ 康德:《未来形而上学导论》,庞景仁译,商务印书馆1978年版,第111页。
⑧ 康德:《未来形而上学导论》,李秋零译,《康德著作全集》第4卷本,中国人民大学出版社2005年版,第318、319、350页。
⑨ 康德:《纯粹理性批判》,蓝公武译,商务印书馆2005年版,第220页。
⑩ 康德:《纯粹理性批判》,蓝公武译,商务印书馆2005年版,第240页。
⑪ 见康德:《纯粹理性批判》,蓝公武译,商务印书馆2005年版,第219、221、284页;康德:《未来形而上学导论》,庞景仁译,商务印书馆1978年版,第83、87、153页。

含着相同的内容,即"灵魂"(不死)、"宇宙"(自由)与"上帝",所以实质上是一个东西。但两者又有区别,例如康德说,物自身(作为先验的对象)不能叫做本体①。因此准确地说,在与现象的关系上,应称之为"物自身",它们是"一般物"、"先验的对象"、"先验的客体"、"客体本身"、"绝对对象"、"纯粹思维的对象"等等,它们是"真实的"和"存在于我们之外的",这就是所谓的"消极意义上的本体"②;而在与幻象的关系上,应叫做"本体",是"超验的对象"、"直悟的对象"、"纯粹知性的对象"、"理智直观的对象"、"理念的对象"、"想象的对象"等等,它们只不过是"纯粹知性物"、"思想物"或"理性物",是一种"既不能说它可能又不能说它不可能"的东西,这就是所谓的"积极意义上的本体"③,只是这种本体只能是我们人类所不具备的非感性直观(即理智直观)的对象,我们对其"既没有直观也没有概念"④。因此对康德说来,如果说物自身是一个真实的对象,那么本体就是一个"想象的对象"⑤ 或"假对象"⑥;如果说物自身是在我们之外,那么本体就是我们的想象;如果物自身属于认识论,那么本体就属于本体论。当然这里还应当指出,物自身或本体所包含着的"上帝"、"自由"与"不死"这三个理念或对象⑦,同时又是实践理性的对象,属于《实践理性批判》的研究范围。

## 二、现象论

康德认为,人类的灵魂(心灵)拥有三种基本的知识(或认识)能力,即**感性、知性**和**理性**。他说:"我们的一切知识从感官[感性]开始,然后进到知性,而终止于理性。"⑧ 这就是说,他把人类的认识活动看成是从感性到知性再到理性的上升过程,这一点在框图中已经通过箭头的方向反映出来。反过来,他把感性(即直观)看成是知性(即思维)的对象,而把知性

---

① 康德:《纯粹理性批判》,蓝公武译,商务印书馆 2005 年版,第 225 页。
② 康德:《纯粹理性批判》,蓝公武译,商务印书馆 2005 年版,第 217、240 页。
③ 康德:《纯粹理性批判》,蓝公武译,商务印书馆 2005 年版,第 217、218 页。
④ 康德:《纯粹理性批判》,蓝公武译,商务印书馆 2005 年版,第 240 页。
⑤ 康德:《纯粹理性批判》,蓝公武译,商务印书馆 2005 年版,第 477 页:"假定的对象"。
⑥ 郑昕:《康德学述》,商务印书馆 1984 年版,第 25 页。
⑦ 见康德:《纯粹理性批判》,蓝公武译,商务印书馆 2005 年版,第 21、33、269、550 页;康德:《实践理性批判》,邓晓芒译,人民出版社 2003 年版,第 184 页;奥特弗里德·赫费:《康德的〈纯粹理性批判〉——现代哲学的基石》,郭大为译,人民出版社 2008 年版,第 6、223 页。
⑧ 康德:《纯粹理性批判》,蓝公武译,商务印书馆 2005 年版,第 247 页。

(即思维)看成是理性(理念)的对象,① 因此,在框图中箭头的方向又从纯粹理性概念(理念)指向纯粹知性概念(范畴),再从纯粹知性概念(范畴)指向直观。而这些认识能力与其对象的关系则是:通过感性"对象被给予我们"②,并由此而产生直观;通过知性"对象被我们思维"(同上),并由此而产生概念;通过理性对象被我们"玄想"③,并由此而产生理念。与此相适应,他的认识论体系在微观上就由感性论、知性论和理性论三个环节(或子系统)构成。其中,感性论与知性论一起构成了"现象"论(即狭义的认识论),要解决的是数学与自然科学知识如何可能的问题。知性论与理性论一起则构成了"幻象"论(即本体论或狭义的形而上学),要解决的是形而上学知识如何可能的问题。这里我们先介绍"现象"论,即感性论与知性论的基本内容:

康德称感性和知性是人类知识(认识)的"两大支干",它们"可能来自于一个共同的但却不为我们所知的总根"④。其实这个共同的"总根"就是他所说的不可知的"先验主体"或"灵魂本身"。

我们先看**感性论**。康德宣称"我们的一切知识都是从经验开始的"⑤。如前面曾提到的,康德称现象为"经验的对象"(或"知识"的对象)。在他看来,现象作为经验或知识的对象,首先在感性中被给予我们。感性是"心灵在被激动(即刺激)时接受表象的能力(感受性)"⑥。从框图中可以看出,连接现象与感性的箭头,是从现象指向感性的,而不是相反,以此表明感性的被动性。如前所述,现象[显象]被称之为"感性直观的对象"。现象[显象]作为感性直观的对象,由"现象[显象]的质料"和"现象[显象]的形式"(蓝译"形式"为"方式")所构成。康德说:"在现象[显象]中与感觉相应的东西,我称之为现象[显象]的质料;而规定现象[显象]中的杂

①　康德:《纯粹理性批判》,蓝公武译,商务印书馆 2005 年版,第 473 页。
②　康德:《纯粹理性批判》,蓝公武译,商务印书馆 2005 年版,第 46 页。
③　这里的"玄想"(亦作"推想")是一个涉及到理性独特思维活动的重要概念,德文原文为动词 vernünfteln,其名词形式为 Vernünftelei,可惜各译本译法却不尽相同,有的译本甚至自身就前后译法不同。此处的"玄想"蓝公武译本译为"伪辨[辩]的思辨"(见康德:《纯粹理性批判》,蓝公武译,商务印书馆 2005 年版,第 307～308 页),韦卓民译本译为"貌似理性的思辨"(见康德:《纯粹理性批判》,韦卓民译,华中师范大学出版社 2000 年版,第 374 页),兹采用邓晓芒译本的译法(见康德:《实践理性批判》,邓晓芒译,人民出版社 2003 年版,第 331 页)。
④　康德:《纯粹理性批判》,蓝公武译,商务印书馆 2005 年版,第 46 页。
⑤　康德:《纯粹理性批判》,蓝公武译,商务印书馆 2005 年版,第 29 页。
⑥　康德:《纯粹理性批判》,蓝公武译,商务印书馆 2005 年版,第 49、73 页。

多使其在某种关系中被整理的东西,我称之为现象[显象]的形式。"① 康德认为,现象[显象]的质料,即感觉,后天地来源于对象[这里是物自身]对感官的激动,从而使现象[显象]具有不可入、坚硬、颜色等性质;而现象[显象]的形式,即空间与时间,先天地存在于我们的感性能力之中,从而使现象[显象]具有形状、大小、同时、相继等性质。感官又分为"外感官"与"内感官"两种。在外感官[视觉、听觉、触觉、味觉、嗅觉]② 中,心灵[内感官的器官]③ 被对象[指物自身]所激动④;在内感官中,心灵被其自身所激动⑤。与外感官相应的现象[显象]的形式是空间,与内感官相应的现象[显象]的形式是时间。由于现象[显象]的质料被现象[显象]的形式所规定,现象[显象]的质料是被规定者,现象[显象]的形式是规定者,因此框图中连接现象[显象]形式与现象[显象]质料的箭头,是从现象[显象]的形式指向现象[显象]的质料,而不是相反,以表明其规定与被规定的关系。

康德把与经验性直观的对象[即现象或显象]相对应的知识,即感性知识,称之为**感性直观**、**经验性直观**,简称为"**直观**"。按康德的说法:"知识不论以何种方式或何种方法与对象相关,凡是由以直接与对象相关,并且一切思维由以获得质料者,是直观。"⑥ 直观与下面要说的概念一样,均被称之为表象⑦。直观又被分为经验性直观和纯粹直观两种。按康德的说法"通过感觉与对象相关的直观,名为经验性直观","感性直观的纯粹方式……名之为**纯粹直观**"。⑧ 在康德看来,经验性直观涉及整个现象[显象]。他说:"经验性直观的对象被称为现象[显象]。"⑨ 而经验性的直观也就是知觉,他说:"如果现象[显象]同意识联结起来,就称做知觉。"⑩ 又说:"知觉是经验性意识,即有感觉在其中的意识。"⑪经验性直观或知觉所构成的知识就是"后天的知识"或"经验性的知识"。而纯粹直观仅仅涉及现象[显象]的形式,这就是空间和时间。按康德的说法:"从经验性直观

① 康德:《纯粹理性批判》,蓝公武译,商务印书馆 2005 年版,第 49 页。
② 康德:《实用人类学》,邓晓芒译,重庆出版社 1987 年版,第 34 页。
③ 康德:《实用人类学》,邓晓芒译,重庆出版社 1987 年版,第 42 页。
④ 康德:《纯粹理性批判》,蓝公武译,商务印书馆 2005 年版,第 29、49、54 页。
⑤ 康德:《纯粹理性批判》,蓝公武译,商务印书馆 2005 年版,第 69、116 页。
⑥ 康德:《纯粹理性批判》,蓝公武译,商务印书馆 2005 年版,第 49 页。
⑦ 康德:《纯粹理性批判》,蓝公武译,商务印书馆 2005 年版,第 75 页。
⑧ 康德:《纯粹理性批判》,蓝公武译,商务印书馆 2005 年版,第 49、50 页。
⑨ 康德:《纯粹理性批判》,蓝公武译,商务印书馆 2005 年版,第 49 页。
⑩ 康德:《纯粹理性批判》,蓝公武译,商务印书馆 2005 年版,第 135 页。
⑪ 康德:《纯粹理性批判》,蓝公武译,商务印书馆 2005 年版,第 161 页。

中抽掉属于感觉的一切东西,那就剩下纯粹的直观以及现象[显象]的单纯方式……即空间和时间。"① 按康德的解释,空间属于外部直观的纯粹形式,是外部现象的先天条件;时间属于内部直观的纯粹形式,是内部现象的先天条件,同时又是外部现象的间接的先天条件;空间与时间既对物自身来说具有"先验的观念性",又对现象来说具有"经验的实在性"②。康德认为,正是这种纯粹直观(即对空的空间与空的时间的直观)构成纯数学(几何和算学)的先天基础,使数学中的先天综合判断成为可能。这样他就自以为初步解决了"纯数学如何可能的问题"。由于现象[显象]作为直观的对象在感性中被给予我们,而经验性直观作为知觉的活动是指向其对象即现象[显象]的,因此框图中连接经验性直观与整个现象[显象]的箭头,从经验性直观指向整个现象[显象];由于纯粹直观为现象[显象]提供了先天形式,因此框图中连接纯粹直观与现象[显象]的形式的箭头,从纯粹直观指向现象[显象]的形式。

我们再看**知性论**。康德认为,为了认识作为对象的现象[显象],不仅需要感性,而且还需要知性。而知性与感性不同,知性是心灵的一种"思维能力",也就是"心灵由自身产生表象[主要指概念]的能力,即认识的自发性[或译能动性]"③。如果说在感性中有对象被给予我们,那么在知性中则有对象被我们思维。从框图可以看出,连接现象与知性的箭头,是从知性指向现象,而不是相反,以此表明知性的主动性或能动性。康德认为:**"感官之所司是直观,知性之所司是思维。"**④ "知性不能直观,而感官[即感性]不能思维,只有二者的结合才能产生知识。"⑤ 康德又称这种"知识"为"经验"⑥。由知性产生的认识形式,就是概念。概念也是一种表象,但概念却与直观不同。康德说:"直观直接地与对象相关并总是单一的,而概念则借助于一些事物所共有的标志[指名称]间接地与对象相关。"⑦ 而概念又分为经验性的概念和纯粹的概念(即纯粹知性概念或范畴)两种。

①　康德:《纯粹理性批判》,蓝公武译,商务印书馆 2005 年版,第 50~51 页。
②　康德:《纯粹理性批判》,蓝公武译,商务印书馆 2005 年版,第 41 页。
③　康德:《纯粹理性批判》,蓝公武译,商务印书馆 2005 年版,第 73 页。
④　康德:《未来形而上学导论》,庞景仁译,商务印书馆 1978 年版,第 71 页。
⑤　康德:《纯粹理性批判》,蓝公武译,商务印书馆 2005 年版,第 73 页。
⑥　康德:《纯粹理性批判》,蓝公武译,商务印书馆 2005 年版,第 29 页。
⑦　康德:《纯粹理性批判》,蓝公武译,商务印书馆 2005 年版,第 259 页。

康德又认为,知性一般说来是一种"下判断的能力",而一切判断都是诸表象间的一种"统一的功能"①。而这种统一的功能又分为两种,即**"分析的统一"**与**"综合的统一"**,其中的"综合统一"是人类知识的"最高原理"。所谓"分析的统一"就是知性"通过分析把各种不同的表象带到一个概念之下"②,它"属于一切一般性概念"③,因此这种一般性概念(实即"一般经验性概念"④),如盘、犬、物体、运动、重量、可分性等概念,无论抽象的程度多高,都是分析的成果,都执行着知性的"分析统一"的功能。例如,当我们说"一切物体都是可分的"时,就是知性运用分析方法,把"物体"的表象(这里是经验性直观)统一到"可分性"这个一般经验性概念之下。按康德的说法,这种分析的统一原本属于普通逻辑的范围。由于知性的分析统一,是知性通过一般经验性概念对一个被给予的表象(直观或概念)所进行的统一,因此框图中分析统一活动的箭头是从感性直观或现象指向一般经验性概念,以此表明一般经验性概念是作为分析统一的结果出现的,它们执行着知性的先天的分析统一的功能。而所谓"综合的统一"就是知性"把被给予的表象的杂多联结在一个意识中"⑤。综合的统一又可分为经验性的综合统一与先天的或纯粹的综合统一,前者依靠经验性概念,不属于先验逻辑的范围,后者依靠先天概念,即纯粹知性概念或范畴,它们属于先验逻辑的范围。这种纯粹知性概念或范畴是知性本身所固有的"先天概念",其本身并非是知识,而只是从被给予的直观以构成知识的"思维形式"⑥,是经验所以可能的"先天条件"或"客观基础"⑦,它们直接地指向纯粹直观,间接地指向经验性直观,是"唯一能使感性直观中的杂多联结到一个意识中的条件"⑧。因此,我们的知性只有通过纯粹知性概念或范畴才能达到"统觉的先天的统一"⑨ 的。例如"一切发生的事物都有其原因"这一判断,就是知性运用综合方法把各种发生的事物的表象带

---

① 康德:《纯粹理性批判》,蓝公武译,商务印书馆 2005 年版,第 83 页。
② 康德:《纯粹理性批判》,蓝公武译,商务印书馆 2005 年版,第 88 页。
③ 康德:《纯粹理性批判》,蓝公武译,商务印书馆 2005 年版,第 104 页。
④ 康德:《纯粹理性批判》,蓝公武译,商务印书馆 2005 年版,第 130 页。
⑤ 康德:《纯粹理性批判》,蓝公武译,商务印书馆 2005 年版,第 104 页。
⑥ 康德:《纯粹理性批判》,蓝公武译,商务印书馆 2005 年版,第 207 页。
⑦ 康德:《纯粹理性批判》,蓝公武译,商务印书馆 2005 年版,第 100 页。
⑧ 康德:《纯粹理性批判》,蓝公武译,商务印书馆 2005 年版,第 109 页。
⑨ 康德:《纯粹理性批判》,蓝公武译,商务印书馆 2005 年版,第 110 页。

到因果性范畴之下,以构成"真正意义上的知识"①。因此框图中综合统一活动的箭头是从纯粹知性概念(范畴)指向经验性直观或现象的,以此表明纯粹知性概念(范畴)是作为综合统一的工具或前提而存在的,它们执行着知性的先天的综合统一的功能。因为纯粹知性概念即范畴,是知性论的主要对象,所以这里需要详加解释。

康德依据形式逻辑的四类共十二种判断功能,推演出四类共十二个纯粹知性概念即范畴,这就是关于范畴的"形而上学演绎",实为对范畴的本质、本性和来源所作的本体论的证明。康德列举的判断是:(1)量的判断(全称的、特称的、单称的);(2)质的判断(肯定的、否定的、无限的);(3)关系判断(直言的、假言的、选言的);(4)模态判断(或然的、实然的、必然的)。与之相对应的范畴是(按照康德《未来形而上学导论》):(1)**量**(单一性、多数性、总体性);(2)**质**(实在性、否定性、限定性);(3)**关系**(实体性、因果性、协同性);(4)**模态**(可能性、存在性、必然性)。同时康德又认为,范畴的唯一使命是执行知性的综合统一功能,使现象在纯粹知性概念中联结起来,即先天地为自然界(现象的总和)立法。为此康德不厌其烦地进行了反复的论证,这就是关于范畴的"先验演绎",实即认识论的证明,包括"自下而上地"对一切知识所以可能的三种"原始来源"的推导,即"主观演绎",和"自上而下地"对范畴"先天地适用于经验对象"所作的证明,即"客观演绎"。限于篇幅,这里我们只引用康德的一个例子来对范畴的应用加以说明。

比如我们下这样一个判断:"太阳晒石头,石头热了。"在康德看来,这仅仅是一个"**知觉判断**",只有主观的有效性。这个判断来源于感官的经验,它说出了一组主观的经验性的事实,但这里并不含有必然性(更不消说普遍性),不管我们的知觉重复多少次。但是如果我们下这样一个判断:"太阳晒热了石头。"那么情况就不同了。这时,"知觉判断"已经变成了"**经验判断**"②。这后一个判断已经含有"一切发生的事物都有其原因"的先天综合判断,因为这里,我们是把因果性这一范畴附加到经验的事实中去了,使之含有了先天知识的成分。这时判断实际上表达了这样的意

---

① 康德:《纯粹理性批判》,蓝公武译,商务印书馆2005年版,第88页。
② 见康德:《未来形而上学导论》,庞景仁译,商务印书馆1978年版,第20节。

思:"石头之所以热,是因为太阳晒。"于是"热"这个事实就同"太阳晒"这个事实通过因果关系必然地联结起来,判断就因而变为必然普遍有效,即具有客观有效性①。这样,因果性范畴就起到了综合统一的作用,也就是使"知觉判断"变成了具有客观有效性的"经验判断",即使主观的经验性事实联结成具有普遍性和必然性的客观知识。②

但康德又认为,纯粹知性概念(即范畴)离现象(即感性直观)太远,因而在应用于现象时,必须借助于一个中间环节,这就是**图式**。康德在说明这个道理时指出③,当一个对象被归属在一个概念下的时候,这个对象的表象(直观)应当与概念是同类的。例如,"盘"这个经验性直观与"圆"这个几何学概念应当是同类的,因为在"圆"的概念中所思维到的圆形,可以在"盘"的经验性直观中见到。但是纯粹知性概念与经验性的直观则是完全异类的东西,因为没有哪一个范畴(如因果性)可以通过感官来加以直观。因此,为了使纯粹知性概念能够应用于现象,就必须借用一个第三者。这个第三者应该一方面与范畴同类,一方面又与现象同类,从而使纯粹知性概念得以通过这个第三者应用于现象。这个第三者就是"**先验的图式**"。康德认为,时间是内感官的直接形式条件,是外感官的间接形式条件,时间的先验规定性恰好既与范畴同类,又与现象同类,因此就成为联结二者的中介。

按康德的说法,先验的时间图式按范畴表的排列顺序,分别为:(1)时间系列(量的图式);(2)时间内容(质的图式);(3)时间顺序(关系的图式);(4)时间范围(模态的图式)。而这些图式的升华,即知性化或理论化,就构成了"纯粹知性的原理"。这些原理包括:(1)直观的公理,其原理是:一切直观都是外延的量。(2)知觉的预测,其原理是:在一切现象中,作为一个感觉对象的实在者都具有内包的量,即具有一个度。(3)经验的类比,其原理是:经验只有借助于关于知觉的必然联结的表象才是可能的。这个原理又包括三个更具体的原理:a.实体的恒久性原理——在现象的一切变化中实体是恒久的,它在自然中的量既不增加也不减少;b.按

---

①　因为在康德看来,客观的有效性与必然普遍的有效性是可以"互换"的概念(见康德:《未来形而上学导论》,庞景仁译,商务印书馆1978年版,第64页)。
②　见康德:《未来形而上学导论》,庞景仁译,商务印书馆1978年版,第66～68页。
③　见康德:《纯粹理性批判》,蓝公武译,商务印书馆2005年版,第144～145页。

因果性法则的时间相继性原理——一切变化都按因果联系的法则发生；c.按照相互作用或协同性的法则同时存在[同在]的原理——一切实体，由于它们能够在空间中作为同时存在的东西被知觉到，而处在全面的相互作用中。(4)一般经验思维的公设，其原理有三：a.凡是(就直观与概念而言)与经验的形式条件相符合的东西，就是可能的；b.凡是与经验的质料条件(感觉)相联结的东西，就是现实的；c.凡是与现实的东西的联结，按照经验的普遍条件[总体条件]而被规定的东西，就是(在存在上)必然的。

康德把上述四大类"纯粹知性原理"中的前两类原理，即(1)和(2)，称做是数学的原理，把后两类原理，即(3)和(4)，称做是力学(物理学)的原理，认为所有这些原理包括了全部的先天综合原理。康德不厌其烦地对这些原理的所谓"客观的有效性"——作了"证明"，力图指明这些原理不仅是一切可能经验(即数学和自然科学知识)的先天基本原理，同时也是自然界(表象的总和)的普遍法则。康德自以为，正是先验的范畴和原理(包括图式①)的提出，不仅解决了"纯粹自然科学如何可能"的问题，而且也最终解决了"纯数学如何可能"的问题。实际上，这是康德的先验论认识论的基本范畴和原理。

在康德看来，有了图式和原理这两个中间环节，知性的综合统一活动就可以顺利进行了。他把这种综合统一活动"回溯"性地(或"自下而上地")归结为以下三个层次，即所谓"**三重综合**"：(1)直观中把捉的综合，它借助于时空直观；(2)**想象中再生的综合**，它借助于图式或原理；(3)**概念中确认的综合**，它借助于范畴。而三重综合由以出发的"最高点"，是所谓"未知的先验主体"，即"本源的统觉"或"自我意识"②，也就是知性本身或纯粹知性，它构成人类灵魂(心灵)或自我的核心，是理解康德认识论最重要的关键。由于知性的综合统一活动，是居高临下从先验的统觉(知性本身)出发，经过纯粹知性概念(范畴)和原理(包括图式)而到达感性直观即现象领域，因此连接纯粹知性概念和感性直观的箭头，是从纯粹知性概念中经原理(包括图式)而指向直观或现象。

---

① 康德说："纯粹知性原理……所包含的只是可能经验的纯粹图式。"(见康德：《纯粹理性批判》，蓝公武译，商务印书馆2005年版，第211页)

② 康德：《纯粹理性批判》，蓝公武译，商务印书馆2005年版，第402、103页。

最后还要说明一点,就是康德主张知识(经验)和知识的对象是不可分的。因为在他看来,认识的对象只不过是现象,并且是知性运用感性提供的材料建立起来的,因此这种对象(他也称之为客体)并不在我们之外,而是在我们之内。所以他说:"一般可能经验的先天条件,同时也就是使经验的对象成为可能的条件。"① 既然经验(知识)的对象是现象,而经验(知识)的先天条件是纯粹知性概念(范畴),因此在康德看来,纯粹知性概念(范畴)也是现象所以可能的先天条件。康德认为,现象一旦被先验的纯粹知性概念即范畴所规定,就开始处于必然的联结中,并从而具有了"客观"规律性,也就是他所说的知性"为自然界立法"②。这样,现象就不仅仅是"经验性直观的对象",而且成了前面提到的"以范畴的统一为基础的对象",即成了范畴化了的对象。这样一来,"现象"作为一种认识的对象,就有了三个规定:(1)在总体上,作为经验(或知识)的对象;(2)在感性中,作为感性直观的对象,即"显象";(3)在知性中,作为被范畴统一起来的对象,即范畴化了的对象。这样,感性论与知性论就结合在一起,构成了康德关于现象的完整理论,实即真正意义上的认识论。

## 三、幻象论

前面提到,康德认为,他所讨论的"幻象"或"辩证幻象"(包括先验幻象与逻辑幻象)是理性(纯粹理性)的产物。而理性任何时候都不与对象直接相关,只与知性相关,目的在于给知性知识以"**绝对的统一**"③,于是就产生了幻象。而幻象则是纯粹主观的东西④。这种幻象既表现在理性的概念(即理念)中,这就是"**先验的幻象**"⑤,也表现在理性的推论(即辩证推理)中,这就是"**逻辑的幻象**"⑥。

我们先看**理念论**。康德认为理性是"原理的能力"、"使知性规则统一

①　康德:《纯粹理性批判》,蓝公武译,商务印书馆 2005 年版,第 131 页。
②　康德:《纯粹理性批判》,蓝公武译,商务印书馆 2005 年版,第 139 页;康德:《未来形而上学导论》,庞景仁译,商务印书馆 1978 年版,第 92 页。
③　康德:《纯粹理性批判》,蓝公武译,商务印书馆 2005 年版,第 267 页。
④　见康蒲·斯密:《康德〈纯粹理性批判〉解义》,韦卓民译,华中师范大学出版社 2000 年版,第 447 页。
⑤　康德:《纯粹理性批判》,蓝公武译,商务印书馆 2005 年版,第 245 页。
⑥　康德:《纯粹理性批判》,蓝公武译,商务印书馆 2005 年版,第 246 页。

于原理之下的能力"、"最高的知识能力"①。他说:"在理性之上我们再没有什么能够加工直观的质料而使其归于思维的最高统一之下的能力了。"② 在康德看来,理性与知性是不同的。如果说知性的功能是借助于纯粹知性概念(即范畴)给感性直观以"综合统一",那么理性的功能就是借助于理念给知性规则或纯粹知性概念(即范畴)以"无条件的综合统一"或"绝对的统一"③,因此理念不过是"扩展到无条件者的范畴"④,是"理性的产物"⑤。他提出,理性的"最高原理"是:"如果受条件限制者被给予,那么相互从属的诸条件的整个系列,即无条件者自身也一同被给予。"⑥这也是康德哲学的另一个**最基本的假设**。于是他又提出,如果说在知性中对象(现象)被我们思维,而成为"经验的对象",那么在理性中,对象(本体)则被我们"玄想"⑦,而成为"超验的对象"、"直悟的对象"或"理智直观的对象"等等。正像知性执行自己的综合统一功能需要范畴一样,理性执行自己的绝对统一功能,则需要理念。理念与概念、直观一起被称之为人类知识的"三要素"⑧。正像根据形式逻辑的四类判断功能推演出四类范畴一样,康德又根据形式逻辑的三种三段推理功能推导出作为"无条件者"的三种理念。这就是关于理念的所谓"主观的推导"⑨,它类似于对范畴所作的"形而上学演绎"。康德列举的三种推理功能是:1.直言推理;2.假言推理;3.选言推理。与三种推理相应也有三种理念,即"三种先验的幻象"⑩,它们是旧形而上学的研究对象⑪:1.关于"思维主体的绝对(无条件)的统一"的理念,即灵魂(不死);2.关于"现象的诸条件系列的绝对的统一"的理念,即宇宙[或世界](自由);3.关于"一切一般思维对象的条件的绝对统一"的理念,即上帝(存在),它们都是理念的"想象的对象"⑫,它们就是本体,实际上也就是物自身⑬。康德认为,理念与范畴不同,具有

① 康德:《纯粹理性批判》,蓝公武译,商务印书馆2005年版,第247、249页。
② 康德:《纯粹理性批判》,蓝公武译,商务印书馆2005年版,第247页。
③ 康德:《纯粹理性批判》,蓝公武译,商务印书馆2005年版,第249、267页。
④ 康德:《纯粹理性批判》,蓝公武译,商务印书馆2005年版,第323页。
⑤ 康德:《纯粹理性批判》,蓝公武译,商务印书馆2005年版,第365页。
⑥ 康德:《纯粹理性批判》,蓝公武译,商务印书馆2005年版,第252页。
⑦ 见康德:《纯粹理性批判》,邓晓芒译,人民出版社2004年版,第331、417等页。
⑧ 康德:《纯粹理性批判》,蓝公武译,商务印书馆2005年版,第495页。
⑨ 康德:《纯粹理性批判》,蓝公武译,商务印书馆2005年版,第268页。
⑩ 康德:《纯粹理性批判》,蓝公武译,商务印书馆2005年版,第317页。
⑪ 康德:《纯粹理性批判》,蓝公武译,商务印书馆2005年版,第269页。
⑫ 康德:《纯粹理性批判》,蓝公武译,商务印书馆2005年版,第477页。
⑬ 见郑昕:《康德学述》,商务印书馆1984年版,第19、21页。

以下三个基本特点:第一,理念是关于一切经验性知识的条件的"绝对统一"和"绝对全体"的纯粹理性概念①;第二,理念来源于"理性自身的本性",来自于"推理"②;第三,理念"超越一切经验的界限",没有任何经验对象同它相适合③。由此得出的结论是:理念虽然来源于"理性的本性",但由于它企图完全超越经验,去把握不受条件限制的绝对全体,因此就成为"或然性的概念"④,并由此而产生了"不可避免的幻象"⑤。理念虽然是从理性的本性中主观地"推导"⑥ 出来的,但是它却"玄想"着直接地为知性概念、间接地为感性直观提供"绝对的统一"。这就是框图中连接理念与知性以及感性的箭头是从理念直接指向概念并间接指向感性直观而不是相反的原因。

再看**辩证论**。康德认为,理性从理念出发"玄想"着通过逻辑推理赋予理念以客观实在性,于是就有了与三种理念相对应的三种辩证推理,即三种"逻辑的幻象",它们产生于对逻辑规则的缺乏重视,一旦被指出来就可以消除。它们包括:(1)关于灵魂的"**谬误推理**";(2)关于宇宙(世界)的"**二律背反**";(3)关于上帝的"**理想**"。由于三种辩证推理是从三种理念出发的,所以框图中连接理念("先验的幻象"产地)和辩证推理("逻辑的幻象"的产地)的箭头,只是从理念指向辩证推理,而不是相反。下面是康德对三种辩证推理的批判。

**首先**,关于"谬误推理"。康德指出,这种推理包括在理性心理学(即先验心理学)关于灵魂[被认做是居住在人身上的"特殊的无形体的实体"⑦ 的四个主要论题中,它们是:(1)灵魂是实体;(2)灵魂在性质上是单纯的;(3)灵魂在数量上是单一的;(4)灵魂与空间中可能的对象相关联⑧。我们仅举出康德对"灵魂是实体"的论题所作的批判。他认为,这个论题是以下面三段推理为基础的⑨:

---

① 康德:《纯粹理性批判》,蓝公武译,商务印书馆 2005 年版,第 267、268 页。
② 康德:《纯粹理性批判》,蓝公武译,商务印书馆 2005 年版,第 263、254 页。
③ 康德:《纯粹理性批判》,蓝公武译,商务印书馆 2005 年版,第 263 页。
④ 康德:《纯粹理性批判》,蓝公武译,商务印书馆 2005 年版,第 263 页。
⑤ 康德:《纯粹理性批判》,蓝公武译,商务印书馆 2005 年版,第 270 页。
⑥ 康德:《纯粹理性批判》,蓝公武译,商务印书馆 2005 年版,第 268 页。
⑦ 康德:《实用人类学》,邓晓芒译,重庆出版社 1987 年版,第 41 页。
⑧ 见康德:《纯粹理性批判》,蓝公武译,商务印书馆 2005 年版,第 273 页。
⑨ 见康德:《纯粹理性批判》,蓝公武译,商务印书馆 2005 年版,第 278 页。

一物只有作为主体(或主词①)才能被思维,只有作为主体才能存在,它因此就是实体[大前提]。现在,一个能思的存在者[指灵魂],只能被当做这样一个东西,即它只有作为主体才能被思维[小前提]。因此它[指能思的存在者,即灵魂]也只有作为这样一个东西,即作为实体而存在[结论]。

康德指出,一方面,这个推理在逻辑上犯有错误。因为这个推理的大前提中作为中词的"主体"不仅是指思维的对象,而且也是指存在着的对象,而小前提中作为中词的"主体"只是指思维的对象,大前提中的中词和小前提中的中词产生歧义,这个推理犯有"四名词"的错误,因此结论是可疑的。另一方面,这个推理在先验(即主观)根据上也犯有错误。因为这个推理把作为逻辑主体(主词)的思维者(灵魂)当成了实际存在的对象。"实体"这一概念要具有"客观实在性",必须依据一个"恒久的直观",也就是要在直观中找到一个对应物。但"思维者"的概念仅仅是关于"我的思维"的意识,这里不包含任何直观。由于它只是一种逻辑的主体(即主词),而不是一种现实的主体,因此不能称之为实体。

**其次**,关于"二律背反"。康德依据范畴表的顺序,先提出四种关于现象的"绝对的总体"的理念,即四种"宇宙论的理念",它们是:(1)关于"一切现象之被给予的全体之合成的绝对完备性"的理念,它涉及现象总体的量;(2)关于"现象中被给予的全体之分割的绝对完备性"的理念,它涉及现象总体的质;(3)关于"一般现象之起源的绝对完备性"的理念,它涉及现象总体的关系;(4)关于"现象中变化之依存的绝对完备性"的理念,它涉及现象总体的模态。② 康德认为,理性在追求这种现象总体时必然产生矛盾。于是与四种宇宙理念相应,就有四组互相对立的命题,即四组"二律背反"或"悖论",按照《导论》第 51 节的表述是[按李秋零译《康德著作全集》第 4 卷译文]:

(1)正题:世界在时间上和空间上有一个开端(界限)。

反题:世界在时间上和空间上无限。

(2)正题:世界上的一切都是由单纯的东西构成的。

反题:没有单纯的东西,相反一切都是复合的。

---

① 在德文中,主体(Subjekt)一词兼有主词、主观等含义。
② 参见康德:《纯粹理性批判》,蓝公武译,商务印书馆 2005 年版,第 327 页。

(3)正题:世界上有凭借自由的原因。

　　反题:没有自由,相反一切都是自然。

(4)正题:在世界因的系列里有某种必然的存在者。

　　反题:在它里边没有任何东西是必然的;相反在这个系列中一切

　　都是偶然的。

康德列举各组"二律背反"中正反两方面的证明方法,说明它们都持有同等的理由,然后提出了他自己的解决办法。

**最后**,关于"理想"。康德指出,前面讲过的两种理念较之范畴已经距离现实很远,而现在要讲的"理想"则较之上述两种理念距离现实更远。他称这种"理想"是关于"个体的理念"、"最高存在物的理念"。他认为,理性为了追求知识的绝对完备性,把"理想"作为最高存在物的概念是必要的。但是如果把最高存在物的概念"实体化",那就必然产生幻象。为了揭露这种幻象,康德对理性神学关于上帝存在的各种证明(如本体论的证明、宇宙论的证明、自然神学的证明)一一进行了批判。例如本体论的证明企图从"绝对必然的"上帝(最高存在物)概念出发,来证明上帝的存在。而康德认为,不能从上帝的概念推出上帝的存在,正像商人不能靠在他的资产簿上加上若干单位来增进他的财产一样。他指出,我们设定一个上帝,就不能排除它的全能性,因为"上帝"和"全能性"这两个概念是同一的。但是如果我们说,根本没有上帝,也没有全能性,那么就不会有任何矛盾。康德的结论是:"一个最高存在物的概念是一个在许多方面非常有用的理念;但是这个理念正因为它仅仅是一个理念,而绝不能只靠它来扩展关于那个存在物的知识。"①

以上是"幻象"论的基本内容。康德自以为通过纯粹理性的理念和推理的分析批判,一并解决了"作为自然倾向的形而上学如何可能"和"作为科学的形而上学如何可能"的问题。他的实际结论是:作为自然倾向的形而上学在主观上(即在先验根据上)不仅是可能的,而且事实上已经存在过②;而作为科学的形而上学在客观上(即在经验性应用上)则是不可能

---

①　康德:《纯粹理性批判》,蓝公武译,商务印书馆 2005 年版,第 435 页。

②　见康德:《纯粹理性批判》,蓝公武译,商务印书馆 2005 年版,第 39 页。

的,当然也不曾存在过。① 不过康德又认为,这些结论只是指向过去,而真正科学的形而上学还有待于建立,其条件就是他对纯粹理性所作的"批判"。用他的话来说就是"世界上无论什么时候都要有形而上学",但是"形而上学直到现在还从未作为科学而存在过",因此"首先必须完全在批判中培育出它的幼芽来"。②

### 四、关于康德体系的几个矛盾

康德的认识论体系十分庞大而严整,但其自身却还是包含着许多难以解决的矛盾。

**第一**,从物自身(或本体)的假设来看。框图和分析显示,物自身(本体)一方面被看成是现象的基础和原因,一方面又被看成是直悟的对象或玄想的对象,这是自相矛盾的。在"现象"论中康德宣称,我们认识(知识)的对象仅仅是现象,而为了说明现象,就必须假定物自身是存在的,因为只承认现象而不承认物自身是自相矛盾的。正如前面所引证过的,他说:"既然我们有理由把感官对象仅仅看做是现象,那么我们也就由之而承认了作为这些现象的基础的自在之物[物自身]。"这样他就肯定了物自身的实在性。而在"幻象"论中他又宣称,理念的对象(即物自身或本体),不过是"既不能谓其可能又不能谓其不可能的事物"③。这样他实际上又取消了物自身(或本体)的假设,否定了它的实在性。这个矛盾是康德无法解决的,这是他的不可知论的必然产物。

**第二**,从认识(或知识)与其对象的关系来看。首先在感性论中,康德一面声称现象[显象]是直观的对象,另一方面又声称现象不过是感性的表象,即不过是直观。这样,直观和直观的对象,实际上就成了同一个东西,这是因为在康德看来,无论是直观还是直观的对象,无论是经验还是经验的对象,都在我们之内,因此具有"同一性"。这个矛盾从框图中作为直观对象的现象(显象)与作为知识(认识)的直观本身(经验性直观)包含着同样内容这一点上显示出来。其次在知性论中,康德一方面强调纯粹知性

① 见郑昕:《康德学述》,商务印书馆 1984 年版,第 24 页。
② 康德:《未来形而上学导论》,庞景仁译,商务印书馆 1978 年版,第 163、165、164 页。
③ 康德:《纯粹理性批判》,蓝公武译,商务印书馆 2005 年版,第 240 页。

概念(范畴)的功能是为作为对象的现象提供统一,另一方面又强调它们是作为对象的现象所以可能的先天条件。这样,他实际上就把纯粹知性概念和它的对象(即现象)混在一起了。这个矛盾,从框图中作为知识对象的现象通过综合统一被纯粹知性概念化即范畴化了这一点上显示出来。上述矛盾是康德唯心主义地解决意识(直观和概念)和存在(对象)的同一性问题的必然结果,也就是他的先验论的认识论的必然结果。

第三,从关于灵魂与心灵的知识来看。康德把灵魂看做是独立的实体,他坚决主张,我们关于灵魂的本质本身是不可知的①,宣称感性与知性(包括理性)来自于"不为我们所知的总根"②,从而把它看成是一个不可知的自在之物。可是与此同时,他又用整本书来论述灵魂或作为其现象的心灵从其感性能力经过知性能力(其"最高点"是未知的先验主体、先验的统觉、自我意识)到达理性能力的一系列认识活动,从而把它看成是一个可知的认识对象。这样他就陷入了既要否定关于灵魂本身(作为一种自在之物的灵魂)的知识,又要阐述其三种认识能力的全部认识活动的困境。这个矛盾,从框图中灵魂既属于客体本身(物自身)领域,又属于主体的领域,并以其各种认识能力或活动方式(包括感性、知性和理性)构成他的整个认识体系这一点上显示出来。这个矛盾是他的二元论与形而上学方法论(例如割裂与抹杀可知与不可知、现象与本体、具体与抽象、个别与一般等的辩证关系)的必然结果。

附:纯粹理性批判概念等级系列一览表③:

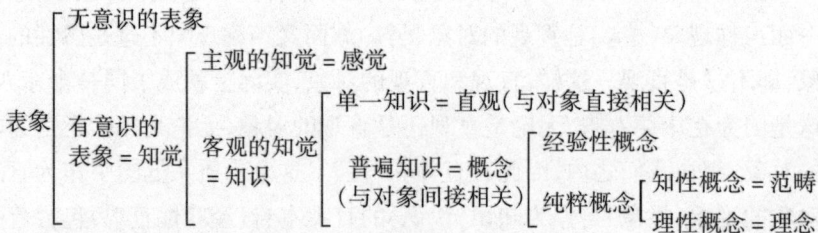

---

① 康德:《未来形而上学导论》,庞景仁译,商务印书馆1978年版,第117页。
② 康德:《纯粹理性批判》,蓝公武译,商务印书馆2005年版,第46页。
③ 本表见康蒲·斯密:《康德〈纯粹理性批判〉解义》,韦卓民译,华中师范大学出版社2000年版,第469页,并见康德:《纯粹理性批判》,蓝公武译,商务印书馆2005年版,第259页。

# 第二章 "序言"与"导言"**

## 第一节 第一、二版"序言"简介[见第1~27页]

[提示]1781年康德出版了他的《纯粹理性批判》第一版,1787年康德又出版了《纯粹理性批判》第二版,对第一版作了重大修改,两版都有长篇序言,兹介绍如下:

**一、第一版序言**[分段按邓译本,因为邓译本是按德文原文分段的]

第一版序言主要谈了以下几个问题:

**第一**[第1~2段],理性的历史命运。康德宣称:人类理性① 在其知识的一个门类[指形而上学]中陷入了这样一种奇异的命运:它被一些无法避开的问题所困扰,因为这些问题是理性自身的本性所强加给它的,但同时它又不能回答它们,因为它们超越了人类理性的能力。他认为,这不是理性本身的过错,原因是它试图离开由经验证明了的原理,去追求更为高远的目标,以至跌进了黑暗与矛盾的深渊。

**第二**[第4段],关于形而上学。康德称形而上学一度被称为"一切科学的女王",但后来却变成了"无休止的争吵的战场"。它先是被"独断论者"[即"教条主义者",指笛卡儿、莱布尼茨等唯理论者和培根、洛克等经验论者]所统治,后来又受到"怀疑论者"[休谟等人]的攻击,而陷入无政府状态。

**第三**[第5~6段],关于纯粹理性批判。康德宣称,他要按照时代的要

---

** 康德:《纯粹理性批判》,蓝公武译,商务印书馆2005年版,第1~44页。
① 这是就广义上谈"理性",指"全部高级认识能力"(见康德:《纯粹理性批判》,蓝公武译,商务印书馆2005年版,第572页),因此也包括所谓的"知性"。

求去做理性的"自我认识"工作,建立一个法庭,以确认理性的正当要求,这正是纯粹理性自身的批判。按他的理解,这种批判是对一般理性能力的批判,也就是对一般形而上学的可能性或不可能性的裁决,即依据原则对它的起源、范围和界限作出规定。康德庄严地宣告:"我们的时代是一个真正批判的时代,一切事物都应当服从这种批判。宗教凭借其神圣,法律凭借其庄严,想逃避这种批判。但在这种情况下,它们却招致了正当的怀疑,并丧失了对其真诚的敬重。而只有理性才能把这种敬重展示给在它面前经得起自由和公开检验的事物。"①

**第四**[第7~8段],关于自己的贡献。康德说纯粹理性是一个"完美的统一体"。他断言:在他这里,没有任何一个形而上学任务没有在得到解决,或至少为其解决提供了一把钥匙。他说,关于"理性本身"及其"纯粹思维"的知识,他是在他[康德]自身中发现了它们的,而普通逻辑只是向他[康德]提供了例证。[注意! 康德是在他自身中发现了理性本身及其纯粹思维的知识的,因此他的整个理论体系可以说是其自我反省的结果。]

**第五**[第11段],关于两种"先验的演绎"。康德宣称,在探讨知性的能力及其使用的规则与界限方面,没有比纯粹知性概念的演绎一章(即"概念分析论"第二章)更为重要的了,在这里他花费了最大的精力。这种演绎分两个方面,即**"主观演绎"**与**"客观演绎"**。所谓主观演绎,就是探讨纯粹知性本身,探讨它的可能性及其所依据的各种认识能力[包括感官、判断力与统觉],即从主观方面来加以研究。所谓客观演绎,则涉及到纯粹知性的对象,意在说明关于对象的先天概念(Begriffe a priori)② [即范畴]的客观有效性(objektive Gültigkeit)。他声称,即便主观演绎没有足够的说服力,客观演绎也会保有其全部力度。[实际上,"先验演绎"学说是康德认识论的重点、难点与核心。]

**第六**[第13~14段],关于形而上学。康德声称,形而上学,按照他自己要给出的概念,将是唯一一门完备的科学,以至它没有忽略任何东西,也

---

① 见康德:《纯粹理性批判》,邓晓芒译,人民出版社2004年版,第3页注①。
② 在康德那里,"先天概念"(见康德:《纯粹理性批判》,蓝公武译,商务印书馆2005年版,第63、100、260页),又称"先验概念"(transzendentaler Begriff)(见康德:《纯粹理性批判》,蓝公武译,商务印书馆2005年版,第56、247等页)、"纯粹概念"(reiner Begriff)(康德:《纯粹理性批判》,蓝公武译,商务印书馆2005年版,第34、72等页),包括空间与时间、纯粹知性概念(范畴)与纯粹理性概念(理念)。

无须后世再增添什么内容。[这等于说,他发现了绝对真理。]而这里批判的任务则首先是阐明形而上学的可能性之来源与条件,并清理和平整全部杂草丛生的地基。

显然,康德的这些预先宣示对理解全书的内容是具有指导意义的,可以说是进入"纯粹理性批判"深奥殿堂的门户,因此对初学者是非常重要的。

## 二、第二版序言[分段亦按邓晓芒译本]

这版序言主要谈了以下几个问题:

**第一**[第1~8段],理性与科学。康德指出,对于由理性所操持的知识所进行的深入研究,是否是在科学的道路上进行,这很容易由其结果来断定。为此他回顾了科学发展的历史。

首先[第2~4段]是逻辑学。自古以来,从亚里士多德开始,逻辑学就已经走上了可靠的道路,但至今却再没能前进一步。其原因是它抽掉了知识的一切对象及其差别,因此在其中知性只与自己本身及其形式打交道,从而仅构成各门科学的门径。而对理性来说,它所从事的事业不仅是与自己相关,而且要与客体相关。因为,要获取实际的知识就必须到关于客体的科学中去。康德断言,只要这些科学包含理性,其中就必定会有某种东西能够先天地被认识,而理性知识只有两种方式与其对象相关:或者单纯地规定其对象及其概念,或者使其对象成为现实,前者叫理性的理论知识,后者叫理性的实践知识。

其次[第5~6段],是数学。它与逻辑学一样,从希腊人开始就走上了可靠的道路。中间虽有一段长期的停顿(在埃及人那里),但由于其中一人的幸运创建,而促成了一场"**思维方式的革命**"(Revolution der Denkart)。例如第一个证明了等腰三角形定理的人(泰勒斯或别人)发现,仅凭自己的概念就可以先天地推导出那些属性。

再次[第7~8段],就是自然科学(物理学)。康德认为,自然科学走上科学大道为时甚晚。他列举了培根的经验论以及伽利略、托里拆利、施塔尔等人的贡献。他指出:理性一手执其原理,一手执其实验,为了受教于自然必须走近自然。正是由于这些人的贡献,自然科学才逐渐走上了可靠的道路。

　　**第二**[第9~11段],形而上学的哥白尼式转变。康德认为,形而上学是一种完全孤立的思辨的知识,它完全凌驾于经验教导之上,其知识只凭借一些概念去求得。因此它至今还处在盲目摸索之中,尤为恶劣的是,只在概念中盲目摸索。康德认为,出路在于模仿数学与自然科学的榜样进行一场"思维方式的变革"。他的思路是:"迄今为止,人们曾假定我们的一切知识都应当与对象相符合。但是按照这个假设,通过概念对于对象先天地有所确立,以便扩展我们关于这些对象的知识的一切尝试,都以失败而告终了。因此我们就要尝试着弄清,如果从对象应当与我们的知识相符合这样的假设出发,我们在形而上学的任务上是否会取得更大的成就。"① 他打个比方,就像哥白尼在一切天体围绕观测者(地球)旋转的假定失败以后,再假定观测者(地球)围绕天体旋转,看看是否会取得成功。于是康德就一改我们的直观必须与对象相符合的形而上学观点,而确立对象必须与我们的直观能力相符合的形而上学观点,以此来解决先天知识的可能性及其界限的形而上学问题。康德宣称他取得了成功,这就是所谓的"哥白尼式的转变"。[这种"哥白尼式的转变"就是经验论的颠覆和先验论的确立。]

　　**第三**[第12~15段],关于"纯粹理性批判"。康德用了大量的篇幅列举了他所作的"纯粹理性批判"所取得的主要成就,主要是以下两点:

　　**首先**[第12段],对形而上学的贡献。康德宣称,他的批判在形而上学的第一部分[指"先验分析论"]中,即在它所从事的先天概念(只有与它们相适应,经验的对象才能被给予)的研究方面,向形而上学许诺了科学的可靠道路。因为在指明了思维方式的转变以后,就很容易地解释了先天知识的可能性,并且更重要的是,给了先天地存在于自然界(作为经验对象的总和)基础中的法则以令人满意的证明[指"纯粹知性概念的演绎"以及"纯粹知性原理"的"证明"]。而这两个问题的解答,按照以前的方法是不可能的。但是关于这种先天认识能力的演绎,在形而上学的第二部分[指先验辩证论]中却遇到了困难,这就使我们不得不断言:我们决不能凭借这种认

---

　　① 康德:《纯粹理性批判》,邓晓芒译,人民出版社2004年版,第14页。

识能力超越可能经验的界限,虽说这是形而上学最想得到的成就。但康德却庆幸地指出,这种情况正好反证了我们理性的先天知识只适用于现象,而自在的事物本身(Sache an sich selbst)虽然就其自身来说是真实的(wirklich),但却是不可认识的[这就是他的"不可知论"]。康德申述说,迫使我们超出经验和现象的界限的东西乃是不受条件限制者,这是理性必然和有权要求于物自身的东西,因为要完成条件系列,不受条件限制的东西是必要的。如果我们假定经验性知识与物自身相符合,那就不可能没有矛盾。但是如果我们假定所认识的对象只是作为表象总和的现象,因此必然与表象的形式相符合,那就没有矛盾了。但是我们的思辨理性仍然可以根据形而上学的愿望,借助于先天可能的知识,去超出一切可能的经验界限,去占领实践理性的领地。

其次[第 14~15 段],纯粹理性批判的积极效果。粗略地看,批判的效果只是消极的,只在警告人们不可以思辨理性超越经验的范围,这确实是批判的第一用处。但是康德争辩说,仔细看来这种批判的效果也会成为积极的。因为这种批判在限制思辨理性的限度内虽为消极的,但由于它排除了实践理性应用的障碍,则具有积极的和重要的用途。例如在先验分析论中证明了我们的知识只限于经验的对象,但经进一步考察却应当记住,我们虽然不能认识作为物自身的对象,但至少可以思维它。于是他假定,如果不对现象与物自身作出区别,那么就不能不陷入矛盾:例如我说人的灵魂(Seele),其意志是自由的,又是不自由的。这是因为我是按照同一含义,即按照一般物① (Ding überhaupt)(作为自在的事物本身),[注意:这里一般物 = 物自身],来设想灵魂的。但是如果我们按照批判,从两种不同的意义来设想对象(如灵魂),即或者作为现象(Erscheinung),或者作为自在之物本身(Ding an sich selbst),这样就可以消除矛盾:人的灵魂作为自在之物本身[注意:灵魂也是物自身],其意志是自由的,但作为现象,其意志却要服从自然的必然性,因而是不自由的。这样道德学说和自然的学说就都保住了自己的位置。因此康德说:"因此,如果不从思辨理性那里去掉它对超验知识的奢望,我就连为了理性的完全必要的实践应用而

---

① "一般物"是一个重要的概念,在康德那里是指"自在的事物本身",实即"物自身"。

假定上帝(Gott)、自由(Freiheit)和不死(Unsterblichkeit)，也是不可能的。"① 于是他表示："因此我不得不限制知识，以便为信仰[指上帝、自由和不死]腾出地盘，而形而上学的独断论[Dogmatismus(又译"教条主义")]②，即认为没有纯粹理性的批判在形而上学中就会取得成功的偏见[注意这个定义]，是一切互相矛盾的无信仰的道德的源泉，这种无信仰在任何时候都是非常独断的。"③ 接着康德申述说，他的批判触及的只是学派的垄断，而决不会损害人类的利益。他举例说，对来世的希望起源于人们不满于现世的本性[不死]，自由的意识依据于义务的明白展示与种种欲望的对立[自由]，对造物主的信仰则来自于自然界中到处可见的光荣秩序、美丽和神意[上帝]。这些都没有因批判而受到影响。而他的目的只是铲除各种唯物论、宿命论、无神论、自由思想的信仰缺失、狂信和偏见，以及唯心论和怀疑论。因此他呼吁各国政府要促进这种"批判的自由"，以使理性的工作建立在坚实的基础上，认为这比支持"学派专制"体面得多。毫无疑问，这一呼吁至今还有现实意义。[这里，康德不仅拒斥唯物论、唯心论和怀疑论，而且还要反对学派专制，呼吁批判自由。]

## 第二节　全书"导言"摘要译评[见第29～46页]

[提示]如前所述，欧洲近代哲学认识论从一开始，就在知识观上产生了根本分歧，并分成两大流派：经验论与唯理论。康德的基本立场是把两种对立的知识观调和起来。这篇《导言》陈述了康德认识论的基本立场和基本纲领，它们是理解康德哲学的基础，因此非常重要。《导言》共七节，主要讲了三个问题：知识的性质、先天综合判断、纯粹理性批判。下面我们摘要地加以译评。

---

① 康德：《纯粹理性批判》，邓晓芒译，人民出版社2004年版，第21页。
② 康德所谓的"独断论"是指"似乎无须纯粹理性的批判就能够在形而上学中取得成功的偏见"(见康德：《纯粹理性批判》，蓝公武译，商务印书馆2005年版，第21页)，实即非批判的教条主义的方法论。
③ 康德：《纯粹理性批判》，蓝公武译，商务印书馆2005年版，第21页。

## 一、知识的性质

康德在**第一节**一开头就提出:"我们的一切知识(Erkenntnis)① 都是从**经验**(Erfahrung)② 开始的,这是绝没有疑问的;因为,如果不是由于对象 [这里的对象是指物自身]激动(rühren)我们的感官(Sinn),一方面由它们自身产生表象③ (Vorstellung) [这里是作为直观的表象],一方面促使我们的知性活动起来,对这些表象加以比较,把它们联结起来或分离开来,并由此把粗糙的感官印象的质料加工成被称之为经验的关于对象 [这里是指现象(显象)]④的知识,[注意:这里的经验=知识,康德在后面说:经验不过是诸现象依照概念的综合统一⑤]我们的认识能力(Erkenntnisvermögen)怎么会觉醒起来开始活动呢? 所以按时间,没有任何知识先于经验,一切知识总是从经验开始的。"⑥ [这样,一开局康德就陷入了作为现象(显象)的对象与作为物自身的对象的二元矛盾之中,这是首先应当注意的。]接着,康德又指出,虽说我们的一切知识(在时间顺序上)都从经验开始,但并不等于说我们的一切知识(在逻辑构成上)都来源于经验。因为完全可能的是:我们的"经验知识"(Erfahrungserkenntnis)是由我们得之于感官印象的东西(即"质料")和来自我们知识能力所赋予的东西(即"形式")这两者的结合所构成的。⑦至于这两者的关系,这里康德还没有细说,但根据后面的论述可以看出:前者是质料(内容),后者是形式;前者是后天的,后者是先天的;前者是被规定

---

① 知识或认识,按康德的说法,"或者是直观,或者是概念"(见康德:《纯粹理性批判》,蓝公武译,商务印书馆 2005 年版,第 259 页),又说,知识包括两种因素,"第一是概念","第二是直观"(见康德:《纯粹理性批判》,蓝公武译,商务印书馆 2005 年版,第 106 页)。

② "经验"(Erfahrung),这里是指感觉和知觉,而包含有感觉与知觉的知识则被称之为"单纯的经验性知识"(bloße empirische Erkenntnis)、"经验性知识"(empirische Erkenntnis)、"经验知识"(Erfahrungserkenntnis)。(见康德:《纯粹理性批判》,李秋零译,中国人民大学出版社 2004 年版,第 5、2、1 页。)但康德又常称"知识"为"经验",视知识等同于经验(见康德:《纯粹理性批判》,蓝公武译,商务印书馆 2005 年版,第 29、121、193 等页)。

③ 康德称表象为"心灵的变状"(见康德:《纯粹理性批判》,蓝公武译,商务印书馆 2005 年版,第 124 页),并把表象分为两类(见康德:《纯粹理性批判》,蓝公武译,商务印书馆 2005 年版,第 75 页,这种二分法来自于洛克,见休谟《人类理解研究》,关文运译,商务印书馆 1972 年版,第 23 页注①),一为直观(感性印象),一为概念,前者表象单一,后者表象普遍。这里是指直观。

④ 在康德那里,对象(客体)具有两重含义:或为现象[显象],或为物自身。(见康德:《纯粹理性批判》,蓝公武译,商务印书馆 2005 年版,第 19 页)

⑤ 康德:《纯粹理性批判》,邓晓芒译,人民出版社 2004 年版,第 130 页。

⑥ 康德:《纯粹理性批判》,邓晓芒译,人民出版社 2004 年版,第 29 页。

⑦ 康德在《导论》中说:"经验[即经验性知识]是由直观与判断构成的,直观属于感性,而判断则仅仅是知性的事情。"(见康德:《未来形而上学导论》,庞景仁译,商务印书馆 1978 年版,第 70 页)

者,后者是规定者①。

而既然在经验知识中,包含两种可能的来源或因素,即感官印象和知识能力,那么在康德看来,就存在一种不依赖于经验,甚至不依赖于一切感官印象的知识,这种知识应当被称之为"先天的"(a priori)②,以便把它们与来源于后天的(a posteriori)知识,即"经验性的知识"(empirische Erkenntnis)区别开来。但是他又宣称,"先天的"[在康德那里,先验、超验、先天三者有别,也常混用]一词不等于是"纯粹的"(rein)一词,例如"每一个变化都有其原因"这个命题(Satz)所包含的知识是先天的,但并不纯粹。因为"变化"是个只能从经验中获得的概念,因此该命题虽然能够脱离个别经验而独立,但不能脱离一切经验而独立。康德认为,只有那种完全不掺杂任何经验性东西的先天知识(Erkenntnis a priori),才是纯粹的,这就是后面要讲的那些表现为"纯粹知性原理"的知识。[也就是说,凡是不直接来源于经验的知识,都可以称之为"先天的"知识,而只有既不直接也不间接来源于经验的知识才能叫做"纯粹的"的知识。]

随后在**第二节**,康德提出了区别先天知识(纯粹知识)与经验性知识的标志问题。他认为,先天知识的正确标志是绝对的必然性和严格的普遍性③,二者不可分割,是互相从属的,因此具有普遍性与必然性的判断(Urteil)只能来源于先天的知识能力。④他举例说,象数学中的任何命题和常识中"一切变化必有一个原因"之类的命题,就是这种先天的知识。而经验性的知识则相反,只具有由归纳而来的假定的和相对的普遍性。康德还认为,不仅一些作为知识的判断(或命题)的起源是先天的,而且一些概念也是这样。例如,我们从某关于物体的经验性概念(empirischer Begriff)中除去一切经验性的东西,如色、硬、软、重、不可入性等等[它们属于

---

① 康德:《纯粹理性批判》,邓晓芒译,人民出版社 2004 年版,第 229 页。
② 在康德那里,先天(a priori)并不等于"天赋观念论"所说的"天赋",那是指上帝或理念世界移植到人心中的东西,而应当是指由"不为我们所知的总根"(见康德:《纯粹理性批判》,蓝公武译,商务印书馆 2005 年版,第 46 页)固定在人心中的东西。(见齐良骥:《康德的知识学》,商务印书馆 2000 年版,第 127 页;康德:《纯粹理性批判》,韦卓民译,华中师范大学出版社 2000 年版,第 7 页)
③ 这里原为"必然性",在《形而上学导论》中则为"绝对的必然性"(见康德:《未来形而上学导论》,庞景仁译,商务印书馆 1978 年版,第 38 页)。
④ 普遍性与必然性只能来源于先天的认识能力,这是康德先验哲学的最基本的假设之一,在他看来:先天的=普遍必然的,普遍必然的=先天的。但这是一个错误的假设,来自于康德对数学知识和部分物理学知识所具有的普遍性和必然性的绝对化理解,而他并没有追问绝对的普遍性与必然性是否可能。(参看黑格尔的评论,见黑格尔:《哲学史讲演录》第 4 卷,贺麟、王太庆译,商务印书馆 1981 年版,第 260 页)

经验属性],而留下的物体所占的空间[即广延]概念[由此形成"一切物体都是有广延的"这一先天的分析命题]。同样,如果你从一切有形的或无形的客体的经验性概念中除去由经验告诉你的一切属性(Eigenschaften),那么你还是不能从中拿掉你赖以把这种客体作为实体或附着于实体来思考的那种属性(虽然这个概念比一般客体的概念包含更多的规定性)[由此形成"一切物体都是实体"等命题]。这些概念就是"先天概念"[包括时空概念、诸范畴和诸理念]。这种概念所包含的必然性,也是以先天的知识能力为基础的。① [如前所述,这是康德哲学的一个重要假设,但他不懂,根本没有纯粹先天的知识(包括先天判断和先天概念),他所谓的先天知识归根结底都来源于经验。数学和自然科学的基本原理也不例外,如"两点间的直线最短"、"整体大于其部分"、"一切物体都有广延"、"人皆有死"等等,都是经验的结晶,谈不上绝对的普遍性与必然性。]

再接着在**第三节**,康德提出,为了防止对先天知识能力的滥用,必须在哲学中有一种规定先天知识的可能性、原理及其范围的学问。他指出,比前面所讲的更为重要的是,有这样一种知识,它依赖于在经验中没有其相应对象的概念[指范畴],把我们判断的范围扩大到一切经验的界限之外。我们的理性正是靠着这种知识,在经验所不能达到的领域中,从事更加高贵的研究。这种研究所涉及的问题就是**上帝、自由和不死**,关于这类问题的学问就是形而上学,亦即所谓玄学,实即哲学。但康德认为,这种形而上学最初是独断的,因为它没能先行审查理性的能力是否适合于如此伟大的事业而贸然从事之。②康德认为,造成这种状况的原因是,作为先天知识一部分的数学,早已证明是可以信赖的,因此人们对于虽说在性质上与它不同的其他部分的先天知识,也抱有乐观的期望。

但是康德又指出,数学在超经验的领域中所取得的进展,虽然给了我们以"光辉的范例",但数学所研究的对象和知识却仅限于其能够在直观中表现出来。而由于人们忽视这一点,就难以把纯粹概念同先天被给予我们的纯粹直观区别开来。这样就造成一种情况,即以为脱离经验的限制,依靠纯粹的概念就可以随心所欲地扩大我们的知识。这正像轻捷的

---

① 这里各中译本均加注了《批判》第一版中的一个重要观点,即:在我们的经验(即经验性知识)中掺杂有先天的知识。

② 黑格尔嘲笑这种做法是:在下水之前要先学会游泳。(见黑格尔:《哲学史讲演录》第4卷,贺麟、王太庆译,商务印书馆1981年版,第259页;或见黑格尔:《小逻辑》,贺麟译,商务印书馆1980年版,第118页)

鸽子在劈开空气自由飞翔时感到空气的阻力,于是就玄想在真空中飞行会更舒适一些一样。康德认为柏拉图就是这样的哲学家。他以为感官世界限制理性过甚,于是就鼓起理性的翅膀,轻率地离开感官世界,突入纯粹知性的真空中,结果却因为缺少支撑而没有取得任何进展。康德认为,人们之所以敢于像柏拉图一样从单纯的概念出发,去建立思辨的结构,是因为理性的任务往往是对已有的概念进行分析。这种做法虽然仅在于阐述我们概念中所含有的成分,但就其形式而言,仍不乏是一种创建。但是当人们不自觉地把完全不同的其他概念加之于已有的概念而作出全新的判断[即综合判断]时,这种做法的可靠性就大成问题了。于是康德就在休谟和莱布尼茨的启发下,提出了分析判断与综合判断的区别,并以此为起点来阐述先天知识的可能性、原理和范围的问题。

### [短评]

**首先**,康德一方面宣称我们的一切知识始于经验,一方面又主张我们具有某种先天的纯粹知识,这是自相矛盾的。他想要调和经验论与唯理论,但他实际上做不到这一点。他所能做的就是在两者之间摇摆。当他声明我们的一切知识始于经验时,他无疑是一个经验论者,而且当他进一步承认通过经验,外界的对象刺激我们的感官从而产生表象时,他甚至是一个唯物主义者。但当他宣布仅仅依靠先天的知识能力就可以获得先天的纯粹知识时,他无疑是个唯理论者,从而又是一个先验论者和唯心论者。这里他确实陷入了二元论,因而遭到了来自经验论与先验论两个方面的反对。

**其次**,康德关于只有先天的知识才具有绝对的必然性和严格的普遍性、而经验性的知识只具有假定的和相对的普遍性的说法本身,不过是一种非批判性的假设,是唯心论的和形而上学的,是没有根据的。对唯物辩证法来说,并不存在什么先天知识或第一原理,一切知识归根结底来源于经验、来源于实践,任何知识都是相对真理与绝对真理的统一。正如马克思所说:"人的思维是否具有客观的真理性,这并不是一个理论的问题,而是一个实践的问题。人应该在实践中证明自己思维的真理性,即自己思维的现实性和力量,亦即自己思维的此岸性。关于离开实践的思维是否具有现实性的争论,是一个纯粹经院哲学的问题。"① 因此康德所设想的具有绝对必然性和严格普遍性的知识是没有的,科学史上的无数事例证明了这一点。

第三,康德把形而上学(玄学或哲学)知识同数学知识加以区分的做法本来是无可非议的,但他强行把形而上学同其他科学割裂开来的做法却是错误的。这里,康德弄不清个别与一般、具体与抽象、相对与绝对的辩证法。对唯物辩证法来说,所谓形而上学知识实即哲学知识,是自然科学知识和社会科学知识的升华、概括和总结,是从个别上升到一般、从具体上升到抽象、从相对上升到绝对的结果,这里没有不可逾越的界限。

## 二、先天综合判断

为了解决先天的综合知识如何可能的问题,康德提出了"先天综合判断"的认识形式问题。而为了解决这个问题,他在**第四节**中,首先把含有主谓关系的一切判断[作为认识形式或真理形式]分为两种,即"**分析判断**"(analytisches Urteil)与"**综合判断**"(synthetisches Urteil)②。按康德的说法,分析判断的特点是:判断的谓词属于主词,是主词的概念中隐蔽地包含着的东西,两者具有"同一性"(Identität),它被称为"说明性判断",因为它对主词的概念并未增加任何新内容,只是通过"分析"把主词概念的内容加以分解而形成的"下属概念"(Teilbegriff)罢了。例如"一切物体都是有广延的",就是这样的判断,因为在"物体"这个概念的定义中已经包含了"广延"这一属性③。而综合判断的特点则是:判断的谓词并不包含在主词的概念之内,而是在主词概念之外,是对主词概念的一种添加,它被称之为"扩大性的判断",因为这种判断依据"经验"把谓词与主词"综合"在一起,使之属于同一个对象,所以形成了经验性的综合。例如"一切物体都有重

① 《关于费尔巴哈的提纲》,见《马克思恩格斯选集》第 1 卷,人民出版社 1995 年版,第 55 页。
② 分析判断与综合判断的分法主要来源于莱布尼茨的"推理的真理"与"事实的真理"的区分(见莱布尼茨《单子论》第 33 节;见华特生:《康德哲学讲解》,韦卓民译,商务印书馆 1963 年版,第 28 页)。但这一区分在洛克那里就可以碰到迹象(见康德:《未来形而上学导论》,庞景仁译,商务印书馆 1978 年版,第 27 页)。但是按罗素的说法,莱布尼茨却把分析判断与综合判断的区别同先天判断与经验判断的区别"混为一谈"了。(见罗素:《西方哲学史》,何兆武等译,商务印书馆 1981 年版,第 249 页)
③ 笛卡儿把物体(或物质、形体)的本质属性归结为广延(见北京大学哲学系编译:《十六—十八世纪西欧各国哲学》,商务印书馆 1975 年版,第 180 页;黑格尔:《哲学史讲演录》第 4 卷,贺麟、王太庆译,商务印书馆 1981 年版,第 89 页)。

量"就是"经验性的"综合判断,因为"物体"的概念中并不包含"重量"的内容,谓词重量是对主词物体概念的一种添加。随后,他结合第二节提到的关于从来源看的先天知识(**先天判断**)和经验性知识(**经验判断**)的区分,指出两点:第一,分析判断必定是先天的①。例如在"一切物体都是有广延的"这一判断中,物体概念必然包含广延这一谓词的内容(其他如实体、力、可分性等等②),因此在作出这一判断时,不必求助于经验的证明,而仅仅依照矛盾律从物体概念中"分析"地抽出它所包含的广延性等作为谓词就够了。这样得来的判断既是先天的又是分析的,即"先天的"分析判断。③ 第二,经验判断(Erfahrungsurteil)④ 皆为综合的⑤。例如在"一切物体都有重量"这一判断中,物体概念并不包含重量这一谓词的内容(其他,如不可入性、硬度、颜色,等等⑥),但是在经验中我们总是发现,物体概念中所包含的广延等等常常与重量这一属性相联结,于是就把重量概念作为谓词"综合"地添加到作为主词的物体概念之上,从而形成了直观的综合的联结,并由此而作出了既是经验性的又是综合的判断,这就是"经验性的"综合判断。⑦接着康德就把先天判断与经验判断结合起来,吸取其各自的优点,提出了一种新的判断形式,这就是"先天综合判断"(synthetisches Urteil a priori),如常识中"一切发生的事物都有其原因"这样的判断。与之相对立的则是"后天综合判断"(即经验性的综合判断),它来源于经验。⑧ 康德宣称先天综合判断既具有先天判断的必然性和普遍性,又具有综合判断对主词概念有所添加的性质,因而是一种比较完满的判断形式和认识形式。[为了弄清判断的分类请参看后表。]但是他提出,在先天

---

① 见康德:《未来形而上学导论》,庞景仁译,商务印书馆 1978 年版,第 19 页。
② 见康德:《纯粹理性批判》,蓝公武译,商务印书馆 2005 年版,第 50 页。
③ 这里,分析判断只涉及到主谓词概念之间的关系(见石里克:《普通认识论》,李步楼译,商务印书馆 2005 年版,第 104 页)。
④ 康德在《形而上学导论》第 18 节中曾把经验性判断(empirisches Urteil)与经验判断(Erfahrungsurteil)区别开来,认为经验的判断包括知觉判断与经验判断两种,知觉判断(Wahrnehmungsurteil),即单纯经验的判断,只具有主观的有效性,而经验判断则是具有客观有效性(普遍必然性)的判断。后来在《批判》第二版中则不再强调这种区别,因此就只剩了下经验判断。
⑤ 见康德:《纯粹理性批判》,蓝公武译,商务印书馆 2005 年版,第 35 页。
⑥ 参见康德:《纯粹理性批判》,蓝公武译,商务印书馆 2005 年版,第 50 页。
⑦ 这里,经验性的综合判断就涉及到了主词概念所指的对象[如物体]之"完备经验",正是通过这种经验(康德把经验称之为在经验性的综合判断中把谓词加到主词上去的 X),一个新的谓词[如重量]概念被加到主词的概念["物体"]上去了。(见康德:《纯粹理性批判》,蓝公武译,商务印书馆 2005 年版,第 37 页;石里克:《普通认识论》,李步楼译,商务印书馆 2005 年版,第 104 页。)
⑧ 见康德:《未来形而上学导论》,庞景仁译,商务印书馆 1978 年版,第 20 页。

综合判断中,绝没有经验做后援,于是他问:当我们超出作为主词的甲概念之外,而把作为谓词的乙概念同甲概念相联结,我们的依据是什么? 比如就"一切发生的事物都有其原因"这一判断而言,在作为主词"一切发生的事物"这一概念中,我们可以考虑到在此之前的一种存在,从而使我们可以作出一个分析判断,例如"一切发生的事物都在其时间之前有一种存在"。但康德指出,作为谓词的"原因"这一概念,同作为主词的"一切发生的事物"这一概念完全不同,因为它绝不能包含在"一切发生的事物"的表象中,换言之,"原因"这一概念绝不可能在经验中同"一切发生的事物"这一概念联结起来。于是又出现了一个问题:我们有什么理由使"原因"这一概念必然地隶属于与它完全不同的"一切发生的事物"这一概念? 他追问这个不可知的理由 X 究竟又是什么? 它不可能是经验,因为把"原因"与"一切发生的事物"联结起来所揭示的物理学原理,具有严格的普遍性和绝对的必然性,因而必定是先天的,是以纯粹的概念为基础的。所以康德推断,这个 X 必然是一切先天的思辨知识的最后依据,其实它不是别的,正是他后面所说的"统觉的本源的综合统一"①。这样,康德就把揭示"先天综合判断如何可能"的问题作为《批判》一书的**"最重要"**任务甚至是**"唯一"**任务提出来了。

再接着在**第五节**,康德论述"在理性的一切理论学科中都包含有先天综合判断作为其原理"。

**首先**,一切纯粹数学② 的判断都是综合的并且常为先天的。他以"7 + 5 = 12"(即"七与五之和等于十二")的算术命题为例加以说明,认为在"七与五之和"这一概念中只包含两个数相联结的意思,而不包含把两个数联结起来的那个单一数是什么的意思。他认为,为了得出"七与五之和等于十二"的判断,必须依靠纯粹的直观[即对空的时间的直观],例如我们使五指或五点逐一加到七的表象上去,最后得到十二这个数目。③ 他认

---

① 康德:《纯粹理性批判》,邓晓芒译,人民出版社 2004 年版,第 103 页。
② 量的学说(见康德:《康德书信百封》,李秋零译,上海人民出版社 2006 年版,第 115 页)。
③ 这里的 7、5、12 都属于量的概念或范畴(见康德:《康德书信百封》,上海人民出版社 2006 年版,第 116、173 页)。

为这是一个综合过程,因而"7 与 5 之和等于 12"这一判断是一个综合判断。①同时这一判断又是先天的,因为它具有绝对的必然性和严格的普遍性,从而绝不能来自于经验[即只能来自纯粹的直观,但是他没有说明用 5 个指头和 5 个点的"图像"② 作类比,是否具有经验的性质,这是他无法解决的难题]。接着他又指出"两点间的直线为最短"这一几何学命题首先也是一个综合命题,因为"直线"这一概念只表示线段的质,而并不表示线段的量,因此从"直线"的概念中无论如何也分析不出"最短"③ 的概念来,而为了作出上述判断也必须依靠纯粹的直观[即对空的空间的直观]。④ 当然与此同时,这一判断由于具有绝对的必然性和严格的普遍性,而绝不能来自于经验,所以又只能是先天的。

**其次**,纯粹自然科学(特别是纯粹物理学中的力学)的基本原理[定理]都是先天综合判断。他以"在物质世界的一切变化中物质的量保持不变"和"在运动的一切传递中作用与反作用必然永远相等"这两个物理学定理为例加以论述。他认为,这两个命题不仅因为具有必然性和普遍性而是先天的,而且也是综合的。例如"物质"这一概念只含有"占有空间"的意思,而不包括"保持不变"的意思,因此作出"物质的量保持不变"的判断,必定是综合的结果。

**再次**,形而上学应当包含先天综合判断。因为形而上学的任务之一在于扩大我们的知识,并且越出被给予的概念到达经验不能到达的领域,因而需要先天综合判断。他认为,像"世界必然有一个最初的开端"、"灵魂是不死的"、"上帝是存在的"等命题,就是这种形而上学的先天综合判断。⑤

在作了上述分析以后在**第六节**,康德把纯粹理性的根本问题归结为"先天综合判断如何可能"的问题,认为这是关系到形而上学成败的大问

---

① 当然这个论据是不能令人信服的,例如黑格尔就不赞成这种说法,他指出:"这种综合完全是分析性质的,因为这种联系完全是造作出来的"。他还指出,如果说加法从表面看是综合的,那么减法则"完全是分析的"。(见黑格尔:《逻辑学》上卷,杨一之译,商务印书馆 1977 年版,第 220～223 页)

② 康德:《纯粹理性批判》,蓝公武译,商务印书馆 2005 年版,第 146 页。

③ "最短"属于量的概念(见康德:《未来形而上学导论》,庞景仁译,商务印书馆 1978 年版,第 68 页)

④ 当然这个论据也是不能令人信服的,因此遭到许多人的反对也就不足为奇了,例如,黑格尔就认为这个命题是分析的(见黑格尔:《自然哲学》,商务印书馆 1980 年版,第 44 页);石里克则宣称:"几何学的判断是先天的,但它们根本不是综合的判断。"(见石里克:《普通认识论》,李步楼译,商务印书馆 2005 年版,第 421 页)。

⑤ 见郑昕:《康德学述》,商务印书馆 1984 年版,第 74 页。

题。由于他把科学归结为数学、自然科学(物理学)和形而上学(哲学)三大类,因此他又把上述"先天综合判断如何可能"的问题分解为以下四个具体问题:(1)纯粹数学如何可能? (2)纯粹自然科学如何可能? (3)作为自然倾向的形而上学如何可能? (4)作为科学的形而上学如何可能? 这四个问题中,前两个问题由于相关的那两门科学已经实际存在,当然是可能的,所以追问其"如何"可能是合适的。而对于后两个问题情况则大不相同。康德认为,形而上学的出现应以他自己为界分为两个阶段。在他之前,形而上学只是假冒科学之名,实际并未取得成就。这时形而上学提出的一些问题,如世界是有始还是无始、是单纯的还是复合的等问题,纯属是由人类理性的自发倾向而来,它不可避免地要陷入矛盾。因此在他看来,这些问题实际是些假问题,而关于这些假问题的学问自然也是假学问。但这种假学问毕竟已经存在,而且以后也将继续存在,因此他就要求考察这种形而上学所以产生的人类"理性的本性"、实即主观可能性的根据,这就是第三个问题的提出,而这个问题是在《批判》的第二部第二编即"先验辩证论"中加以解决的。于是从他开始,形而上学才真正成为科学,因为这时要解决的问题是理性要确定它是否能够知道它的对象,是否要对它本身的活动进行"限制",于是就有了第四个问题的提出。这里,康德要考察的是理性与其对象相关是可能还是不可能的根据,实即在客观上是可能还是不可能的根据。康德认为,对理性自身的这种批判的考察,最终必然使形而上学成为科学。这个任务是由《批判》全书来加以解决的。

　　附:为了对康德的判断分类有一个直观的了解,特制作下表以供参考:

判断(按来源分) ┌ 经验判断——综合判断(一切物体都有重量)
　　　　　　　　│ (后天判断)
　　　　　　　　│ 　　　　　　┌ 分析判断(一切发生的事物都有其先前的存在)
　　　　　　　　└ 先天判断 ┤
　　　　　　　　　　　　　　　└ 综合判断(一切发生的事物都有其原因)

判断(按形式分) ┌ 分析判断——先天判断(一切物体都是有广延的)
　　　　　　　　│ 　　　　　　┌ 经验判断(一切物体都有重量)
　　　　　　　　└ 综合判断 ┤ (后天判断)
　　　　　　　　　　　　　　　└ 先天判断(一切发生的事物都有其原因)

## [短评]

**首先**，康德关于"先天综合判断"的提出在哲学史上曾产生了重大影响，对其评价也褒贬不一。例如，费希特自称比康德的批判哲学"更加进步"，用他的"批判唯心主义""以普遍的最令人满意的方式答复了""先天综合判断如何可能"的问题。① 黑格尔则指出："康德所提出的先天综合判断这一概念，是他的哲学中伟大和不朽之处。这个概念表示**区别**与**同一**不可分离，同一在自身那里也就是不曾分离的区别。"② 他甚至试图把它纳入到自己的绝对唯心论体系中去，说："综合就是结合。先天综合判断不外是相反者通过其自身而达到的联系，或绝对的概念亦即不同的规定的联系，非由经验所给予的联系如因果等等，这些就是思维的规定。"③ 但他同时又指出，康德的"先天"与"综合"的概念是"空洞"的。④ 但是康德的"先天综合判断"学说却遭到了现代科学哲学家们（如石里克和卡尔纳普）几乎一致的反对和批驳，例如他们认为"康德所举出的例子毫无例外全是错的"⑤。

**其次**，康德关于分析判断与综合判断的划分从他的先验逻辑的角度来看固然是不错的，但是从**辩证法**的角度来看，把分析判断与综合判断截然分割开来却是形而上学的错误做法。康德没有弄清分析判断与综合判断的关系，这使他后来在论述统觉的**分析统一**与**综合统一**的关系时陷入了困境。对辩证法来说，分析判断与综合判断正像分析与综合一样，是互相依存、互相渗透的。没有纯粹的分析判断，因为任何分析判断都是对综合物的分析，是以综合为前提的；也没有纯粹的综合判断，因为任何综合判断都是对分解物的综合，是以分析为基础的。正如恩格斯所说，"思维既把相互联系的要素联合为一个统一体，同样也把意识的对象分解为它们的要素。没有分析就没有综合"⑥。而列宁则称"分析和综合的结合"⑦

---

① 费希特：《全部知识学的基础》，王玖兴译，商务印书馆1986年版，第106、31页。
② 黑格尔：《逻辑学》上卷，杨一之译，商务印书馆1977年版，第222页。
③ 黑格尔：《哲学史讲演录》第4卷，贺麟、王太庆译，商务印书馆1981年版，第261页。
④ 黑格尔：《哲学史讲演录》第4卷，贺麟、王太庆译，商务印书馆1981年版，第221页。
⑤ 施太格缪勒：《当代哲学主流》上卷，王炳文等译，商务印书馆1986年版，第18、375页。
⑥ 《马克思恩格斯选集》第3卷，人民出版社1995年版，第381页。
⑦ 列宁：《哲学笔记》，人民出版社1974年版，第238页。

为辩证法的"要素"。所以黑格尔批评了康德所使用的"有限认识"的分析方法与综合方法,指出:"哲学的方法既是分析的又是综合的"①;并且说:"这个既是分析的,又是综合的判断的环节……它应该叫做辩证的环节。"②

第三,还应当看到,康德所提出的先天综合判断的判断形式本身就是臆造的和独断的,是为他的先验论、二元论和不可知论服务的。他为了解释数学、自然科学和形而上学的知识应当具有普遍性和必然性的问题,先造出一个所谓的"先天的"分析判断来,然后再把它嫁接到所谓的"经验性的"综合判断上去,以为这样就能使判断既具有普遍性和必然性又能使原有的知识得到进一步的扩展。其实这不过是一种幻想,无论其同代人还是后代人,都难以认同。因为康德认为,要想使先天的分析判断加进新的内容,最终还要依靠"统觉的本源的综合统一",即依靠先验的统觉,这已经是十足的先验论了。况且统觉的综合统一仍然有一个"如何可能"的问题。但这个问题却被康德列到不可知的领域中去了,这又是十足的二元论和不可知论。因此"先天综合判断如何可能"的问题实质上还是没有解决,这就是康德的不彻底性了。但是,"先天综合判断"却是康德哲学的一个基本概念和基本假设,是它的灵魂,其后面的一切理论都以之为基础,因此还是应当特别给以重视的。

## 三、纯粹理性批判

康德认为(**第七节**),通过以上的论述,我们就达到了一种特殊科学的理念,即**纯粹理性批判**。按他的说法,理性③ 乃是提供先天知识原理的能力,而纯粹理性则是绝对先天地认识某物的诸原理[或原则]的理性。④ 这些原理的总和构成纯粹理性的体系。但是康德认为,这种纯粹理性的体系却从来没有建立过,而他的任务只是为建立这种体系做一项准备工作,就是审查纯粹理性的来源和界限,因此称之为"批判"。于

① 黑格尔:《小逻辑》,贺麟译,商务印书馆1980年版,第424页。
② 黑格尔:《逻辑学》下卷,杨一之译,商务印书馆1977年版,第537页。
③ 理性,在康德那里有三种含义:第一,泛指先天知识的总和,从而包括纯粹直观和纯粹知性;第二,与知性同义;第三,仅指追求超经验知识的能力,即纯粹理性。这里用第一种含义。
④ 参见康德:《纯粹理性批判》,邓晓芒译,人民出版社2004年版,第43页。

是他声称,批判的目的不在于扩大知识而在于校正知识,以及对一切先天知识提供一个检验其有无价值的标准。所以在康德看来,这种批判并非要建立纯粹理性的体系,而不过是要批判理性自身的能力而已。康德称:"我把一切就其是先天可能而言的知识,叫做先验的(transzendental)①,这种知识一般地说不研究对象,而研究我们关于对象的认识方式[实即认识形式]。这样一些概念的体系就叫做'**先验哲学**'(Transzendental – Philosophie)。"② 因此对康德来说,先验哲学就是关于认知对象的先天形式的概念体系[包括空间与时间概念、范畴、理念]的一门学问。这门学问包括分析的和综合的两种先天知识,是纯粹理性批判"建筑术式"地规划出来的"纯粹理性的全部原理的体系",其中包括对人类全部知识的"详尽分析"。而他的"纯粹理性批判"虽然包含有先验哲学的一切主要部分,但它的研究范围要小一些,因为它仅限于先天综合知识的原理,至于这种研究所涉及的"分析",则限于与先天综合知识原理有关的部分。康德指出,尽管纯粹理性批判并不打算建立一个纯粹理性的体系,但作为一门学问,它也还是自成体系的,它包括两大部分,即:一、纯粹理性的要素论,即先验要素论[蓝译"原理论",即关于各种先天知识要素的理论],包括:1.先验感性论;2.先验逻辑,包括先验分析论[即先验知性论]与先验辩证论[即先验理性论]两个部分。二、纯粹理性的方法论,即先验方法论,包括:1.纯粹理性的训练;2.纯粹理性的法规;3.纯粹理性的建筑术;4.纯粹理性的历史。关于"纯粹理性批判"的整个体系,请参看下表(见下页):

① 在康德那里,首先"先验的"(transzendental)与"超验的"(transzendent)是有区别的,按康德的说法"先验的""这个词并不意味着超过一切经验的什么东西,而是指虽然是先于经验的(先天的),然而却仅仅是为了使经验性知识成为可能的东西说的"。(见康德:《未来形而上学导论》,庞景仁译,商务印书馆1978年版,第172页)其次"先验的"与"先天的"虽然有时是通用的,但又有区别,按康德的解释,并不是所有的先天知识都是先验的,只有关涉到知识的"先天地可能或先天地应用"时,才可以使用"先验的"一词(康德:《纯粹理性批判》,蓝公武译,商务印书馆2005年版,第75页);按齐良骥的解释,先验知识是对先天知识作出"解释"而形成的知识,即关于先天知识的知识(见费希特:《全部知识学的基础》,王玖兴译,商务印书馆1986年版,第25~26页)。

② 康德:《纯粹理性批判》,邓晓芒译,人民出版社2004年版,第44页。

纯粹理性批判（先验哲学）
- 纯粹理性要素论（先验要素论）
  - 先验感性论
    - 空间
    - 时间
  - 先验逻辑
    - 先验分析论
      - 概念分析论
      - 原理分析论
    - 先验辩证论
      - 纯粹理性的概念
      - 纯粹理性的推理
- 纯粹理性方法论（先验方法论）
  - 纯粹理性的训练
  - 纯粹理性的法规
  - 纯粹理性的建筑术
  - 纯粹理性的历史

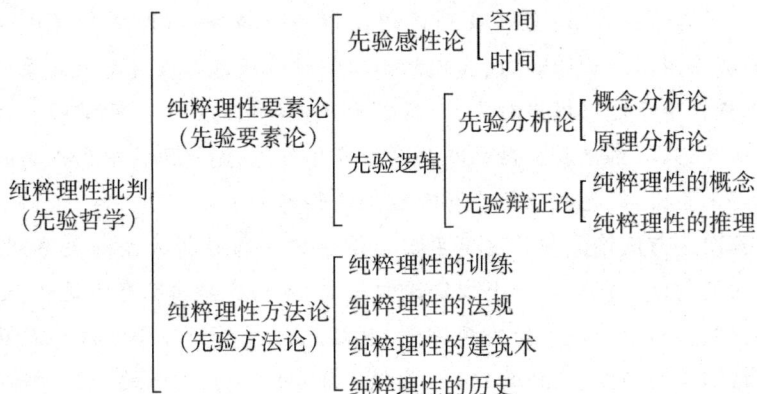

这里，康德在解释把先验感性论放在要素论第一部分的理由时说：人类知识能力有**两大支干**（Stämme），即感性（Sinnlichkeit）与知性（Verstand）①，它们"可能来自于一个共同的但却不为我们所知的**总根**（Wurzel）"，通过感性"对象被给予我们"，通过知性"对象被我们思维"。[要注意这个最基本的提法。]对象被给予我们的条件必先于对象被我们思维的条件，因为对象必须先被给予我们，然后才能被我们思维，因此先验感性论必须成为先验要素论的第一部分。[这里反映了康德先验论中的经验论成分。]

### [短评]

这里涉及到两个重要的哲学问题：

**首先**是**认识论问题**。康德企图建立一门关于先天知识的原理的学问，当然是一种先验论的做法。但是他又试图把这种先验论建筑在经验论的基础上，这是矛盾的，然而是事实。不过康德试图追溯人类认识的主观根源，即主体或主观的能动性，并试图揭开人类的认识能力、认识形式、认识结构和认识界限的秘密，这无疑是对认识论的重大贡献。事实上，康德是近代哲学史上第一个系统研究认识论中主体性原则的人。他虽然固守着先验唯心论的基本观点，但是由于他坚持了马克思所说的认识活动的"能动的方面"，因此对于克服机械唯物论的认识论还是有着重要理论

---

① 康德把感性称之为"低级的认识能力"，把知性称之为"高级的认识能力"，而这里的"知性"又取广义，包括知性、判断力和理性。其中，知性提供概念，判断力提供判断，理性提供推理。（见康德：《实用人类学》，邓晓芒译，重庆出版社 1987 年版，第 84、88 等页）

意义的。具体点说,这里涉及到认识论中感性与知性(即通常所说的理性)的关系问题。康德认为,我们的知识虽说是通过知性去思维对象的结果,但感性由于能够提供对象,因而成为产生知识的一个必要前提。因此康德认为,只有感性和知性的联合才能产生知识,这样他就把感性与知性结合起来了,同时也把经验论与唯理论调和起来了。

　　**其次是方法论问题**。这里主要是综合方法与分析方法的关系问题,这个问题构成了《批判》一书方法论的核心,我们在前面已有所论述,这里不再重复。而康德却十分重视综合,包括综合判断和综合方法。而后者又包括综合的手段、综合的作用、综合的原理[原则]、综合的主体等等,它们构成《批判》一书的主要内容。例如康德就称《批判》一书是用综合的方法写成的,而齐良骥称其"是一个细致分析过的伟大综合",认为其中包含着许多辩证法思想①,这个评价是十分中肯的。

---

　　①　见费希特:《全部知识学的基础》,王玖兴译,商务印书馆1986年版,第123页。

# 第三章　先验感性论<sup>*</sup>

[提示]康德把**先验要素论**分为两大部分,其第一部分是**先验感性论**。这里,康德论述了先验的感性形式或先验的直观形式,即空间与时间,主要目的是解决纯粹数学知识"如何可能"的问题,其中空间论解决几何学"如何可能"的问题,时间论解决算术(算学)"如何可能"的问题。这里我们按照《批判》原书的标号来分别加以介绍。

## 第一节　先验感性论引言译评[见第49～51页]

[提示]引言主要是关于一系列基本概念的定义,这些概念的界定对理解康德认识论学说是非常重要的,因此应特别加以注意。下面我们要作为重点来加以译介:

### [原文]

§1.[此为原书第二版所加标号,蓝译本用汉字一、二、三……下同。]

一种知识[或认识]不论以何种方式(Art)以及以何种手段(Mittel)同对象 [指显象]相关,它[知识]借之以直接与对象[指现象或显象]相关[的东西],并且一切思维都借之以当做手段① 去追求[的东西],就是**直观**(An-schauung)。[这里是康德给"直观"所下的定义,意即:直观一是知识借之以直接与对象相关的东西,二是思维借之以当做手段去追求的东西。]但直观只在对象[这里指显象]被给予我们的情况下才能产生,而这至少对我们人类来说,又只有靠对象 [这里指物自身]以某种方式激动(affizieren,刺激)我们心灵(Gemüt)

**　 康德:《纯粹理性批判》,蓝公武译,商务印书馆 2005 年版,第 49～71 页。
① 蓝公武、韦卓民本译"手段"(Mittel)为"质料",似无根据,因为康德并非把直观视为思维的质料,而是把直观视为思维的一种手段,通过直观去思维某个对象(即显象),正因如此他从未说过"思维一个直观"之类的话。

的时候才是可能的。[这样,康德就在两种意义(即物自身与现象)上使用"对象"一词,这是容易造成误解的。①]这种以对象[指物自身]激动我们的方式来获得表象的能力(感受性),叫做感性。因此,对象[指现象或显象]通过感性被给予我们,并且只有感性才给我们以直观;而对象[即显象]却通过知性而被思维②,并由知性产生出概念。但任何思维都终归要直接或间接,通过这样或那样一些标志[名称]同直观发生关系,从而同我们的感性发生关系,所以任何一个对象[显象]都不可能以别种方式被给予我们[即只能以直观的方式被给予我们]。

由于我们受到对象[指物自身]的激动而使对象在表象能力上所产生的结果(Wirkung,或作用)叫做感觉(Empfindung)。直观因通过感觉而与对象[显象]发生关系被叫做经验性的直观。未被规定的经验性直观的对象被叫做现象[显象]③[这意味着这种现象,只是直观的对象]。

在现象[显象]中同感觉相应的东西,我称之为现象[显象]的质料(Materie),而那种借以按一定方式对现象[显象]中的杂多(Mannigfaltige)④进行整理的东西,我称之为现象[显象]的形式(Form)⑤。因为那种能在其中被整理并被安排到一定形式中去的东西本身不能是感觉,所以尽管一切现象[显象]的那种质料只能后天地被给予我们,但现象[显象]的形式却应当在[我们的]心灵中先天地准备好了[注意,空间与时间是"先天地"准备好了

---

① 见康蒲·斯密:《康德〈纯粹理性批判〉解义》,韦卓民译,华中师范大学出版社2000年版,第121页。

② 这里各中译本均把"对象(原文为人称代词 sie,即它们)通过知性而被思维"译为"直观通过知性而被思维"似有误(韦译本译为"它们……被思维",尚说得通),而俄译本则明确地译为"对象……被思维"(见康德:《纯粹理性批判》俄译本,罗斯基译,莫斯科埃克斯莫出版社2006年版,第63页)。如果参照下面一些话来判断,证明一些中译本此处的译法是有问题的。例如:"对象被我们所思维"(参见康德:《纯粹理性批判》,蓝公武译,商务印书馆2005年版,第46页);又如:"对象……被我们所思维","对感性直观的对象进行思维的能力就是知性"(参见康德:《纯粹理性批判》,蓝公武译,商务印书馆2005年版,第72~73页);再如:"概念,通过它,那与直观相应的对象被思维"(参见康德:《纯粹理性批判》,蓝公武译,商务印书馆2005年版,第99页)。

③ 这里的"显象"(Erscheinung),韦卓民译本译为"出现"(见康德:《纯粹理性批判》,韦卓民译,华中师范大学出版社2000年版,《中译者前言》第8~9页与正文第62页注③),齐良骥译为"显现"(见费希特:《全部知识学的基础》,王玖兴译,商务印书馆1986年版,第23页),李秋零译本译作"显象"(见康德:《纯粹理性批判》,李秋零译,中国人民大学出版社2004年版,第56页),蓝公武、邓晓芒译本均译为"现象"。

④ "杂多"(Mannigfaltige)是多数中译本的译法,黑格尔《哲学史讲录》中译本第4卷译为"杂多的东西"(参见黑格尔:《哲学史讲演录》,贺麟、王太庆译,商务印书馆1981年版,第268页),齐良骥的《康德的知识学》译作"多样的东西",并作了解释(参见齐良骥:《康德的知识学》,商务印书馆2000年版,第23页)。

⑤ 这里要注意,"形式"是与"质料"相对应的,与前面以及后面所讲的"方式"不同,蓝公武译本把"形式"与"方式"相混是不妥的。

的东西],并因而能够同一切感觉分别开来加以考察。

我称一切表象中不属于任何感觉的东西为纯粹的(rein)(就先验的意义而言)。与此相适应,一般感性直观的纯粹形式,即一切现象的杂多在其中按一定关系被直观的那种形式,先天地存在于[我们的]心灵中[注意,纯粹直观是"先天地"存在于心灵中的]。这种感性的纯粹形式本身也将被叫做**纯粹直观**(reine Anschauung)[这就是直观本身或空的直观]。这样,当我们从物体的表象中抽去知性关于它[物体]所思维的一切东西,例如实体、力、可分性等等①,连同其中属于感觉的一切东西,例如不可入性、硬度、颜色等等[即所谓第二性的质],那么从这种经验性的直观中还会留给我们某种东西,这正好是广延(Ausdehnung)和形状(Gestalt)。而这两者则属于纯粹的直观,它作为感性的纯粹形式,即便没有感官或感觉的实际对象,也先天地存在于[我们的]心灵中。

我把一切先天的感性原则[原理]的科学叫做先验感性论②。因此,应当存在这样一种科学,它构成了关于先验学说起点的第一部分,而与其相对立的是包含纯粹思维的原则并被称做先验逻辑的科学。

因此,在先验感性论中,我们**首先**要抽掉知性借助于自己的概念所思维的一切东西,使感性孤立出来,以便除了感性直观以外不留下任何东西。然后,我们再从这种直观中抽掉一切属于感觉的东西,以便只留下纯粹直观以及现象的单纯形式,即由感性先天给予我们的唯一东西。按照这种研究就会发现,存在着感性直观的两种纯粹形式,作为先天知识的原则,这就是空间与时间,我们现在就对它们加以考察。

[这里涉及到康德认识论的一系列基础概念,并且都给出了精确的定义,其中包括:直观、感性、感觉、经验性直观、现象(显象)、纯粹直观等等,都是需要牢牢加以把握的。]

## [短评]

康德关于上述一系列概念所下的定义和说明中,有许多混乱甚至自

---

① 即所谓第一性的质,在康德看来,实体、力、可分性都分析地包含在物体的概念中,由此形成"一切物体都是实体"等先天分析命题。
② "感性论",原文为 Ästhetik,现在指美学,康德赋予它两种认识来源之一的含义(见康德:《纯粹理性批判》,蓝公武译,商务印书馆 2005 年版,第 50 页,并见康德:《纯粹理性批判》,韦卓民译,华中师范大学出版社 2000 年版,第 61 页注②的解释,又见奥特弗里德·赫费:《康德的〈纯粹理性批判〉——现代哲学的基石》,郭大为译,人民出版社 2008 年版,第 67 页的解释)。

相矛盾的地方。

**例如**，在直观的定义中所涉及的"对象"一词就有两种含义。当他说在直观中"对象被给予我们"时，这对象是指感性印象，即指现象或显象，它完全是在我们之内的主观的东西；而当他说我们的心灵被对象"以某种方式激动"时，这对象则是指直观的原因，即某种在"我们之外"的客观的东西，就是物自身或自在之物。这样就容易引起混乱，这一点斯密在他的《康德〈纯粹理性批判〉解义》中已经指出过了。①

**又如**，关于直观与其对象的关系也是含混的。当他说"未被规定的经验性直观的**对象**被叫做现象[显象]"时，这种直观是有其对象的，这对象就是作为表象的现象或显象；而当他后来又指称表象是指"直观或概念"②时，直观就包含在表象之中，这样直观就是表象，因而它就再没有自己的对象了，因为按康德的观点，直观和表象是不可能以本体或物自身为对象的。这样，康德就陷入直观既有其对象又没有其对象的矛盾。因此胡塞尔指责他"缺少在直观与被直观物之间的明确区分"③。但斯密则认为直观与对象是"互相包含"的，直观是"见到的"对象④。

**再如**，关于现象[显象]（Erscheinung）的定义。当他说现象[显象]仅指"未被规定的经验性直观的对象"时，这现象是指在直观中直接被给予我们的感性内容或感官印象，这就是带有主观性的、尚未规定的对象，即所谓"显象"，但是当他后来把通常意义上的"现象"（Phänomen）定义为"以范畴的统一为基础的对象"时，这现象的含义就有所不同了，它成了被规定了的显象，即真正的经验对象或认识对象，这二者是容易混淆的。

但不管怎么说，从先验感性论一开头我们就看到了基本概念的歧义、矛盾和混乱。当然造成这种状况的原因并非是康德的一时疏忽，而是他在唯物论与唯心论之间、经验论与唯理论之间左右摇摆的结果，是他的哲学二元论和不彻底性的表现。这样就造成对他的哲学的理解上的困难。

---

① 见康蒲·斯密：《康德〈纯粹理性批判〉解义》，韦卓民译，华中师范大学出版社2000年版，第121页。
② 康德：《纯粹理性批判》，蓝公武译，商务印书馆2005年版，第75页。
③ 胡塞尔：《第一哲学》上卷，王炳文译，商务印书馆2006年版，第509页。
④ 康蒲·斯密：《康德〈纯粹理性批判〉解义》，韦卓民译，华中师范大学出版社2000年版，第122页。

# 第二节 "空间"论摘要译评[见第49~54页]

## 一、空间概念的形而上学阐明[原书标号§2]

[提示]在康德那里,空间本身不过是感性直观的纯粹形式,即纯粹直观,而不是概念。但是为了把握、理解和规定这种纯粹直观,就必须动用知性的概念,即把它知性化和概念化,因此康德把空间以及下面要讲的时间与范畴、理念一起当做"先天概念"来加以论证。① 斯密曾对康德在这里因使用"空间概念"而引起的混乱提出过质疑,但这种指责是不对的。② 这里所谓的空间概念的形而上学阐明③ 就是指对空间概念所包含的内容(即空间直观)所作的形而上学的即本体论的解释,是指对空间的先天直观的"本性"④ 所作的直接描述。这种"解释"与下面先验分析论中的"演绎"不同,如果解释是直接的描述,那么演绎则是间接的证明。下面就是形而上学"解释"的内容:

首先,康德把感官(心灵的一种属性)分为两种,即外感官(äußerer Sinn)与内感官(innerer Sinn),外感官的形式是空间,内感官的形式是时间。通过外感官对象[这里指现象]被表象为在"**我们之外**"⑤,并且完全处在空间之中;在空间中,外部对象的形状、大小及其相互关系得到规定或能够被规定。通过内感官虽然不能产生对作为一个客体的灵魂本身(Seele selbst)[即我自身]的直观[注意,内感官不能直观灵魂本身],但是它却能够提供一种形式,即时间,以使我们的心灵能够对其本身或其内部状态的直观成为可能,并使一切属于内部规定的东西(was)都被表象为在时间关系之中。我们不能从我们之外直观到时间,正如我们不能从我们之内直

---

① 见康德:《纯粹理性批判》,蓝公武译,商务印书馆2005年版,第118页注①、第129等页。
② 见康蒲·斯密:《康德〈纯粹理性批判〉解义》,韦卓民译,华中师范大学出版社2000年版,第138页。
③ 齐良骥译为"表述",亦可译为"解释"。
④ 罗素的提法(见罗素:《西方哲学史》下卷,何兆武等译,商务印书馆1981年版,第257页)
⑤ 在康德那里,"在我们之外"有两种情况,一是指离开我们而存在的物自身,一是指空间中的现象。(见康德:《纯粹理性批判》,蓝公武译,商务印书馆2005年版,第303页)而这里的"之外"是指感知方向的"外",即外感官的"外",即空间的"外",而不是指物自身在我们之外的"外",与之相对应的是感知方向的"内",即内感官的"内"、时间的"内"。

观到作为某物的空间一样。那么空间与时间究竟是什么呢？它们是真实的存在物（wirkliches Wesen）①呢？还是物（Ding）本身所具有的规定（Bestimmung）或关系（Verhältnis）②呢？或者仅仅是我们心灵的主观性状（subjektive Beschaffenheit）所具有的直观形式③呢？为了弄清这样的问题，他认为首先就要阐明空间概念。于是他给形而上学阐明下定义说：当一种阐明含有把概念展示为先天被给予的东西时，它就是形而上学的。下面就是关于空间的形而上学阐明的四个内容，包括空间的**先天性**、**纯粹性(绝对性)**、**唯一性(单一性)**和**无限性**：

1.空间并不是从外部经验中抽取出来的经验性的概念。④ 因为要使我们的某些感觉与我们之外的某物(它占据着我们自身所在空间的别一部分)关联，以及使我们把它们表现为相互外在与互相并列，从而不仅是各不相同，而且还处在不同的位置上，就必须以空间的表象为前提。因此空间的表象[这里是指直观]不能根据经验从外部现象的相互关系中得来，相反，外部经验本身只有通过空间表象才是可能的。[这里讲的是空间的先天性。康德从空间与外部经验的关系上来进行论证，提出了究竟是空间表象依赖于外部经验，还是外部经验依赖于空间表象的问题，前一种观点是经验论，后一种观点是先验论。显然康德是站在先验论的立场上论述空间的先天性的。]

2.空间是作为一切外部直观之基础的必然的和先天的表象[即直观]。我们可以设想空间中空无对象[像牛顿那样]，但决不能形成一个没有空间的表象[即决不能想象空间本身不存在]。所以空间应当被看做是外部现象之所以可能的条件，而不应被看做是依附于这些现象的规定，相反，空间却是必然存在于外部现象根底中的先天表象[即先天直观]。[这里讲的是空间的纯粹性或绝对性。康德从空间与空间中对象的关系上进行论证，实际上是对牛顿的绝对空间所作的唯心主义改造，把牛顿的绝对空间移植到人的心灵中去，使之变成了"纯粹的直观"。康德在他的《自然科学的形而上学初始根据》中区分了"绝对空间"

---

① 这是牛顿的主张，他认为空间与时间是一只"空箱子"或"容器"；而黑格尔则反对"独立不依地存在的空间"，认为"空间总是充实的空间，决不能和充实于其中的东西分离开"。(见黑格尔：《自然哲学》，梁志学等译，商务印书馆1980年版，第42页)
② 这是莱布尼茨的主张，他认为空间与时间是"一种关系、一种秩序"；而据罗素说："现代人几乎全采取空间的关系观。"(见罗素：《西方哲学史》下卷，何兆武等译，商务印书馆1981年版，第260页。)
③ 这是康德自己的主张，他认为空间与时间是"感性直观的纯粹形式"。
④ 这是针对经验论说的，似乎是指洛克的观点，因为在他看来，空间观念是从视觉与触觉得来的(见洛克：《人类理解论》上卷，关文运译，商务印书馆1983年版，第134页)。

与"相对空间",前者是"纯粹的空间"、"不动的空间",后者是"物质的空间"、"可运动的空间"①。这里讲的正是"绝对空间"、"纯粹空间",即空间"本身"或"空的空间"②。]

3.空间不是一个关于一般物(Ding überhaupt)的相互关系的推论性[即像莱布尼茨所主张的通过形式逻辑的比较和抽象的方法所得出]的概念或所谓的一般性概念(allgemeiner Begriff),而是一个纯粹直观(reine Anschauung)。[这就是说,空间不仅是一个直观,而且是一个纯粹的直观。]因为在康德看来,首先,[从广度看,]我们自己只能表象一个唯一的空间(einiger Raum),而如果说到各种不同的空间,那也不过是指同一个独一无二的空间(alleiniger Raum)的各部分。[因为在康德看来,只有直观才直接与一个单一的个体发生关系,而概念则通过共相间接与许多个体发生关系,所以空间必定是一个唯一的直观。]其次,[从深度看,]部分空间的表象决不能先于唯一一个空间的表象,相反,部分空间只能在这个唯一的空间中才能被思考。因为空间本质上是"唯一"(einig),其中的"杂多"以及关于一般空间的普遍概念,也都只是基于对这唯一空间的种种限制。[这样,康德就推出了空间的唯一性或单一性。]由此可见:一切关于空间的概念都是以先天直观(Anschauung a priori)(非经验性的直观)为基础的。为了证明空间的先天的直观性,康德以几何学例子加以证明,说什么三角形两边之和大于第三边这一命题,决不能从线和三角形的一般性概念引申出来,而只能是从直观中得来,并且是从具有必然性的先天直观中得来。[这里,康德从空间的纯粹性推出了空间的唯一性或单一性,实际上是把牛顿的机械唯物论的时空观嫁接到莱布尼茨的唯理论时空观上,使空间成为一种绝对的和先天的直观形式,从而是唯一的和单一的直观形式。]

4.空间被表象为一个无限的被给予的量。因为一切概念都应当被看做是一种包含着无数的各种可能表象的表象(作为它们的共同标志),从而能够把这各种不同的表象包括在自身之下,但是却没有一个概念可以被看做是在其自身中,就包含这种无限多的表象。[因为概念是从多中抽取出来的"一",是先有多,后有一。]但只有空间能够被看做是这样的表象(因为

---

① 康德:《自然科学的形而上学初始根据》(见《康德著作全集》第4卷,李秋零译,中国人民大学出版社2005年版,第488页)。
② 康德:《自然科学的形而上学初始根据》(见《康德著作全集》第4卷,李秋零译,中国人民大学出版社2005年版,第507页)。

空间的一切无限的部分是同时存在的)。因而空间的原始表象只能是先天的直观,而不可能是概念。[这里,康德又从空间的唯一性或单一性过渡到空间的量的无限性,即无限广延性与无限可分性。他把空间直观理解为"一中有多"或"一中之多",而把空间概念理解为"多中有一"或"多中之一",并且二者虽然都是"一",但直观的"一"是直接被给予的"一",自身包含着"多",而概念的"一"则是从"多"中抽取出来的"一",只是把"多"统摄在自己名下,而自身则不包含"多"。当然康德并未能真正解决这种"一"与"多"的辩证关系问题。]

## 二、空间概念的先验阐明[原书标号§3前半部分]

[提示]如果说"形而上学阐明"是本体论的说明,那么"先验阐明"(即先验论的阐明)就是"认识论"的说明①,意在指出先验的空间形式在经验应用中的客观有效性。② 郑昕认为,形而上学阐明所讨论的是空间的"体",而先验阐明所讨论的则是空间的"用"。③ 下面是这个阐述的基本内容。

首先康德给先验的阐明下定义说:"我所谓的先验的阐明,就是把一个概念解释为这样一个原则,它能够使其他先天综合知识的可能性得到理解。"④ 为此要做到两点:第一,这些先天综合知识是从这一给定的概念(即空间概念)推导出来的;第二,这些先天综合知识只有以这一概念(即空间概念)所给出的解释方式才是可能的。[换言之,先天综合知识(指几何学)以空间概念(即空间直观)及其先验的(非经验的)解释为前提。]

接着康德又举出几何学的例证。他给几何学下定义说:几何学乃综合地且又先天地规定空间性质的学问。然后他问:为了使几何学知识成为可能,空间表象究竟应该是何种表象呢? 他的结论是:必须是直观⑤,因为从单纯的概念(它也是一种表象)中是不可能引申出超出概念范围之外的命题的(见《导言》第五节)。而且这种直观又必须是先天存在于我们

---

① 这是罗素的提法(见罗素:《西方哲学史》下卷,何兆武等译,商务印书馆1981年版,第257页)。
② 见康蒲·斯密:《康德〈纯粹理性批判〉解义》,韦卓民译,华中师范大学出版社2000年版,第148页。
③ 郑昕:《康德学述》,商务印书馆1984年版,第75页。
④ 康德:《纯粹理性批判》,蓝公武译,商务印书馆2005年版,第53页。
⑤ 但石里克指出:"现代数学(指几何学)并不满足于对直观的依赖。"(见石里克:《普通认识论》,李步楼译,商务印书馆2005年版,第51页)。

之中的纯粹的直观,而不应当是后天的和经验性的直观,因为几何学命题全都是无可争辩的和与必然性的意识相联结的,如空间只有三个向量,它不可能是经验性命题或经验判断(Erfahrungssatz),也不可能从经验判断中引申出来(见《导言》第二节)。[这完全是一种假设,已被现代数学所否定。]他进而追问说:一种外部直观[形式],——它先于客体本身[指物自身]并且能在它[外部直观形式]之中先天地规定这些客体概念[也就是使关于客体本身这一概念得到规定],——怎么可能是我们心灵所固有的呢?[意即,先于客体本身的外部直观形式不可能存在于我们心中。]而他的结论则是:这种外部直观只有作为主体的形式特征,即仅仅作为主体的外感官的一般形式,而存在于主体之中,当主体被那些客体所刺激时,就得到了关于它们[客体]的直接表象,即直观[感性直观]。康德认为,只有他的这种解释才能使作为先天综合知识的几何学"如何可能"的问题被人们所理解。[这里,康德又把物自身(客体本身)拉了进来反证他关于空间作为主观的先天形式的假设,但却又一次造成了作为物自身的客体与作为现象(表象)的客体的混淆。]

下面是康德的两个论点或两个结论:

1.空间不是任何物自身的属性[针对笛卡儿],也不表象自在之物的相互关系[针对莱布尼茨],也就是说,不表象属于对象本身(Gegenstand selbst)、并且即使抽掉主体对其直观的主观条件仍然保留下来的那些规定性[即纯客观的规定性]。因为这种规定性无论是绝对的还是相对的,都不可能在它们所从属的那个物存在之前而被先天地直观到。这里,康德的意思是说:如果空间是自在之物的属性或关系,那就不可能离开经验而先天地对它们加以直观。[这样,康德就从反面立论,排除了笛卡儿与莱布尼茨关于空间的客观实在性的学说。]

2.空间仅仅是外感官对象即现象的形式,是感性的主观条件,唯有在此条件下我们才能有外部直观。这是因为主体的感受性(即主体接受对象刺激的主观能力)必须先于对外部对象的一切直观(包括感性直观和纯粹直观),因而才使现象的形式先于①现象的知觉(即现象的内容)以及依靠纯粹直观对感官对象加以先天规定的原理,易于被人们所理解。[这样,

―――――――――

① 这里的"先于"并非指时间上在先,而是指逻辑上在先,关于此点郑昕曾特别指出过。(见郑昕:《康德学述》,商务印书馆1984年版,第85~86页。)

康德就从正面立论,断言了空间作为外感官形式的性质,也就是对空间作了先验论和唯心论的解释。]

### 三、关于空间的实在性与观念性[原书标号§3后半部分]

[提示]为了同传统的唯我论和唯心论划清界限,康德还提出了关于空间的"经验的实在性"与"先验的观念性"相统一的重要思想。

康德争辩说,既然空间不表象自在之物的属性或关系,那么就只有从人的立场出发,也就是从主体立场出发,才能谈得上空间和广延性等等,而离开人类及人类外部直观的主观条件(依靠这一主观条件我们才能有外部直观),空间表象就没有任何意义了。因此空间作为一个谓词,它之所以能归之于物,只在于这物能显现于我们的限度内,也就是说空间只能归之于感性对象(即现象)。因此空间不是别的,正是我们人类感受性或感性的固定形式,这种形式是使对象在其中被直观为在我们之外的一切关系的必然条件,也就是抽掉了感性对象后所剩下的纯粹直观。所以我们不能把空间这一特殊的感性条件看成是事物(Sache)[即事物自身]① 所以可能的条件,只能把它看做是事物的现象所以可能的条件,所以空间只能说是包含着一切在我们之外显现着的物,而不能说是包含着一切自在之物本身,而不管它们在其他的主体或思维存在物那里是否能够被直观到,以及是否同样受到对我们来说是普遍有效的直观条件的限制,对此我们无法作出判断[这里,康德为更高类型智慧体(上帝)的认识活动留下了余地]。康德认为,当我们把判断所受的限制加到判断的主词的概念上去,也就是对主词的概念加以限制,那么这个判断就是无条件的有效了。例如"一切物都互相并存于空间中"的命题,只有把这个"一切物"限定在感性直观的对象的范围内,才能有效。所以如果把这个限制条件加之于主词的概念上,使其成为"作为外部现象的一切事物都并存于空间中"这一命题,那么这个命题作为一条规则(Regel)就是普遍而无限制的有效。这样一来,关于空间概念的先验阐明,一方面证明了对于一切能够显现给我们的外部对象来说,空间具有实在性(Realität)(即客观有效性(objektive Gültigkeit))

---

① 德文原文里 Dinge an sich selbst(自在之物本身)与 Ding an sich(物自身或自在之物)完全可通用。

[注意,在康德看来:实在性＝客观有效性];但与此同时,如果物被理性看做是其自身,即不顾及我们感性的性状,那么就证明了空间具有观念性[或译理想性①,实为精神性](Idealität)了。这样,对外部经验来说空间就具有**经验的实在性**(empirische Realität)②[实为主观的实在性],而对物自身(或自在之物)来说,空间就具有**先验的观念性**(transzendentale Idealität)[即先验性的观念性,实为先天性的主观性]了。[康德自以为这样一来,他就既确认了空间的实在性,又不否认空间的观念性,既同笛卡儿、牛顿、莱布尼茨等人的客观"实在论"③的时空观区别开来,又同贝克莱的主观"观念论"("唯心论")的时空观划清了界限。]

康德进而认为,除了空间表象之外,没有任何主观的并且与外部某种东西相关的表象可以称之为先天的和客观的了。而其他的主观表象,如视、听、触在色、声、热的感觉中的主观性状,均为纯粹的感觉,而不能算是直观,因此不可能从它们之中产生关于对象的知识,尤其是关于对象的先天知识。康德自称,他之所以作如上的说明,目的是在于防止有人以色、味等完全不适当的例证来说明空间的观念性,因为色、味等感觉只是主观中的变化,而且是因人而异的。例如一朵玫瑰花,本来只是一个现象,但却在经验性的理解中被看做是自在之物,而就其颜色来说,对每个观察者却是不同的。可是,关于空间中现象的"先验概念"却批判性地提醒我们:"一般地说,在空间中被直观到的某种东西绝不是事物自身(Sache an sich),而且空间也不是物自己本身所固有的形式,而对于对象自身(Gegenstände an sich)我们什么都不知道,我们称之为外部对象(äußere Gegenstände)的东西,只不过是我们的感性表象,而空间不过是它的形式。而感性表象的相关物,即自在之物本身,则是不会通过这种方式来认识的,也不可能通过这种方式来认识,而且也从未成为需要在经验中讨论的问题。"④[这里,康德无非是要申明两点:1.空间只是外感官的主观条件,只是作为

---

① 郑昕译"观念性"为"理想性"。他认为,空间时间的"经验的实在性"与"先验的理想性"是指空间时间价值的两面,前者讲的是空间时间的"用",后者讲的是它们的"体"。他并进而指出,理解了空间与时间的"先验理想性"的意义,也就抓住了康德空间时间学说的"三昧"。(见郑昕:《康德学述》,商务印书馆1984年版,第87页。)
② 有的译本把经验的实在性(empirische Realität)译为"经验性的实在性",因为康德说的是"经验"具有实在性,而不是说"经验性"具有实在性。同样把"经验的实在论"译为"经验性的实在论"也是不妥的。
③ 见奥特弗里德·赫费:《康德的〈纯粹理性批判〉——现代哲学的基石》,郭大为译,人民出版社2008年版,第82页。
④ 康德:《纯粹理性批判》,蓝公武译,商务印书馆2005年版,第54页。

表象的现象的形式；2.空间绝不是物自身的属性(或形式)，物自身及其属性是不可能通过现象来加以认识的。]

# 第三节 "时间"论摘要译评[见第55~62页]

## 一、时间概念的形而上学阐明[原书标号§4]

[提示]关于时间概念的形而上学阐明与关于空间概念的形而上学阐明是类似的，因此只要理解了关于空间的阐明，也就理解了关于时间的阐明。这一阐明涉及到时间的**先天性**、**纯粹性(绝对性)**、**必然性**、**唯一性(单一性)**和**无限性**，其要点如下：

1.时间不是任何从经验中抽取出来的经验性的概念。因为如果不是时间表象先天地存在于知觉的基础中，那么我们就无法知觉到[物的]同时存在(Zugleichsein)还是互相跟随(Aufeinanderfolgen)。[因为在康德看来，事物同时存在或互相跟随的知觉必须以知觉的先天的纯粹形式即时间为前提。而这就是时间的先天性。]

2.时间是作为一切直观的基础之必然的表象[即直观]。我们可以想象时间中空无现象，但却不能想象从一般现象中除去"时间本身"(Zeit selbst)。[这就是空的时间或所谓的"一般时间"①。但后面康德又一再强调时间本身或一般时间是不能知觉的，即不可知的②。其实这是矛盾的，因为他在这里谈论的正像"空间本身"一样的"时间本身"，即谈论一个不可知的东西，谈论一个自在之物。而这就是时间的纯粹性或绝对性。]

3.时间关系原理的必然性完全依赖于时间表象的先天的必然性。因为"时间只有一个向量[一维]，不同的时间并不是同时的，而是先后继起的"之类的原理绝不能来自于经验，因为经验并不能提供严格的普遍性和必然的正确性。相反，经验告诉我们的只是"如此"而并非"必定如此"。这些基本原理之所以具有规则的意义，是因为靠着它们经验才是可能的，它们指导我们是在经验之前，而不是借助于经验。[这就是时间的必然性。]

---

① 康德：《纯粹理性批判》，蓝公武译，商务印书馆2005年版，第171页。
② 康德：《纯粹理性批判》，蓝公武译，商务印书馆2005年版，第168、171页。

4.时间并不是推论性的概念或所谓的一般性概念,而是感性直观的纯粹形式。因为各种不同的时间只是这同一个时间的各部分,而由一个唯一对象所唤起的表象只能是直观,而不会是概念。况且,像"不同的时间不能是同时存在"之类的命题是综合性的命题,不能来源于概念,而只能来源于直观。[这就是时间的唯一性或单一性。]

5.时间的无限性,不过意味着,它的一切规定的量[即限量]只有通过对唯一的时间进行限制才是可能的。因此时间的源始的[原初的]表象,必须作为无限的东西被给予出来。但是如果一个对象的各部分及其各个量,都只能通过对它们的限制才能确定地表象出来,那么这种表象在整体上就不能通过概念被给予,只能在作为概念的基础之直接的直观中被给予。[因为在康德看来,在概念中是部分(例如"过去"、"现在"、"将来"等概念)在先,即先有部分,而只有在直观中才是整体在先,即先有整体。这样就引出时间的无限性,即无限广延性与无限可分性。]

## 二、时间概念的先验阐明[原书标号§5]

[提示]按康德的说法,时间概念的先验阐明已经包含在上面时间的形而上学阐明的第3项中,故这里从略。下面是他的补充,主要是申明两点:第一,只有通过时间表象才能形成变化和运动的概念;第二,只有当时间表象是一种先验直观时,纯粹力学(也包括算学)① 中的先天综合命题才有可能,这一点已经在形而上学阐明的第3项中作了说明。

关于第一点,康德指出:变化和运动的概念只有通过时间表象并且在时间表象中才得以成立,而时间如果不是先天的内部直观,那么依靠任何一个概念都不能使人们理解变化之所以可能。因为矛盾对立的谓词之能够联结在一个对象中,如"同一个物既在某处存在又不在某处存在"这个命题所说的,只有在时间的先后继起中才能见到。所以要说明运动学(指纯粹力学)中那些先天综合知识之所以可能,只有借助于来自于纯粹直观的时间概念。[时间本身不是概念,但知性在把时间作为一个对象来把握时又必须

---

① 时间表象同时也是算学和纯粹力学的基础,康德在《导论》中说:"几何学是根据空间的纯粹直观的;算学是在时间里把单位一个又一个地加起来,用这一办法做成数的概念;特别是纯粹力学,它只有用时间的表象这一办法才能做成运动的概念。"(见康德:《未来形而上学导论》,庞景仁译,商务印书馆1978年版,第42页)。

动用"时间"概念,这正像直观本身不是概念,但一旦把它说出来就得动用"直观"概念一样。]

## 三、关于时间的结论[原书标号§6]

[提示]这个结论与关于空间的结论类似,其主要内容如下:

1.时间不是什么自在存在的东西[即不是物自身],也不是这种东西所具有的客观规定[即不是物自身的一个属性],从而也不是即便人们抽掉对这种东西进行直观的一切主观条件,还能留下来的东西。这样在康德看来就有两点:第一,时间不是自在的东西,因为他认为,如果是那样的东西,它就会成为即便没有现实的对象,也还是现实存在着的东西。[这是驳斥牛顿的观点。]第二,时间也不是这种自在东西的客观规定或秩序,因为他认为,如果是那样的东西,它就不可能先于对象而作为它们的条件,并且不可能通过先天综合命题而被先天地加以认识和加以直观。[这里他驳斥了笛卡儿和莱布尼茨的观点。]而相反,如果断定时间是我们之内的所有直观的主观条件,那么我们就可以通过综合原理先天地认识到和直观到它,并在对象被给予我们之前先天地把它作为内部直观的形式表象出来。[这里,康德提出,时间是可以先天地加以认识、直观和表象的。但是康德却在后面说"我们并不能知觉到时间本身"①,这似乎是自相矛盾的。]

2.时间不过是内感官的形式,即直观我们自己和我们的内部状态的一种形式。因为时间不是外部现象的规定,也就是说,它不从属于外部现象的形状和位置等等,相反它只规定着我们内部状态中表象间的关系。为了说明这个观点,康德打了一个比喻,即把时间相继性(Zeitfolge)比做一条无限延伸的直线,在这条直线中,时间的杂多构成了只有一个向度(即一维)的系列(Reihe),我们可以以此直线的性质来推论时间的一切性质。但有一点例外,就是直线的各部分是同时存在的,而时间的各部分则是相继起的,这点是不能类比的。这样,从时间的相继关系可以通过外部直观表现出来这件事来看,时间本身的表象是**直观**这一点就更加明显了。

3.如果说空间只是外部现象的先天条件,那么时间就是一切现象的先天条件[因为在康德看来,一切现象都在我们的心灵中]。而空间虽说是外部

① 康德:《纯粹理性批判》,蓝公武译,商务印书馆2005年版第,第171页。

现象的先天条件,但因一切现象作为表象都是心灵的一种状态,因此受到内部直观的制约,从而属于时间。所以康德得出结论说:时间是(我们灵魂的)内部现象的直接条件,同时又是外部现象的间接条件;虽说外部现象是在空间中,但包括外部现象在内的一切现象却又都在时间中。[这就是说,外部现象最终要归于内部现象,这个观点是以先验论为依据的。]接着,正像论述空间的"实在性"与"观念性"一样,康德又照样论述了时间的"实在性"与"观念性"。他论证说,如果我们把内部直观的形式抽掉而把对象只看做是自在的存在,即看做是自在之物(或物自身),那么时间就毫无意义了。但时间仅对现象而言才具有**客观的有效性**(objektive Gültigkeit),而现象是被我们当做是感官的对象的。所以如果我们抽掉我们的直观的感性,也就是抽掉我们所特有的表象方式而谈论**一般物**(Ding überhaupt)(即自在的事物),那么时间就不再是客观有效的了。因此时间只是我们人类直观的主观条件(我们的这种直观永远是感性的,也就是它被限定在我们被对象所激动的范围内),它一旦超出我们主观的范围,就什么也不是了。但是对于一切现象来说,也就是对于我们经验中的一切物来说,时间又必然是客观的。因此我们不能说"一切物都在时间中",因为在一般事物的概念中,已经抽掉了对事物进行直观的一切方式,从而抽掉了事物作为一个对象唯一由之能在时间中被表象出来的条件。但如果我们把这个条件加到事物的概念上去,而说"一切物作为现象(即作为感性直观的对象)都在时间中",那么这个命题就具有正当的客观的正确性和先天的普遍性了。这样一来,康德就得出了他的结论:我们主张,对于在感官中被给予我们的一切对象,时间具有客观的有效性,即具有"经验的实在性"[注意,客观的有效性=经验的实在性],但他同时否认把时间归之于物自身的属性的那种**"绝对实在性"**(absolute Realität)的要求;而主张时间具有"先验的观念性",而这样的时间一当抽掉了与我们的直观的关系,那么它就什么也不是了,因为抽掉这种关系,它就既不能自存地(subsistierend)[即作为实体]也不能依存地(inhärierend)[即作为属性]归到(与我们的直观无关的)对象自身上去。[这就是说,时间对于现象来说具有经验的实在性,而对物自身来说则具有先验的观念性。]

当然康德还不忘记补充说:时间具有的这种观念性与空间的观念性

一样,不能把它与感觉的欺骗相提并论,因为在感觉欺骗的条件下,我们假定一些谓词所从属的现象本身具有"客观的实在性"(objektive Realität)。但时间却不同,除非我们把它看做是经验性的东西,除非我们把对象本身仅仅看成是现象,否则时间的"客观的实在性"就会完全消失。[这里,康德要求把"对象本身"只看做是"现象",只有这样时间才有"客观实在性",这样就形成了一个公式:对象——现象——时间——客观实在性。而黑格尔则概括"客观性"的三种含义是:1.有别于主观的外在的事物(唯物论者确认的含义);2.指普遍性与必然性(康德确认的含义);3.指思想所把握的事物自身(黑格尔确认的含义①)。][这个补充说明与上一节末尾论述空间的观念性时所说的是一样的。]

## 四、解释[原书标号§7]

[提示]这里,康德驳斥了各种不同的意见,主要是指笛卡儿、牛顿和莱布尼茨等人的意见,并进一步论述了时间和空间的性质。

首先[第1段],关于时间的"经验的实在性"。康德宣称,对于他承认时间的"经验的实在性"而否认时间的"绝对的和先验的实在性"的理论,所持一致反对意见的理由是:变化是真实的(即便我们不承认一切外部对象及其变化),这是由我们自己的表象的更替所证明了的;既然变化只能在时间中进行,那么时间就是真实的。康德答复说:我们承认其全部论证,时间确实是真实的东西(Wirkliches),也就是说,是我们的内部直观的真实形式,因此它在我们的内部经验中具有"主观的实在性",也就是说,我们确实具有时间以及我们在时间中的各种规定的表象。因此时间不是作为客体(对象)而被看成是实在的,而是作为我自身(ich selbst)(作为对象的我自身)的表现方式而被看成是实在的。假如我们能够不借助于感性的条件(即感性直观的形式)就能直观到我们自身,或者另外一个存在物不借助于这种感性条件就能直观到我们自身,那么就会产生一种既不需要时间表象又不需要变化表象的知识[即"直悟的"知识]来。所以作为一切经验之条件的时间应当具有"经验的实在性",我们反对的只是它的"绝对的实在性"[实即"在我们之外"意义上的"客观实在性"]。这是因为时间只是我们内部直观的形式,如果除去它,那么时间概念也就消失了,因为时间

---

①　黑格尔:《小逻辑》,贺麟译,商务印书馆1980年版,第120页。

不依赖于对象本身,而只依赖于直观此等对象的主体[即自我]。[这里,康德强调的是时间作为主体的观念的实在性,也就是主体的精神的实在性,归根结底就是他自己所说的"主观的实在性"。如果说它具有经验的实在性,那只是因为它能够应用于经验。这样,连同上面所说,就可以看出一个逻辑公式:主观实在性——经验实在性——客观有效性。]

**其次**[第2段],关于空间的"经验的实在性"。康德追问,反对空间具有"经验的实在性"的意见为什么这样异口同声,就连那些找不出什么充足理由来反对空间的观念说的人也参加进来了?他解释说:原因是这些人不指望能够绝对无疑地证明空间的"绝对的实在性",因为他们受到观念论(Idealismus)(即唯心论)的反对,相信它所认为的外部对象的实在性不可能得到严密的证明,而相反,我们内感官的对象[即我自身(meiner selbst)及我的内部状态]的实在性,却被我们的意识直接确证了。所以他们认定,外部对象或许只是幻象,而内感官的对象则不可否认地是实在的东西。康德指出,但是这些人没有想到外感官和内感官的地位是相等的,它们作为表象其实在性是不容否认的,只不过它们都属于现象而已。而一切现象都有两个方面:一是自在的客体本身(Objekt an sich selbst)(但撇开它被直观的方式,它的性质是可疑的),一是对该对象[客体]的直观形式。而这种直观形式不能求之于自在的对象本身(Gegenstand an sich selbst)之中,只能求之于显现该对象的主体之中。只是这种形式仍然实在地和必然地属于对象的现象。[这样,康德就反驳了关于空间的观念论(唯心论)学说,坚持了他的关于空间的"经验的实在性"的学说。当然康德这里所说"经验的实在性"仍然是"主观的实在性",他所反对的观念论不过是极端的观念论,即贝克莱式的主观唯心论。]

**再次**[第3段],关于时空学说的应用。康德说他的时空学说为各种先天综合知识提供了两大知识来源。他特别强调由他的时空学说导出的纯数学知识,尤其是关于空间及其关系的几何学知识,是这类先天综合知识的光辉例证。他说:空间和时间两者合在一起,是一切感性直观的纯粹形式,正是它们使先天综合命题成为可能的。但是他又声明:时空这两种知识来源只是我们的一切感性的条件,它们只限于应用于现象而不能应用于物自身(自在之物),它们的有效性也只限于现象领域,超出这个界限它们就不再客观有效了。但是时空的这种性质① [即经验的实在性和先验的观念性]，并不影响经验性知识的可靠性，不管它们属于物自身还是属于我们的直观，这种可靠性都能得到保证。但是，对于主张时空具有"绝对的实在性"的人来说，无论把时空看做是"自存的"还是把它们看做是"依存的"，都必然要同他[康德]关于经验本身的原理相冲突，因为在他看来无论是物自身还是其属性，都是超出经验的和不可知的。因此他驳斥说，如果把时空看做是"自存"[作为实体]，像数学派自然学家(指牛顿)那样，那就会出现两种永恒的、无限的和独立自存的虚构物(时间和空间)[绝对的时间与空间]。但如果把时空看做是"依存"[作为属性]，像形而上学派自然学家② 那样，那么就会把空间和时间看做是从经验中抽取出来的诸现象间的关系(即并存或相继)，它们在各自孤立的状态中被模糊地[在经验中]表象着③，这样他们就会否认数学的先天原理对现实物(如空间中的物)的有效性，至少要否定其必然的正确性，因为这种正确性是不能从后天的经验中得来的。按照他们的观点，空间和时间的先天概念[看来空间与时间与范畴、理念一样也是先天的概念]不过是想象力的产物，靠着这种想象力从经验中抽取出并存和相继起的关系，并赋予它们以普遍性，但离开了自然加给它们的限制，它们就不能存在了。康德评论说，主张"自存"说[即实体说]的人(牛顿)至少能够提供一种便利，使数学命题可以进入现象的领域。但当他们打算以知性超越现象而进入自在之物的领域时(例如涉及上帝时)，他们却反被他们提出的那些条件(即永恒的、无限的和独立自存的空间与时间)所困惑[例如如果说时空是永恒的、无限的和独立存在的，那么上帝就存在于时空之中了]。④ 而主张"依存"说[即属性说](莱布尼茨)的人也有其便利，即当他们对对象作出判断时，不是把对象作为现象，而是把它作

---

① 这里的"性质"是指空间与时间的"经验实在性与先验观念性"的统一，各中译本或单用"实在性"，或单用"观念性"似不精确。(见康德：《纯粹理性批判》，邓晓芒译，人民出版社2004年版，第40页注①)其实两者单独看都不完全适合康德的原意，只有把两者结合起来才行。按郑昕的说法，"先验理想性[观念性]"与"经验实在性"是时空价值的"两面"，前者是时空的"体"，后者是时空的"用"(见郑昕：《康德学述》，商务印书馆1984年版，第87页)。
② 指笛卡儿(见奥特弗里德·赫费：《康德的〈纯粹理性批判〉——现代哲学的基石》，郭大为译，人民出版社2008年版，第82页)。
③ 指莱布尼茨的"模糊观念"(见康蒲·斯密：《康德〈纯粹理性批判〉解义》，韦卓民译，华中师范大学出版社2000年版，第175页与第652页注[558])。
④ 见康蒲·斯密：《康德〈纯粹理性批判〉解义》，韦卓民译，华中师范大学出版社2000年版，第175页。

为与知性的关系,那么空间与时间的表象并不妨碍他们。但当他们离开真实的和客观有效的先天直观时,他们就既不能说明先天的数学知识如何可能,也不能使经验性命题与这种先天知识(如数学)必然相一致。而康德认为,只有人们接受了他的感性的两种本源形式的性质的理论,那么这两方面观点的困难就都迎刃而解了。[这样他就自以为驳倒了牛顿和莱布尼茨等人的错误观点,同时也吸收了他们观点中的合理因素。①]

**最后**[第4段],关于先验感性论的两个要素——空间与时间。康德认为,先验感性论除了空间与时间这两个要素外,不能再有其他要素了。这里只要指出,属于感性的一切其他概念,甚至像把空间与时间联结起来的运动的概念,都是以经验性的物为前提这一点就够了。例如运动就是以对某种运动中的物的知觉为前提的。而就"空间本身"来说,其中并无运动者存在,此运动者必须是通过经验在空间中所发现之物,它们就是经验的质料。因此先验感性论不能把变化的概念列入到先天的要素中去,因为显然时间本身并不变化,变化的只是时间中的物,所以变化的概念是以某物的存在以及其规定之先后继起的知觉为前提的,也就是说,变化是以经验为前提的。

[无疑,从这些"解释"中可以使人们加深对康德时空观的理解。]

# 第四节　先验感性论的"总说明"与
## "结论"简介[原书标号§8,见第64~71页]

[**提示**]这个"总说明"(Allgemeine Anmerkungen)[蓝译"全部要点"]主要是论述康德关于空间与时间的"观念性理论",在第一版中只有第一项,包括两点,而第二版则增加为四项,即从四个方面说明了先验感性论的基本观点,下面是简介:

## 一、关于感性知识(即直观)的基本性质

康德认为,为了避免一切误解,必须尽量清晰地加以说明。[这是第一

---

① 见康蒲·斯密:《康德〈纯粹理性批判〉解义》,韦卓民译,华中师范大学出版社2000年版,第175页。

版原有的内容,原文有 6 个自然段(见邓译本),分为两点。]

**第一点**[第 1~4 段],是正面的说明,集中表述了他的**先验论、唯心论**和**不可知论**的观点。

**首先**[第 1 段],康德称:我们的一切直观无非是关于现象[显象]的表象[这种表象除直观外还有概念],而我们所直观的物,其自身[即自在之物本身]并非是我们所直观的那样。并且,它们的关系,其自身也不是它们向我们显现的那样。而如果我们去掉了我们的主体,或者仅仅去掉了我们一般感官的主观性状,那么空间与时间中客体的一切性状和关系,乃至于空间与时间本身,就都消失了,因为物作为现象,不能在其自身之内存在,而只能在我们之内存在。[在康德看来,认识的唯一对象不过是现象,而现象又不过是表象,而表象则存在于我们之中,因此认识不是主体对对象自身的认识,而只不过是主体对自己的表象即观念的认识。这是典型的唯心论。]至于**对象自身**是什么样的,如果离开了我们感性的感受性,那就完全不能为我们所知了。换言之,我们所知道的只是我们知觉这些对象的方式(Art)[指感性],它虽然应当是我们每个人所固有的,但并非是一切存在物(即其他智慧生物)所必有的。我们只同这种方式发生关系。空间与时间则是这种方式的"纯粹形式",而一般感觉则是这种方式的质料。空间与时间是我们能够先天地(即在一切现实的知觉之前)加以认识的纯粹形式,因此它们被称之为纯粹直观;而感觉则是我们知识中使其被称之为后天知识即经验性直观①的东西。空间与时间绝对必然地属于我们的感性,不管我们的感觉是什么样的。而感觉则可以是各种各样的。但是,不管我们使我们的直观有多高的清晰度,我们还是不能由此而接近自在的对象本身②的性状。因为在任何情况下,我们所能充分认识的只是我们直观的方式,也就是我们的感性[可见知觉方式、直观方式、感性是一个东西],但必须是在空间与时间的条件下,而它们却原本就属于主体,至于对象本身究竟如何,即便我们对它们唯一给予我们的现象有最清晰的知识,我们对它们本身还是永远都

---

① 这里,康德把纯粹直观与经验性直观完全对立起来,似乎在经验性直观中再没有纯粹直观的地位了。这种提法与前面的提法相矛盾,因为前面曾说:"感性直观的纯粹形式,可叫做纯粹直观。"(见康德:《纯粹理性批判》,蓝公武译,商务印书馆 2005 年版,第 50 页)可见纯粹直观应包括在经验性直观之中。这是康德自相矛盾的典型例证。

② 在康德那里,自在的对象本身(Gegenstand an sich selbst)与对象自身(Gegenstand an sich)是可以通用的。

不会知道。[这里,康德的先验论、唯心论和不可知论的观点已经是非常清楚的了。]

　　**其次**[第2段],康德驳斥了那种把感性看成仅仅是物的混乱的表象的看法。① 按照这种看法,这种表象所包含的只是属于自在的东西本身[即物自身],只是我们在认识上尚未分清的各种标志[名称]和下属表象的堆积(Zusammenhäufung)。康德指斥这种说法无疑是对感性和现象概念的曲解,使他关于这些概念的全部学说都变得毫无意义了。他争辩说,不清晰表象与清晰表象的区别只是逻辑上的区别,而不涉及其内容。他实际是说:表象的区别不仅是逻辑形式的区别,而且也是实质内容的区别。他举出"正义"这个概念在其常识用法上,因为包含由精密思辨所能推导出的一切内含,只是在通常的实际使用中人们并未意识到它所包含的杂多表象。但是我们不能因此说,这个寻常的概念就是感性的,并且仅仅包含现象[因此是不清晰的]。因为"正义"作为表象(概念)绝不属于现象,它乃是一个知性概念,表现行为自身的一种性状(道德性状)[因此是清晰的]。这里就涉及到"行为自身"的实质问题。但是他又指出,直观中"物体"的表象就不同了,它绝不包含属于对象本身[即物自身]的东西,而只包含某物的现象,以及我们被这个某物所激动的方式,而我们把认识能力所具有的这种感受性,就叫做**感性**。因此,即便某物的现象能完全被我们所知晓,那么这类知识同关于对象本身的知识,还是有天壤之别的。

　　**再次**[第3段],康德点名批评莱布尼茨与沃尔夫说,他们的哲学把感性的东西与知性的东西的区别仅看成是逻辑形式的区别,使关于知识的本质和起源的研究走上完全错误的道路。因为感性事物与知性事物之间的区别明显是先验的,也就是包括先验内容的。因此二者的区别并非只是逻辑形式上的清晰或不清晰的问题,而是涉及到二者的起源和内容的问题。所以并非是我们由感性所能认识的物自身的性状就是不清晰的,而是我们用任何方法都不能认识物自身及其性状。所以如果我们抽掉了我们的感性的主观性状,那么我们要表象的客体以及由感性直观所赋予的客体的属性,就将不再存在,也不能存在了,因为正是我们的**主观性状**

---

① 这是针对莱布尼茨的(见莱布尼茨《单子论》与《人类理智新论》,陈修斋译,商务印书馆1982年版,第二十九章)。

规定着客体作为现象的形式[即存在方式]。

最后[第4段]，康德开始批判洛克的第一性性质与第二性性质的经验论观点①。他指出，人们通常按照洛克的观点把现象区分为两方面：一为本质上属于直观(第一性性质，如广延、形相、坚、重、运动、静止等)，而且是一切人类感官均感其如是的东西；一为偶然地属于直观(第二性性质，如颜色、声音、滋味、气味等)，而且其表现不与一般感性相关，而只与感官的某种特殊角度或特殊构造相关的东西。于是前者被称之为表现对象本身，而后者则被称之为表现对象的现象。康德认为这种区别不过是经验性的。他说，如果我们到此为止(像洛克那样)，而不再持续前进[像他康德那样]，即进而把经验性的直观只视为与**自在的事物本身**(Sache an sich selbst)无关的现象，那么我们[即康德]关于二者的先验区别就徒劳了。如果停滞不前，我们就会陷入这样的境地，即以为在感官世界中，虽然不管我们怎样深究感官的对象，我们所知道的[事实上]仍只是现象，可我们(像洛克那样)却自信能够知道物自身。这正像把乍雨乍晴时的彩虹视为纯粹的现象，而把雨视为自在的事物本身一样。这种把雨视为自在的事物本身的说法从物理学的角度看可以是正确的。因为在那种情况下，人们只能把雨视为在一切经验中，在与感官的各种角度上，都被这样地确定下来而不能被别样地确定下来。但是如果我们仅就其一般性质上来考察这个经验的客体(不考虑它对一切人类感官是否相同)，而探讨此经验物是否表现自在的对象本身(雨滴当然不是对象本身，它只是经验客体，即现象)，那么雨滴的表象与对象的关系问题立刻就变成是先验的问题了。那样我们就会知道，不仅雨滴纯属是现象，就是雨滴的圆形乃至它降落的空间，都不是自在的什么东西，而只是我们感性直观的变形或基础。至于**先验的客体**(transzendentales Objekt)，则是我们永远不能知道的。[这样在康德看来，洛克所谓第一性性质与第二性性质的区别不过是现象间的区别，而完全不同于现象与物自身的区别。②]

第二点[第5～6段]，是关于上述观点作为一种工具论必须具有的确定性和不容置疑性。

----

① 见洛克《人类理解论》，关文运译，商务印书馆1983年版，第八章。
② 见华特生：《康德哲学讲解》，韦卓民译，商务印书馆1963年版，第92页。

康德提出[第5段],为了证明这一点,他还要援引几何学的实例,并使前面第一节中"空间概念的先验阐明"(《批判》原书中的第一节第三小节)的工具论观点更加一目了然。

接着[第6段],是实例。康德先假定空间与时间本身为客观的(如牛顿所主张的),并且是自在之物本身所以可能的条件[即物自身的存在方式]。于是康德反驳说:**首先**一个明显的事实是,关于空间与时间二者,有无数先天的必然的综合命题存在。关于空间尤其是这样,因此我们就以几何学为例。既然几何学命题都是先天的和综合的,那么**其次**,接下来我们就要问:我们是从哪里得到这些命题的呢? 而且我们的知性为努力获得这种绝对必然的和普遍有效的真理时其依据是什么呢? 康德自己答复说:除了通过概念或者通过直观外,是没有其他办法的。而概念或直观之被给予我们,要么是先天的,要么就是后天的。如果是后者,那么概念就是经验性的概念,还有它所依据的经验性的直观。可是由此等概念和直观所产生的命题只能是经验性的综合命题即经验命题,而不能是别的综合命题,而此类命题绝不会具有必然性和绝对的普遍性,可这二者[即普遍性与必然性]却是一切几何学命题的特征[而现代数学的发展却证明,根本不存在什么带有绝对的普遍性与必然性的命题]。因此要想获得此类知识,唯一的方法就是通过先天的概念或直观[二者择一],而通过单纯的概念只能获得分析的知识。例如"两条直线不能围起一个空间,也不能形成任何一个几何图形"这个命题,我们试试从"直线"和"二"的概念中能否推出它。或者再举出"三条直线能够围成一个几何图形"这个命题,我们试试用同样的方法能否推出它。那么你的努力将是徒劳的[这样就否定了概念],于是唯一的办法是依靠直观,像几何学所做的那样。但是这直观究竟是先天的还是经验的呢? 如果是经验性的直观,那么所获命题既不会是普遍有效性的,更不会是绝对可靠的,因为经验是无论如何不能提供这类命题[要知道这是康德的一个最基本的假设,是康德哲学体系的主要支柱之一]。因此,我们就只能求助于先天的直观,在那里对象应当先天地被给予我们,同时先天的综合命题就以此为基础。如果在我们内部没有先天的直观能力,如果这种主观条件不是使外部直观的客体本身成为可能的唯一先天的普遍条件,如果对象(如三角形)是与我们的主观无关的自在的某物本身(etwas an sich selbst)，那么你怎么能说：必然地存在于我们内部并能构成一个三角形的主观条件，也必然地属于自在的三角形本身呢？回答是：因为按照你的观点，三角形这个对象是先于我们的知识被给予我们的（因为它属于物自身），并非是从我们的先天知识中得来的，那么你就不能在你的概念（三条直线）上添加任何新东西（几何图形），使其成为在你的对象中必然见到的那种情况（在三条直线的概念上添加上图形的概念）。所以空间（时间也一样）如果不是我们直观的纯粹形式并使事物借此先天条件始成为我们的外部对象，那么这个外部对象本身就成了子虚乌有，我们也就不可能对这种对象给予任何先天综合的规定了。所以作为一切内外经验的先天条件的时间与空间，只是我们一切直观的主观条件，而与之相关的一切对象就只不过是现象，而不是以独自方式被给予出来的物（Ding）［即物自身］。因此对于现象，仅就其形式来说可以先天地给出许多断定，但就作为其基础的物自身来说却绝不可能说出什么 。［这样，康德就自以为找到了数学知识之所以可能的主观基础，而其推论却是以经验不能提供普遍性与必然性的假设为依据的，并且所使用的方法又是以形式逻辑的矛盾律为依据的反证法（这种方法在宇宙论中运用到极致），因此其结论仍然是可疑的。］

## 二、关于外感官对象与内感官对象的观念性的另一种证明

康德指出：为了证实外感官与内感官以及一切作为现象的一切感官客体的观念性，就必须详察以下之点。他指出：在我们的知识（认识）中，一切属于感性直观的东西（苦乐等感情和意志因不属于知识而除外），其所包含的仅仅是关系。例如，在外感官中被给予我们的只是直观中的位置关系（广延）、位置变化关系（运动）以及变化由以被规定的种种法则的关系（动力）。至于在某特殊位置上，那存在的东西本身［即物自身］是什么以及与位置变化无关而在那存在的东西本身中起作用的是什么，却没有在直观中被给予出来。这是因为"物自身"是不能通过这种对象与主体的关系来认识的。所以我们说：在外感官中被给予我们的仅仅是关系，即外感官表象中所包含的对象与主体的关系，而绝不包含属于客体自身（Objekt an sich）的内在的东西。［这就是康德的外感官对象观念论的一个证明。］还有，在内感官中也是一样。这不仅因为在我们的内感官中，外感官的表象

（这里是直观）构成占据我们心灵的真实材料，而且还因为在内感官中，我们设置这些表象于其中的时间（它在经验中先于对这些表象的意识，并且作为一种形式条件为我们在心灵中设置这些表象的方式提供了基础）本身包含着相继存在、同时存在以及与相继存在一起的东西（恒久者）等关系。既然作为表象而能够先于一切事物进行思维活动的东西是直观的，并且直观中所包含的东西无非就是关系，那么这种东西就是直观的形式。而这种形式除非有某某事物被置入我们心灵中，绝不表象任何事物。所以它只是心灵通过自己的活动（即通过表象置入的活动）而被激动的方式，因而就是心灵被自身所激动的方式，换言之，它不过是就按其形式而言的内感官［即时间］。因此，既然一切通过感官表现出来的东西都只不过是现象，那就只有两种可能：要么就根本不承认有内感官，要么就必须承认作为内感官对象的主体也只是一种现象，而不是当它对自己本身作出判断时那样，这时主体的直观就仅仅是自我活动（Selbsttätigkeit），即仅仅是理智的（intellektuell）。在这种情况下，全部困难就在于主体如何能从内部直观其自身这么一点，只不过这种困难实为一切学说所共有。这里，主体的自我意识（Bewußtsein seiner selbst）［统觉（Apperzeption）①］是自我（Ich）② 的简单表象，而如果其中的杂多是自动（selbsttätig）被给予的，那么这种内部直观就是理智的。可是在我们人类，这种意识需要有关于预先在主观中被给予的杂多的知觉，而这种杂多在心中被给予的方式由于是非自发的［非自动的］，那么就是感性的。［这里，康德区分了感性的与理智的两种直观，前者属于现象之我，后者属于自在之我。］康德进而论述了意识其自身的能力之所以能够活动的两个条件。他说：如果我们的意识自身的能力要去探求（把捉）那存在于我们心中的东西，就必须去激动我们的内心，并且只有通过这种方式才能产生对它自身的直观；但是另一方面，已经先行存在于我们心中的直观形式，则在时间的表象中规定杂多的东西所以集

---

① "统觉"这一重要概念最初由莱布尼茨所用，意为"反省的认识"。（见奥特弗里德·赫费：《康德的〈纯粹理性批判〉——现代哲学的基石》，郭大为译，人民出版社2008年版，第136页注①；莱布尼茨：《人类理智新论》上卷，陈修斋译，商务印书馆1982年版，第6页注①，第110页注①。）在康德看来，统觉是灵魂的能力之一（见康德：《纯粹理性批判》，蓝公武译，商务印书馆2005年版，第101页），分为经验性统觉与纯粹统觉，纯粹统觉就是自我意识（见康德：《纯粹理性批判》，蓝公武译，商务印书馆2005年版，第103页）。
② 德文：Ich，名词，可译为"我"或自我。

中在我们心灵中的方式（如相继、并存、持续）。但这样一来，我们在心灵中所直观的自身，就不是像它对自己直接主动表现的那样，而是像它从内部"自己激动自己"的那样，也就是像它在自身中所显现的那样，而并非像它所是（es ist）的那样。[换言之，康德这里所谈的自我仍然不过是自我的现象，而不是他在理念论中所谈的作为自在之物的自我本身，而那样的自我也是不可知的，所以作为内感官对象的自我不过是在我们心中的现象。这就是康德的内感官对象观念性的一个证明。]

## 三、关于现象与幻象的区别

康德论证说：当我们说，在空间与时间中，不论外部客体的直观，还是心灵的自我直观（Selbstanschauung），这两者[指外部客体和心灵]都像它们激动我们感官的那样，也就是都像它们显现的那样，但这并不意味着这些对象就是纯粹的幻象（Schein）。这是因为在现象中，客体乃至其性状常常被视为是实际上被给予的东西，只是这被给予的对象在与主体的关系中，其性状依赖于我们主体的直观方式，因此这个对象作为现象，而与客体自身有所区别。所以当我说，空间与时间的性质（Qualität）——空间与时间作为物体与我的灵魂存在的条件，是我们据以设定物体与我的灵魂的东西——只存在于我们的直观方式中，而并非存在于客体自身之中时，我并非是说，物体只是像是存在于我之外，或者灵魂只像是在我的自我意识（Selbstbewußtsein）中被给予的。如果把我这样所说的现象仅仅看成是幻象，那就是我的过错了。① 可是这绝不是从我的感性直观的观念性原理得出的结论，恰好相反：如果我们把客观实在性[即绝对实在性]归之于那些

---

① 这是康德的一个重要原注。他在这个注释中对现象与幻象之间的区别，作了明确的界定，这是别处所少见的。他说："现象的各种谓词[即对作为现象的各种属性或关系的陈述]在与我们感官的关系上是可以归之于客体本身的，例如红色或香味之归之于玫瑰。[这就是说，现象有客体本身做基础。]但是幻象却绝不能作为谓词归之于对象，这恰恰是因为，那样一来它就会把只在与我们感官的关系中或一般说来与主体的关系中属于对象的东西归之于就自身而言的客体（Objekt für sich）[即客体自身]了，例如当初人们把两个柄归之于土星。"于是，他给现象[显象]下定义说："凡是根本不存在于客体本身中、而又总是存在于客体与主体的关系中，并与主体的表象不可分离者，就是现象。[注意这个定义！]"（见康德：《纯粹理性批判》，蓝公武译，商务印书馆2005年版，第70页注①。）这样对康德来说，空间与时间的谓词[即对二者的属性或关系的陈述，如广延和相继等]就有理由作为这类东西[如广延、继起等]，归之于感官的对象，并且这里并没有任何幻象。反过来说，如果我们把红色归之于玫瑰自身，把两柄归之于土星，或者把广延自身归之于一切外部对象，而不顾及对象与主体的一定关系[即离开主客体关系]，并且不把我们的判断限定在这种关系中，这样幻象就会产生。

表象形式(Vorstellungsform)[即空间与时间]，那我们就不可避免地把我们面前的一切事物变成幻象。因为如果我们把空间与时间视为就其可能性而言能够在事物自身中找到的性状，并且反思一下我们所陷入的困境，那么事情就清楚了。这种困境是：空间与时间如果真是两种无限的东西，既非实体又非实体的属性，但又是存在的，而且还是一切事物存在的必要条件[或方式]，甚至当一切事物皆被除去之后仍然持续存在[像牛顿所主张的那样]，那么我们就不好谴责贝克莱斥物体为幻象了。而且不仅如此，就连我们自己的存在，由于依靠时间之类的虚构物的独立自存的实在性，也必然化为纯粹的幻象了，不过是这种荒谬错误还没人犯过罢了。[很清楚，这里，康德把现象看成是存在于主客观关系中的东西，而把幻象看成是想象地仅仅属于客体自身的东西。①][这里，康德的论述是条理清楚的，他既想摆脱牛顿的机械唯物论的时空观，又想摆脱贝克莱的主观唯心论的时空观，从而得出了调和论的主张。]

## 四、从自然神学角度看时空的观念性

康德论述说：在自然神学中人们思考这样一个对象[即神或上帝]，它不仅绝不能成为我们[人类]的直观(即感性直观)的对象，而且也绝不能成为它自身[上帝]的感性直观的对象，这样一来，我们就得仔细考虑从对神的直观中除去时空条件，因为对神的认识必须是直观，而不能是含有种种限制的思维。但是既然我们预先把时空看做是物自身的形式[即存在方式]，即使除掉了物本身(Dinge selbst)它也还是存在着[例如像牛顿主张的那样]，那我们有什么权利除掉对神进行直观中的时空条件，因为时空如果是一切一般存在物的条件，那它们必定也是神存在的条件。如果我们不把时空视为一切事物的客观方式，那我们就只能把它们看做是我们内外直观的主观方式，这样的直观就是感性直观，因此是非本源的直观，也就是非由其自身就能给对象以存在的直观。按康德的说法，这种由其自身就能给对象以存在的直观，只属于原始存在物(神)所有，而我们的直观方式则依赖于对象的存在，即依赖于我们的主观(主体)被对象所激动。[当然康德这里所说的"对象"是指物自身。]

---

① 见康蒲·斯密：《康德〈纯粹理性批判〉解义》，韦卓民译，华中师范大学出版社 2000 年版，第 185 页。

康德进而论述说,这种在时空中的直观方式固然并非仅限于我们人类,因为一切有限的思维者必定应当与人类一致,虽然我们无法断定实际上是否如此。但康德指出,这种感性的直观方式,无论具有何种普遍性,也不能因此而不是感性的。所以这种直观是派生的而不是本源的直观,也就是说不是理智的直观。于是康德得出结论说:据以上理由,理智直观似乎只能属于原始存在物(神),而绝不能属于依存的存在物(人类),这种存在物无论就其存在还是就其直观来说,都是依存性的。[这样在康德看来,时空的观念性似乎就得到了一个旁证。]不过他声明:这里所说的只能算是先验感性论的注释,而不能是它的论证。

结论。经过这样一番长篇讨论后,康德做了一个简短结论,在结论中他又重新回到"先天判断如何可能"这个中心问题上去。他声称:关于解决"先天综合判断如何可能"的先验哲学问题,我们已经得到了其中的第一个关键,这就是先天的纯粹直观,即空间与时间。[从前面的论述中我们知道,在康德看来,先天综合判断首先是指数学中的命题,它们就是以纯粹的直观(时空)为基础的,而自然科学中的先天综合判断又必然服从数学,因此归根结底也是以先天的直观(时空)为基础的。]在这种先天的直观中,我们要想超出被给予的概念之外,找到它所不包含的内容[即作出先天的综合判断],就只有依靠先天的直观。正是在这种直观中我们才能碰见在概念中不能发现,但却能在与概念相对应的直观中发现并且又能综合地与概念相联结的东西。但是这种依赖于直观的判断决不能超出感官对象之外,它只对经验的客体才有效力。[这个结论虽然简短,但它却强调了我们只有借助于先天的直观方式,即借助于空间与时间,才能作出先天的综合判断。这是康德用了无数笔墨、经过无数周折才达到的结论,当然这个结论是不能令人信服的,因为它归根结底是一种假设。]

## [短评]

这里我们要对康德的时空观加以必要的评论。康德批判哲学的大厦是建筑在他关于空间与时间的观念性学说的基础上的,因此这个学说是理解康德哲学认识论的关键。

**首先**,他的时空观是唯心论的、先验论的和形而上学的。康德主张空间与时间的"观念性",显然是一种**唯心论**的观点。而对唯物辩证法来说,时空是运动着的物质的存在方式,时空与物质是不可分离的,因此它们具有不依赖于主体、不依赖于人和人类的真正的客观实在性。而我们关于时空的观念(表象)则是客观时空的主观的能动的反映,因此是依赖于主体、依赖于人和人类的,只具有主观的实在性。唯物辩证法的时空观不给任何神学留下地盘,因此它在解释上也不会遇到任何困难。但康德却用时空的所谓"经验的实在性"来代替时空的客观实在性。在他看来,既然时空观念对一切人和人类都是普遍有效的,因此它们也就是具有所谓的"客观性"了;既然时空观念对一切感官经验都是适用的和有效的,那么它们就具有"经验的实在性"了。他以为这样一来,不仅同牛顿的机械唯物论的绝对时空观划清了界限,而且也同莱布尼茨和贝克莱等人的形形色色的唯心论时空观划清了界限①。

其实这是徒劳的。如果按照康德的标准,属于第一性性质的时空具有"经验的实在性",那么属于第二性性质的颜色、声音、滋味、气味等等也就具有"经验的实在性"了,因为它们也是人类普遍感知到的,因而是普遍适用有效的。其实康德所谓的"经验的实在性"归根结底还是他曾说过的"主观的实在性"②。这种主观实在性是贝克莱也不曾否认的,因为他把所谓的第一性性质和第二性性质都归结为心灵中的感觉,说它们是"真实的事物"③。这里的问题是,康德所说的"主观的实在性"不同于"客观的实在性"。对唯物主义来说,"客观的"乃是指"在我们之外的"④。主观的实在性只是一种精神的实在性,而客观的实在性却是一种物质的实在性,二者是有着原则区别的。康德关于时空的观念性学说归根结底是唯心论的,而且还是主观唯心论的。与此同时,康德的时空观又是**先验论**的。在他看来,时空表象(即时空观念)并非来自于经验,而是先天固有的,并且是数学知识的基础,而这种先验论的数学观更是遭到了现代经验论者的一致反对。例如,马赫就提出,康德的先验直观"不足以形成发展几何学的基础,因为这里我们明确需要进一步的概念,这些概念依赖于经验"⑤。又如,石里克也不赞成康德关于空间的直观性,不同意几何学"对直观的

---

① 见郑昕:《康德学述》,商务印书馆 1984 年版,第 87～88 页。
② 康德:《纯粹理性批判》,蓝公武译,商务印书馆 2005 年版,第 71 页。
③ 北京大学哲学系编译:《十六—十八世纪西欧各国哲学》,商务印书馆 1975 年版,第 553 页。
④ 列宁:《哲学笔记》,人民出版社 1974 年版,第 60 页。
⑤ 马赫:《认识与谬误》,李醒民译,商务印书馆 2007 年版,第 376 页。

依赖"①。还有,康德的时空观也具有**形而上学**的性质,例如他承认不变的绝对空间(空间本身)与绝对时间(时间本身),又如他把空间与时间看成是两个互相分离的"要素",只是在运动的概念中才能"结合起来"②,而在黑格尔看来,空间与时间则是互相"过渡"和"完全统一"的③。

**其次**,康德关于时空的观念性学说还具有调和的性质。斯密考证说,康德在时空观上最初持莱布尼茨的客观唯心论的"关系论"观点,后来又转向牛顿的机械唯物论的"实体论"观点,最后则把这两种不相容的观点调和起来。④

按照牛顿的观点,时空具有独立自存的实在性,它们是物质的"容器"和表演物理事件的"舞台",物质不过是它们的过客。这就是"实体论"的观点。而莱布尼茨则认为,时空是共存(空间)和相继(时间)的关系或秩序,它们本身并非是实体性的存在物,相反,时空观念是通过经验抽象出来的。康德认为,按照牛顿的观点,时空虽然具有普遍的适用性,但由于认为它们属于自在之物而成为一种虚构。而按照莱布尼茨的观点,因时空与感性相联系而具有经验的实在性,但这种经验的实在性却不能保证它们具有普遍的必然性。于是康德就提出时空是人类感性直观的先天纯粹形式的学说,用时空的先天性来保证牛顿所坚持的绝对的普遍必然性,用直观性来保证莱布尼茨所强调的经验性。这样,康德就把牛顿关于时空的机械唯物论的绝对论观点与莱布尼茨关于时空的经验论的唯心论观点调和起来。但是根据前面的分析,康德的时空观归根结底仍然是主观唯心论的。

**第三**,还应当指出的是,康德关于时空的观念性的证明是漏洞百出的,关于这一点,斯密已经多次指出过了⑤。罗素也说康德的时空理论"本身就不清楚"⑥。他还对康德的时空观作了有力的批判,比如他指出:"如果我们采取物理学中认为是理所当然的观点,即我们的知觉表象具有

---

① 石里克:《普通认识论》,李步楼译,商务印书馆2005年版,第321、51、421页。
② 康德:《纯粹理性批判》,蓝公武译,商务印书馆2005年版,第63页。
③ 黑格尔:《自然哲学》,商务印书馆1980年版,第47、60页。
④ 见康蒲·斯密:《康德〈纯粹理性批判〉解义》,韦卓民译,华中师范大学出版社2000年版,第175页。
⑤ 见康蒲·斯密:《康德〈纯粹理性批判〉解义》,韦卓民译,华中师范大学出版社2000年版,第186、189、199等页。
⑥ 罗素:《西方哲学史》下卷,何兆武、李约瑟、马元德译,商务印书馆1981年版,第256页。

(从某种意义讲是)物质性的外在原因,就会得出以下结论:知觉表象的一切现实的性质与知觉表象的未感知到的原因的现实性质不同,但是在知觉表象系统与其原因系统之间,有某种构造上的类似。因此,例如若视觉表象甲出现在视觉表象乙的左边,我们就要想甲的原因与乙的原因之间有某种相应的关系。"①　这样罗素就驳斥了康德关于时空只是感性直观的主观形式而并不同时是物自身(或自在之物)的客观形式的唯心论观点。霍金也就此指责康德的时空观"非常晦涩难懂",并指责他坚持当时人们普遍相信的"静止不变"的宇宙观。②　现在随着数学与自然科学(如物理学、宇宙学)的突飞猛进的发展,康德的形而上学时空观是越来越站不住脚了,例如康德的空间学说是以欧几里德空间为基础的,而非欧几何学已把欧式几何学看成是一种特例了,又如爱因斯坦的相对论时空观更是对康德的形而上学时空观的毁灭性冲击,而宇宙大爆炸的理论则如霍金所说,"最终将宇宙开端的问题带进了科学的王国"③。

---

① 罗素:《西方哲学史》下卷,何兆武、李约瑟、马元德译,商务印书馆 1981 年版,第 261 页。
② 史蒂芬·霍金:《时间简史》,许明贤、吴忠超译,湖南科学技术出版社 2007 年版,第 13、14 页。
③ 史蒂芬·霍金:《时间简史》,许明贤、吴忠超译,湖南科学技术出版社 2007 年版,第 13、14 页。

# 第四章　先验分析论——概念分析论*

## 第一节　"先验逻辑"简介[见第72～79页]

[提示]康德先验要素论的第二大部分是先验逻辑,而先验逻辑又分为先验分析论与先验辩证论,它们构成"纯粹理性批判"的主体,而其中的"先验分析论"(即先验知性论,包括概念分析论与原理分析论两部分)又是"先验逻辑"的核心部分,也是较难懂的部分。其中涉及到许多认识论的重大问题,主要讲先天知识的构成,包括先天概念(范畴)和先天概念的应用,前者属"概念分析论"(先验概念论),后者属"原理分析论"(先验原理论)。它们所讨论的主要是纯粹自然科学(主要是纯粹力学)的"基本原理"问题。下面我们介绍的是先验逻辑的《导言》和先验分析论的引言,这里包含许多重要的新思想,兹概述如下:

### 一、"一般的逻辑"[原书小标题]

这里,康德主要是概论逻辑的一般性质,但是为了讲清这个问题他先从感性与知性的关系讲起,斯密曾就此说康德在这里是"重述"全书"导论"和"感性论"开头几段的内容,并指责他前后观点不尽一致。这种批评并非没有道理,但鉴于这个问题的重要性以及表述上的特点,所以我们还是要详细加以介绍,以加深对他的观点的理解。

康德认为:我们的知识来自于心灵的两个基本来源,其一是"获得表象的能力"(对印象的感受性),其二是通过这些表象(即直观的印象)以

---

**　　康德:《纯粹理性批判》,蓝公武译,商务印书馆2005年版,见第72～243页。

"认知对象的能力"（即产生概念的自发性（Spontaneität）[或主动性、能动性]①）。两者的关系是："通过前者，对象被给予我们，而通过后者，对象[指显象]在其与表象[指直观]（作为心灵的单纯规定）的关系中被我们所思维。"②[这里又遇到了直观与被直观的对象（即显象）间界限不清的矛盾。]因此，在他看来，由感受性而来的**直观**与由思维而来的**概念**，就构成了我们一切知识的两个要素，以至概念没有以某种方式与之相适应的直观，或者直观没有概念，都不能产生知识。而直观与概念又都可以分为纯粹的与经验性的两种。具体区别是：凡是其中包含感觉成分的（感觉必须以对象的实际在场为前提）就是经验性的，而凡是没有感觉加入其中者就是纯粹的（rein）。感觉可以称之为"感性知识的质料"。所以纯粹直观所包含的只是某物由以被直观的形式（Form），而纯粹概念[指范畴]所包含的则只是关于一般对象（Gegenstand überhaupt）③　的思维的形式。[这里省去了对经验性概念（如"狗"、"马"等概念）的不必要的说明。]纯粹直观与纯粹概念来自于先天，而经验性直观与经验性概念则是后天获得的。

　　进而康德又谈到感性与知性。他认为，如果我们把心灵的感受性，即心灵在被激动时获得表象[指直观]的能力叫做**感性**，那么心灵由自身产生表象[指概念]的能力，即认识的**自发性**，就应该叫做**知性**。感性与知性两者并不存在谁优谁劣的问题[这样，康德就小心地在感性与知性（或理性）之间保持着平衡]，因为没有感性就没有任何一个对象被给予我们，而没有知性就没有任何一个对象能被我们思维。他认为，在认识活动中，直观与概念二者是缺一不可的，只有概念而没有直观或只有直观而没有概念，都不能产生知识。他说："**没有内容**[直观]**的思维**[概念]**是空虚的，没有概念的直观是盲目的。**"④　因此必须使概念成为可感的，即把直观中的对象加给概念，以及使直观成为可理解的，即把直观置于概念之下，都同样是必需的。

---

① 黑格尔说能动性（Spontaneität）这一概念是从莱布尼茨那里取来的（见黑格尔：《哲学史讲演录》第4卷，贺麟、王太庆译，商务印书馆1981年版，第267页）。
② 康德：《纯粹理性批判》，蓝公武译，商务印书馆2005年版，第72页。
③ 在康德那里，"一般对象"或"一般客体"是一个比较笼统的概念，有时是指"某种一般经验对象"（überhaupt irgendeinGegenstand der Erfahrung）（见康德：《纯粹理性批判》，蓝公武译，商务印书馆2005年版，第100页；康德：《纯粹理性批判》俄译本，罗斯基译，莫斯科埃克斯莫出版社2006年版，第124页），有时又是指"一切一般对象"（alle Gegenstände überhaupt），其中包括现象（即经验对象）与本体（即先验对象）（见康德：《纯粹理性批判》，蓝公武译，商务印书馆2005年版，第129、211、219页），因此是多义的。
④ 康德：《纯粹理性批判》，蓝公武译，商务印书馆2005年版，第73页。

但是,感性与知性这两种能力又是不能互相代替的,也就是说:"**知性不能直观,而感官不能思维,只有二者的结合才能产生知识。**"① 但也不能因此把二者混淆起来,相反,需要仔细把它们加以区分。所以我们就有了关于感性规则的科学,即感性论,和关于知性规则的科学,即逻辑。[毫无疑问,康德关于感性与知性、直观与概念相互关系的观点是有许多合理之处的。]

接着,康德对传统逻辑进行了分类。他首先把逻辑区分为普通逻辑[或一般逻辑]与特殊逻辑两种,宣称前者包含着思维的绝对必然的规则,完全不管知性所涉及的对象的差别,故可称为"要素的逻辑"(Elementarlogik);后者则只包含关于某种特定对象的正确思维的规则,故可称为某门科学的工具。接着,康德又把普通逻辑区分为纯粹逻辑(指形式逻辑)与应用逻辑两种。他宣称,在纯粹逻辑中我们抽掉了我们的知性得以活动的一切经验性条件(如感官的影响、想象的作用、记忆的法则、习惯的力量、个人的倾向等等),所以普通的纯粹逻辑只研究先天性的原理;而普通的应用逻辑所讲的则是知性在主观的经验性条件(它们应属于心理学)下运用的规则,它所涉及的只是些经验性的原则,它既不是一般知性(Verstand überhaupt)的法规,也不是特殊科学的工具论,而仅仅是日常知性的净化术。康德又提出了普通纯粹逻辑的两条规则:第一,它作为普通逻辑抽掉了知识的内容与对象的差别,而只研究思维的单纯形式;第二,它作为纯粹的逻辑与任何经验性原则无关,也不借助于心理学,是一种被证明了的科学,在其中一切[指一切概念、判断和推理的形式]都完全是先天的。[这就是形式逻辑了。]至于普通的应用逻辑,它所论述的是注意、注意的障碍与后果、错误的来源,以及动摇、迟疑、确信等情状,因此它不能成为一种真正的实证科学。如果再把他下面要讲的先验逻辑加进去,那么逻辑的分类就如下表所示:

$$
\text{逻辑}\begin{cases}\text{普通逻辑}\begin{cases}\text{纯粹逻辑(一般知性的法规)}\\\text{应用逻辑(日常知性的净化术)}\end{cases}\\\text{特殊逻辑(特殊科学的工具论)}\\\text{先验逻辑}\end{cases}
$$

---

① 康德:《纯粹理性批判》,蓝公武译,商务印书馆2005年版,第73页。

## 二、"先验逻辑"[原书小标题]

康德最关心的是他自己创立的先验逻辑(transzendentale Logik)与普通逻辑(allgemeine Logik)(主要指形式逻辑)的区分。按他的说法是:"普通逻辑抽掉了知识的一切内容,也就是抽掉了知识同客体的一切关系,只关注知识相互关系中的逻辑形式,即一般思维的形式。"① 但是正像直观有纯粹的与经验性的之分,我们关于对象的思维也有纯粹的与经验性的之别。于是我们就有了一种并不抽掉知识的全部内容的逻辑,它只包含关于对象的纯粹思维的规则,同时排除带有一切经验性内容的知识。他确认,这样一种逻辑只研究我们关于对象的知识的来源,只是这种来源不能归之于对象本身,这就是下面要说的"先验逻辑"。康德认为,一个涉及到知识的内容,一个只考虑到知识的形式,这就是先验逻辑与普通逻辑的区别。[这就是说,一个是认识论或知识学,一个是纯粹的逻辑。]为了进一步阐明先验逻辑的特点,康德还要求读者必须牢记"先天的"与"先验的"的区别。(参看全书《导言》第七节关于"先验的"一词的说明。)在他看来,并非一切"先天的"都可以称为"先验的",只有关涉到知识的"先天地可能或先天地应用"时,才可以使用"先验的"一词。[这一点要特别注意! 这里,康德力图把自己的"先验论"与柏拉图、笛卡儿、莱布尼茨等人的"天赋观念论"区别开来。因为对天赋观念论来说,天赋观念是天赋的知识,而对康德来说,并没有什么天赋观念(或天赋表象)②,因此也没有什么天赋的知识,而范畴只不过是先天的知识形式。]还有,康德认为,空间在一般对象上的应用可以称为"先验的",但如果这种应用只局限于感官的对象,那么就应当叫做"感性的",所以"先验的"与"感性的"也是有区别的。正是基于这样一些理解,康德就要求预先确立一种关于"纯粹的知性知识"和"纯粹的理性知识"的理念。于是他把确定这类知识的起源、范围和客观效力的科学称之为"先验逻辑"。这样,康德就把他自己的先验逻辑同普通逻辑以及特殊逻辑区别开来。

---

① 康德:《纯粹理性批判》,蓝公武译,商务印书馆 2005 年版,第 75 页。
② 见康蒲·斯密:《康德〈纯粹理性批判〉解义》,韦卓民译,华中师范大学出版社 2000 年版,第 130 页。

### 三、普通逻辑划分为分析论与辩证论[原书小标题]

为了说明这个问题,康德先从真理问题入手。他说,按照通常看法,"真理就是知识与其对象一致"①。但是现在要讨论的问题是:对任何知识来说,其真理的普遍与可靠的标准是什么。康德争辩说,知识的对象仅指知识的内容,即质料。如果知识只适合某一对象而不适合别的对象,那么这种真理的标准虽说可能具有充分性,但并不具有普遍性。而从知识的纯粹形式来说,我们虽然可以找到知性活动的普遍和必然的规律并以之为评判真理的标准,但是这种标准却只与思维的形式相关,因此它虽然可能是极正确,并且作为一切真理的"消极条件"又是必不可少的,但却并不充分,因为这样一来我们的知识虽然可能与逻辑相合,但仍可能与对象相矛盾。康德指出,普通逻辑把知性与理性的全部形式活动(判断、推理等)分解为它的诸要素,并以其作为知识的逻辑性评估原理,而普通逻辑的这一部分就被称之为"分析论"。但是,当有人把这种普通逻辑加以误用,以之作为评估知识内容的真理性标准并造成一种客观主张的假象时,那么这种逻辑就被称为"辩证论"["辩证法"](Dialektik),也就是"幻象的逻辑"(Logik des Scheins)或"辩证的幻象"(dialektischer Schein)(类似于古代人的诡辩术)。康德认为,这种做法与哲学的尊严是不相称的,因此他就把他的辩证论列为这样一种逻辑,即对辩证幻象进行批判的逻辑。

### 四、先验逻辑划分为先验分析论与先验辩证论[原书小标题]

与普通逻辑的分类法相似,康德把先验逻辑中陈述纯粹知性知识的诸要素(Elemente)和诸原则(没有这些原则就不能思维任何一个对象)的部分,称之为"先验分析论",这就是"真理的逻辑"。他认为这种"真理的逻辑"只适用于经验的领域,也就是只能作经验性的应用。但是康德又指出,由于知性冒险地超越经验界限之外,通过"空洞的玄

---

① 黑格尔曾就此大发议论(见黑格尔:《逻辑学》下卷,杨一之译,商务印书馆 1977 年版,第258~261 页)。

想"① 来把纯粹知性的形式原则作质料上[即实质上]的应用,而对那些并未被给予我们、根本不能被给予我们的对象[物自身或本体]作出判断,即作"超自然的应用",结果就成为"辩证的幻象"。于是康德就把对于这种辩证幻象的批判称之为"先验辩证论",目的只在揭露这种"虚假的幻象"并保护纯粹知性以防止"诡辩的假象"。这样,康德就建立起自己的先验逻辑。

## 五、"先验分析论"[原书第一编总标题]

这里是该编引言。康德称:先验分析论(实即先验知性论)"是把我们的一切先天知识分解为纯粹知性知识的各要素"[即找出纯粹概念和原理]。他要求在分析中注意以下四点:(1)其概念必须是纯粹的而非经验性的;(2)这些概念只属于思维和知性而不属于直观和感性;(3)这些概念必须是本源的并与派生的和复合的区分开来;(4)这些概念必须是完备的并涵盖纯粹知性全部领域。康德称这种完备性来自于先天知识总体的理念,这总体的理念使构成它的各概念有一个精密的分类,并使知性知识的总和构成一个体系。为了求得完备,先验逻辑就区分为纯粹知性的**概念论**和纯粹知性的**原理论**。

## 六、"概念分析论"[原书第一卷标题]

这里是该卷的一段前言。康德声称,概念分析论并非是分析概念,而是对知性自身的能力进行解剖[即分析],目的是研究先天概念的可能性,特别是在这些先天概念的诞生地即知性中寻找或发现它们的起源[即形而上学演绎]②,并分析知性的一般的纯粹应用[即先验演绎]。康德认为,这样我们[就是康德]就能追溯[即分析]到纯粹概念在人类知性中的原始种子和最初倾向。[这不是人类认识的个体发生论,也不是种系发生论,而是发现的问题,即是说:范畴是人类知性的本性中先天固有的形式,是哲学家通过对人类认识能力的

---

① 见康德:《纯粹理性批判》,邓晓芒译,人民出版社 2004 年版,第 59 页。
② 这就是说,范畴是通过分析方法发现的,不过不是分析概念的结果,而是分析知性能力本身的结果(看来分析方法既可用于分析概念,也可用于分析知性能力)。

"分析"而"发现"的东西。]纯粹概念就是在这些种子和倾向中预先准备好了的①，等到有了经验的机缘，它们就开始发展，并使这同一个知性摆脱其同经验性条件的联系，而展现出它的纯粹性。这样，康德就把这种纯粹概念的起源追溯到知性的先天本质和本性中去了。② 而这里，康德所使用的方法却是分析法[即"回溯"的方法]。[这里，康德提出的观点特别重要，其中包括两点：1.纯粹知性概念是作为"原始种子"和"最初倾向"先天的包含在人类知性中的，因此是"预先准备好了"的；2.这种纯粹知性概念，是由康德这样的哲学家通过"追溯"人类知性自身的能力而发现的。因此这里并不涉及人类知性能力本身及其所包含的纯粹知性概念本身的来源问题，因为康德曾声明它们来自于"不为我们所知的总根"③。]

下面，让我们看看纯粹知性概念的**发现方式**和**证明方式**。

## 第二节 "全部纯粹知性概念的发现线索" 摘要译评[原书第一章，见第81~94页]

[提示]从这里起，康德开始对纯粹知性概念(即范畴)进行"演绎"(即证明)。他区分两种演绎，即所谓的"形而上学的演绎"和"先验的演绎"，两者的关系按郑昕的说法是"体"和"用"的关系["体"的问题是：范畴是什么？"用"的问题是：范畴有何用途？]。而先验的演绎又可区分为"主观演绎"与"客观演绎"。斯密认为，范畴的演绎是《批判》的"关键"部分，因此对理解康德的认识论学说至关重要。下面就是康德对范畴的"发现线索"(即范畴的所谓"起源")所作的论述，也就是后面所称呼的"形而上学的演绎"④。这种形而上学演绎，类似于关于空间与时间的形而上学阐明，按康德的说法，就是对范畴的"一般先天起源"⑤ 所作的证明，因此郑昕称这种证明就是"范畴的发现"⑥，而这个发现者就是康德自己。因为这种所谓的"证

---

① 注意，纯粹概念(范畴)是"预先准备好了"的，正像纯粹直观(时空)是"先天地准备好了"(见康德：《纯粹理性批判》，蓝公武译，商务印书馆2005年版，第50页；康德：《纯粹理性批判》，邓晓芒译，人民出版社2004年版，第26页)的一样。
② 见《人类理智新论》，陈修斋译，商务印书馆1982年版，第82页关于灵魂的思维"活动的倾向"与"经验"作用的重要性之关系的提法。
③ 康德：《纯粹理性批判》，蓝公武译，商务印书馆2005年版，第46页。
④ 康德：《纯粹理性批判》，蓝公武译，商务印书馆2005年版，第117页。
⑤ 同上。
⑥ 郑昕：《康德学述》，商务印书馆1984年版，第118页。

明"涉及到范畴的先天本质、本性和起源的本体论问题,因此康德将其称
为"形而上学演绎"。这个"演绎"(证明)是分三个步骤进行的。这里我们
将看到,康德的证明完全是从他所贬斥的形式逻辑中寻求依据的。与此
同时,我们还将看到,康德在这里要解决的问题仅仅是他的先验哲学(康
德本人)对范畴的"发现"问题,而远远不是范畴本身的"发生"(即"起源")
问题①。换言之,他完全没有涉及到"发生认识论"的问题,更不要说认识
的"种系发生论"或"个体发生论"的问题。②

　　**先看该章的引言**。康德一反从前亚里士多德等人探讨概念集合的
"机械"方法,而提出了自己新的独特方法。③ 按他的说法,先验哲学有一
种优势和义务,就是按照一种原则[即后面具体要讲的"理念"原则]去寻求自
己的概念,因为这些概念从作为绝对统一者(absolute Einheit)的知性[即理
性]中,纯粹地和不加掺杂地产生出来,并且借助于某另一概念或理念而
联结起来。而这种联结则向我们提供一种规则,使一切纯粹知性概念各
就其位,并使我们能够先天地确定其体系的完备性。

## 一、知性在逻辑上的一般应用[原书第一章第一节]

　　[提示]这里是演绎或证明的第一个步骤,它分析了一般知性的逻辑
运用,即知性的判断功能以及判断的统一功能,以此作为纯粹知性概念
(范畴)的形而上学演绎的基础或"绪言"④。

　　首先是关于**知性**的。在康德看来,知性能力,可以从消极和积极两个
方面来解释。从消极方面看,它是一种非感性的认识能力。因为感性所
提供的认识方式(Art zu erkennen)是直观[直观是一种认识方式],而知性不
能直观,因此它不是一种直观的能力。但除了直观以外,就只有概念这种
认识方式了[概念又是一种认识方式]。因此由知性,至少是人的知性,所产
生的知识就只能借助于概念,因而它不是直观性的而是论证性的[间接性
的]。但一切直观作为感性的东西,它依赖于刺激(Affektionen),而概念则

　　① 见康德:《纯粹理性批判》,蓝公武译,商务印书馆2005年版,第81页。
　　② 参见奥特弗里德·赫费:《康德的〈纯粹理性批判〉——现代哲学的基石》,郭大为译,人民
出版社2008年版,第36页。
　　③ 见康德:《未来形而上学导论》,庞景仁译,商务印书馆1978年版,第三十九节。
　　④ 康蒲·斯密:《康德〈纯粹理性批判〉解义》,韦卓民译,华中师范大学出版社2000年版,第
209页。

依赖于功能(Funktionen)[即知性的功能活动]。康德给功能下定义说:"我把功能理解为:把各种不同的表象[包括直观或概念]在一个共同表象[概念]下加以整理的活动的统一。"① [注意"功能"的定义,但这个表述是晦涩的,各中译本差距亦很大,实际是指判断功能,包括后面要讲的分析的统一和综合的统一两种判断功能。]于是康德就认为,从积极方面看,知性活动,即思维,又具有自发性。他说:"这样,概念就以思维的自发性为基础,而感性直观则以对印象的感受性为基础。"② 于是康德又认为:对知性来说,这些概念的唯一应用就是通过它们进行判断。[这样,康德就从感性追溯到知性,再从知性追溯到概念,最后从概念追溯到判断。]

接下来是关于**判断**的。他指出,概念并不直接与对象[这对象应是指"显象",即直观的对象而言]相关,而是与对象的其他表象(不论是直观还是概念)相关。因此判断是关于对象的间接知识,也就是我们关于对象的表象的表象,即"更高"的表象[实即更高等级的类概念,如可分性、原因等等]。他说:"在任何一个判断中[当然既包括分析判断也包括综合判断,既包括先天判断也包括经验判断],都有一个适用于许多表象的概念,而在这许多表象中必有一个被给予的表象[例如物体]直接与对象相关。"③ 他举例说,像"一切物体都是可分的"④ 这样一个判断,"可分的"这个概念也可以与各种其他的概念相关,但这里它特别地与"物体"概念相关,而"物体"概念又与呈现给我们的某类现象[如金属、石头等等]相关。于是这些对象[即现象]就通过"可分的"这一概念间接地表现出来。康德就此得出结论说:"一切判断都是我们各种表象间的一种统一的功能(Funktion der Einheit)⑤,因为对于对象的认识,代替直接的表象[如石头、物体等]的,是不仅包括直接表象而且也包括许多其他表象的更一般的表象[如可分性],正是这样,众多可能的知识才被集合起来。"⑥ 因此康德就把知性的一切活动归结为判断,认为知性一般说来就可以被视为一种"下判断的能力"。如上所述,知性就

① 康德:《纯粹理性批判》,蓝公武译,商务印书馆 2005 年版,第 82 页。
② 康德:《纯粹理性批判》,蓝公武译,商务印书馆 2005 年版,第 82 页。
③ 康德:《纯粹理性批判》,蓝公武译,商务印书馆 2005 年版,第 82 页。
④ 这是一个先天的分析判断(见康德:《康德书信百封》,李秋零译,上海人民出版社 2006 年版,第 122 页)。
⑤ 即把各种表象统一起来的功能,注意"统一的功能"的提法,其中包括后面要讲的"分析的统一"与"综合的统一",但这里却主要是讲分析的统一。
⑥ 康德:《纯粹理性批判》,蓝公武译,商务印书馆 2005 年版,第 83 页。

是思维的能力，从而思维就可以被看做是借助于概念的认识。而概念，作为诸多可能判断的谓词(如"可分的")，则与尚未规定[规定需要概念]的对象[如金属、石头等]的某种表象(如"物体"概念)相关。例如在上述判断["一切物体都是可分的"]中，"物体"的概念就意味着能够通过这一概念[即"物体"]被认识到的某种东西，如金属。于是"物体"概念只是这样一个概念，另外一些表象[如石头]都置于它之下，而它正是通过这些表象[如金属、石头等]才与对象相关联。于是这一概念[即物体]又成为另外一个可能的判断的谓词，例如"一切金属都是物体"①。康德认为，这样他就发现了判断的"统一功能"，如果对它们详加解析，就能够发现知性的全部功能。下面就是康德要做的。

## [短评]

这里我们看到康德把知性活动归结为判断，又把判断归结为各种表象间的"统一"的功能，例如通过"可分的"概念把"一切物体"的表象统一起来，又通过"物体"概念把"一切金属"的表象统一起来。这是知性的层层递进的统一活动：金属——物体——可分性。但是这里，康德并没有说这种统一究竟是分析的还是综合的。但看来是分析的，因为康德这里主要是讲形式逻辑的分析统一，在他看来，形式逻辑所做的事情就是从具体到抽象，即从个别抽出一般、从内容抽出形式(虽说它也援引具体例证)，它使用的是带有经验论色彩的归纳法(即通过"比较"而发现"隐藏的同一性"②)。但问题是，由分析而形成的判断，如"一切黄金都是金属"、"一切金属都是物体"、"一切物体都是可分的"这些判断，究竟是分析判断还是综合判断呢？康德并没有说。但看来是分析判断，因为金属、物体、可分性可以分别地看成是黄金、金属、物体的固有属性③，是可以分别从其主词的概念中引申或抽取出来的，它所依据的是"同一性规则"④。这样一来，"黄金"、"物体"、"可分性"等经验性概念⑤，不管它们抽象的程度多

---

① 这里"金属"和"物体"都是经验性概念(见康德：《纯粹理性批判》，蓝公武译，商务印书馆2005年版，第29、503页)。
② 康德：《纯粹理性批判》，蓝公武译，商务印书馆2005年版，第464页。
③ 见康德：《纯粹理性批判》，蓝公武译，商务印书馆2005年版，第37页附注(1)、第50页，那里说广延、形体、可分性、实体、力、不可入性等等都包含在物体的概念中。
④ 见康德：《康德书信百封》，李秋零译，上海人民出版社2006年版，第122、235页。
⑤ 康德：《纯粹理性批判》，蓝公武译，商务印书馆2005年版，第507、31页。

高,都在行使"分析统一"的功能①。但问题是,如何把普通逻辑(即形式逻辑)的分析统一与先验逻辑的综合统一协调一致起来呢? 这个问题康德还是没有解决的。不过为了解决先验逻辑的综合统一的问题,他不得不摒弃"经验性演绎",而诉诸"先验的演绎"。但这种演绎是费力不讨好的,不充分的,甚至是模糊的、混乱的、使人迷惑的。这是斯密在他的《康德〈纯粹理性批判〉解义》中已经详细指出了的②。

## 二、知性在判断中的逻辑功能 [原书第二节,标号§9]

[提示]在这一节,康德开始了形而上学演绎的**第二个步骤**,试图通过对知性的**判断功能**的分析推导出判断(知性)的**形式结构**。实际上他是认为无论是分析判断还是综合判断,都具有相同的结构,因此形式逻辑能够为一切判断的分类提供一个统一的标准,通过对一般判断的逻辑功能的分析,就可以发现纯粹知性的内在结构,从而能够得出一个完备系统的范畴表来。但我们知道,这是不可能成功的。而康德却声称,经过上一节的讨论后,他已经**"成功地"**找到了知性的全部功能。当然他还声称这是借助于逻辑学家们的现成的"成就"所取得的结果。③

下面是康德所作的具体分析。

按康德的说法:"如果我们抽掉判断的一切内容 [指经验性内容],而只关注判断的**知性形式** [首次提出知性形式的概念],那么我们就会发现判断中的**思维功能**可以分为四组,其中每组又包括三个子目。"下面是他提供的列表 [黑格尔称以下四类判断为:质的判断、量的判断、关系的判断、模态的判断] ④:

---

① 康德:《纯粹理性批判》,蓝公武译,商务印书馆 2005 年版,第 104 页注①。
② 见康蒲·斯密:《康德〈纯粹理性批判〉解义》,韦卓民译,华中师范大学出版社 2000 年版,第 314~321 页。
③ 参见康德:《未来形而上学导论》,庞景仁译,商务印书馆 1978 年版,第 98、99 页。
④ 黑格尔:《小逻辑》,贺麟译,商务印书馆 1980 年版,第 343 页。

**1.**

判断的量（Quantität）

全称的

特称的

单称的

**2.**

判断的质（Qualität）

肯定的

否定的

无限的

**3.**

判断的关系（Relation）

直言的

假言的

选言的

**4.**

判断的模态（Modalität）

或然判断

实然判断

必然判断

　　这里应该指出，康德虽然声称根据逻辑学家的现成"成就"，"发现"了这四组判断①，但他又承认不能更进一步指明为什么恰好是这四组，并把这四组判断与下面的四组范畴一一对应起来②。康德似乎意识到问题之所在，因此竟声称，对于判断的这种分类与形式逻辑的公认分类虽"有所不同"，但不是"实质性"的。为了避免误解，他作了如下的申辩：

　　**1.** 关于判断的量，康德指出，形式逻辑把判断区分为全称判断（如"人皆有死"）与特称判断（如"一些人有智慧"）两种，而把单称判断（如苏格拉底是一个人）与全称判断归为一类，因为从形式逻辑的观点看，单称判断的谓词与全称判断的谓词一样，都适用于其主词的全体。但康德却认为，必须把单称判断列为单独一类，因为从先验逻辑的观点看，作为一种知

---

①　见康德：《未来形而上学导论》，庞景仁译，商务印书馆 1978 年版，第 99 页。斯密在《康德〈纯粹理性批判〉解义》中对此作了详细考察，并指责康德随意取舍别人成果的做法。（见康蒲·斯密：《康德〈纯粹理性批判〉解义》，韦卓民译，华中师范大学出版社 2000 年版，第 225～227 页。）

②　这是康德自己也坦率承认的。（见康德：《纯粹理性批判》，蓝公武译，商务印书馆 2005 年版，第 110 页。）

识,单称与全称的关系恰好是单一性(Einheit)与无限性(Unendlichkeit)的关系,因而是有区别的。这样,康德就不仅以"形式"的标准去为判断分类,而且也以"内容"的标准去为判断分类,这显然是为了满足先验逻辑的要求而摆脱形式逻辑的做法。

**2.**关于判断的质,康德指出,在形式逻辑中,无限判断(不定判断)(如"灵魂不是可灭的")与肯定判断(如"灵魂是不灭的")也不作区分,因为形式逻辑抽掉谓词的一切内容而只看谓词是否属于主词(上述两个判断的谓词都属于主词,故为一类)。但康德争辩说:先验逻辑对于无限判断中由否定性的谓词("不是可灭的")所构成的逻辑肯定("是不灭的"),还需考虑这种肯定的价值(即内容)是什么,以及对我们的知识总和有什么增益。康德举例说,对于"灵魂**不是**可灭的"这个否定判断来说,它的否定的或消极的意义是使我们至少可以免去一种谬误,即至少使我们能够把"可灭的"这一性质从灵魂中除去。但是对于"灵魂**是**不灭的"这个判断来说,它却包含着一种逻辑的肯定,使我们把灵魂列到"不灭的事物"的无限领域中去,但同时它又否定了灵魂属于"可灭的事物",也就说对它进行了限制,使它被列入到有限事物的领域中去。因此康德又争辩说:这种从灵魂中排除的"可灭的事物",只占一切可能的事物的一部分,而灵魂却占了一切可能事物中的另一部分。但这另一部分其范围仍然是无限的,即使再排除一些东西,我们也还是不能使灵魂这一概念稍有增益,也就是仍然无法给予另外的肯定的规定。所以像"灵魂是不灭的"这类判断,就逻辑范围来看虽是无限的,但就知识内容来看仍是有限的,所以这类判断应在判断表中占有自己的位置。康德认为这类判断所表现的知性功能,在纯粹知识的领域中是很重要的。当然,康德的辩解无非为了给"限制性"的概念在后面的范畴表中留下位置。这里也说明,康德从形式逻辑的判断分类中,引申出他的先验逻辑中的判断分类,其理由并不充分。

**3.**关于判断的关系,康德根据形式逻辑关于直言判断、假言判断、选言判断的划分,把判断中体现的思维关系(即判断的关系)归结为三类:(1)谓词与主词的关系(直言判断,如"这花是红色的");(2)根据与结论的关系(假言判断,如"如有完全的正义,那么一贯作恶的人终将受到惩罚");(3)分列的知识(作为部分)与互相分列者全体成员(作为整体)的关系(选言判断,如"世界的存在或者是由于盲目的偶然性,或者是由于内在的必然性,或者是由于外部原因")。康德认为第一类判断只考虑两个概念间的关系,第二类判断考虑的是两个判断间的关系,而第三个判断所考虑的则是许多判断间的相互关系。他指出,在第三类判断中包含着两种或两种以上判断间的关系,这种关系又分两个方面,一是逻辑上的对立(反对)关系,因为各判断互相排斥;一是协同关系,因为各判断合在一起才能填满真正知识的范围。就上面所举例子,康德解释说:其中的每一个判断都占据关于"世界存在"的可能性知识范围的一部分,而它们一起就占据了这种知识的全部范围。例如把这一知识从这些范围之一排除出去,那就意味着把它归到所余部分之一里面去,反过来,如果把它归到这些范围之一中去,那就意味着把它从余下的部分中排除出去了。因此在康德看来,在选言判断中各备选的判断既互相排斥又互相协同。显然,这又是从判断的内容方面考虑的。

4.关于判断的模态,康德认为那是一种特殊的知性功能,其特点是与判断的内容无关(不像前三种均与内容相关),而只涉及到与一般思维相关的系词的值。或然判断只是一种把肯定或否定都看做是可能的判断。实然判断是把肯定或否定都看做是现实的(真实的)判断。而必然判断则是把肯定或否定都看做是必然的判断。康德指出,关系判断中假言判断和选言判断的各分支判断都是或然的(应属于或然判断的范围),展示着逻辑的可能性,但是就其逻辑的连贯性看又是真实的,因此是达到真实知识的必要条件。实然判断展示的是逻辑的现实性或真理性。至于必然判断,则是把实然判断看做是由知性的法则所规定的,因而是先天地肯定了的,它展示着逻辑的必然性。康德认为,由于我们先是或然地判断某物(通过假言和选言判断),继之实然地主张其真(通过实言判断),最后断言地把它们看成是与知性不可分离地联结着,使其成为必然的和无可争辩的。因此他认为判断的模态的这三种功能,应当被看做是一般思维的三个要素(Moment)。这里我们仍可看出康德为他的范畴表作铺垫的意图。

## [短评]

**首先**,康德欲从形式逻辑的判断分类中推导出他的先验逻辑的判断分类虽然是勉强的,但是他想从人类知性的本性中寻找具有普遍性和必然性的思维结构的做法却是有意义的。应当看到人类经过长期的实践活动已经把外部世界的结构深深刻印在自己的认识(思维)结构中,形成了相对固定的思维定式、思维模式(模型、图式、样式、范式、格局),它们起着规范和调节人们思维的作用。就这个意义上说,康德对认识主体的思维结构或认识结构的研究是有贡献的,他所强调的知性(思维)的"自发性"正是机械唯物论者所忽略的主体的能动性,而没有这种能动性就没有真正的认识活动。

**其次**,康德在破除了机械唯物论的形而上学世界观的同时,又建立了他自己主观唯心论的形而上学世界观。现代西方科学哲学中的结构主义、系统哲学等流派继承了康德哲学认识论的主体性研究方向,建立了人类主体认识结构的"相对性原理"①,取得了丰硕的成果,这是我们应当借鉴的。②

### 三、"纯粹知性概念或范畴"[原书第三节,标号§10~§12]

[提示]这里是形而上学演绎的第三个步骤,也是最关键的一个步骤,即从判断的一般功能或形式结构推出纯粹知性概念即范畴和范畴表[这里首次在正文的标题中提出了纯粹知性概念和范畴],以最后解决范畴究竟是什么以及如何起源的问题,论述由以下三个环节构成:

**第一,是范畴和范畴表的推出**。[见第三节标号§10,包括7个自然段]

这里是形而上学演绎的关键部分,涉及到究竟什么是范畴,什么是**分析统一**与**综合统一**的重大问题,曾引起许多分歧和造成许多误解。其主要内容是:通过普通逻辑的判断功能与先验逻辑的判断功能的类比(当然这种类比是勉强的),先推出一般的综合,然后再推出纯粹综合与综合统一,最后推出纯粹知性概念即范畴以及范畴表③。

---

① 见冯·贝塔朗菲:《一般系统论》,秋同、袁嘉新译,社会科学文献出版社1987年版,第189页。
② 见贝塔朗菲对康德的"绝对论的世界观"的批判(见冯·贝塔朗菲:《一般系统论》,秋同、袁嘉新译,社会科学文献出版社1987年版,第192页)以及拉兹洛对列宁的"反映"论的认识论的批判(见欧文·拉兹洛:《系统、结构和经验》,李创同译,上海译文出版社1987年版,第71页)。
③ 参见康德:《未来形而上学导论》,庞景仁译,商务印书馆1978年版,第107页。

**首先**[第1段]，关于两种逻辑。康德声称：普通逻辑[形式逻辑]抽掉知识的一切内容[包括经验性内容和纯粹内容①，而纯粹内容即康德所讲的"形式内容"]，并指望把它从别处——从哪里都一样[无非是由外物作用或内部原因所引起，或者是先天地或经验性地所产生（见《直观中把捉的综合》一节）]——所得来的各种表象，首先经由分析过程，使其转化为概念。[这里是讲普通逻辑获取概念的方法，即从个别到一般、从具体到抽象的方法，如把从直观中得到的"盘子"这个表象，通过分析得出"圆形"这个一般性的几何学概念，这就是形式逻辑的抽掉了具体内容的抽象统一的功能，即"分析统一"的功能。]相反，先验逻辑则有由先验感性论呈现给它的先天感性的杂多[指空间与时间的杂多，这一点与普通逻辑不同]，去充当纯粹知性概念[即范畴]的材料（Stoff），而没有这些材料，纯粹知性概念就没有任何内容（Inhalt）[可见空间与时间是范畴的形式内容]，因而就完全是空的。接着他又指出：空间与时间尽管含有纯粹先天直观的杂多[如空间中的图形和时间中的数目]，但却仍然属于我们心灵的感受性的条件[即感性的形式条件]，我们的心灵只有在这些条件下，才能从对象那里接收到诸表象，因而这些条件也必定总会影响到对象的概念。但是我们思维的自发性要求首先把这种杂多以某种方式加以审视、接受与联结，以便从中获取知识。他把这种活动称之为综合。[这里主要是指纯粹的综合，如"7与5之和等于12"这个数学命题（把7与5这两个数目之和归结为12这个数目），就是先验逻辑把纯粹内容（或形式内容，如7、5、12、点、线、面等等）整合起来的纯粹的"综合统一"功能，即具体统一的功能。注意！这里暗示着判断的两种统一功能：分析统一的功能，它属于形式逻辑，与综合统一的功能，它属于先验逻辑。当然这里，康德不谈经验性的综合统一，因为他认为这不属于先验逻辑的范围。]

**接着**[第2段]，关于综合。康德先给综合下定义说："我所理解的综合，从广义上说[因此包括经验性的和先天的两种综合]就是：把各种不同的表象互相叠加（hinzutun）并把它们的杂多[包括经验性的杂多与纯粹的杂多]放到一个认识中去加以把握的活动（Handlung[又译行动、动作、作用等]）。"② 接着指出：如果杂多是先天地（像空间与时间中的杂多那样）而不是经验性地被给予，那么那样的综合就被称之为纯粹的综合。[这里，康德区分了两种

① 康德：《纯粹理性批判》，蓝公武译，商务印书馆2005年版，第141页。
② 见康德：《纯粹理性批判》，蓝公武译，商务印书馆2005年版，第87页；并见康德：《康德书信百封》，李秋零译，上海人民出版社2006年版，第175页。

综合,一是经验性的综合,它处理的是感性对象(经验材料)中的杂多;二是纯粹的综合,它处理的是纯粹直观(即空间与时间)中的杂多。他认为,同分析相比,综合是获得任何知识的首要条件,因此这里他主要讲"纯粹的综合"。]他指出:我们的诸表象[包括经验性直观和纯粹直观中的诸表象]应当先于对它们的一切分析而被给予,这就需要我们首先把知识的要素联结起来,使之成为一个完整的表象[即综合起来],否则就不会有任何内容供我们分析。[也就是说,先有综合,后有分析。这个意思在后面一再重复,如在§15和§16及其附注中。]因此,他认为,在对我们的表象进行一切分析之前,这些表象必须事先已经被给予[因为康德认为,在分析之前先有综合性的概念(如玫瑰花、物体)被给予],并且就内容来说,任何一个概念都不能先由分析产生出来。但是这种杂多的综合(不论它是经验性地或者是先天地被给予的)是首先产生出知识的,这种知识最初可能还是粗糙的和模糊的① 并因此是需要分析的。这种综合毕竟是真正把各要素组合为知识并结合成一定内容的东西。因此综合是首要的,如果要想判断我们知识的最早起源,我们就应该把注意力首先转向综合。

**接着**[第3段],关于想象力与知性。康德指出,综合一般说来[因此包括经验性的综合,如某物的各种属性的综合,和纯粹的或先天的综合,如12这个数的综合]是想象力的结果[这里第一次出现想象力的概念,并把它与综合功能联系起来,后面还将加以论述,如关于"想象中再生的综合"的论述],而想象力则是灵魂的一种盲目的虽说又是必要的功能;没有这种功能我们就没有任何知识,虽然我们不常意识到它。但是,把这种综合引向概念[包括经验性概念和先验概念,先有综合活动,然后才能表现为概念]则是知性的功能,知性只是依赖于这种功能[即把综合引向概念的功能]才能向我们提供真正意义上的知识。[这里,康德强调的是综合在认识活动中的决定性作用。]

**接着**[第4段],关于纯粹综合。康德指出:"一般说来,纯粹的综合提供出纯粹的知性概念。"[注意这个提法,这是理解什么是纯粹知性概念的关键!]而所谓"纯粹综合",则是"以先天的综合统一[注意,这是正文中第一次出现综合统一的概念]为基础的综合"。例如计数(特别是对较大的数目),就是依据概念[即具有综合统一功能的纯粹概念,指单位]进行的综合,因为计数就是

———————————
① 这就是马克思所说的"混沌的关于整体的表象"。

依照一个共同的单位基础(Grund der Einheit)(例如十进制)完成的。于是,依照此种概念[指纯粹概念,即范畴及其下属概念],杂多的综合统一就成为必然的了。[在康德看来,只有纯粹先天的综合统一才具有必然性。]

　　**再接着**[第5段],关于纯粹综合的先天条件。康德提出:"通过分析把各种不同的表象带到(bringen①)一个概念[一般性概念]之下(这是普通逻辑所做的事情)。[这就是分析的统一,其判断形式就是先天的分析判断。]而先验逻辑所教导的,并非是如何把表象而是如何把表象的纯粹综合[即后面要讲的三重纯粹的综合]带到诸概念中去。"②[这里的"概念"系指范畴,可从与上句话的对比中明显看出来,这样就通过纯粹综合推出了范畴。]他接着指出,为了得到关于一切对象的先天知识,应当被给予我们的是:**一**,纯粹直观的杂多[时空的杂多];**二**,由想象力而来的这些杂多的综合,但它所提供的仍然不是知识[而只是知识的图式,因为图式是想象力的产物]。而所需的**第三种东西**,则是一些概念[即诸范畴]——它们给出关于某一显现着的对象的知识,并且是以知性为依据的,——正是这种概念给纯粹综合以统一,并只作为关于这种必然的综合统一的表象。[这就是说,要获得知识,最终需要这样一些先天的概念,它们能够给纯粹的综合以统一,并只作为必然的纯粹综合统一的表象。总而言之,为获得知识需要三个先天条件:1.纯粹的杂多(依靠"纯粹的直观");2.这种杂多的综合(依靠"纯粹的想象力");3.作为必然的综合统一之表象的概念,即范畴(依靠"纯粹的知性")。第三个条件最关键,它是前两个条件的联结与统一。]

　　**再接着**[第6段],关于纯粹知性概念(范畴)。这里,康德从分析统一与综合统一的类比推出"**纯粹知性概念**"。他指出:"同一个功能,给一个判断中的各种表象[包括直观和概念]以统一[指以普通逻辑的分析判断形式表现出来的分析统一],同样也给一个直观中的各种表象的单纯综合[实即上一段中所说的"纯粹综合",纯粹综合是指以空间与时间为对象的综合,因为康德后来说纯粹知性概念的客体是空间与时间③,而空间与时间是纯粹直观,所以对空间与时间的综合就叫做"纯粹的综合"]以统一[即以先验逻辑的先天综合判断形式表现出来的纯粹的综合统一],这种统一[指后一种统一,即纯粹的综合统一,郑、齐二先生的

---

①　bringen,有"带来"、"送交"、"带领"等义,本书一般译为"带到",有的译本则译为"摄置"、"归摄"、"置于"。
②　康德:《纯粹理性批判》,蓝公武译,商务印书馆2005年版,第88页。
③　参见康德:《康德书信百封》,李秋零译,上海人民出版社2006年版,第233页。

译文以及李译本为"这种功能"①]以一般形式表示出来[即以概念的形式来表示],就叫做纯粹知性概念。[这里,康德对纯粹知性概念作出了明确的界定,指出了它的功能就是给直观中的纯粹综合以统一。]因此,同一个知性,也就是说,正是通过同样一些活动(Handlung②),借助于分析的统一[这里首次出现"分析的统一"的概念],在诸概念中造成一种判断的逻辑形式[即分析判断的逻辑形式,如在"物体"和"可分性"两个概念中,通过系词"是",建立起"一切物体都是可分的"这一先天的分析判断,就是"分析的统一"],也借助于一般直观(Anschauung überhaupt)[即纯粹直观]中杂多的综合的统一[这里,康德第一次明确地把统觉的统一功能区分为"分析的统一"与"综合的统一"两种,为后面的进一步论述作了铺垫],把某种先验的内容[指纯粹直观(空间与时间)的杂多内容,即形式内容]带到自己[指知性]的诸表象[指诸先天概念]中去,因此这些**表象**[即上段话中说过的"作为这种必然的综合统一的表象",齐译文为"作用"(即活动)③、杨祖陶、邓晓芒译文为"活动"④]**就叫做纯粹知性概念,**[这就是前面第4段话中所说的"纯粹综合提供出纯粹的知性概念"的含义]**它们先天地与客体相关,这是普通逻辑所做不到的。"**⑤

[康德就是以这种方式解决了范畴究竟是什么以及如何起源的问题,因此上面这段话非常重要,但各译本译文间差距很大,而且在理解上也存在着很大的分歧⑥。但实际上康德在这里并没有提及斯密所说范畴是"与生俱来"的问题,而只是说范畴是康德自己从现成的逻辑功能和逻辑结构中抽象出来的⑦,因此斯密的理解是一种误解⑧。还有,这里应当注意的是,康德首次明确地区分了知性(即统觉)的两种统一功能⑨:一是分析的统一,它是普通逻辑(即形式逻辑)的做法,即把各种不同的表象加以分析,抽

---

① 见郑著《康德学述》,商务印书馆1984年版,第90页;齐良骥:《康德的知识学》,商务印书馆2000年版,第113页;康德:《纯粹理性批判》,蓝公武译,商务印书馆2005年版,第101页。

② Handlung,有"活动"、"行为"、"行动"、"作为"、"动作"、"作用"等意,(见康德:《纯粹理性批判》,韦卓民译,华中师范大学出版社2000年版,第702页),有的译本译为"作用""行动"似乎不妥,考虑到这里是指知性(精神)的行为,为与身体的行为有所区别,故应按韦卓民译本译法,译为"活动"。亦可参见杨祖陶、邓晓芒著《康德〈纯粹理性批判〉指要》的译法。(见杨祖陶、邓晓芒:《康德〈纯粹理性批判〉指要》,人民出版社2001年版,第113页。)

③ 见齐良骥:《康德的知识学》,商务印书馆2000年版,第113页。

④ 见杨祖陶、邓晓芒:《〈康德纯粹理性批判〉指要》,人民出版社2001年版,第113页。

⑤ 康德:《纯粹理性批判》,蓝公武译,商务印书馆2005年版,第88~89页。

⑥ 见齐良骥:《康德的知识学》,商务印书馆2000年版,第113页注①。

⑦ 参见康德:《纯粹理性批判》,蓝公武译,商务印书馆2005年版,第81页。

⑧ 见康蒲·斯密:《康德〈纯粹理性批判〉解义》,韦卓民译,华中师范大学出版社2000年版,第220页。

⑨ 见康德:《纯粹理性批判》,蓝公武译,商务印书馆2005年版,第104页正文与注。

出其共性,并把它们归并到一个"一般概念"①,即一般经验性概念或经验性的一般概念(empirische Begriffe überhaupt)② 之下,也就是把较低的直观或概念归并到较高的概念之下,以形成一个抛开了具体经验性内容的分析判断③;二是综合的统一,这是先验逻辑的做法,即把纯粹直观中的杂多(指形式内容,即空间与时间的杂多)归并到一个概念(即范畴)之下,以形成一个添加了先验内容(形式内容)的先天综合判断。而且康德认为,这种综合统一的功能与分析统一的功能一起,都来源于"同一个主体"(同一个自我),即"纯粹统觉"或"本源的统觉"④。因此他就认为他有权从普通逻辑与先验逻辑的两种统一功能(即分析统一与综合统一)的类比中找出他所需要的诸范畴来。他的意思是:既然形式逻辑的分析统一与先验逻辑的综合统一都执行着统觉的统一功能,所以必定有共同的逻辑结构,因此是可以类比的。华特生对康德的这一做法进行了解释⑤,但是斯密却对康德的假设提出了质疑⑥,阿斯穆斯也对此作了分析⑦。只是康德对经验性的综合判断略而不谈,因为他认为这种判断只具有相对的普遍性与必然性,因此不属于先验逻辑的范围。但康德一直到最后也并未说清分析统一与综合统一的关系,特别是它们同分析判断与综合判断间的关系。]

　　**最后**[第7段],关于范畴表。康德下结论说:通过这种方式所产生的纯粹知性概念(它们先天地与一般直观[时空]的对象相关),其数目"恰好是这么多,不多也不少"⑧,与前面表中所列一切可能判断的逻辑功能数相同,因为知性通过这些功能已经"完全穷尽"了,而且它的能力也已经通过这些功能被完全估计到了。现在我们按照亚里士多德的先例,称这些概念为**范畴**(Kategorie),因为我们的任务在原则上同他的任务完全符合,尽管在解决这一任务时我们在对范畴的应用上是分道而行的。[这样,康德就完成了他的形而上学演绎,即通过知性判断的四种逻辑功能推出了"全部"共四组范畴和范畴表,他自认为在知性判断的四种功能中找到了"范畴的起源",并宣称范畴表为形而上学体系的"完备性图式"⑨。]

　　下面就是他的范畴表:

---

① 康德:《纯粹理性批判》,蓝公武译,商务印书馆2005年版,第104页①。
② 康德:《纯粹理性批判》,蓝公武译,商务印书馆2005年版,第130页。
③ 见康德:《康德书信百封》,李秋零译,上海人民出版社2006年版,第235页;华特生:《康德哲学讲解》,韦卓民译,商务印书馆1963年版,第113页以及本书第四章第二节第一小节"短评"。
④ 康德:《纯粹理性批判》,蓝公武译,商务印书馆2005年版,见§16及注、§23。
⑤ 见华特生:《康德哲学讲解》,韦卓民译,商务印书馆1963年版,第113页。
⑥ 见康蒲·斯密:《康德〈纯粹理性批判〉解义》,韦卓民译,华中师范大学出版社2000年版,第218～219页。
⑦ 见瓦·费·阿斯穆斯:《康德》,孙鼎国译,北京大学出版社1987年版,第161页。
⑧ 见康德:《未来形而上学导论》,庞景仁译,商务印书馆1978年版,第39节。
⑨ 李秋零主编:《康德著作全集》第4卷,中国人民大学出版社2005年版,第333～334、482页。

范畴表

**1.**

量(Quantität)

单一性(Einheit)

多数性(Vielheit)

总体性(3)(Allheit)

**2.**　　　　　　　　　　　　　　　**3.**

质(Qualität)　　　　　　　　　　关系(Relation)

实在性（Realität)　　　　　　　依存性与自存性(实体与属性)

否定性（Negation)　　　　　　　因果性与从属性(原因与结果)

限制性（Limitation)　　　　　　协同性(能动与受动间的相互作用)

**4.**

模态[样式](Modalität)

可能性——不可能性

存在性——非存在性

必然性——偶然性

**第二,是对范畴表的解释。**[见第三节标号§10~§11]

首先讲范畴表的先天性(见§10后半部分)。康德称该表"是一份知性自身先天含有的一切本源的纯粹综合性概念的一览表"[注意,这才是范畴本身的"来源"],认为纯粹知性"只有通过这些范畴才能理解直观杂多中的某种东西,即思维直观的客体"①。他又宣称:"这个分类是从一个一般原理中系统地发展出来的,而这个原理恰好又来自于判断的能力,即来自于思维的能力",而并非是"通过归纳而使其完备的"。② 为此他还责备了亚里士多德范畴表的"缺陷"。同时他又声称这个表所列的范畴是纯粹知性的"主概念",它们的"派生概念"在先验哲学的"完备体系"中也是不可缺少的。

其次讲范畴表的特点(见§11)。康德称此表在哲学理论部分中非常

---

① 此处的客体就是指作为直观对象的现象[显象]。(见康德:《纯粹理性批判》,蓝公武译,商务印书馆 2005 年版,第 89 页)

② 同上。

有用,能够为全部科学提供完整的计划。具体要注意的是以下三点:

1.表中四类概念先分两组,第一组(前两类,包括量和质)与**直观的对象**(包括纯粹的和经验的)相关,第二组(后两类,包括关系和模态)与这些**对象的存在**相关(或者是对象与对象之间,或者是对象与知性之间,前者涉及关系,后者涉及模态);第一组范畴可称为**数学的**,第二组范畴则叫做**力学的**。[这里,康德并没有给出各范畴的定义,因为他认为这是不必要的,也是不可能的①。]

2.每组都正好包括三个范畴(通常概念的先天分类必采取"二分法"),而且每组中的第三个范畴总是知性通过其特别的综合活动,由第一和第二两个范畴联结而生,而并非是知性通过其分析活动引申出来的,例如总体性即被视为单一性的多数性,限制性就是与否定性相联结的实在性,协同性就是实体间相互规定的因果性,而必然性则是由可能性给出的存在性。②

3.表中的第三组范畴中的协同性范畴与判断中第三组的选言判断的一致性似乎不太明显,其实不然,因为在关系类范畴中的实体被视为各自独立存在,而实体的互为因果则表现为各独立部分的联结,而协同性正好体现了这种既各自独立又互相联结的关系,这与选言判断的各分支判断既互相排斥又互相联结的情形正好是一样的。

第三,是关于经院哲学的一组先天性概念。[见第三节标号§12]

康德指出,在古人的先验哲学(经院哲学)中有一组概念被认为应列入到范畴表中去,那就是"一"、"真"、"善",它们体现在"凡实在的事物皆为一、为真、为善"的命题中。康德认为这是不可以的。因为他认为,这组概念完全可以归结到关于"量"的那组范畴中去,即归到"单一性"、"多数性"、"总体性"中去。斯密曾对康德的这一做法有所指责,称其是"矫揉造作"的,但这里还是包含着一些重要思想的,因此需要加以介绍。例如康德论证说,被经院哲学认做是事物的虚假先验谓词的"一"、"真"、"善",不过是关于一般事物的一切知识的逻辑要求和评判标准,它们在知识的基础中被当做是量的范畴,即单一性、多数性、总体性。但实际上,它们应当

①　见康德:《纯粹理性批判》,蓝公武译,商务印书馆 2005 年版,第 222 页注①。
②　见康德:《康德书信百封》,李秋零译,上海人民出版社 2006 年版,第 99 页。

从内容(质料)的角度被看做是属于事物本身的可能性。按他的说法,**首先**,在关于客体的每一种知识中都存在着概念的单一性(Einheit des Begriffes),可称之为质的单一性(qualitative Einheit)①,因为在这种单一之下,可以想象的只是知识中杂多联合的单一,例如戏剧、演讲、故事等主题的单一性。**第二**,[在客体的每一种知识中,存在着]结论的真实性,由被给予的概念得出的真实结论越多,它的客观实在性的标准也越多。这可称之为质的多数性(qualitative Vielheit)。**第三**,在客体的每一种知识中,存在着完善性,它在于多数性全体返回到概念的单一性并充分与这概念相适合。这可称之为质的完满性(总体性)[qualitative Vollständigkeit(Totalität)]。[显然这种硬把一、真、善拉到量的单一性、多数性与总体性上去的做法,完全是牵强附会的。]

## [短评]

**首先**,这里我们看到了康德如此费力地绕了许多弯子,才追溯性地完成了从"一般综合"到"纯粹的综合"再到"纯粹的知性概念"即"范畴"的形而上学推演。同时这个推演过程所采取的又是他所贬斥的分析方法。这就难怪斯密指责这种推演(即"演绎")是"矫揉造作的"、"吃力的"、"武断的"和"自相矛盾的"了。② 这突出表现在他对概念划分的"四分法"③ 上。造成这种情况的原因不是别的,只能是他的先验唯心论和不可知论以及他所迷恋的"纯粹理性的建筑术"所造成的结果。

**其次**,我们还应看到,这里还包含着许多辩证的思想,特别是他关于思维形式与思维内容相统一的思想,关于综合统一中所包含的多样性统一或具体统一的思想,以及他关于每组范畴的"**三分法**"的解释④,是黑格尔所说的"伟大的[辩证法]概念的本能"⑤,是康德哲学中"伟大和不朽的

---

① 这里的"质的单一"应理解为"多样性的统一",即"质的统一",但康德却硬把它列到量的范畴中去,所以就只好用"质的单一"这个译法了。
② 见康蒲·斯密:《康德〈纯粹理性批判〉解义》,韦卓民译,华中师范大学出版社 2000 年版,第 225 页。
③ 见康蒲·斯密:《康德〈纯粹理性批判〉解义》,韦卓民译,华中师范大学出版社 2000 年版,第 231 页。
④ 斯密则称其是与黑格尔一样的"神秘的教条"(见康蒲·斯密:《康德〈纯粹理性批判〉解义》,韦卓民译,华中师范大学出版社 2000 年版,第 223 页)。
⑤ 黑格尔:《哲学史讲演录》第 4 卷,贺麟、王太庆译,商务印书馆 1981 年版,第 269 页。

东西"①,因此无疑是黑格尔的辩证法的前兆,因此是有积极意义的②。至于他对"一"、"真"、"善"这组概念的处理,显然是牵强附会的,但仍可看做是对概念辩证法的三分法的蹩脚运用。

## 第三节　"纯粹知性概念的先验演绎"导言<br>摘要译评[见第95～102页]

[提示]康德在对纯粹知性概念作了"形而上学的演绎"之后,又开始对纯粹知性概念(即范畴)进行"**先验的演绎**"。所谓"先验的演绎",按康德的说法,就是对范畴"先天地适用于经验对象"的原理所作的证明,实际上就是对先天性纯粹知性概念的先验的认识功能所作的认识论证明,实即先验论的证明。而先验演绎又分为**主观演绎与客观演绎**两种:主观演绎讲经验之所以可能的"主观来源",即讲"纯粹知性本身"及其构成"要素",其内容主要在第一版中;客观演绎讲先天概念的客观有效性或客观实在性③,其内容主要在第二版中。康德称他在这里遇到了"所有困难中最大的困难"④,并称他在这方面花费了"最大的劳力"(第一版序)。郑昕称范畴的先验演绎是康德《批判》一书的"中心",是他的认识论的"核心"⑤,阿斯穆斯称先验的演绎是《批判》一书中"最重要的一章"⑥,黑格尔则称其为康德哲学"最困难的部分之一"⑦,郑昕又称其为"最难懂"⑧,有人甚至称先验演绎是为康德认识论之"谜"和步履艰难的"巨大的沙漠"⑨。让我们尝试来解开这个"谜"。康德之所以需要这类证明,其目的是为了解决知识的普遍性与必然性问题,因为他的**最基本假设之一**是:知识的普遍性与必然性只能来源于感性的先天形式即空间与时间,以及知性的先天形式即范畴。为了弄清各类演绎的关系,特制成下表以供参考:

---

① 见瓦·费·阿斯穆斯:《康德》,孙鼎国译,北京大学出版社1987年版,第156页。
② 参见瓦·费·阿斯穆斯《康德》(孙鼎国译,北京大学出版社1987年版)第四章的分析。
③ 康德:《纯粹理性批判》,蓝公武译,商务印书馆2005年版,第98、123页。
④ 康德:《康德书信百封》,李秋零译,上海人民出版社2006年版,第88页。
⑤ 郑昕:《康德学述》,商务印书馆1984年版,第136、26页。
⑥ 瓦·费·阿斯穆斯:《康德》,孙鼎国译,北京大学出版社1987年版,第33页。
⑦ 黑格尔:《逻辑学》下卷,杨一之译,商务印书馆1977年版,第36页。
⑧ 郑昕:《康德学述》,商务印书馆1984年版,第36页。
⑨ 参见李泽厚:《批判哲学的批判》,人民出版社1984年版,第168、170页。

```
        形而上学的演绎 ── 先验逻辑的本体论演绎
范畴的                    （范畴的本质、本性和起源）
演　绎

                                                    主观演绎
        先验的演绎 ── 先验逻辑的认识论演绎
认识论                （纯粹概念的综合统一功能）
演　绎                                              客观演绎

        经验性演绎 ── 普通逻辑的认识论演绎
                  （经验性概念的分析统一功能）
```

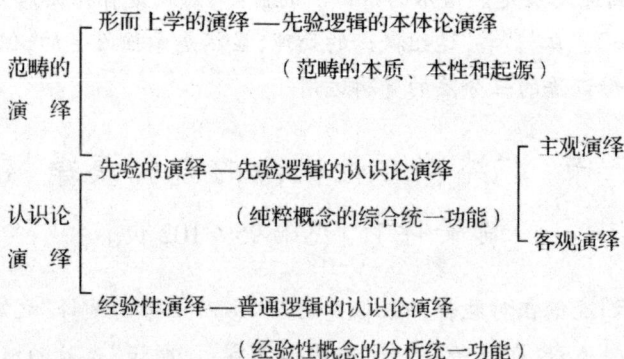

## 一、一般先验演绎的原理[原书第二章第一节,标号 §13]

[提示]这里是讲先验演绎的理由,主要讲先验演绎的必要性和困难性。

我们先看先验演绎的必要性[第 1～5 段]。

**首先**,康德区别两种演绎,他举例说,法学家在谈到权利与要求时是把权利问题与事实问题区别开来的,而且对这两者都要求提供证明,这种证明被称之为**演绎**。对于先天的纯粹知性概念来说也是如此。先验哲学应当对纯粹知性概念的先天使用权利加以证明,这是合法性的问题。康德把对"概念是以何种方式才能先天地与对象相关"所作的逻辑证明,称之为"概念的先验演绎"(即先验论的证明)。这种演绎同"经验性演绎"(即经验论的证明)相区别,因为经验性演绎所揭示的是"概念是以何种方式通过经验和对经验的思考而被提取",因此这里所涉及的不是合法性问题,而只是事实问题,我们是依靠这种事实来掌握概念的。康德宣称已经有两种完全不同类型的概念,它们都完全先天地同自己的对象相关,它们就是作为感性形式的空间与时间概念,以及作为纯粹知性概念的范畴。而对这两种概念指望做经验性演绎是徒劳无益的,因为它们并不能从经验中借取什么。因此如果对它们需要演绎的话,那就永远应当是先验的。

**接着**,康德从纯粹知性概念与经验的关系上论述先验演绎的必要性。他指出,对于这种纯粹的知性概念[范畴],我们虽然不能在经验中发现它们的可能性原理,但却完全能够在经验中发现它们产生的偶然性机缘。

具体说就是:从感官来的印象给我们以第一个诱因,以使全部认识能力得以向它们打开,并从而产生经验。而经验却包含两种完全不同的要素,一是从感官得来的知识质料,一是整理这些质料的某种形式,而这某种形式则来自于"纯粹直观"和"纯粹思维"的内在根源,这直观和思维在具备了感性质料的条件下开始活动,并产生概念。为此康德赞扬洛克说:探讨我们的认识能力从单一知觉到一般性概念的发生的最初尝试,无疑是非常有益处的,为此我们要感谢著名的洛克所开辟的道路。但是康德又认为,纯粹先天概念的演绎绝不能靠这种方式来实现,因为这种先天概念要在往后的运用中完全脱离经验,必须展示其完全不同于来自经验的出生证。而洛克由生理学资料作出结论的尝试是完全不能称之为演绎的,因为它所涉及的是事实问题,所以我称它为对纯粹知识的占有所作的解释。因此在康德看来,显然,对纯粹知识的演绎只能是先天的而不能是经验性的。经验性演绎的徒劳尝试,完全是不了解纯粹知识的特殊本性的人们所采取的做法。

**再接着**,康德又从与空间概念演绎的对比中说明纯粹知性概念演绎的**必要性**。他指出,即便承认这唯一可能的对纯粹**先天知识**的演绎具有先验的性质,那么也还是不能使这种演绎的必要性变得明显。因为在他看来,前面通过对空间与时间两个概念的先验演绎,已经确立了它们的**客观有效性**,例如几何学的知识因为以先天直观为根据,而具有直接的自明性。但是当我们遇到**纯粹知性概念**的时候,那就不仅对这些概念自身,而且对空间,都提出了寻求先验演绎的要求,因为由它们(纯粹知性概念)来表述对象时,依靠的是纯粹先天思维的谓词,而不是直观和感性的谓词,所以它们无须任何感性条件而同任何对象发生关系,又因为它们不以经验为基础,所以也不能在先天的直观中指示任何一个客体,除非它们能先于任何经验在这种直观中建立起自己的综合[即纯粹的综合]。因此它们不仅在某种程度上引起对自己应用的客观效力和限度的怀疑,而且由于有一种把上述空间概念用到感性直观的条件之外的倾向,而使这种空间概念也成为模棱两可的了,因此前面对空间概念的先验演绎就是必要的了。于是康德鼓励读者在承认前面关于空间概念的先验演绎的条件下满怀信心地进到纯粹理性的领域中去,并不避困难,把批判的研究进行到底。这就是康德关于纯粹知性概念的先验演绎的必要性所作的论述。

我们再看先验演绎的困难性[第6~9段]。

**首先**,康德从与时空概念的对比中来说明纯粹知性概念(即范畴)演绎的困难。他指出,前面对空间与时间概念的研究毫无困难地说明,它们作为先天的知识何以能够必然地与对象发生关系,并且不依赖于任何经验就能使关于这些对象的综合知识成为可能。正因为如此,对象才能作为经验性直观的客体借助于感性的纯形式向我们显现出来,而那空间与时间就是纯粹的直观,它们先天地包含着对象作为现象的可能性的条件,并使空间与时间中的综合具有客观有效性。但是知性范畴毕竟不能向我们提供对象在直观中被给予我们的那些条件[时空],正是这种条件使对象能够无须借助知性的功能而直接展现给我们。可见,知性并非先天地包含着对象被给予我们的那些条件。这样一来就产生一个我们在感性领域中所遇不到的困难:思维的主观条件[即范畴]何以能够取得它的客观有效性(objektive Gültigkeit),也就是它何以能够成为关于对象的一切知识的可能性条件,因为没有知性功能,现象原本就能够在直观中给予出来。①于是康德举例说,如原因概念意味着一种特殊种类的综合,当有了某甲,那么跟着就按一定规则设定了与其完全不同的某乙。可是尚不能先天地搞明白的是,现象为什么应当在自身中包含诸如此类的东西,(本来经验是不具备做这种证明的资质的,因为需要证明的是这些先天概念的客观有效性),因此就要先天地产生一种怀疑,这种概念也许完全是空的,在现象中没有一个同它相适应的对象,因为原本明显的是,感性直观的那些对象必须与先天地存在于我们心灵中的感性**形式条件**相适应,否则它们就不是我们的对象了。但是,如果就此得出结论说,这些对象此外还必须与知性为了思维的综合统一所需的条件相适应,那可就不那么容易了。本来现象也许是那样的,即知性没有找到它自己的适应于这些对象的统一性条件,而使一切都处于混杂阶段中,例如,在现象的连续系列中不能给我们提供任何一种综合的规则,以适应于因果概念,这样因果概念就完全是

---

① 郑昕将这个问题表述为:"纯概念既不倚于一切经验,而要对一切经验有效准。从它们的'来源'说,是纯主观的,按效准说,它们又有经验的客观性,这如何可能呢?"(见郑昕:《康德学述》,商务印书馆1984年版,第120页)

空的、无关紧要的和失去意义的了。不过这样一来,至少现象还会把对象向我们的直观提供出来,因为直观完全不需要借助于思维的功能。

**接着**,康德又从与经验性演绎的对比中来说明先验演绎的困难。他指出,如果我们想摆脱这种先验演绎的困难研究而援引经验性演绎的办法,说什么,经验在不断地提供现象的那种前后继起的规则性例证,使这些例证有足够的理由从中引出原因的概念,并据此确认这种概念的客观有效性。但是这里要摒弃这种做法,因为靠着这条道路原因概念是完全不能产生的,因此只有两种选择:要么让它奠定在完全是先天的知性的基础上,要么就把它当做纯粹的虚构予以抛弃。因为这一概念必然要求,如果有某物甲这样地存在,那么就会有另一个某物乙按照一条绝对普遍的规则,必然地、无条件地跟随其后。当然种种现象都会提供许多机会使某种规则得以确立,依据它某物通常都会发生,但是它们任何时候都不能证明结果会必然出现。因此原因与结果的综合具有那样的一种尊严,它无论如何都不能从经验中体现出来的。它是这样构成的:结果不是简单地同原因联结在一起,而是依赖于原因并跟随其后的。这种规则的严格普遍性完全不是经验性规则所具有的品质,这种规则依靠归纳,只具有相对的普遍性(komparative Allgemeinheit),即只具有广泛的应用性。如果纯粹知性概念仅仅被看做是经验的产物,那么对它们的运用就完全走样了。

## 二、向范畴的先验演绎的过渡[第一节标号§14]

[提示]这里主要讲演绎的两种途径、先验演绎的原则和对范畴的概述,涉及到康德所重视的范畴的客观演绎。他在"第一版序言"中特别强调这一点的重要性,指出:即使主观演绎不能令人充分信服,客观演绎仍保有其效力,关于这一点光是§14小节第一段的说明就足可以做到了。①

首先,康德从表象与对象的关系来论述演绎的两种可能的途径,从而引出先验的演绎。他论述说:综合[参见§10中关于一般意义的综合]的表象与其诸对象同时出现,以必然的方式相互关联,以及似乎是相互碰面,只

---

① 参见康德:《纯粹理性批判》,蓝公武译,商务印书馆2005年版,第7页。

有两种情况是可能的:要么是对象使表象成为可能[这是经验论],要么是表象使对象成为可能[这是先验论]。在前一种情况下,这种关系只具有经验的性质,从而表象无论如何都不会是先天可能的。诸现象[即显现],就其中属于感觉[作为质料]的东西而言,就是这样的。[这就是经验性演绎。]但在后一种情况下,尽管就对象存在的意义上说,表象自身并不创造自己的对象,(因为这里我们所谈的根本不是表象凭借意志而造成的因果性),但如果只有借助于它才能把某物作为对象来加以认识,那么至少它能够先天地规定对象。可是为使对象的认识成为可能只有两个条件:第一,是直观[指先天的直观,即时空],通过它,对象只作为现象[显现]被给予;第二,是概念[指先天的概念,即范畴],通过它,那些与直观相应的对象被思维。如上所述,很清楚,第一个条件,即只有通过它对象才能被直观到的那个条件,实际上构成客体[对象]就其形式而言的先天存在于心灵中的基础。因此一切现象[显现]必然要同这些感性的形式条件[即空间与时间]相适应,因为它们只有依赖于这些条件才能显现出来,即才能成为经验性地被直观到和被给予的。于是现在就产生一个问题:概念莫不也是先天地作为一种先行的条件,只有在这一条件下,某物即使不被直观到至少也可以作为一般对象而被思维? 本来在这种情况下,关于对象的经验性知识必须要同那些概念相适应,因为没有这种概念的参与,任何东西都不能成为经验的客体。因为,一切经验在自身中除了包括感性的直观,通过它某物被给予,还包括关于这种在直观中被给予或显现出来的对象的概念。因而在一切经验性知识的基础中,都存有作为先天条件的关于一般对象的概念。所以,作为先天概念[注意,范畴也就是"先天概念"或"先验概念"①]的范畴的客观有效性,就以这样的事实为根据,即经验(仅就其思维的形式说)只有借助于这些范畴才是可能的。在这种情况下,这些范畴必然地和先天地同经验的对象发生关系,因为只有借助于它们,一般而言的某种经验对象才能被思维。[这就是关于范畴的客观有效性的客观演绎:经验的或知识的对象先天地依赖于范畴。这是典型的先验论。]

**其次**,关于先验演绎的原则。康德指出,一切先天概念的先验演绎包

---

① 见康德:《纯粹理性批判》,蓝公武译,商务印书馆 2005 年版,第 507 页。

含以下全部研究都要遵循的原则:所有的先天概念都应当被看成是经验之所以可能的先天条件(不论是在经验中遇到的直观的可能性,还是思维的可能性)。这种概念由于充当着经验之所以可能的客观基础[实为主观基础],因而是必然的。但是在对经验的阐释中遇到这些概念,并不是对这些概念的演绎(而只是对它们的举例)。换言之,在这种情况下它们只能是偶然的。除了所揭示的仅仅使经验成为可能的本源关系,这些概念对任何对象的关系,都完全是不可理解的。

第三,康德指责洛克和休谟所主张的纯粹概念的经验起源论,说他们一个因为要使这些概念的应用远远超出经验的界限而陷入"玄想",一个因为把这些概念起源归因于习惯而陷入"怀疑论",于是他就打算对人类理性的活动进行限制。

最后,康德对范畴预先作了概述。他说:"范畴是关于一般对象的概念"①,通过它们,对象的直观[即经验性的直观]就从判断的某种逻辑功能的观点上,被看做是规定了的。这样,范畴的判断功能就是主词和谓词的关系。他先以"一切物体都是可分的"这一判断为例② 来说明这种主谓关系。但他指出,在知性的这种单纯逻辑应用的关系中,还不能确定这两个被给出的概念["物体"与"可分的"]中,哪个被赋予了主词的功能,哪个被赋予了谓词的功能,因为本来也可以说"某可分的东西是物体"。但是如果我把一种物体的概念[例如"石头"]置于实体范畴之下[即构成"石头是实体"这一判断],那么通过实体范畴就可以确定,在经验中,"物体"的经验性直观[例如,对石头的直观],任何时候都只能被看做是主体,而不能只是一个谓词[即属性]。对所有其余的范畴也可以这样说③。这样,康德就自以为是完成了向范畴的先验演绎的过渡。

① 见康德:《纯粹理性批判》,蓝公武译,商务印书馆 2005 年版,第 101 页。[这里要特别注意这个定义(但康德说,实体、原因等具体范畴是不能定义的,见康德:《纯粹理性批判》,蓝公武译,商务印书馆 2005 年版,第 222、511 页),考虑到在《康德书信百封》中所说范畴的客体是空间和时间(见康德:《康德书信百封》,李秋零译,上海人民出版社 2006 年版,第 233 页),因此这里的"一般对象"应该是指空间与时间中一般可能的对象(因为一切对象都存在于空间与时间之中),而并非指物自身。
② 这是一个分析判断,因为"可分性"概念可以从"广延"的概念中引申出来(见康德:《康德书信百封》,李秋零译,上海人民出版社 2006 年版,第 122 页),这里只是把它作为主谓关系的例子,而不是讲范畴在判断中的逻辑功能,因为"可分性"不是范畴。
③ 即只能被应用于确定感性直观对象的主体性或主体地位,换言之,不能被应用于先验对象(灵魂、世界、上帝)的主体性或主体地位,这样康德就限定了范畴的应用范围(见康德:《未来形而上学导论》,庞景仁译,商务印书馆 1978 年版,第 113 页)。

这里还有被第二版所删掉的一段话："但是,有三种源始的来源[即灵魂(Seele)① 的三种性能(Fähigkeiten)或能力(Vermögen)],包含着一切经验之可能性的条件,本身不能从心灵的任何其他能力派生出来[即各自独立的],这就是感官[或译为感受力]、想象力和统觉[即感受力、想象力与判断力]。据此而有:1.通过感官而对杂多[指空间与时间中的杂多]的先天的概观(Synopsis);2.通过想象力而对这种杂多的综合(Synthesis);最后,3.通过本源的统觉而对这种综合的统一(Einheit)[意即统觉给综合以统一]。[这里形成了"概观—综合—综合的统一"三个层次,即后面讲的"三重综合"。]所有这些能力除了经验性的应用外,还有一种先验的应用,这种应用是仅仅指向形式并且是先天可能的[这就是说,感官含有先天的概观能力,想象力含有先天的综合能力,统觉含有先天的综合统一能力]。关于后一种应用我们上面在第一部分[指先验感性论]中曾就感官而言谈到过了,但其他两种能力则是我们现在要力图按其本性加以审查的。"② [这里,康德把想象力作为感官(感性)与统觉(知性)的中间形态(即中介)加以并列,后来在第二版中又把三者并列的表述放弃了。]

## [短评]

**首先**,康德对范畴及其结构的理解是典型的先验论,正如列宁所说,范畴"是……认识世界的过程中的一些小阶段,是帮助我们认识和掌握自然现象之网的网上纽结"③,因此不是范畴及其结构决定经验(实践),而是经验(实践)决定范畴及其结构。

**其次**,康德对范畴的理解又是静态结构主义的,正如皮亚杰批评康德时所指出的:"认识的结构……只是在它们发展的最后而不是一开始就有,而且也不牵涉任何先行的遗传程序设计","我所关心的重要问题是新结构的不断形成的问题"。④

**第三**,康德突出了主体的认识结构(感官、想象力和统觉)的能动性在认识活动中的决定作用,无疑具有辩证法的因素,这是应当肯定的,而机

---

① 这里的"灵魂"显然是指灵魂的"现象",即下面所说的"心灵",而非指"灵魂本身"(Seele selbst)(见康德:《纯粹理性批判》,蓝公武译,商务印书馆2005年版,第51页;康德:《未来形而上学导论》,庞景仁译,商务印书馆1978年版,第117页)。
② 康德:《纯粹理性批判》,蓝公武译,商务印书馆2005年版,第101页注(1)。
③ 列宁:《哲学笔记》,人民出版社1974年版,第90页。
④ 皮亚杰:《发生认识论原理》,王宪钿等译,商务印书馆1986年版,第63、62页。

械反映论者恰恰不懂得这一点。

## 第四节　"纯粹知性概念的先验演绎"(之一)
## 译评[此为原书第一版,见第 122～140 页]

**一、经验可能性的先天根据(即"主观演绎",依照原书第一版第二节,见第 120～130 页)**

[提示]这里主要是讲所谓的"主观演绎",在第二版中被删除,其原因据斯密的分析,一是这一演绎因使用了"先验心理学的话语",而具有"猜测的性格",二是它的内容有些是使人"误解"的。① 斯密还认为,从内容看这一演绎还包含着"客观演绎"的内容,而第二版的客观演绎应插在第一版主观演绎的"正中间"。② 下面首先介绍的是"主观演绎",其内容是讲经验性知识的"主观来源",即"纯粹知性本身",涉及到"它的可能性及其所依据的各种认识能力③,也就是从主观方面来加以研究"④。其主要内容就是由直观所提供的"概观"(即"把捉")、由想象力所提供的"综合"与由概念(范畴)所提供的这种综合的"统一",这就是所谓的"三重综合"。按郑昕的说法,三重综合在先天的综合中是"一次成立"、"一次致用"的,但在陈述时却是有"步骤"、有"层次"的。⑤ 这些步骤或层次实际上是一种"回溯"性的(即"自下而上地")分析过程,这就是:1.直观中把捉的综合,它借助于"纯粹直观"(即空间与时间);2.想象中再生的综合,它借助于"纯粹想象力"[实即后面要讲的"纯粹图式"];3.概念中确认的综合,它借助于"纯粹概念"(即范畴)。而这三重综合由以出发的"最高点",则是所谓的"先验的统觉"或"自我意识",也就是知性本身或纯粹知性,它构成人

---

① 康蒲·斯密:《康德〈纯粹理性批判〉解义》,韦卓民译,华中师范大学出版社 2000 年版,第287 页。
② 康蒲·斯密:《康德〈纯粹理性批判〉解义》,韦卓民译,华中师范大学出版社 2000 年版,第275 页。
③ 包括上面讲到的感官、想象力与统觉三种能力(见康德:《纯粹理性批判》,蓝公武译,商务印书馆 2005 年版,第 101 页注①),实为感受力(或感受性)、想象力与判断力,郑昕指出其中的"想象力"是康德为了解决感性与知性的两极对立而"想出"来的(见郑昕:《康德学述》,商务印书馆 1984 年版,第 110 页)。
④ 康德:《纯粹理性批判》,蓝公武译,商务印书馆 2005 年版,第 7 页。
⑤ 郑昕:《康德学述》,商务印书馆 1984 年版,第 109 页。

类心灵或自我的核心,即认识活动的"未知的先验主体"①,它是一切认识活动的源泉,是所谓"三重综合"的源泉,因此也是范畴与范畴演绎的源泉②,从而是理解康德认识论的最重要的关键。这里还要注意郑昕的一个重要提法:"纯粹知性[即先验的统觉]既是范畴的来源,又是范畴的运用者[即主体]。"③

## [原文]

### 经验可能性的先天根据

如果一个概念,它既不列入可能经验的概念,又非由可能经验的要素所构成,而其产生则完全是先天的,并且与对象相关,那完全是矛盾的和不能允许的。[这样的"概念"指的是天赋观念,而康德是反对天赋观念论的。]因为,在那种情况下,概念就没有任何内容,所以没有任何直观同它相适应,而对象由以被给予我们的一般直观,则构成可能经验的领域或全部对象。而先天概念以其与可能的经验无关,而只关涉到概念的逻辑形式[与前面所说的"判断的逻辑形式"(§10)相呼应],但不是借以思维某种东西的概念本身。[注意,先天概念只是概念的逻辑形式,而非概念本身,因此叫做范畴。其实,范畴不是别的,不过是最高的抽象,是关于概念的概念,即概念的一般形式,因此它们不是空无内容的,只是这种内容不是直观的对象,而是一般性概念即一般经验性概念。]

这样,如果存在着纯粹先天的概念,那么它们诚然不能包含任何经验性的东西,但仍应成为可能经验的先天条件,它们[这些纯粹先天概念]的客观实在性只能基于这一点上。[有的译本译为"经验的客观实在性"似乎不妥,因为这里是对范畴进行演绎,康德要证明的恰恰是纯粹概念即范畴的客观实在性。固然他说过"经验的实在性"④,但这种"实在性"指的是"主观"的实在性,而与此同时,他却从来不承认现象的"客观实在性",即"绝对实在性"⑤,因此也就谈不上经验的"客观实在性"。]

因此,如果我们想认清纯粹知性概念如何可能,就必须研究这些经验的可能性所依靠的,并且即使抽掉了现象中一切经验性的东西,仍存留于

① 康德:《纯粹理性批判》,蓝公武译,商务印书馆 2005 年版,第 402 页。
② 见康德:《康德书信百封》,李秋零译,上海人民出版社 2006 年版,第 88 页。
③ 郑昕:《康德学述》,商务印书馆 1984 年版,第 89 页。
④ 康德:《纯粹理性批判》,蓝公武译,商务印书馆 2005 年版,第 60、61 页。
⑤ 康德:《纯粹理性批判》,蓝公武译,商务印书馆 2005 年版,第 60 页。

这种可能性根底中的先天条件,究竟是什么样的。在一般的和令人满意的形式上,表现经验的那种形式的和客观的条件之概念,应当被叫做纯粹知性概念。如果我拥有了纯粹知性概念,那么我当然就连那样一些对象也能臆想出来,即那些对象可能是不可能的,或者本身虽说是可能的,但却不能在任何经验中被给予出来,因为在纯粹知性概念的联结中,能够漏掉某种必然属于可能经验之条件的东西[像精神(Geist)的概念],或者由此使纯粹知性概念扩展到超出经验所能把握的东西之外[像**上帝**(Gott)的概念]。但是,一切先天知识的**要素**,乃至一切随意的和怪诞的臆想的要素,虽说不能**取自于**经验(否则它们就不是先天知识),应当总是在自身中含有可能经验及其对象的纯粹先验条件,因为在相反的情况下,不仅不能通过它们[纯粹先验条件]思考任何东西,甚至它们本身也因为没有什么东西可供其思考而不能在思想中产生出来。

现在,在每个经验中先天包含着的纯粹思维的概念,是我们在范畴中发现的,并且如果我们能证明在某种情况下,只有通过它们[范畴]对象才能被思维,那我们就算是给出了对它们的充分演绎以及它们的客观有效性的正当缘由。但是,因为在那种思维中,被调动起来的不仅是一个思维能力,即知性,而且,因为知性自身作为应同客体相关的认识能力,同时还需要对所涉及的这类关系[即与客体的关系]的可能性作出说明,那样我们首先就应当审查其主观来源,它们不是从经验的而是从先验的性质上说,构成可能经验的先天基础[实为先天的主观基础]。

如果每一个表象对其他表象都是陌生的,好像是孤立的和与其分离的,那么任何像知识这样的东西,就决不可能发生,因为知识是由可以相比较和相联结着的东西构成的整体。[康德关于知识的这种整体性思想是可贵的]因此如果我因为感官在其直观中含有杂多而把一种概观的能力归给它,那么就总会有一种综合同它相符合,并且感受性只有同自发性[自发性的本性就是综合,它来自于知性]联结起来,才能形成知识。这种自发性就是**三重综合**[注意这个"三重综合"]的基础,而这种综合对任何知识的产生来说都是必须的,这就是:作为直观中心灵变状的表象的把捉、想象中表象的再生和概念中表象的确认。这些综合的形态指向知识的三种主观来源

[即感官、想象力与统觉]①,它们使知性本身,并通过知性使作为知性的经验性成果的全部经验成为可能。

## 预先的注意

范畴的演绎带有很多的困难,它迫使[人们]深深地钻进我们一般知识所以可能的最初根基[即主观根基],那就是我想在避免完备理论的详尽性的同时,在那种重要的研究中并不放过来自那种形态的任何东西,我以为与其向读者教导什么,不如在以下四个部分中尽快为读者作好准备更为有益。对知性的这些要素的系统研究,将只在[本章]第三节② 中提供。因此让读者暂时不要害怕某些含糊不清之处,那是在最初还没有完美无缺地开辟出的道路上不可避免的。我希望在所指出的一节中,它们[这些含糊不清之处]将会完全被排除。[各本均有"让位于完整洞见"之类的话。]

### 1.关于直观中把捉(Appreheption)③ 的综合④

不管我们的表象来源于何处,它们是由外在之物的作用或者由内部原因而引起,它们是先天地还是作为现象经验性地而产生,它们都一样是作为心灵的变状(Modifikation)而从属于内感官,并且我们的全部知识,作为这样一些心灵变状,归根结底都从属于内感官的形式条件,也就是从属于时间,它们[这些知识]全都必须在时间中加以整理、联结[捆绑]和相互关联。这个一般见解必须要确立为往后论述的基础。[在康德看来,时间是内部现象的直接的"形式条件",同时又是外部现象的间接的"形式条件"。]

一切直观[包括经验性的与纯粹的直观]都在自身中含有某种杂多,但是如果心灵[即认识主体]不是在印象的互相跟随中对时间加以区分,那么杂多就不能表现出来。[看来区分时间是表现杂多的前提条件。认识直观中的杂多

---

① 这里要注意关于三重综合的不同表述,首先是前面提到的§14附注中的表述,即:1.通过感官对杂多的概观[即把捉];2.通过想象力对这种杂多的综合[即再生];3.通过本源的统觉对这种综合的统一[即确认]。其次是下面的表述:1.直观中把捉的综合;2.想象中再生的综合;3.概念中确认的综合。这里还要注意,上述三种综合都有经验性的与先验的之分。

② 见康德:《纯粹理性批判》,蓝公武译,商务印书馆2005年版第133~140页。

③ 德文Appreheption中译本有的译为感知、领会,齐良骥译为"把捉"。康德给把捉下定义说:"它[想象力]的活动如果直接指向表象,我就称其为把捉[感知]。"(见康德:《纯粹理性批判》,蓝公武译,商务印书馆2005年版,第135页。)

④ 郑昕称直观中把捉的综合为"初步的综合"(见郑昕:《康德学述》,商务印书馆1984年版,第110页)。

以区分时间为前提,而要区分时间又必须通过各个感性印象的相互跟随,换言之,杂多的区分又以感性印象的互相跟随为前提。]因为,一切表象作为包含在一瞬间的东西,都无非只是绝对的单一[这里的"单一"(Einheit)即与其他物无关的单一]。为了从这种杂多中获取直观的统一[这里的"统一"(Einheit)即所谓的"概观"或"综合",在德文中统一与单一是一个词(Einheit)](如像关于空间的表象那样[这例子说明康德要讲的是纯粹直观的综合统一]),必须:首先,观察这种多样物[它们每一个都是单一],然后,把它集合在一起。这一活动我称之为"把捉的综合",因为它是直接针对直观的,而直观虽说向我们表现杂多,但如果不借助于综合,那就任何时候也不能唤起那种杂多,并使其包含在一个表象中。

这一把捉的综合应当是先天地,也就是在非经验性表象的关系中完成的。[既然"把捉的综合"是先天地完成的,因此就是一种纯粹的综合。]因为,没有这种综合我们就不能先天地拥有不管是关于空间还是关于时间的表象,因为这些表象只有通过杂多的综合才能产生出来,而这种杂多是由感性在它最初的感受性中被给予的。因此,我们就拥有了**纯粹的把捉的综合**。

[这样,康德就推出了直观中的"把捉的综合",这种"综合"(或"概观")是统觉或知性本身对直观的杂多所进行的初步综合,它靠的是"纯粹直观"(即空间与时间),即在纯粹直观中进行的。]

### 2.关于想象中再生(Reproduktion)的综合

虽然这种再生的综合是一条单纯的经验性法则,据此,经常互相跟随或互相伴同的表象,最终互相结团,并由此而进入到那样一种联结中,以至即便没有对象在场,那些表象中的一个也能按照固定的规则[注意规则与法则的区别,蓝本译规则为规律是不妥的,规律实为法则,参看康德对法则的解释,见第132页],在心里完成向其他表象的过渡。但这一再生法则的前提是,现象自身确实从属于那样的规则,并且在其表象[作为现象]的杂多中按照某些规则同时共存与前后相继,而没有这一点,我们的经验性的想象力,[注意"经验性的想象力"!]就没有任何与其能力相适应的作用,并因而在内心深处留下潜在的对我们自身来说是僵死的和不可知的能力。如果朱砂时红时黑,时轻时重,一个人时而是这样一种动物的形状(Gestalt),时而是另外一种动物的形状,如果大地在一年中时而整天被果实覆盖,时而被冰雪覆盖,那时我们的经验性想象力就甚至没有理由在产生红色表象的同时想起重的朱砂。同样,如果一固定词汇一会儿意味此物,一会儿意味别物,或者,如果同一物一会儿叫做这个,一会儿叫做别的,而没有现象所从属的任何规则,那么就不会有经验性的再生综合了。[这是想象力的经验性综合。]

因此,应当存在某种使现象的这种再生成为可能的东西,作为它们的必然综合统一的先天根据,如果我们记起现象并非是物自身,而只是我们的表象(归根结底是内感官的一些规定)的一种变动,那我们就会立刻赞同这一点。如果我们进而能够证明,甚至最纯粹的先天直观要能提供知识,也只有在它[指先天直观或纯粹直观]含有杂多的联结(它使再生的完整综合成为可能)的时候才行。那么由此而来就应当是,这个想象力的综合,在一切经验之前就奠基在先天的原则之上了,并且我们应当允许想象力的**纯粹的先验综合**存在,这种综合成为一切经验自身的可能性基础(因为经验必须以现象的再生性为前提[即没有再生性就没有经验可言])。毫无疑问,如果我想引一条线,或者表现从一个中午到另一个中午的时间,或者想只表现某个数目,那我也必须要首先在思想上一个接着一个地把握这些杂多的表象。如果我经常忘掉前面的表象(线的第一段、时间的前一部分、或者相继表现出来的各个单位),并不能使它们再生,那么在我这里就永远不能产生一个完整的表象,不能产生上述任何一个思想,甚至不能形成关于空间与时间的最纯粹的和最原初的表象[即不能形成先验的或纯粹的时空综合]。[这是想象力的纯粹的综合。]

因此,把捉的综合与再生的综合是不可分地联结着的。而且因为把捉的综合构成了一切一般知识的可能性的先验基础(不仅是经验性的知识,而且还有纯粹先天的知识),所以想象力的复制式[同再生]综合从属于心灵的先验活动,并且在这个意义上,我们将把这种能力也叫做想象力的先验能力[即先验的想象,也就是所谓"纯粹的想象力"]。

[这样,康德就推出了想象中的"再生的综合",这种"综合"是统觉或知性本身对直观的杂多所进行的第二步综合,它靠的是"纯粹的想象力"①,即在纯粹的想象中进

---

① 康德:《纯粹理性批判》,蓝公武译,商务印书馆2005年版,第137页。

行的。但要注意,这里康德在"主观演绎"中所突出的是想象力的"再生的综合"以及"再生的想象力",而在后面的"客观演绎"中所突出的则是想象力的"生产的综合"以及"生产的想象力"①。]

### 3.关于概念中确认(Rekognition)② 的综合

如果我们没有意识到,当下瞬间所思维到的东西自身也就是我们前一瞬间所思维到的东西,那么表象系列中的再生就成为徒劳的了。因为,在当下的状态中,如果它是一种新的表象,那么它就完全不属于这种表象由以逐渐产生的活动[即再生]了,而且那些表象中的杂多就任何时候也不能组成一个整体,因为它[杂多]缺乏只能由意识向它提供的统一。如果在计数中我忘掉了,在我心目中来回飘荡的那些单位,是逐渐地被我把它们互相相加,那我就怎么也不能认清总数的产生是通过一个个连续相加的方式而来的。从而,连数目的认识也不会有了,因为数目的概念只不过是由这种综合统一的意识构成的。[可见,上面所讲的想象力的综合是盲目的,而这里要讲的概念的综合则是有意识(自觉)的,下面康德称其为"经验性意识"③。]

"概念"一词本身就已经能够向我们提供那种见解的理由了。因为,正是这种统一意识把直观中渐次被给予的接着又再生出来的杂多,联结在一个表象[即概念]中。这种意识通常可能只是微弱的,以至我们不是在活动本身中而是只在它的结果中,把这种意识与表象[概念]的产生直接联系起来。但尽管有这种[程度上的]区别,这总还是一种意识,虽说它还没有达到充分明晰,而没有这种意识,概念乃至关于对象的知识都是完全不可能的。

而这里我们必须弄清楚,所谓"表象的对象"这一表述究竟意味着什么。上面我们说过,现象本身[注意这个"现象本身"]不过是感性的表象[参见§8],这些表象本身不应当以同样的方式,被看做是(表象能力之外的)对象[这就是说,感性的表象不能被看做是表象能力外的对象,即不能被看做是物自身]。那么,当人们说到与知识[认识、表象]相适应并因而也与它相区别的对象时,这对象究竟指的是什么? 显而易见,这种对象应当被想象为只是

---

①　参见康德:《纯粹理性批判》,蓝公武译,商务印书馆 2005 年版,第 114、134 页。
②　Rekognition,可译为确认、认知、辨认、认定等。
③　见华特生:《康德哲学讲解》,韦卓民译,商务印书馆 1963 年版,第 126 页。

等于 X 的[即未知的]一般某物(etwas überhaupt)①,因为在我们的知识[认识]之外,我们本来就没有什么我们能够使其与这种知识相符合又同这种知识相对立的东西。[即在我们的知识(认识)之外并没有这样的东西(对象),因为这种东西对我们的知识(认识)来说是毫无意义的。当然这是一个不可知的自在之物的假设。这里,康德限于矛盾,他不得不承认表象能力之外的某种未知的东西,即等于 X 的某物(Etwas = X)②。]

不过我们发现,我们关于一切知识对其对象的关系的思想本身含有某种必然性的因素,而对象恰好被看做是那样一种东西,它防止我们的知识不通过某种先天的方式,而任意胡乱地确立起来。因为,这些知识既然应当与对象相关,那么它们也应当在与对象的关系中必然地相互协调一致,即应当具有构成关于一个对象的概念的统一性。[这就是说,虽然等于 x 的未知对象是存在的,但知识的必然性却不来源于这种对象,而只能来源于概念的统一性,这样,康德就从客体(物自身)转向主体(意识)去寻求知识的统一性和必然性。]

但清楚的是,因为我们所做的事情只与我们表象的杂多相关,而那个与表象相适应的 X(对象)[即上面所说的一般某物],由于它应当成为某种同我们的一切表象有别的东西,对我们来说只是无,所以对象[即等于 x 的对象]使其成为必要的(notwendig[意即:必要的、必然的,这里应为"必要的"])那个统一[即表象、知识、概念的统一],不能是别的,只能是表象的杂多综合中意识的形式统一。[意即:知识的统一并非来自外部对象(客体本身、物自身),而是来自主体(意识)的形式的统一。]在此情况下我们就说,如果我们把综合统一引进到直观的杂多中去,那我们就能认识对象[这里的对象应指作为现象或表象的对象]。[在康德看来认识一个对象,就是把直观中的杂多统一起来。]但是如果直观不能借助于那种综合功能,让其[指综合功能]按照规则使杂多的再生成为先天必然的,并使杂多在其中联结起来的概念成为可能,那么这种统一就是不可能的。比如我们把三角形作为一个对象来思考,那时我们就意识到三条直线按照一定规则联结起来,与这种规则相适应,三角形的直观任何时候都能显现出来。这种规则的统一规定了一切的杂多,并由使统觉的统一成为可能的那些条件[形式条件,即纯粹直观、纯粹图式和纯粹概

---

① 即物自身(见奥特弗里德·赫费:《康德的〈纯粹理性批判〉——现代哲学的基石》,郭大为译,人民出版社 2008 年版,第 201 页)。
② 见郑昕:《康德学述》,商务印书馆 1984 年版,第 143 页。

念,它们构成统觉统一的先天条件],来对它加以限制。这个统一的概念也就是关于等于 X 的那个对象的表象,对于这个等于 X 的对象,我用所提到的三角形这个谓词来思考它。[这样一来,三角形这个对象就是由三角形的概念构造而成的了。]

一切知识都需要概念[包括经验性概念和先天性概念],不管这种概念怎样不完备或不清晰。但是,概念按其自身的形式来说,总是某种充当规则的一般性东西(Allgemeines)。[这就是说:概念就其形式说＝规则。]例如,物体的概念,由于杂多的统一是通过它[物体概念]而被思考的,所以对我们的关于外部现象的知识来说,它就被当成了规则。但是概念之能够成为直观的规则,只是由于它在被给予的现象中表现出它们[这些现象]的杂多的必然的再生,从而表现出在对它们[这些现象]的意识中的综合统一[这里还没有提到分析的统一。看来,物体概念本身包含着杂多的综合统一,是个一中有多的综合体,对物体概念的分析,却是以物体概念本身是一个综合前提的,这里有辩证法]。这样,在对我们之外某物的知觉的条件下[即在经验的条件下],物体概念就使关于广延以及相连带的不可入性、外部形状等表象成为必然的。[即"物体"概念是杂多的统一,本身必然地包含着广延(形状)、实体、力、可分性、不可入性等内容,因此这些内容在知性中联结起来就形成了关于"物体"这一概念的综合统一意识,即形成了包含着必然性的综合知识①。这也就是说,"物体"这一概念把广延、实体、力、可分性、不可入性等属性必然地包含在自身之中。这个问题在第二版"先验的演绎"§16 附注中有新的表述。]

一切必然性[即知识中的必然性]总是以某一先验条件为根据的[康德一再强调必然性来自先天条件(即三重纯粹的综合),即来自于主体内部,这当然是一个非批判的假设]。因此,不仅在我们所有直观杂多的综合中,而且在**一般客体**[指一般的经验对象]② 的概念的综合中,乃至在一切经验对象的概念的综合中[这就是说,经验性概念的统一也来自于知性的综合统一活动],都应当存在着意识统一[这种意识的统一来自于知性的综合统一活动]的先验根据[即先验统觉]。而没有这种先验的根据[即先验的自我意识或先验的统觉],就不

---

① 见康德:《纯粹理性批判》,蓝公武译,商务印书馆 2005 年版,第 50 页。
② 这里的"一般客体"即"一般对象",按康德的一个说法,是指空间与时间,因为在《康德书信百封》中说:"纯粹的知性概念……有一个客体,这就是空间和时间"(见康德:《康德书信百封》,李秋零译,上海人民出版社 2006 年版,第 233 页),但实际是指时空中的一切一般可能的对象。

可能思考任何与我们的直观相应的对象,因为这个对象无非就是,其概念表达着那种综合必然性的一种东西。[这句话蕴涵的意思是:对象虽然应当是指一般客体,但其根据却不在对象本身之中,即不在物自身之中,而是在主体的综合统一之中。这样对象的意识就转向了自我的意识,也就是说,客体的意识转向了主体的意识,这正是哥白尼式的转变。这段话非常重要,集中体现了康德的先验论观点。]

这个本源的和先验的条件[即根据或基础]不是别的,正好是**先验的统觉**。[这样就真相大白了,谜底就揭开了:不是对象使表象成为可能,而是表象使对象成为可能(参见§14),不是客体决定主体,而是主体决定客体]而在内知觉条件下按照我们状态的种种规定而来的统觉的自我意识(Bewußtsein seiner selbst)①,则仅仅是经验性的,并且总是变化的,在这种内部现象的流中,不可能有稳定和常驻的"自我"(Selbst),这种意识通常被叫做内感官(innerer Sinn)或经验性的统觉(empirische Apperzeption)。[注意,内感官即经验性的自我意识或经验性的统觉,即现象之我。]而那种必然应当表现为数目上同一[即数目上单一]的东西[指同一的自我,即先验的统觉(或我自身)],是不能被思维为那种借助于经验性材料而来的东西的。应当存在那样一种条件,它先于一切经验并使经验本身成为可能,而[反过来]这种经验应当使那样一种先验的假设(transzendentale Voraussetzung)[即关于先验统觉或先验自我的假设]变得有效(geltend)。[这样就推导出先验的统觉,即我自身或自在之我。]

于是,如果没有那样一种意识的统一②,——它[意识的统一]先于一切直观材料,并且只有在同它[意识的统一]的关系中一切关于对象的表象才是可能的,——那么对我们来说,任何知识以及它们的任何联结和统一,都是不可能的。这种纯粹的、本源的、不变的意识,我将称其为先验的统觉[或先验的自我意识]。它之所以担当此名,已从下面的事实中可以看得出来,即:就连最纯粹的客观的统一[康德称统觉的先验统一为"客观的"统一(见§18)],即先天概念(空间与时间)[即关于空间与时间的先天概念]的统一[这句话很费解,这里的"最纯粹的客观统一"是指:由"纯粹直观"所体现的客观统一,即关于空间与时间的先天概念所体现的客观统一,所谓"客观统一"的提法,可见§18],也只有通过直观[指纯粹直观]与这种意识的统一[即先验统觉]的关系

---

① 这里的 seiner 是指前面的统觉而言的,故译为"统觉的自我意识"。
② 黑格尔称之为"原始的综合"(见黑格尔:《小逻辑》,贺麟译,商务印书馆 1980 年版,第 121 页)。

才是可能的。[换言之,没有统觉的先验的统一,时空概念所提供的统一也是不可能的(参见§26注*),在那里他把只提供杂多的"直观的形式"与只提供统一的"形式的直观"区别开来,并指出,在感性中虽然也假定有综合,但综合却不属于感官,而归根结底是属于统觉,这一观点是非常重要的。①]

　　因此这种统觉的纯粹统一扎根在一切概念[包括时空概念、经验性的概念与先天概念]的基础中,就像空间与时间的杂多扎根在感性直观的基础中一样。[这就是说,感性直观以纯粹直观为基础,纯粹直观又以纯粹知性概念为基础,而其最高点则是先验的统觉。]

　　这种统觉的先验统一自身,按照法则从一切可能的并能够共处于同一经验中的现象那里,造成所有这些表象[即现象]的联结。因为,如果心灵在认识[现象的]杂多的同时,不能意识到它借以把杂多综合地联结在一个知识中的功能的同一[即统觉的统一],那么这种意识的统一就是不可能的。[换言之,没有统觉的统一,就谈不上意识的统一。]因此,自我同一(Identität seiner selbst)的本源的和必然的意识[自我意识或统觉],同时也就是一切现象依照概念即依照规则的必然的综合统一,这些规则不仅使一切现象必然地再生,而且也由此为对现象的直观规定一个对象,即规定关于那些现象在其中必然地联结起来的某物的概念。[注意这段话,但"某物的概念"这话是含混的,其意思应当是:给某物一个概念,即对关于某物的概念加以规定。]因为心灵,如果在它没有见到自己活动的同一,——这种活动使全部把捉的综合(它是经验性的)从属于先验的统一,并且首先使按照先验规则进行的把捉的联结成为可能,——那么它就不能在自己表象的杂多中想到自我同一,并且是先天地想到这种同一。

　　[这里,康德强调的是,如果没有自我意识的先验的统一,就没有直观中杂多的统一,就没有对象和关于对象的概念(经验性概念),就没有经验的统觉。其论证顺序是:统觉——综合统一功能——规则(即概念或范畴)——经验性知识或先天知识。这是典型的先验论。]

　　现在[这里德文原文并未另起一段],我们就可以更正确地规定我们关于一般对象的概念了。一切表象作为表象,都有自己的对象[表象的总和就是现象,既然表象的对象不可能是自在之物,那么就只能以现象即以表象为对象了],

――――――――
　　① 见康德:《纯粹理性批判》,蓝公武译,商务印书馆 2005 年版,第 118 页注①。

并且自己同样也能成为其他表象的对象。现象是能够直接被给予我们的唯一对象[要特别注意这个提法]，而现象中[实即表象中]直接与对象相关的东西被称为直观。但这些现象不是物自身，而只是表象，它们也有自己的对象，而这种对象却不能被我们所直观，因此我们将称它为非经验性的，也就是等于 X① 的先验对象(transzendentaler Gegenstand )②。

关于这种先验对象(这种对象实际上在我们的一切知识中总是等于 X 的同一个东西 [即物自身])的纯粹概念[实即范畴]，就是能够给我们一切一般经验性概念(empirischer Begriff überhaupt )[如物体、金属等等]以与对象相关，即给它们[一切一般经验性概念]以客观实在性的那种东西。

[这里的意思是：关于先验对象的纯粹概念(范畴)就是给经验性概念以与对象相关即给这种经验性概念以客观实在性的东西。这里各本译法不尽一致，但要注意："与对象相关"="客观实在性"。这句话的实际的意思是：关于先验对象的纯粹概念，是一般经验性概念取得客观实在性的根据。这也就是说：经验性概念的客观实在性(即与对象相关)归根结底来源于纯粹概念，即来源于范畴。或者换个说法：经验性概念的客观实在性并不来自于物自身，而是来自于统觉的综合统一功能。实际上这种所谓的"客观实在性"，只不过是一种康德说过的"主观实在性"。]

这种纯粹概念自身不可能包含任何确定的直观，因而，它[纯粹概念]所涉及的只能是那种与对象相关的知识的杂多中必定会有的统一。但这种关系[即知识与对象的关系]不是别的，恰恰就是意识的必然统一，因而也就是经由心灵所固有的一般功能——即把杂多联结在一个表象中的功能——而来的杂多综合的必然统一[实即统觉的统一]。因为这种统一应当被看做是先天必然的(因为不然知识就会失去了对象)，所以它[指经验性知识]与先验对象的关系，即我们经验性知识的客观实在性，就建立在先验法则(transzendentales Gesetz)[即统觉的综合统一]的基础上了。[这就是说，经验性知识的客观实在性不是建立在它们与先验对象(物自身)的关系的基础上，而是

---

① 这里的 X 与《导论》中所说的 X 不同。他在《导论》中讲先天综合判断如何可能时，所说的 X 是指统觉，而这里他讲先验对象时，X 则是指物自身(见康蒲·斯密：《康德〈纯粹理性批判〉解义》，韦卓民译，华中师范大学出版社 2000 年版，第 236 页)。斯密因而批评康德的先验对象学说"有两种缺陷"，即："他拥护一种极端主观论[主观唯心论]，然而同时又把范畴应用于物自身。"(参见康蒲·斯密：《康德〈纯粹理性批判〉解义》，韦卓民译，华中师范大学出版社 2000 年版，第 238 页)关于两个 X 的关系(参见李泽厚《批判哲学的批判》，人民出版社 1984 年版，第 248 页)。

② 这种"先验的对象"就是"物自身"(参见康德：《纯粹理性批判》，蓝公武译，商务印书馆 2005 年版，第 299 页)，而郑昕则明确说："物如[物自身]是'先验的对象'"(见郑昕：《康德学述》，商务印书馆 1984 年版，第 17 页)。

建立在它们与先验法则(先验统觉的统一)的关系的基础上。]

由此,一切现象,——对象借助于它们才被给予我们,——都应当服从于它们的综合统一的先天规则(Regeln a priori),即服从于那样的一种规则,依照它经验性直观中的那些现象间的相互关系才是唯一可能的。换言之,正像现象在直观中应当服从于空间与时间的形式条件一样,现象应当在经验中服从于统觉的必然统一的条件。以至于只有依靠这些条件,一切知识才成为可能。

[这样,康德就推出了概念中的"确认的综合"(当然这是用非常晦涩的方式表达出来的),这种"综合"是统觉或知性本身对直观的杂多所进行的第三步综合,它靠的是"纯粹概念"(即范畴),即在纯粹的概念中进行的。]

### 4.对范畴作为先天知识之可能性的预先解释[向客观演绎过渡]

只有一个经验,在其中一切知觉都把自己表现为处在普遍的和合规律的联结中,正像只有一个空间或一个时间,现象的一切形式以及存在或非存在的一切关系都能在其中发生一样。当谈到各种不同的经验时,指的只是各种不同的表象,它们都属于同一个一般的经验。那些知觉的普遍的和综合的统一恰恰也就是经验的形式[即一般经验],而经验不过是诸现象依照概念的综合统一[注意经验的这个定义]。

依据经验性概念的综合统一完全是偶然的东西[这就是说,经验性概念也有综合统一的功能,但只不过是偶然性的东西],而且如果这些概念不依靠统一的先验基础[即范畴和纯粹的统觉],那我们的灵魂就可能被现象的堆积所填满,而从那里却永远也不能产生出经验。[这就是说,知觉的统一依靠经验的形式(一般经验),而经验的形式最终则依靠先验的范畴。]那时知识同对象的一切关系都会消失掉,因为在这种知识里没有依照普遍和必然的法则的联结,从而它就成了没有意义的直观而并非是知识,因此对我们来说就成了无。

一般可能经验的先天条件同时也是经验的对象的可能性条件[注意:一般可能经验的先天条件＝经验对象的可能性先天条件,这是康德式的思维与存在的同一性]。现在我还主张,上述范畴不过是可能经验的**思维条件**,正像对那同一经验来说,空间与时间是**直观条件**一样。[这里,康德把范畴看做是思维的先天条件,同时也把空间与时间看成是直观的先天条件,因此范畴是思维的形式,正像时空是直观的形式一样。]

因此,那些范畴也是基本概念,通过它们[范畴]我们在现象那里去思考一般客体[即下面所说"一切可能经验的客体",而非"客体本身"],并且它们[范畴]具有先天的客观有效性[注意,范畴具有先天的客观有效性!],其实这也就是我们想要认清的事情。

但是这些范畴的可能性乃至必然性[即应用于经验的可能性与必然性],是以全部感性以及与感性一起的一切可能的现象同本源的统觉的关系为根据的。在统觉中一切都必然应当同自我意识的普遍统一之诸条件相适应,也就是都从属于综合的一般功能,而这恰好是按照概念[即范畴]的综合,因为只有在概念中,统觉才能发现自己普遍的和必然的先天同一性。比如说,原因概念不过是按照概念的综合(即在时间系列中某物跟随另一物而起的综合),而如果没有那种具有自己的先天规则并使现象从属于自己的统一,那就没有普遍的和一般的,从而是必然的在表象的杂多中的意识的统一。而在那种情况下,知觉并不属于任何经验,因而就没有客体,而只是表象的盲目游戏,也就是说,还比不上一个梦。[这就是说,范畴依赖于感性以及现象与统觉的关系,而且统觉中的一切都从属于统觉的综合统一功能。]

因此一切想把这些纯粹知性概念从经验中引申出来,和把它看成是来源于经验的尝试,都完全是徒劳无益的。我已经无须说,例如,原因概念包含有必然性的特征,而这种必然性的特征并不是任何经验所能提供的,经验教给我们的是,在某个现象之后通常跟随着另一个现象,但并没有教给我们这个现象应当必然跟在后面,或者从它[原因](作为一个条件)那里能够先天地并完全普遍地推断出结果来。但对联想的经验性规则本身(没有它事情就不能顺利进行)来说,当人们断定:一切事物都在**事件**(Begebenheit)①的相继序列中那样地从属于一些规则,即对于其前发生的事物来说,它[一切事物]总要跟随其后,而我却要问:这种规则作为自然法则是建立在什么基础上? 这种联想本身如何可能? 这种杂多联想的可能性基础,如果它存在于客体[即作为对象的现象]之中,就被称做杂多的亲和性。因此我要问:你们如何解释现象的毫无例外的亲和性(现象依靠这种

---

① 霍金把事件定义为:"由它的时间和位置所指明的在时空中的点。"(史蒂芬·霍金:《时间简史》,许明贤、吴忠超译,湖南科学技术出版社 2007 年版,第 241 页)

亲和性而从属于不变的法则并必须从属于这种法则）呢？

依照我们的基本原理，这种亲和性是完全清楚的。一切可能的现象作为表象，从属于整个可能的自我意识。①但是自我意识，作为一种先验表象，同数目上的同一，是分不开的，并且是先天确定的，因为，不借助于这种本源的统觉，任何东西也不能进入知识的领域。因为这种同一必然应当进入到一切现象杂多的综合中来，既然它们应当成为经验性的知识，那么现象就要从属于那先天条件，它们[现象]的综合（即把捉）应当完全同这种条件相适合。关于这样一种普遍条件的表象，即有某种杂多能够被认做为（因而以同一方式）同这种条件相适应，就被称之为规则；如果这种杂多必定被认做为同其相适应，那它就被称之为法则。因此，一切现象均按必然法则处于多方面的联结中，并从而处于先验的亲和性中，而经验性的亲和性则不过是由此而来的一个结果。

说自然界应当按照我们统觉的主观根据行事，甚至就其自身的合法则性而言依赖于这种根据，似乎是奇怪的和荒谬的。但如果考虑到，这个自然界不是别的，不过是现象的总和，不是物自身，而只是心灵中表象的某种集合，那我们就不会惊异于，把自然界看成是存在于我们一切知识的根本能力中，即存在于先验的统觉中，存在于它的统一性中，并且只有依靠这种统一性，它才能被称之为一切可能经验的客体，即称之为"自然界"；并且正是如此，我们也不会惊异于，这种先天的统一（Einheit a priori）能够因此而作为必然性的东西被认识，如果自然界不是依赖于我们思维的第一源泉而是由它自己提供出来，那么上面所说的必然性就是完全不可能的。[意即自然界如果不是表象的总和，而是物自身，那么先天必然的统一就不可能了。]

在后一种情况下，我们就不知道，那种自然界的普遍统一的综合原理我们是从何处借得来，它们也只能取自自然界本身的对象了。但因为这种可能只有通过经验的道路，而从那里得来的只是偶然的统一，那距离我们所说的自然界的必然联结就非常遥远了。

## [短评]

**首先**，康德关于知识的主观来源的学说，特别是关于认识主体（统觉）

---

① 韦卓民译本认为这个观点是康德批判哲学的关键之一，（见康德：《纯粹理性批判》，韦卓民译，华中师范大学出版社 2000 年版，第 141 页注①。）

及其认知结构(三重综合)的学说,开创了认识论研究的新领域,对后世(如费希特、黑格尔、胡塞尔等人)的影响是深远的。

其次,康德所提出的三重综合理论无非是一个先验的假说,不仅带有独断论的色彩,而且带有静态的僵化的性质,因此是形而上学的。

第三,康德重申自然界不过是我们心灵中的表象的集合,它们的统一性不能来自于物自身,而只能来自于先验的统觉,即来自于主体自身,这种观点不仅是独断的假设,而且是典型的唯心论。

## 二、关于知性与一般对象的关系以及先天认识这些对象的可能性(即"客观演绎",原载第一版第三节,见第 133~140 页)

[提示]这是第一版中的"客观演绎"部分,先讲知识的三种主观来源及其二重性,然后通过**自上而下**和**自下而上**两种途径论证纯粹知性概念与经验的必然联系,康德认为,正是在这里提供了对知性要素的**系统研究**。

### [原文]

现在我们对于上一节[原书第二节]中所作的断断续续和残缺不全的说明,要加以总括的和连贯的叙述。有三种主观的知识来源,一般经验的可能性以及关于经验对象的知识,就建立在此基础上,这就是:**感官、想象力与统觉**。[它们都有经验性的与先验的之分。]它们中的任何一个,就其对所给予的现象的应用来说,都可以被看做是经验性的[注意:凡应用于现象的=经验性的],但它们又都是使这种经验性的应用本身成为可能的先天要素或基础。[这里,知识的三个主观来源都具有二重性,即应用上的经验性和本性(本体)上的先验性,也就是说,就其应用来说,它们是经验性的(即只能够应用于经验),就其本性(本体)来说,它们又有都是先验的。]感官把这些现象经验性地表现在知觉[即直观]中,想象力把这些现象经验性地表现在联想(与再生)中,统觉把这些现象经验性地表现在这些再生的表象与现象(再生的表象依靠这些现象被授予)的同一性的经验性意识中,即表现在确认中。[这是讲感官、想象力和统觉的经验性应用。]

但是在一切知觉的根底中先天地存有纯粹的直观(就这些知觉作为

表象而言,则是内部直观的形式即时间),在联想的根底中是想象力的纯粹综合,而在经验性意识的根底中是纯粹统觉,即一切可能直观的完全的自我同一性。[这是讲感官、想象力和统觉的先验本性。]

　　如果我们现在打算追踪这种表象联结的内在根据到那样一个点上,各种表象全都应该汇聚在那里,而为了在其中首先获得使经验成为可能的知识的统一性,那我们就应当[**自上而下地**]从**纯粹统觉**开始[即从认识的最高点开始]。一切直观,如果它们不能在意识中被接收下来,——不管它们对意识的影响是直接或间接的都一样,——那它们对我们就什么也不是,并且与我们毫不相干。而唯独只有通过意识,知识才是可能的。对任何时候都能属于我们的知识的一切表象自身来说,我们先天地意识到我们自己的完全同一,是一切表象的可能性的必然条件(因为它们在我里面表现出某种东西,只在于这种东西与所有其余的东西一起,属于同一个意识,从而至少应当具有在其中互相联结着的可能性)。这个原则是先天确立的,并且能够被称为我们表象(因而也在直观中)的一切杂多统一的**先验原则**。今因在一个主体中的杂多的统一,是综合性的,所以,纯粹的统觉提供了一条一切可能直观中杂多的综合统一原理①[原则]。[注意,这里特别突出了"综合统一"的功能!②]

　　但这种综合的统一却以综合为前提,或者把综合包含在自身中,并且

---

①　这一原理应当引起注意,因为它有着重大意义。一切表象对可能的经验性意识具有必然的关系,因为如果它们没有这层关系,或者对这层关系完全不能意识,那么这就等于这些表象完全不存在。[这就是说一切表象都以经验性意识为前提。]可一切经验性意识,[又都]对先验的(它先于一切个别经验性的)意识,也就是作为本源的统觉的对我自己的意识[自我意识],具有必然的关系。[这就是说经验性意识以先验意识为前提。]所以在我的知识中,一切意识都从属于一个意识(即自我意识),是绝对必要的。[这里从表象上溯到经验性意识,再从经验性意识上溯到先验意识(即自我意识)从而形成"表象——经验性意识——先验意识或自我意识"的一个上升的逻辑阶梯。]这里存在杂多(意识)的综合统一,这种统一是先天地被认识到的,并且它为先天的综合原理(它同纯粹思维相关)提供了基础,正像空间与时间为只涉及到直观形式的[先天综合]原理提供了基础一样。[这就是说,杂多(意识)的综合统一为关于纯粹思维的先天综合原理提供根据,空间与时间为关于直观形式的先天综合原理提供根据。]这种一切各不相同的经验性意识都应当赖以与同一个自我意识相联结的综合原理,是关于我们一般思维的绝对本源的和综合性的基本原理。[这就是关于"思维自身能力"(见第一版序)的主观演绎所依据的"基本原理"]但不能由此而忽略关于"我"的单纯表象,在同所有其他表象的关系(这种关于"我"的表象使那些其他表象的集合成一成为可能)中,是先验的意识。这一[关于"我"的]表象可能是清晰的(作为经验性的意识),或者不清晰,事情不在这里[清不清晰],甚至也不在它的真实性,而在一切知识的逻辑形式的可能性,必然以它同这个作为一种能力的统觉的关系为基础。(康德原注)[这里,康德提出了他的曾被黑格尔大加赞扬的先验统觉和自我意识的理论,这一理论在第二版中得到了进一步发挥(见康德:《纯粹理性批判》,蓝公武译,商务印书馆2005年版, §16)。]

②　参见康德:《纯粹理性批判》,蓝公武译,商务印书馆2005年版,第89页。

如果综合的统一应当是先天必然的,那么综合也应当是先天的。因此统觉的先验统一关系到想象力的纯粹综合,即关系到一切杂多在一个知识中联结的可能性的先验条件。但能够先天地产生的只有想象力的生产的综合,因为复制的综合有赖于经验性条件。[其实康德不懂,任何想象力(包括所谓"生产的想象力")都是以先前的经验为基础的。他为了他的先验论,而不承认这个事实。]因此,想象力的**纯粹(生产)综合**的必然统一原则,先于统觉而成了一切知识特别是经验性知识的可能性基础。[这样就从统觉的先验综合自上而下地推出了想象力的先验综合。]

现在,想象力中杂多的综合,如果它不论直观的差异而先天地仅仅指向杂多的联结[即不论差异只就统一来说],我们就称之为先验的,又如果这种综合统一在同统觉的本源统一的关系中表现为是先天必然的,那我们也称其为先验的。因为在一切知识可能性的基础中都有这种统觉的统一,那么先验的想象力的综合统一就是一切知识可能性的纯粹形式[即后面要讲的先验图式],并从而通过它[形式]应当先天地表现出一切可能经验的对象(Gegenstand möglicher Erfahrung)。[康德称现象的单纯形式(空间与时间)为可能经验的对象①。][上述论证的线索自上而下是:知识的主观来源——统觉的综合统一——想象力的综合——经验的对象。]

**统觉的统一**,就其与想象力的综合相关来说就是知性;而这同一个[统觉的]统一,以其与想象力的先验综合相关,则是**纯粹知性**。因此,在知性中包含着纯粹先天的知识,这种知识自身就含有在一切可能现象的关系中想象力纯粹综合的必然统一。而这些纯粹先天知识就是**范畴**,即**纯粹知性概念**。因而人类的经验性认识能力必然包含着同一切感性对象相关的知性,虽说只有借助于那些直观和这些直观在想象力帮助下的综合,一切现象才因此作为可能经验的材料而从属于这种知性。既然现象对可能经验的这种关系也是必然的[因此如果没有这种关系我们就不能通过现象获取任何知识,并因而使它们(现象)完全与我们无关],那么结果就是,纯粹知性就借助于范畴而成为一切经验的形式的和综合的原则,并使现象具有对知性的必然关系。[这里又从统觉的统一说到知性和范畴对经验

---

① 见康德:《自然科学的形而上学初始根据》,见《康德著作全集》第4卷,李秋零译,中国人民大学出版社2005年版,第484页。

或现象的必然关系。]

现在我们要**自下而上**,也就是从经验开始,来指明知性通过范畴同现象的必然关联。首先给予我们的是现象,如果现象同意识结合起来[即被意识到],就称做知觉[要注意这个定义:有意识的表象=知觉①](现象如果没有这种同意识的关系,至少是可能的关系,就任何时候都不可能成为我们的认识对象,并因而对我们就什么也不是,而且因为现象自身本身没有客观实在性[注意!现象自身本身(物自身)没有客观实在性!]而只在知识中存在,所以一般说来也什么都不是)。但因为一切现象自身含有某种杂多,从而各种不同的表象分散和零星地相遇在心灵中,所以它们的联结同样是必要的,而这种联结在感官本身中是没有的。因此我们具有这种杂多综合的活动能力,我们称这种能力为想象力;它[想象力]的活动如果直接指向表象,我就称其为把捉(Apprehension)②。这种想象力应当把直观的杂多引领到一个图像(Bild)中,因此,它应当预先把印象列入自己活动的领域中,即对这些印象加以把捉(apprehendieren)[即综合,也就是所谓的"概观"]。[这里开始了自下而上的推导,首先从现象出发追溯到把捉。]

但明显的是,如果没有主观的基础,以使心灵在从一个知觉转变到另一个知觉时,重新召回与后一个知觉相联结的前一个知觉,并按这种样子造成一个表象的完整系列,也就是如果没有想象力的复制能力——这种能力哪怕只是经验性的,——甚至这种杂多的把捉自身也不能造成任何图像和印象的关联。

但是,如果这些表象彼此不加区别地[不按顺序地]**再生**,就像它们是偶然地碰在了一起,那就依旧不能产生它们间的任何确定的关联,他们形成的只是无序的表象堆积,并因而不会产生任何知识。因此表象的再生应当是有规则的,按照这种规则,某一表象在想象中宁同这一表象联结,而不同另一表象联结。而再生按照规则的这种主观的和经验性的基础,被称做表象的**联想**。[这里又从把捉追溯到联想。]

---

① 见康德:《纯粹理性批判》,蓝公武译,商务印书馆 2005 年版,第 259 页。
② 任何一种心理学都不曾想到,想象力是知觉本身必然的组成部分。这种情况由下述事实来部分地得到说明,即这种能力仅限于再生的活动,而部分地是因为假定,似乎感官不仅给我们以印象,甚至还把它们联结起来并造成了对象的图像,而为了达到这一点,无疑地除了印象的感受性外还要求某种别的东西,这就是印象的综合功能。(康德原注)

　　但如果这个联想的统一并不是也具有客观的基础[既有来自主体的客观基础,也有来客体(自物自身)的客观基础],以至现象不可能按别的方式作为这种把捉的可能的综合统一被想象力所把捉,那么现象对人类知识间联结的适应性就会完全是偶然的。因为,虽说我们具有对知觉进行联想的能力,但就知觉自身来说,至少还处在完全不确定的和偶然的状态中,它们或许是借助于联想集合起来了,或许,如果它们不曾被联想,那就可能有知觉群乃至整个感性存在,在这感性中会含有许多经验性意识于我的心灵中,但却是分离的,并且不从属于一个对我自己的意识[自我意识],而这是不可能的。因为只有通过我把一切知觉归之于一个意识(即归之于本源的统觉),我才能就一切知觉说:我意识到了它们[知觉]。因此应当存在一个客观的基础,即在一切想象力的经验性法则之前就可先天认出的基础,法则的可能性甚至必然性就依赖于这个基础,这法则扩展到一切现象,并且要求把它们[现象]全都无例外地看做是感官的材料,而这些材料本身是可联想的并从属于再生中一贯联结的普遍规则。我把这种一切现象联想的基础叫做现象的亲和性。要发现这一客观基础,除非是在关于统觉对一切应当属于我的知识的关系的基本原理中。按照这一基本原理,一切现象都应当那样无例外地进入到心灵中或者被把捉,以使它们与统觉的统一相协调。而要做到这一点,如果在它们的客观必然的联结中没有综合统一,那就是不可能的。[这就是说,在康德看来,没有统觉的统一,对现象的综合与把捉是不可能的。]

　　所以,一切意识(经验性的)在一个意识(本源的统觉)中的客观统一,就甚至是一切可能知觉的必然条件,而一切现象的亲和性(或近或远的)则是先天地建立在规则基础上的想象力综合的必然结果。

　　所以,想象力也是一种先天的综合能力,所以我们又把它称为**生产的想象力**。由于它在一切现象的杂多关系中所抱的目的无非是它们综合中的必然统一,[所以]这种统一可称之为想象力的先验功能。如上所述,所以很显然,虽说也似乎有点怪,借助于这种想象力的先验功能,甚至那些现象的亲和性也成为可能的了,与亲和性在一起的是现象的联想,以及最终借助于联想的现象按法则的再生,从而还有经验本身,而没有这种先验的功能,任何关于对象的概念都不能聚集在一个经验[即知识]中来。

　　所以,一个稳定的和常住的"我"(纯粹的统觉)[注意:稳定常住的"我"=纯粹的统觉]构成了我们一切表象的相关物,这是单就我们能够意识到这些表象而言的。这样一切意识就都从属于无所不包的纯粹的统觉,正像一切感性直观作为表象,从属于纯粹的内部直观,即从属于时间一样。[但是这种纯粹统觉却不可能在时间中,因为如康德所说:"时间不过是内感官的形式,即直观我们自己和我们的内部状态的一种形式。"①]正是这个统觉必须附加到纯粹的想象力上去,以使这种想象力的功能成为知性的,因为想象力的综合自身尽管是先天完成的,但至少总是感性的,因为被联结起来的**杂多**只是像它在直观中显现的那样,例如像三角形。依靠杂多同统觉统一的这种关系,属于知性的概念才能产生出来,但这只有在借助于想象能力并同感性直观相联结的情况下才行。[可见想象力是感官与统觉的中间环节。这样就从联想最后追溯到统觉的统一。]

　　所以我们拥有作为人类灵魂的基本能力之一的**纯粹的想象力**[注意,这里,康德把想象力看做是人类灵魂的基本能力之一],这种能力先天地存在于一切知识的根底中。借助于这种想象力,我们把直观中杂多的一方与纯粹统觉的必然统一条件的另一方加以联结。这[两个]极端的环节正好是感性和知性,② 它们必须借助于这种想象力的先验功能互相联结起来,因为否则的话,感性确实提供了现象,但不能提供经验性知识的对象,从而不能提供任何经验。[联想到先验逻辑"导言"所说"思维没有内容是空的,直观没有概念是盲的",这里不过是重复。] 由把捉、联想(再生)最终是现象的确认所构成的现实经验,在其最后和最高处[指确认的综合](即经验的单纯经验要素)中包含着某些概念,这些概念使经验的形式统一成为可能,同时也使经验性知识的全部客观有效性(即真理性)[注意,客观有效性=真理性]成为可能。这种杂多的确认的基础,就其只关涉到一般经验的形式来说,就是那些范畴。[看来,如果说经验性的确认的综合靠的是一般经验性概念,那么纯粹的确认的综合靠的就是范畴了。]因此,在想象力综合中一切形式的统一,并且借助于这种综合还有想象力的一切经验性应用(在确认、再生、联想、把

---

　　① 　康德:《纯粹理性批判》,蓝公武译,商务印书馆 2005 年版,第 57 页。
　　② 　这就是说想象力兼有感性与知性的特点,而且是二者的中介,郑昕说这种想象力是康德"想出来"的(见郑昕:《康德学述》,商务印书馆 1984 年版,第 110 页)。

捉中),往下直至现象的统一,都在范畴那里奠定了基础①[这就是说,不论是经验性的综合统一还是纯粹的综合统一都是以范畴为基础的,换言之,没有范畴既不能产生经验性的知识,也不能产生先验的知识,这个观点非常重要],因为,只有在借助于这些一般知识要素[指范畴]的情况下,现象才能从属于我们的意识,从而从属于我们自己。

因此,是我们自己把秩序和规律性带到被我们称之为自然界的现象中去的,如果不是我们或我们**心灵的自然**② 最先把它们放进去的话,是不可能在现象中找到它们的。因为,这种自然的统一应当是必然的统一,即先天确定的联结的统一。但是如果在我们心灵中的知识的最初源泉中并不先天地包含着那种统一的主观基础,并且如果这种主观的条件不是因为它们是在经验中认识客体的一般可能性的基础而同时具有客观有效性,那我们怎能先天地实现这种综合统一呢?

以上我们运用各种方式给知性下了定义,如把它作为认识的自发性(与感性的感受性相反)、作为思维能力乃至作为造成概念或判断的能力,而所有这些定义[包括:1.自发性(能动性);2.思维能力;3.概念或判断能力],如果进一步对它们加以审视,那它们就被归结为一个东西。现在我们可以把知性定性为提供规则的能力。这个标志更有成效并且更接近知性的本质。感性[即纯粹感性]给我们以(直观的)形式,而知性则给我们以**规则**。知性总是从事于抱着在那些现象中寻找某种规则的目的去考察它们的。那些规则,由于它们是客观的(从而与关于对象的知识必然相关)而被称之为**法则**。[这里要注意:知性的规则一旦与关于对象的知识必然相关就成了法则。]虽然我们从经验中学得了许多法则,至少它们只是更高法则的个别规定,从中(其他法则所从属的)最高的法则是先天地从知性自身产生出来,并不依赖于经验,而且不如说,其自身还应当把它们的合法则性提供给现象,并由此使经验成为可能。因此,知性不仅是通过对现象的比较为自己创造规则的能力,其自身也在**给自然界立法**,没有知性就没有任何自

---

① 此处各译本间差距较大,可参见康德:《纯粹理性批判》,韦卓民译,华中师范大学出版社2000年版,第149页注④。
② 在康德那里,自然是"二重"的,一为"能思的自然",一为"有形的自然",此"心灵的自然"即"能思的自然"(见康德:《纯粹理性批判》,蓝公武译,商务印书馆2005年版,第485页)。

然界,即没有现象的杂多按照规则的综合统一,因为现象作为这样一种东西,不可能存在于我们之外,只能存在于我们的感性之内。但这个自然界作为经验中的认识对象,连同它[自然界]所包含的一切,都只在统觉的统一中才是可能的,这种统觉的统一照样构成经验中一切现象必然合法则性的先验基础。而恰恰同一个统觉的统一,就其对表象的杂多来说(也就是从一个唯一的表象[即统觉]来规定这种杂多)就是规则,而知性就是[提供]这些规则的能力。[此句各译本间的差别较大。]因此一切现象都作为可能的经验[注意:一切现象=可能的经验],先天地处于知性之中,并从它那里获得了自己的**形式上的可能性**[现象在知性那里获得了形式,即范畴],正像它们作为直观处于感性之中,并只有借助于感性才使自己在形式上[即在空间与时间上]成为可能一样。

这样,虽说关于知性自身是自然法则以及自然界形式统一的源泉的想法,似乎是夸张和荒唐的,至少还是完全可信和完全适合于对象,特别是完全适合于经验的。确实,那许多经验性法则自身是不能从纯粹知**性**中引申出来的,正如现象的无限杂多是不能从感性直观的纯形式中得到充分把握一样。但是一切经验性法则都只是纯粹知性法则的个别规定,这些经验性的法则只有在从属于纯粹的知性法则并同这些作为**准则**(Norm)的法则相适应时才是可能的,同样现象也由此而接受了这种合法则性的形式,这正像一切现象不管其在经验形式中的种种差别,总是要同感性的纯形式条件相适应一样。

所以,纯粹知性在自己的范畴中,就是一切现象的综合统一的法则,因此只有纯粹知性本源地在形式上使经验成为可能。在范畴的先验演绎中,我们必须弄清这种知性对感性的关系,以及经过感性对一切经验对象的关系,从而弄清纯粹先验知性概念的客观有效性,并由此查明它们的起源和真理性。

[这样,康德就完成了自下而上即从经验开始的关于范畴的客观演绎。]

## [短评]

**首先**,康德在这个"演绎"中确立了认识论研究的主体性原则,集中体现了他的哥白尼式转变的思想,以此开辟了认识论研究的全新方向,这一点是应当给予肯定的。

**其次**，应当指出的是，这个演绎是以二元论的、不可知论的与先验论的假设为依据的，而这种假设又是以知识的绝对必然性和严格普遍性只能来自于先天而不能来自于经验的**基本假设**为前提的，这样他就在精神与物质、可知与不可知、经验与先验之间划上了不可逾越的界限，这是他的形而上学思维方法的必然结果。

**第三**，康德在这个"演绎"中虽然提出了许多惊世骇俗的观点，但其论述却有些混乱，也是难以令人理解和信服的。

### 三、关于这种纯粹知性概念演绎的正确性和唯一可能性的概要 [第一版第三节中的小标题]

[提示]这个概要非常重要，集中体现了康德的先验论和不可知论观点。

### [原文]

如果与我们的知识相关的对象是物自身，那我们就不可能具有关于它们[对象]的任何先天概念。那么我们到底能从哪里获取这些概念呢？如果我们从客体那里获得这些概念（无论这种客体怎样能被我们所认识），那我们的概念就只是经验性的而不是先天的。如果我们是从自身中获得这些概念，那这种存在于我们之内的概念，就不能规定同我们的表象有别的对象[物自身]的性质，也就是那物[即物自身]的存在不能以这种概念为根据 [换言之，思维本身不能造出对象本身或客体本身]，以使这种物具有我们思维中所想到的性质，而不致使我们的表象成为空虚。如果[反过来]，我们总是只同现象[即表象]有关，那某些先验的概念在对象的经验性知识之前产生，就不仅是可能的而且是必然的。因为，作为现象，它们构成了只存在于我们之内的对象，因为我们感性的单纯变形绝不能在我们之外发现。现在，表象本身，即所有这些现象，从而也就是所有我们所能研究的对象，在自己的全部总和中存在于我之内，也就是说，它们是同一个"自我"（Selbst）的种种规定，表达出它们[种种规定]在同一个统觉中全面统一的必然性。但是在这种可能的意识的统一中，还存在着关于对象的一切知识的形式[即概念或范畴]（借助于这种形式，作为从属于同一个客体的杂多被思维）。因此，感性表象（直观）的杂多借以同一个意识相关联的方式,要先于关于对象的任何知识,而作为它的知性形式,甚至还构成了关于一切一般对象——就其被思维而言——的形式的先天知识(诸范畴)。这些感性表象借助于纯粹想象力的综合,以及所有表象按照对本源的统觉的关系的统一,是先于一切经验性知识的。因此,纯粹知性概念是先天可能的,并且按其对经验的关系说甚至是必然的,这只是因为我们的知识只同现象相关,它们[这些现象]的可能性包含在我们自身之中,并且它们[这些现象]的联结和统一(在关于对象的表象中)也只在我们之内才存在,因而应当先于任何一个经验,并首先使这个经验成为可能(仅就其形式来说)。[这就是说,范畴本身并不是知识,而只是知识的一般形式,这一点要特别记住。]我们范畴的演绎就建立在这个唯一可能的基础上。

## 第五节　"纯粹知性概念的先验演绎"(之二)译评
### [此为第二版修正文:原书第二节,见第 102 ~ 122 页]

　　[提示]这里是第二版修订增补的原文,主要内容就是康德所谓"先验演绎"中的"客观演绎"。黑格尔称范畴的先验演绎"是康德哲学最困难的部分之一"①。正像要对空间与时间的客观实在性进行说明一样,这里,康德要对纯粹知性概念(范畴)的客观有效性或客观实在性进行演绎,即进行认识论的证明,其中集中体现了康德的"哥白尼式假说",一般认为是康德的比较成熟的思想。② 客观演绎由两大部分构成:主体部分[原书§15~§20]和补充部分[原书§21~§27]。应当指出,康德的客观演绎所使用的方法正是自上而下的方法,即从"本源的统觉"或"自我意识"开始推导出范畴,再推导出范畴对"经验性的直观"或"一般感观对象"的应用,这类似于马克思所说的"综合"的方法,也就是从抽象到具体或从因到果的方法。当然,康德对先验范畴的"客观实在性"所作的一系列证明是不可能成功的。下面让我们重新翻译并加以提示与点评:

---

① 黑格尔:《逻辑学》下卷,杨一之译,商务印书馆 1977 年版,第 247 页。
② 见康蒲·斯密:《康德〈纯粹理性批判〉解义》,韦卓民译,华中师范大学出版社 2000 年版,第 7 页。

### 1.一般联结的可能性[原书标号§15]

[提示]这里讲知性的本源的"综合统一"活动,其基本思路是:从表象中杂多的"**联结**"这一认识活动的基本事实出发推出杂多的"**综合**",然后再推出杂多的"**统一**"。在推演过程中申明:联结来自主体,而非来自客体;分析以综合为前提,没有综合就没有分析。

## [原文]

表象的杂多[作为内容]只能在感性的直观中被给予,即无非是在作为感受性的直观中被给予,而这种直观的形式却可以先天地存在于我们的表象能力中,它只不过是主体受激动的方式。但这种一般杂多的联结(Verbindung)却绝不能通过感官而被我们所取得,因此,也同样不可能被包含在感性直观的纯形式[即时空]中[注意,直观形式本身并不包含联结],因为这种联结是表象能力的一种**自发性**(Selbstständigkeit,或自动性)**活动**,而且由于这种能力与感性相区别,而应当被叫做**知性**。而所有的**联结**,不管我们是否意识到它,也不论它是直观中杂多的联结,还是各种概念的联结,也不论它是感性的,还是非感性的①,都是一种**知性活动**。对于这种活动我们用**综合**[看来,联结也就是综合]这个一般名称来加以标志,为的是以此表明,任何东西要是我们自己不预先把它们联结起来,那么它们就不能表现为是在客体中联结着的,而且在一切表象中,这种联结是唯独不能由**客体**来提供,而只能由**主体本身**来造成的表象,因为这种活动[联结]是主体的一种自发性活动。[这就是说,联结不是来自客体,而是来自主体。]不难看出,这种活动应当是**本源的统一活动**,对一切联结都有同样的意义,乃至看似与其对立的**分解**,即**分析**,也至少总是以它为前提的,事实上在知性没有预先把什么东西联结起来的地方,是没有什么东西可分解的,[这是重复前面的话,是说,分析以综合为前提,没有综合就没有分析,参见§10第二段、§16第二段最后和附注]因为只有通过知性,某物才能作为联结起来的东西被提供给表象能力。[这就是说,在康德看来,所谓"联结"只不过是知性的"自发性活动",是知性的"本源的统一活动",它只能来自于主体,而绝不能来自于客体。这

---

① 此处德文原文为"感性的"和"非感性的",中译本多依据英译本作"经验的"和"非经验的"亦非不可。但康德有"感性直观"与"纯粹直观"之分,所以这里的"非感性的"可以理解为"纯粹的"。

是康德的一个基本假设,当然是一个先验论和独断论的假设。① 不过这里,康德要强调的是主体的能动性("自发性")。②]

但是**联结**的概念,除了包含杂多及其**综合**的概念之外,还包含杂多的统一的概念。**而联结就是关于杂多的综合统一的表象**。[这就是说,对知性的联结功能的分析表明:联结本身不仅包含杂多,而且包含综合以及综合的统一。因此"联结就是关于杂多的综合的统一的表象",这是一个分析命题,因为"联结"的概念本身包含着"综合的统一"的概念,所以康德后来说"统觉的必然统一的原理……是一个分析性的原理"(见§16),其中已经包含着主观演绎中"三重综合"的内涵。但康德在随后的附注中声明,这里不谈表象的分析统一,只谈杂多表象的综合统一③,因为他要解决的是与综合统一密切相关的先天综合判断如何可能的问题,所以论述知性的综合的统一是他的主要任务④。]

因此,关于这种统一的表象不能从联结中产生,正相反,首先是由于把这种统一加入到杂多的表象中去,才使联结的概念成为可能。[康德的意思是说:统一并不来自联结,相反,正是统一使联结成为可能,统一是根源或根据,联结是结果,没有统一就没有综合,而没有综合就没有联结。这里可以看出联结依赖于综合、综合又依赖于统一(即联结——综合——统一)的逻辑分析线索,当然,这是典型的先验分析论。]

这种先天的并且先行于联结概念的**统一**,并非是前面提到的**单一性**范畴(见§10)[这里的"单一性"是指与多数性对立的单一性,即形式逻辑的抽象的单一性。在德文中单一与统一同为 Einheit,⑤ 但"单一"是指量的"单一性",是与量的"多数性"相对的,而"统一性"则是具体的统一,是多样性的统一,即下面所说的"质的单一性",二者切不可相混);因为一切范畴都建立在判断的逻辑功能[即统一功能]的基础上,而在判断中,**已经想到了联结**,从而想到了被给予的概念[如一切金属、一切物体]的统一。所以范畴是以联结为前提的。[这句话似乎是就推演的逻辑顺序而言的,即:没有联结就谈不上综合,没有综合就谈不上统一,而没有统一就没有范畴,因此范畴从逻辑分析的角度看起源于判断的功能,而一切判断首先是各种概念间的一种联结。⑥]

---

① 见胡塞尔:《第一哲学》上卷,王炳文译,商务印书馆 2006 年版,第 498、530 页。
② 见黑格尔:《哲学史讲演录》第 4 卷,贺麟、王太庆译,商务印书馆 1981 年版,第 267 页。
③ 见康德:《纯粹理性批判》,蓝公武译,商务印书馆 2005 年版,第 102 页注①。
④ 见康德:《纯粹理性批判》,蓝公武译,商务印书馆 2005 年版,第 153 页。
⑤ 见康德:《纯粹理性批判》,韦卓民译,华中师范大学出版社 2000 年版,第 155 页注①。
⑥ 见康德:《纯粹理性批判》,蓝公武译,商务印书馆 2005 年版,第 83 页。

因此我们应当在**更高点**上［即在统觉上］去寻找这种统一（即质的单一，见§12①），因为正是在那里［即在"更高点"上］包含着判断中各种概念统一的基础本身，以及知性的可能性甚至它的逻辑应用的基础［这个基础就是先验的统觉］。

［这里，康德首先从联结出发推出了知性的"综合统一"活动。不过这里，康德的表述还不是很清楚的，其本意不过是说："联结"所表现的是"杂多的综合统一"，因此这里的"统一"并不来自"联结"，相反，正是统一使联结成为可能，没有统一就没有联结，这里统一是功能，联结是功能活动的结果。这样一来，后面要讲的范畴就以联结为经验性的前提，而联结又以统一（即后面所说的"统觉的统一"或"统觉的综合统一"）为先验的基础。］

### 2.统觉的本源的综合统一［原书标号§16］

［提示］这里讲作为认识活动的"**最高点**"② 的"**统觉的综合统一**"，其基本思路是：从"**我思**"推出"**纯粹统觉**"、"**本源的统觉**"和"**自我意识**"，再推出"**统觉的综合统一**"和知识的"**最高原理**"。黑格尔称其为"理性批判中最深刻、最正确的见解"③。石里克称统觉的综合统一（即意识的综合统一）这一事实是范畴演绎的"**核心**"④，并宣称这一事实"将在任何未来的形而上学中必定占有更加重要的地位"⑤。因此这一原理是非常重要的。

## ［原文］

"**我思**"（Ich denke）［即笛卡儿式的"我思"这个判断］定会伴随我的一切表

---

① 康德在那里说："在关于客体的每一种知识中都存在着概念的单一性，可称之为质的单一，因为在这种单一之下，可以想象的只是知识中杂多联合的单一"（见康德：《纯粹理性批判》，蓝公武译，商务印书馆2005年版，第93~94页），这就是"多中之一"（见康德：《康德书信百封》，李秋零译，上海人民出版社2006年版，第233页），或杂多的统一、差别的统一、具体的统一，但这种说法被斯密说成是"矫揉造作的"。其实不然，黑格尔解释康德说："统一性指不同的诸规定［即质］结合而言，因而康德把思维叫做综合作用，结合作用。但思维在它自身内、在它的规定内已经包含那样的结合；思维是一，是差别的统一。"（见黑格尔《哲学史讲演录》第4卷，贺麟、王太庆译，商务印书馆1981年版，第261页）

② 康德：《纯粹理性批判》，蓝公武译，商务印书馆2005年版，第104页注①。

③ 黑格尔：《逻辑学》下卷，杨一之译，商务印书馆1977年版，第247页。

④ 石里克：《普通认识论》，李步楼译，商务印书馆2005年版，第446页。

⑤ 石里克：《普通认识论》，李步楼译，商务印书馆2005年版，第161页。

象①[包括直观、想象和概念]，因为如果反过来[即表象没有"我思"来伴随]，那么被表象在我之内的某种东西，就完全是不可思议的，换言之，这种表象要么是不可能，要么至少对我来说就是无[也就是说，那就成了一团混乱的无主体的表象]。而先于任何思维而能够被给予的表象，叫做**直观**。因此，一切**直观的杂多**与此杂多所在的那个**同一的主体**中的"我思"有**必然的联系**。[简言之，直观的杂多与"我思"之间有必然联系。]但是"我思"这个表象是**自发性的活动**[它不必借助于经验或直观，因而是纯粹的和先天的活动]，也就是说，它不能被看做是属于感性的东西。我把它[即"我思"这个表象]叫做**纯粹的统觉**[看来这种统觉是主体的一种活动，而不是主体本身，主体本身是自我或灵魂]，以便把它同**经验性的统觉**区别开来[可见统觉有经验性的与先验的之分]，或者把它叫做**本源的统觉**，[这就是说：我思＝纯粹的统觉＝本源的统觉，]因为它就是那个产生"我思"表象的**自我意识**[这样一来：我思＝纯粹统觉＝本源的统觉＝自我意识，它们是一个东西]，它必能伴随着一切其他的表象，并在一切意识中都是**同一的**(dasselbe)[这就是说：纯粹统觉是自我同一的]，因此不能再由其他[更高的]表象来伴随[因为它已经是本源的、最高的表象了]。我称这种**统觉的统一**为自我意识的**先验统一**，由此表明以这种统一为基础的先天知识的可能性。因为，在某些直观中被给予的杂多表象，如果它们不是同属于一个自我意识，那么它们就不能一起都是**我的**表象，也就是说，作为我的表象[指经验性的统觉]（即便我没能意识到这一点），它们全都必须符合于这样的条件，唯有在此条件下，它们才能一起处于一个共同的自我意识中，因为在相反的情况下，它们就不能全都属于我了。从这种本源的联结中能够做出许多结论。

　　[首先，]这种在直观中被给予的杂多之统觉的**普遍同一性**，其本身包含着诸表象的综合[即多中之一]，并且这种同一性只有借助于这种综合的意识才是可能的。[这就是说，直观中杂多的同一以综合的意识为前提。]因为，

---

　　①　黑格尔称其"是一个笨拙的说法"，但同时又称赞这种说法体现了一个"伟大的意识"和一个"重要的知识"（见黑格尔：《哲学史讲演录》第 4 卷，贺麟、王太庆译，商务印书馆 1981 年版，第 267～268 页），是"理性批判中最深刻、最正确的见解"（见黑格尔：《逻辑学》下卷，杨一之译，商务印书馆 1977 年版，第 247 页），并解释了这一重要思想（见黑格尔：《小逻辑》，贺麟译，商务印书馆 1980 年版，第 71～72 页），石里克也赞扬"统觉的综合统一"原理将在未来的形而上学中"占有更加重要的地位"（石里克：《普通认识论》，李步楼译，商务印书馆 2005 年版，第 161 页）。

伴随着各种表象的**经验性意识**[即意识着各种表象的经验性的意识]本身是分散的,并与主体的同一性无关[因为分散的经验性意识并不包含主体的自我同一性]。因此,这种与主体同一的关系,还不是我通过意识伴随着所有的表象而产生,而只是在我把一个表象同另外的表象联结起来并意识到它们的综合的时候才能产生。因此,只有在我能够把被给予的表象的杂多联结在一个意识中[即综合的统一],我才有可能想象这些表象自身中的意识的同一性[即分析的统一]。[这就是说,经验性的意识又以先验的意识(即自我意识)为前提。①]换言之,统觉的**分析统一**只有在假定统觉的某种**综合统一**已经具备的情况下才是可能的②。

[这就是第一个结论:统觉的分析统一[同一]以统觉的综合统一为前提。这里要特别注意统觉的统一功能包括"分析的统一"与"综合的统一"两种。]

[**其次,**]直观[经验性的或纯粹的]中被给予的一切表象全都从属于我

---

① 康德:《纯粹理性批判》,蓝公武译,商务印书馆 2005 年版,第 134 页注①。
② 这是康德的一个非常重要的原注,是论述统觉的分析统一与综合统一的关系的,下面我们加以译介:意识[即统觉]的分析统一属于一切共同性概念(gemeinsamer Begriff)[邓晓芒、李秋零译本译为"共同概念",蓝公武、韦卓民、俄译本译为"普遍概念"或"一般性概念",实与 allgemeiner Begriff 相同,即"一般性概念"或"普遍性概念"(见康德:《纯粹理性批判》,蓝公武译,商务印书馆 2005 年版,第 52 页;又见康德:《纯粹理性批判》,邓晓芒译,人民出版社 2004 年版,第 29 页),具体说,指的是"一般经验性概念"或"经验性一般概念"(康德:《纯粹理性批判》蓝公武译,商务印书馆 2005 年版,第 130 页)]。例如,如果我思维一般的红色[显然这是一个一般的经验性概念,见康德:《纯粹理性批判》,蓝公武译,商务印书馆 2005 年版,第 31 页],那么我就由此而想象到一种特性,这种特性(作为一个标志)能够在某种东西[如苹果]中碰到,或者能够同其他的表象[如滋味、重量]相联结[这当然是经验性的联结,即经验性的综合,当然这种综合并没有普遍性与必然性][上述两种情况都需要分析;因此我之所以能够想象到分析的统一[即抽出红色属性],只是由于有先前想到的可能的综合统一[如想到包含许多其他属性的苹果,这里看得出,分析的统一是以综合的统一为前提的]。应当被设想为对各种不同的表象[如苹果、朱砂等]来说是共同的东西的某个表象[一般的红色],要被看做是属于那样一些表象[如苹果与朱砂]的表象,那些表象自身除了这个表象[红色]之外还包含着某种其他的东西[指属性,如滋味、重量],因此这个表象[红色]之被设想为与其他的(虽说是可能的)表象[如香味、重量]处于综合统一之中,应当早于我之能够在这个表象[红色]里想到使它成为 conceptus communis(拉丁丁文,即共同概念)的意识的分析的统一。[用我们今天的话语来说就是:在我们把红色属性作为一般的东西("一般性概念")抽取(分析)出来之前,我们首先是把它与其他属性联结(综合)在一个意识中,把它们看成是一个综合性的整体。所以,在分析之前要先有综合。]这样,综合的综合统一一就是一个最高点,随后与之相关联的是所有知性的运用,甚至所有逻辑以及跟在其后的先验哲学。再进一步说,这种[综合统一的]能力就是知性本身。(见瓦·费·阿斯穆斯:《康德》,孙鼎国译,北京大学出版社 1987 年版,第 161~162 页)[这里,康德还是没有说清分析统一与综合统一的关系,对此似乎应作这样的理解:分析的统一属于形式逻辑的范围,形式逻辑主要是从形式上,即从概念间的关系上来考虑问题,运用一般的经验性概念,以分析判断的形式执行着统觉的分析统一的功能。而综合的统一则属于先验逻辑的范围,先验逻辑则主要是从内容上考虑问题,它运用纯粹知性概念(先天概念即范畴),以先天综合判断的形式执行着统觉的综合统一的功能。分析的统一与综合的统一虽然都是统觉的功能,但是由于统觉的—分析统一功能是以统觉的综合统一功能为前提的,所以统觉的综合统一功能成为一切知识或认识的"最高点"。至于一般的经验性概念虽说也通过综合判断的形式,执行着综合统一的任务,但因为是经验性的综合统一,所以没有必然性,是偶然的(见康德:《纯粹理性批判》,蓝公武译,商务印书馆 2005 年版,第 130 页),因此不在考虑之内。对于分析的统一与综合的统一的关系,许多论者也都没有讲清楚。]

的这个想法,意味着我把它们[一切表象]联结在一个自我意识中,或者至少是能够把它们联结在它之中,并且尽管这个想法本身还不是表象的综合的意识[因为空洞的自我意识并没有具体的内容],但它终究以这种综合的可能性为前提。也就是说,正是由于这种综合我才能把表象的杂多理解为是在一个意识中,把它们全都称做是我的表象;因为不然,我就会拥有形形色色的自我(Selbst)①[即经验性的自我,这里要特别注意"自我"这个概念,康德将其区分为经验性的自我和纯粹的、先验的自我],就像我拥有我所意识到的众多表象那样。因此作为先天被给予的杂多直观的综合统一是统觉自身的同一性基础[因为统觉的综合统一是"最高点"],这统觉是先天地存在于我的一切规定的思想之前的。但不是对象自身包含着联结,不是通过知觉就能够把这种联结从对象那里借取过来,不是只靠着知觉联结才被知性所认出;而实际上,联结本身是知性的功能,因而知性自身不是别的,正是把被给予表象的杂多先天地联结起来并带到统觉统一之下的能力。这个原则是全部人类知识的**最高原理**。

[这就是第二个结论,即联结的表象不是来自于对象,而是来自于知性本身,也就是说:直观中杂多的联结或综合只是知性的先天固有的功能,它决不来自于对象(不管是先验的对象还是经验的对象),相反它是把直观中的杂多联结起来并带到统觉的统一之下,从而使经验性知识成为可能的东西。这就是说:统觉的统一是人类知识的最高原理。]

[**第三,**]这个统觉的必然统一的原理,虽说是**自我同一的**(selbst identisch),因而是一个分析命题[即"统觉的必然统一"的命题等于"我是我"的命题,是单纯的自我同一,其中没有任何新内容],但是它至少能够解释直观中被给予杂多的综合的必然性,而没有这种综合就不能想象自我意识的无所不包的同一性。因为通过作为一个单纯表象的"我",是没有任何杂多被给予的,而杂多只能在同这个"我"相区别的直观中被给予出来,并且由于联结在一个意识中它才能被想象。知性,如果在其自我意识中就能够提供全部杂多,那它就是直观的知性[即理智的直观],可是我们[人类]的知性却只能思维,而直观却一定要到感觉[感性]中去寻求。因此,我只能在由直观中被给予我的杂多表象之间的关系中,意识到**同一的自我**(identisches

───────────

①　在康德那里,"自我"(Selbst,即"我自己")是一个重要概念,与"我"(Ich)是一个东西。

Selbst),因为我把它们全都称做是我的表象,这些表象组成为一个表象[即"我"这个表象,也就是统觉]。但这意味着,我先天地意识到这些表象的必然的综合,这种必然的综合被称之为**统觉的本源的综合统一**,一切被给予我的表象都处在这个统觉[即"自我"]之下,但也必须通过这种综合[即必然的综合]把这些表象带到统觉之下。①

　　[这就是第三个结论:统觉的统一原理具有自我同一的性质,因而是一个分析命题,但却是知识的先天综合的最高点。这里的论述虽然有些混乱,但基本的意思是清楚的,康德要说的不过是:"统觉的自我同一"②虽是属于形式逻辑的同义反复式的分析命题,但仍具有重要意义,因为从先验逻辑的角度看,这一命题却能够解释直观中杂多综合的必然性,它的秘密就在于统觉("自我")能够把各种不同的表象作为内容纳入到自身之中,在这种情况下统觉虽然是一(即自我同一),但同时又包含着多,是"一中之多"③,因此是杂多的同一(统一)。毫无疑问这里包含着丰富的辩证法思想,是值得肯定的。]

### 3.统觉的综合统一原理是一切知性应用的最高原理[原书标号§17]

　　[提示]这里的主要内容是从**统觉的综合统一原理**推出知识的客观条件。其基本思路是从直观的"最高原理"出发推出"意识的统一",再从意识的统一推出认识(或知识)的最高原理,再推出一切知识的"客观条件"。

## [原文]

　　依照先验感性论,一切直观的可能性在其与感性关系[康德认为只有感性才能进行直观]中的**最高原理**[原则]是:直观中一切杂多从属于空间与时间的**形式条件**。[而依照先验分析论(概念分析论),]一切直观的可能性在其与知性关系中的**最高原理**是:直观中一切杂多从属于统觉本源的综合统一的**诸条件**[指三重综合]。④一切直观的杂多表象,就其被给予我们来

---

① 　这里有的中译本把"带到统觉之下"理解为"归属于综合统一之下",是不妥的。
② 　即我是我(见康德蒲·斯密:《康德〈纯粹理性批判〉解义》,韦卓民译,华中师范大学出版社 2000年版,第282页)。
③ 　康德:《康德书信百封》,李秋零译,上海人民出版社2006年版,第223页。
④ 　空间与时间以及它们所有的各部分,都是直观,因此是包含着杂多的单一性表象[包含着多的一,例如一尺包含十寸(见先验感性论);所以它们不是单纯的概念,通过这些概念,同一个意识包含在许多表象之中[单纯的概念是"多中之一"如红色概念包含在许多物体的表象中],相反,它们[指空间与时间]是那样一种概念,通过它们,许多表象包含在同一个意识中,[空间与时间概念是"一中之多"(同上),如空间概念就含有长、宽、高等许多表象在内],因此它们是复合的,所以在这些概念[空间与时间概念]中,这种意识的单一性是作为综合的但又都是本源的东西而存在的。这种直观[时空及其各部分]的单一性在其运用中是非常重要的。(康德原注)

说,它们从属于这些基本原理中的第一个原理[即直观中的杂多从属于时空的原理];这些表象,就其必定能够被联结在一个意识中来说,它们从属于第二个原理[即直观中杂多从属于统觉的综合统一的原理],因为没有这种联结,就不能通过这些表象去思维和认识任何东西,因为在那种情况下,这些被给予的表象就不具有"我思"这一统觉的活动,并由此也不能把这些表象联合在一个自我意识中。

一般说来,**知性就是一种认识能力**。认识可归结为被给予的表象同客体的确定关系。而**客体就是把一个被给予的直观的杂多联结在它的概念中去的那种东西**。[简而言之,认识的客体就是把直观中的杂多联结到概念中去的东西,换言之,就是把直观与概念联结起来的东西。这样在康德那里,认识的客体不是外部世界中的事物,而是关于外部世界中某种事物的综合性的表象,不是表象或概念依赖于客体,而是客体依赖于表象或概念,这当然是一种唯心论。]

但是,表象的一切联结则要求在这些表象的综合中的**意识的统一**。这样,正是意识的统一构成了这些表象同对象的一种关系以及这些表象的**客观有效性**,并从而把这些表象变成知识,而且知性的可能性本身就建立在这种统一性的基础上。

因此,统觉的本源的综合统一的**基本原理**,就是最初的**纯粹知性知识**,知性的一切其他应用都建立在此基础上,同时它完全不依赖于任何感性直观的条件[时空]。这样,作为外部感性直观纯形式的空间,还完全不是知识,它只是为可能的知识先天地提供直观中的杂多而已。而为了认识空间中的某种东西,例如一条线,我就应当把它画出,从而综合地完成被给予的杂多的确定联结,所以这种活动的统一同时就是意识的统一(在线的概念中),正是凭借这种意识的统一,一个客体(即一个确定的空间)才能被认识。因此,**意识的综合统一是一切认识**[或知识]**的客观条件**[其实是主观条件]。不仅我自己为了认识一个客体,需要这一条件,而且为使一切直观成为我的客体,也要依赖于这一条件[指意识的综合统一,意思是:认识本身和认识的对象都需要这一条件],因为通过别的方式,即如果没有这种综合,杂多就不能联结在一个意识中。

这一最后的原理[即统觉的本源的综合统一原理]虽然使综合统一成为一切思维的条件,但如前所述,其本身却是**分析的**。因为,这里所说的只是,在任何被给予的直观[指经验性的直观]中,我的一切表象应当从属于那样的条件,依据它,我能够把这些表象算做对**同一的"自我"**来说是自己的表象,并因而能够把这些表象作为综合地联结在一个统觉中的东西,通过"我思"这个一般表现形式[把它们]结合起来。[意即:这个分析命题只意味着我内部的直观的杂多包含着同一的我。]

但是,这一基本原理并非对任何一般可能的知性都是一条原则,而只对那样一种知性才是一条原则,这种知性依靠其纯粹的统觉[即先验的统觉],在"我在"(Ich bin)的表象中还没有任何的杂多被给予出来[因为这种杂多只能在直观中被给予]。[与此相反,]如果知性依赖其自我意识,在直观[理智直观]中给予了杂多,而且依赖于它的表象,还有了这种表象的客体,那么它为了意识的统一就不需要杂多综合的特殊活动了。可是,作为只能思维而不能直观的人类知性来说,却需要这种特殊的活动。而对人类知性来说,这一原则不可避免地是**第一基本原理**,因为人类知性甚至不能形成任何关于其他可能知性的丝毫概念,那样的知性其自身就能直观[指理智直观],并同时具有**另一种类的感性直观**,这种直观与建立在空间与时间基础上的直观不同。[这里,康德对其他理智体的认识活动的假设完全是为不可知的上帝智慧的存在留有余地,在今天看来是毫无意义的。参看"先验感性论"§8Ⅳ。]

### 4.什么是自我意识的客观统一性[原书标号§18]

[提示]这里的主要内容是从统觉的**"最高原理"**推出统觉的**"先验统一"**及其**"客观有效性"**与统觉的**"经验性统一"**及其**"主观有效性"**的关系。这里,康德主要是强调**"意识的本源的统一"**,即强调了自我意识的最高统一性和能动性。黑格尔就此评论说:"无疑地,康德的这种说法,已正确地道出了所有一切意识的本性了。人的努力,一般来讲,总是趋向于认识世界,同化并控制世界,好像是在于将世界的实在加以陶铸锻炼,换言之,加以理想化,使符合自己的目的。"①

## [原文]

**统觉的先验统一**,是把直观中一切被给予的杂多**联结**在关于客体的

---

① 黑格尔:《小逻辑》,贺麟译,商务印书馆1980年版,第122页。

概念中的统一。这种统一因此被称为**客观的**[注意这个所谓"客观的"]，而且要把它与意识的**主观统一**区别开来，这种主观的统一被看做是**内感官的规定**[即时间中的规定]，通过内感官的规定，直观中的杂多被经验性地提供给这种**联结**。我能否经验性地意识到这种杂多是同时存在还是先后相继存在，这取决于各种情况或经验性条件。因此**意识**借助于各表象之联想的**经验性统一**，其本身是涉及现象的，并且是完全偶然的。而在时间中，直观的**纯形式**，——它只不过是**一般直观**，其自身就包含着被给予的杂多[这就是说，时间是直观的纯形式，是一般直观，其自身就包含杂多，如过去、现在、未来]，——则从属于意识的**本源的统一**，这只是由于这种直观中的杂多与同一个"我思"必然相关，因此是由于在经验性综合基础中先天地具有**纯粹知性的综合**[这就是说，经验性的综合以纯粹知性的综合（即先验的综合）为基础，经验性的统一以本源的统一（即先验的统一）为基础]。仅此[**统觉的本源的**]**统一**才具有**客观有效性**，而统觉的经验性统一只具有**主观有效性**，这里我们不予考虑，而且它所提供的只是某些在被给予的具体条件下，由本源的统一所派生的东西。[可见统觉的统一也有"经验性的"与"先验的"的区分。]例如，某人把某词语同某物联结起来，而另一人把某词语同另外的某物联结起来；在这种情况下，意识的统一就只有经验的性质，并且就其对被给予的某物而言，不是必然的，也并非是普遍有效的。

**5. 一切判断的逻辑形式在于包含在其概念中的统觉的客观统一性**

[原书标号§19]

[提示]这一节的主要内容是从系词"**是**"出发推出统觉的"**必然统一**"和判断的"**客观有效性**"。

## [原文]

我任何时候都不满意逻辑学家对一般判断所作的那种诠释，他们说：判断是关于两个概念间的关系的表象。我这里不去参与关于这一诠释的错误的争论，（虽然对逻辑学来说，从这种诠释中会产生许多严重的后果，）这种诠释也许只适用于直言判断，而不适用于假言和选言判断（因为它们所包含的不是概念间的关系，而是判断间的关系），我只是发觉，这种关系[即判断间的关系]究竟是在哪里，这里是不确定的。

但是在进一步仔细研究了在判断中被给予的各种知识间的关系,并把这种从属于知性的关系同依照再生想象力法则(它只具有**主观有效性**)的关系区别开来时,我就发现**判断**无非是把被给予的知识引向统觉的客观统一的**方式**[包括分析的统一和综合的统一]。在判断中,系词"是"(ist)的目的恰恰是把被给予表象的**客观统一**与**主观统一**[如联想的统一]区别开来。因为它表明那些表象与本源的统觉的关系以及统觉的必然统一,即便判断本身是经验性的从而是偶然性的,如判断"物体皆有重量"。这里我不想说,似乎这些表象[这里是指物体表象与重量表象]在经验性的直观中必然相互隶属,而只想说,它们的相互隶属依赖于直观综合中的**统觉的必然统一**,也就是说,它们依照所有表象的客观确定性**原则**,——如果知识之能够产生是来自这些表象的话,——而所有这些原则又来源于**统觉的先验统一原理**。只是由于有这种所指的关系,判断才能产生,也就是说,因为这种关系具有**客观有效性**,才使这种关系能够与这些表象的那样一种关系区别开来,那种关系仅具有**主观有效性**,例如依据[休谟所说的]**联想律**而来的关系。按照联想律我只能说:"如果我拿起某物体,我就会感觉到重的压力"[这就是所谓的"知觉判断"];而不能说:"它,即这个物体,是重的"[这就是所谓的"经验判断"],并确信,这两个表象[物体与重量]在客体中联系在一起,即与主体的状态无关,而不仅仅共同存在于知觉之中,(不论这种知觉怎样经常重复)。

**6. 一切感性直观都从属于范畴,而这范畴则是唯一能使感性直观中的杂多联结到一个意识中的条件**[原书标号§20]

[提示]这里主要讲**感性直观中的杂多必然从属于统觉**,并因而从属于范畴。按康德的说法,在本节和下一节中,"范畴作为关于一般直观对象的**先天知识**的可能性也已经被证明"(见§26,第117页)。

**[原文]**

在一个感性直观中被给予的杂多,必然地从属于**统觉的本源的综合统一**,因为只有通过这种统觉的本源的综合统一,直观[感性直观]的统一才是可能的(见§17)。但是这种**知性的活动**就是判断的逻辑功能(见§19),正是通过这种知性活动,被给予的表象(不管它们是直观还是概念都是一样的)中的杂多才能被带到**一般统觉**[即纯粹统觉]之下。因此一切杂多,只要它在**一个经验性直观**中被给予,它就在这种关系中由判断的逻辑功能之一[如直言的、假言的、选言的]所规定,正是依赖于判断,这种杂多才被带到某个一般意识中去。而**范畴不是别的,正是这种判断的功能**[指统一功能],因为在直观中被给予的杂多正是在这些判断的关系中被规定的(见§10[范畴的推出])。因此,**一切直观中被给予的杂多,必然从属于范畴**。①

### 7.注释 [原书标号§21]

[提示]从这一节开始是演绎的补充部分,主要是讲范畴在认识活动中的作用。这里主要讲**范畴**与意识(统觉)的**综合统一**的关系。

## [原文]

我称包含在直观中的杂多为**"我的"**,这种杂多通过知性的综合,被表现为从属于**自我意识的必然统一**,并且这种综合或统一是通过**范畴**来完成的[可见范畴是统觉(即意识)的综合统一的工具]。②因此范畴表明,在**"一个"直观**(Eine Anschauung)中被给予的杂多的**经验性意识**,从属于**纯粹先天的自我意识**,正像经验性的直观从属于**同样是先天具有的、纯粹感性的直观**一样[注意,经验性意识从属于先天的自我意识,经验性的直观从属于纯粹的直观]。于是在上述的原理中,就使纯粹知性概念的演绎得以开始了,在这种演绎中,由于范畴的产生只来自于知性[注意,范畴只来自于知性!]而与感性无关,我还必须抽掉经验性直观的杂多由以被给予的方式[即时空],而只专注于由知性通过范畴而加入到直观中去的统一性。以经验性直观在感性中被给予的那种**方式**[时空]为根据,以后(见§26)将表明,经验性直观的**统一**不是别的,正是按上述(见§20)由范畴所确立的在一般直观[即时空]中被给予的杂多的统一,并由此,范畴在对我们感官中一切对象而言的先天有效性就会得到解释,演绎的目的才能完全达到。

但是在上述证明中有一种情况,我是不能把它全部抽掉的,那就是对

---

① 参看石里克的精辟分析(见石里克:《普通认识论》,李步楼译,商务印书馆2005年版,第446页)。

② 这一点的证明是以表现直观的统一为基础的,借助于这种统一,对象被给予[我们],这种统一总是含有由直观被给予的杂多的综合,并且已经含有这种杂多对统觉统一的关系了。(康德原注)

直观来说,杂多必须在知性的综合之前并且不依赖于这种综合而被给予,但究竟怎样被给予,在这里是不确定的。因为,如果我想象有一种知性,它自身就能直观(例如,像神的知性,它不表现[由别的什么东西,如由物自身]被给予的对象,而是通过自己的表象使对象本身被给予或被产生出来),那么对那些知识来说,范畴就没有任何意义了。这些范畴对那样一种[即我们人类的]知性来说,只是一种规则,这种知性的一切能力都在于思维,即在于那样一种活动,通过这种活动,把在直观中从别的方面[指的是从时空方面,因为康德认为,空间与时间已经对知识的质料(即感性材料或被给予的杂多),进行了初步的综合(即"直观中把捉的综合",形成了"粗糙的和模糊的"的知识)(见§10)。]被给予它的杂多的综合,引向统觉的统一,那样一来,这种知性由其自身并不能认识什么东西,而只是联结和整理**知识的质料**,这就是**直观**[直观=知识的材料],这直观必须通过**客体**[即物自身]被给予出来[这里,康德又回到了关于客体的唯物论]。而我们[人类]知性的特性正在于,它只有借助于范畴,并且只有借助于这些范畴的种类和数目,才能使**先天的统觉的统一**得以实现,对此很难再指出任何别的根据,正像不能再找出根据来说明,为什么我们拥有的正是这种而不是别种判断功能,或者为什么时间与空间对我们[人类]来说是可能的直观的唯一形式。[这里,康德又陷入了关于主体(自我)的认识能力的不可知论,例如他曾说:感性和知性"可能来自于一个共同的但却不为我们所知的总根"①。]

**8.范畴除了对经验对象的应用之外,对一般知识来说并没有任何其他的应用**[原书标号§22]

[提示]这里讲范畴要能提供关于物的知识,就只有通过纯粹直观(时空)把它们应用到经验对象上去才行。康德甚至在别处说,纯粹知性概念的客体就是空间和时间。②

## [原文]

由此可见,**思维**一个对象与**认识**一个对象并不是一回事。因为要去认识必须有两个环节:**第一**,概念(即范畴),通过它对象才能一般地被思

---

　① 康德:《纯粹理性批判》,蓝公武译,商务印书馆2005年版,第44页。
　② 康德:《康德书信百封》,李秋零译,上海人民出版社2006年版,第233页。

维,以及**第二**,直观,通过它对象才能被给予;因为,如果同概念相应的直观完全不能被给予出来,那么概念按其形式说仍不乏是一种思维,但却不会有任何对象[这样思维就是空的,但康德在别处却说范畴以空间与时间为客体(对象)①,当然这种所谓的"客体"仍然是空的],并且依靠这种概念,也不会使关于任何某物的任何知识成为可能,因为在那种情况下,就我所知,没有也不可能有什么东西可供我的思维来加以应用了。既然对我们来说,一切可能的直观都是感性的(如感性论中所述),因此,借助于纯粹知性概念对于**一般对象**的思维之能够对我们成为知识,只有在这种概念同感官对象相关联时才行。而感性直观或为**纯粹直观**(空间与时间),或为在空间与时间中由感觉直接表现为现实东西的**经验性直观**。[这就是说,感性直观包括纯粹直观(形式)与经验性直观(质料)两个方面。]通过**对纯粹直观的规定**,我们可以获得关于只就对象(作为现象)的形式而言的先天知识(在数学中);至于在这种形式中能否存在着被直观到的物,在这里也还是不确定的。所以,一切数学概念就其自身来说还不是[一般意义上的]知识,除非假定存在着某些物,它们能够向我们表明只适合于这种纯粹感性直观的形式。但如果在空间与时间中有某些物被给予,也只有在它们是**知觉**(由感觉伴随的表象)的时候,从而只有在借助于经验的表象的时候。因此,**纯粹知性概念**,即使当它们被应用于先天直观[即纯粹直观]时(就像在数学中那样),如要形成知识,也只有当知性概念通过这种先天直观,能够[间接地]应用到经验性直观上去才行。[意即,要运用纯粹知性概念以形成知识,只有通过纯粹直观(即空间与时间)把它们应用到经验性直观上去才行。这就是说,从纯粹知性概念到经验性直观需要通过纯粹直观这个中间环节。这是一个非常重要的思想,应特别加以注意。]因此,范畴借助于先天直观向我们提供关于物的知识,只意味着它们通过这种直观能够被应用到经验性直观上去,即只意味着被应用到叫做"经验"的**经验性知识**[这就是说,经验=经验性知识]的可能性上去。所以,范畴对于物的知识没有别的用处,除非这些物只被看做是**可能经验的对象**。[这就是说,范畴对于物的知识只不过是关于可能经验对象的知识,即关于一般对象的知识。]

---

① 康德:《康德书信百封》,李秋零译,上海人民出版社 2006 年版,第 233 页。

9.[原书标号§23,无标题]

[提示]这里主要讲纯粹知性概念(范畴)离开感性的直观就空无意义。

## [原文]

上述原理[指上一节标题所表述的原理]有着非常重要的意义:它规定了纯粹知性概念对于对象的应用界限,正像先验感性论规定了我们感性直观的纯形式的应用界限一样。空间与时间作为对象如何能被给予我们的**可能条件**,仅对感性对象,从而仅对经验对象才有效。越出这些范围,空间与时间就不表现任何东西,因为它们只存在于感官之中,在感官之外就没有任何现实性。而**纯粹知性概念**则不受这种限制,并**延伸到一般直观**[包括人类的和非人类的直观]的对象上,至于这种直观是否与我们的直观类似,那是无所谓的,只要它是感性的并因而是非理智的就行。但是这种超出我们[人类]感性直观的**概念的扩展**,并没有给我们带来任何益处。因为在那种情况下,它们只是些关于客体的**空洞概念**[即关于本体的空洞概念],甚至使我们根本不能判断这些客体究竟是否可能;[因此]它们仅仅是没有客观实在性的**思维形式**(Gedankenform)[范畴=思维形式],因为我们并没有任何可供只含有这些思维形式[即范畴]的统觉的综合统一所能加以应用的直观,以便使这些思维形式能够确定[直观中的]一个对象[但是这时这些思维形式(即范畴)却空无对象]。而只有我们的**感性的和经验性的直观**才能使这些**思维形式**[即范畴]获得思想内涵和意义。

因此,如果我们假定非感性直观的**客体**[即物自身]是被给予的,那我们固然能用所有的谓词[纯粹知性概念]来表现它[客体],这些谓词包含在这样的假设中,即对客体来说,任何属于感性直观的东西都不是它[客体]所固有的,从而说客体没有广延或者不处在空间中,它的**持续性**(Dauer)不处在时间中,在它[时间]里面也不会发生任何**变化**(即在时间中规定的**相继性**),等等。但如果我仅仅指出,客体的直观怎样**不存在**[即只作否定性判断],而不能指出其中包含着什么,那这就不是**真正的知识**了,因为那样的话,我甚至连对我的纯粹知性概念而言的一个客体的可能性都根本不能表现出来,因为我不能提供任何同它[即客体]相适应的直观,只能指出我们的直观对它没有作用。但这里最为重要的是,对于这样一个**某物**甚至连一个范畴都不能加以应用,例如实体概念,即只作为主词但不能只作为谓词而存在的某物的概念,就此而言,是否存在着同这种含义的规定相适应的**物**,如果经验性的直观不向我提供这种概念应用的**事例**,那我就完全不知道。不过关于此点的更详细说明要留到下面去做。[看来,范畴不能被用来直接规定感性的客体,因为它们只不过是思维形式。]

### 10.关于范畴对一般感观对象的应用[原书标号§24]

[提示]此节讲范畴的实际应用,但不是直接对感官对象的应用,而是借助于先验想象力的综合,对一般感官对象的应用。这里想象力的综合起着联结知性与感性的中介作用,在康德的主体认识结构理论中占有重要地位。但是康德的论述却十分晦涩难懂,例如斯密指出,"一般感官对象"这个标题就是"叫人模糊的"。①

### [原文]

**纯粹知性概念**通过单纯的知性与**一般直观**(Anschauung überhaupt)的**对象**相关,而不问这种直观究竟是不是我们[人类]的直观,只要它是感性的就行,但正因如此[即因为它们只同一般对象相关],纯粹知性概念就只是**思维形式**,只靠它们还不能认识任何**确定的对象**。在这些概念中,杂多的综合或联结,正像已经指出的,只与统觉的统一相关,并以此构成依赖于知性[从而依赖于统觉的统一]的先天知识的可能性基础;因此这种综合不仅是先验的,而且也是纯粹理智的。但是因为在我们[**心灵**]**根底**中存有某种**先天的感性直观形式**[主要指时间],这种形式依赖于表象能力的感受性(即感性),所以那知性作为自发性,就能够按照统觉的综合统一,通过被给予的表象的杂多来规定内感官,并以此把**先天的感性直观中杂多**[指纯粹直观(即时间)的各个规定]的**统觉的综合统一**,想象为我们(人类)直观的一切对象都必须从属的**条件**[这样先天的知性或统觉的综合统一能力就通过先天的直观形式(时空)与感性直观的对象联结起来了]。正因如此,**范畴以其仅仅是思维的形式**[要特别注意这个提法],而获得了**客观实在性**,即获得了对在直观中才能给予我们的对象——但只作为现象——的**应用**[这就是说,范畴

_____

① 康蒲·斯密:《康德〈纯粹理性批判〉解义》,韦卓民译,华中师范大学出版社2000年版,第321页。

的客观实在性在于它们对直观对象的应用]，因为我们所能拥有的先天直观只是关于一些现象的。

这种感性直观的杂多的综合，是先天可能和必然的，可称之为**形象**的（figürlich）[指想象中再生的综合]，以与那样一种综合相区别，这种综合被想象为在某些只关涉到一般直观杂多[即纯粹直观的杂多]的范畴中，从而可称之为**知性的联结**[综合][指概念中确认的综合]。这两种综合之所以都是先天的，不仅因为它们本身都是先天产生的，而且因为它们构成为其他先天知识的可能性基础。[这样就推出了"形象的综合"。]

可是**形象的综合**，如果仅就其与统觉的本源的**综合统一**相关来说，即仅就其与在范畴中被想到的**先天统一**相关来说，那它[想象的综合]应当有别于单纯的理智联结，从而被称之为**先天的想象力的综合**。**想象力**是把尚未存在的对象表现在直观中的能力。既然我们的全部直观皆为感性的，而那想象力，由于具备一种唯独在其下才能向知性概念提供相应直观的**主观条件**[在康德看来，想象力的综合是主观的、没有必然性的]，因此也属于感性。[这里要注意，想象力属于感性的范围。]但只要它[想象力]的综合是在执行自发性，它[作为规定者]就在进行**规定**，而不像感性那样[作为被规定者]只是被规定的，所以它[想象力]能够与统觉的统一相一致，按感官的形式来先天地规定**感官**（Sinn，感受）。在这个意义上，想象力是一种先天地规定感性的能力，并且这种想象力的直观的综合与范畴相一致，就应当是**想象力的先验综合**。这是知性在感性上的一种效应，并且对我们来说，是知性在可能直观对象上的**最初应用**，（同时是知性的一切其他应用的基础）。这种综合，作为**形象的综合**，区别于没有任何想象力的帮助，只由知性进行的**理智的综合**。只要想象力现在是自发性，我有时也把它称之为**生产的想象力**，以便把它同**再生的想象力**区别开来，这种**再生想象力**的综合只服从于经验性法则，即那个**联想律**，因此它完全无助于说明先天知识的可能性，因此它不在先验哲学之列，而属于心理学。

[这样就推出了"想象力的先验综合"。这里要注意"生产的想象力"与"再生的想象力"之间的区别。而实际上，想象力是界于感性和知性的中间环节，参看主观演绎的三重综合。①]

---

① 参见康德：《纯粹理性批判》，蓝公武译，商务印书馆 2005 年版，第 124～130 页。

＊　　　　　＊　　　　　＊

　　这里正是讲清一种**怪论**的地方,它在对内感官形式[时间]进行说明时(§6),会使每个人都感到惊异,这就是:内感官在把我们自己展现给意识时,甚至也只是像**我们自我显现**(wir uns erscheinen)的那样,而不是像**我们自己存在**(uns selbst sind)的那样,因为只当我们从内部被激动时,我们才能直观自己本身。这似乎是矛盾的,因为在此情况下我们必须**被动地**对待自己,因此心理学的体系通常把**内感官**与**统觉能力**等同起来(而与此同时我们则努力把它们互相区别开来)。[这里,康德把先验的"自我"(纯粹的统觉)与经验性的"自我"(经验性的统觉)区别开来。这个区别是非常重要的,也是理解康德的先验主体学说的关键。]

　　规定内感官的是**知性**,以及它对直观杂多的**本源的联结能力**,即把这种直观的杂多带到统觉之下的能力(知性自身的可能性就是以这个统觉为基础的)。现在因为对我们**人**来说,**知性本身**并不是直观的能力,而且这种直观,即便在感性中给予了,知性也不能把它们接纳到自身中,以至仿佛是把它自己的直观[即自我直观]的杂多联结起来。这样,单就其自身来看的**知性的综合**[即知性本身的综合],无非是知性即使没有感性也能**意识到的**[或自觉到的]**一种活动**的统一,而通过这种活动,知性本身是能够从内部就杂多方面来规定感性,这种杂多是能够按照其**直观的形式**向知性提供出来的。[这里讲的是,知性能够借助于"想象力的综合",先天地把直观形式的杂多联结起来。]因此这种综合,在**想象力的先验综合**的名义下,成为一个被动主体中的活动,它[综合]就是这个主体的能力,对于这种活动我们有充分理由确信,内感官由此而被刺激。[这里各译本间差别很大,其意不过是说,想象力的综合不同于先验统觉(主体)的主动综合,而只是经验性统觉(主体)的被动综合。][而实际上]**统觉及其综合统一**与**内感官**是完全不同的东西:作为一切联结的源泉,**统觉**在范畴的名义下关涉到一般直观的杂多,即在任何感性直观之前指向**一般客体**[或一般对象],而与此同时作为**内感官**,只包含直观的形式[即时间],尽管其中并没有杂多的**联结**[因为联结要靠知性和统觉],因而还不包含任何规定性的直观,它[规定性的直观]之成为可能只有通过对内感官进行规定的**意识**,而要做到这一点,就要借助于被我称之为形象综合的先天想象力的活动(知性对内感官的**综合作用**)。[这就是说,统觉对内感官的规定依赖于想象力的活动。]

这就是我们在自身中经常看到的东西[指形象的综合]。我们不想象地[即在思维中]引出一直线,就不能思考这条直线;不划出一个圆,就不能思考这个圆;不从一点引出三条互相垂直的线,就不能想象空间的三维;除非在引出一条直线的条件下[这条直线应当成为时间的外部形象的表现),把注意力只转向杂多的综合活动,——我们借助于这种活动,前后相继地规定内感官,并由此注意到这种规定在内感官中的**持续**(Sukzession(或继承、演替)],——我们甚至也不能表象时间。就连**持续**这个**概念**最初也是作为主体活动的运动(这种运动不是作为客体的一种规定①),从而,是作为对空间中杂多综合的运动,——如果我们撇开空间[一些中译本译为"撇开(抽掉)杂多"似乎不妥],而把注意力只转向那样一种活动[主体的活动,即运动],我们通过这种活动,按照其形式[时间]来规定内感官,——才创造出来的。因此,知性并不是在内感官中发现此类杂多的联结,而是通过刺激内感官来造成这种联结。[这里,康德强调知性(统觉)的自发性或主动性。]

但是**我思之"我"**(Ich, der ich denke)如何与**直观自身之"我"**(Ich, das sich selbst anschaut)(而且我还能够把自己在其他至少是可能的直观方式中想象出来)区别开来,并且因为与这个**后者**作为**同一个主体**而是一样的,而只要我仍然是在直观中被给予自己,不过与别的现象一样,即不是像我对知性存在的那样,而是像我对自己显现的那样,那我如何能说,**"我"**,作为**智慧物**和思维的**主体**(denkendes Subjekt),又把**我自己**(mich selbst)认做是**被思维的客体**?[即我如何能成为我自己的思维的客体,或我如何能进行自我意识?]这个问题所带来的困难不多不少,就像下面的问题一样,即**我**(ich)如何一般地对**我自己**成为一个客体,并且准确地说成为一个直观的和内部知觉的客体呢?[这就是说我在自我意识中所遇到的困难,正像我在自我直观中所遇到的困难一样多。]但如果我们承认空间仅仅是外感官现象的纯粹形式,那我们对自身的认识就确实不得不是这样的[即也要通过外部直

① [关于客体的运动:]客体在空间中的运动不能被看做是属于纯科学,因而不能被看做是属于几何学,因为某物的移动不能先天地加以认识,只能通过经验来认识。但运动作为对空间的描述,是借助于生产的想象力,在一般外部直观[这个"一般直观"已经离开了具体的感性对象,不再是具体的直观,因此已经是抽象的直观了。]中杂多的连续综合的纯粹活动,因此它不仅属于几何学,而且也属于先验哲学。(康德原注)

观的形式(即空间)来认识自己]。这一点可以清清楚楚地加以说明,这就是,我们要能够对自己来表现根本不是外部直观对象的**时间**,就只能借助于我们所引的直线的**图像**(Bild),因为没有这种[空间的]表达方式,我们就不能认识时间的**测量单位**(Einheit Abmessung)。这就能够引为证明:对内知觉来说,**时间长度**,乃至**时间位置**,也总要由我们通过外部事物对我们所表现出来的那种变化才能加以确定。由此,我们应当按照把外感官的规定在空间中加以**整理**那样,把内感官的规定作为现象在时间中加以**整理**。并因此,如果我们承认对于那些外感官来说,客体之所以能通过它[外感官]被认识,只是由于我们从外面被激动,那我们也要承认对内感官来说,我们之所以能通过它[内感官]直观自身,只是由于我们自身从内部激动着自己,也就是说,我们在内部直观中认识自己本身的**主体**,只有把它[主体]当做**现象**来认识,而不是按照它[主体]**自己本身所是的东西**[即按照我自身]那样来认识①。[这里,康德想用通过空间的线段来表示时间的演进的类比,来说明可以通过外感官的外部刺激的存在,证明内感官的自我刺激的存在,以为这样就可以说清他的内感官学说,特别是他的先验的想象力综合学说,他想与主观唯心论划清界限,但他实际上做不到这一点,因为在他看来无论是外部现象(外物)还是内部现象(心灵),都不过是存在于我们之内的表象而已,所以他跳不出主观唯心论的圈子。②]

11.[原书标号§25,没有标题]

[提示]这里主要是讲人们只能通过**我在内感中的现象**来认识**我在思维中的存在**,即通过**现象之我**以认识**自在之我**。

## [原文]

与此相反,我在一般表象的杂多的**先验综合**中,从而在统觉的综合的本源统一中,所意识到的**我自己**,既不像**我自己显现**(ich mir erscheine)的那样[即作为现象之我],也不像**我自己本身所是**(ich an mir seibst bin)[即作为自在之我]的那样,而仅仅是"我在"(ich bin)[或"我是"]。"我在"这个表

---

① [关于自在的我]我不明白,我们在内感官中[被自己所]激动,会引起那么多的困难。一切注意的活动中都能向我们提供这方面的例证。在这种活动中,知性依据对它们[活动]的思维的联结,总是把内感官确定为与知性综合中的杂多相适应的内部直观,至于心灵通常被激动的程度,每个人自己都能觉察到。(康德原注)

② 见康蒲·斯密:《康德〈纯粹理性批判〉解义》,韦卓民译,华中师范大学出版社2000年版,第321~327页中关于康德的"内部感官的学说"。

象是一个**思维**,而不是一个**直观**。但是为了认识**我们自身**,除了把一切可能直观中的杂多带到统觉统一之下的思维活动外,还需要杂多由以被给予的确定的**直观方式**[即时间],这样,虽说我自己的**存在**(Dasein)不是现象(至少不是单纯的幻象),但"**我的存在**"(meines Dasein)的规定①之所以能够发生,只在于按照内感官的形式[即时间形式]、以特殊的方式,提供出被我在内部直观中联结起来的**杂多**[这就是说"我在"虽说不是现象,但毕竟是以时间杂多的联结形式存在的],因此,我对我自己的认识,就不是"**我怎样存在**"(wie ich bin),而只是"**我怎样自我显现**"(wie ich mir selbst erscheine)。[简言之,我只能通过认识自我的现象(在时间中)来认识自己的存在(作为思想物)。]因此,虽然我们借助于所有的范畴,在把杂多联结在统觉中的时候,去思**维一般客体**[不是客体本身,而是客体一般,即抽象的客体],但是我们对于自己本身的**意识**[思维]还远不是对于自己本身的**认识**[因为单靠范畴不能取得知识]。与此类似,正像对有别于我的**客体**的认识,除了对一般客体(在范畴中)的思维之外,我还需要一个我借以规定[关于客体的]一般性概念的直观,同样对我自身的**认识**,我除了需要有**意识**之外,即除了我对自己进行思维之外,还需要一个对在我之内的杂多的直观,使我借此去规定这个[关于我自己的]**思维**。[这就是说,认识与意识(思维)不同,认识除了需要思维的形式条件(范畴)之外,还需要直观的形式条件或形式内容(即时间)。]并且,我是作为**智慧物**[即能思的主体]而**存在**(existieren)的,这个智慧者只意识到自己的联结能力,而这种联结却是在对杂多的关系中,在这种关系中这个智慧者应当把这种杂多联结起来,这个智慧者从属于一个被称之为内感官的限制条件,并且使这种联结只按照完全处于**原本的知性概念**

---

① "我思"这件事表现着对"我的存在"["我在"]进行规定的活动。因此,通过这件事本身,我的存在已被给予了,但我借以确定它[我的存在]的方式,即把属于它的杂多安置到自己之中的方式,即没有由此[即通过"我思"]而被给予。为此[为规定"我在"]我还要有一个自我直观,这种直观的基础[见康德:《纯粹理性批判》,蓝公武译,商务印书馆2005年版,§4之2]就是先天被给予的形式,即时间,而这时间则[因其为直观的形式而]带有感性的性质,并从属于被规定者[指作为现象的主体或心灵]的感受性[其实是感受性的形式]。我现在拥有的还不是一种其他的自我直观[即上帝的自我直观],这种直观把在我之内的规定者——我只意识它的自发性,——在规定的活动之前提供出来[即先天地提供出来],这正如时间在被规定者之前提供出来一样[此处各译本间差异很大],这样,我就不能把自己的存在规定为自动的存在者,而向自己表现的只是我的思维的自发性,即规定活动的自发性,而我的存在在所留下的规定总会只是感性的规定,即作为现象的存在[的规定]。至少借助于这种思维的自发性,我称自己为智慧者。(康德原注)[这里,康德为承认神的"理智直观"打下了伏笔,认为只有这种理智直观才能够不借助于感性直观提供的杂多(即质料)直接规定或把捉对象。]

之外的**时间关系**成为可直观的。因此我能够认识**自身**(selbst),只像它自己(sich)在直观(这种直观是非理智的,也不能由知性本身所给予)的意向中自我所显现的那样[这就是经验性的我、现象的我],而不是像它自己在使其直观成为理智直观时要认识自己那样[这是指先验的我、自在的我,是不能被认识的我]。[这里,康德又一次提到"理智直观",为上帝的超常认识能力的存在留下余地,显然这是对宗教的让步。同时康德又陷入了通过现象之我来认识自在之我的窘境。]

**12.纯粹知性概念在经验中一般可能应用的先验演绎**[原书标号§26]
[提示]举例说明范畴如何给现象或自然界立法。

## [原文]

在**形而上学的演绎**[注意,这里第一次提出"形而上学的演绎"的概念]中,一般说来**范畴的先天起源**[实为先天本性]已经由它们同思维的一般逻辑功能的完全吻合所证明,而在**先验的演绎**中,**范畴**作为关于一般直观对象的先天知识的可能性也已经被证明(§20、21)。现在我们要解释的是,借助于范畴先天地认识一切对象的可能性,这种对象只能显现给我们的感官,并且不是按照它们的形式,而是按照它们的联结法则,因此这种可能性像是先天地向自然**颁布法令**[立法],甚至使自然成为可能。因为,如果没有范畴的**实用性**,那就不能澄清只能对我们的感官显露出来的一切,如何一定要服从于只从知性那里先天地产生出来的法则。

首先我要指出,我把"**把捉的综合**"理解为经验性直观中杂多的联合,借此[即借助于把捉的综合],对这种杂多(作为现象)的**知觉**,即对它的**经验性意识**,才成为可能。[这段话原文的指代关系就不太清楚,意思是:只有借助于把捉的综合(经验性直观中杂多的联合),对直观中杂多(作为现象)的知觉或经验性意识才成为可能。]

我们在关于空间与时间的表象中,既具有外部的又具有内部的感性直观的**先天形式**,并且现象中杂多的**把捉的综合**总是应当与这些形式相适应,因为综合本身只有按照这种形式才能进行。但是空间与时间先天表现的不单是感性**直观的形式**,还有这些**直观本身**(包含直观本身中的某种杂多),连同这些直观中杂多统一的规定性[即空间与时间的形式规定](查看先验感性论)①。[这里的"杂多"是指空间与时间本身的杂多,如空间的各个部分与时间的各个时段。②]因此,在我们之外或在我们之内的杂多的**综合统一**本身,从而,还有**一切**在空间或时间中所表现出来的被规定的**东西**都应当与之相适应的**联结**,都已经与这些作为一切把捉综合之条件的**直观**[指纯粹直观,即空间与时间]一起(不是在这些直观之中)先天地被给予了[这就是说,直观中把捉的综合之先天条件包括:杂多的综合统一、时空中被规定者必须与之相适应的联结、作为把捉的综合之条件的时空本身]。但这种**综合的统一**,无非是在一个**本源的意识**[即统觉]中,按照范畴把被给予的一般直观杂多的**联结的统一**,并且只在我们的感性直观中才能应用。所以,一切综合以其使知觉本身成为可能,而从属于范畴,并且因为经验是经过知觉自身间联结而成的知识,所以那范畴是经验的可能性的条件,并因而先天地适用于一切经验对象。

＊　　　　＊　　　　＊

因此,例如,如果我要把任何一座房子的经验性直观,通过这一直观的杂多的**把捉**使之成为知觉,这时空间以及一般外部感性直观的**必然统一**即已存在于我[把捉]的根底中了,我好像是按照空间中这种杂多的综合统一,把房子的轮廓描述出来。但是如果抽去空间形式,那同一综合统一本身就处于知性之中,并表现为一般直观中**同类物综合之范畴**,即**量的范畴**,因此把捉的综合,即知觉,就必须完全同这种范畴相符合③。[这是

---

① 被表现为对象(像在几何学中实际所需要的那样)的空间,所包含的不单是直观的形式,更是按照感性形式,在一个直观的表象中被给予的杂多的联结,这样,直观的形式所提供的只是杂多[即作为形式内容的多或纯粹直观中的多],而形式的直观所提供的则是表象的统一[作为对形式的直观,即多中之一,也就是说在作为对象的空间表象中既包含多(即质料)又包含一(即形式)]。在感性论中,我把这种统一仅认做是属于感性[即感性的形式],以便只强调它先于一切概念,虽然它也假定有综合[即综合统一],这种综合不属于感性,但却是最先使关于空间与时间的一切概念成为可能的东西[这就是说,使空间与时间上升为概念的是知性综合的结果,换言之,没有知性的参与,虽然有空间与时间的直观,但没有空间与时间的概念。因为,空间与时间作为直观[本身]最初由这种统一提供出来(因为感性由知性来规定),所以这种先天直观的统一属于空间与时间,而不属于知性概念(见康德:《纯粹理性批判》,蓝公武译,商务印书馆2005年版,§24)。(康德原注)[这里,康德强调的是知性的先天综合对于把握与理解时空中杂多统一的决定性意义,只是在感性论中暂未提到而已。这个论点是非常重要的,它是理解感性论一章的关键,要特别注意!]
② 见郑昕:《康德学述》,商务印书馆1984年版,第77、121页。
③ 以这种方式就证明:具有经验性的把捉的综合,必须同具有理智性的、并完全先天地包含在范畴中的统觉的综合相适应。那同一个自发性,——在一种情况下称之为想象力,而在另一种情况下称做知性,——把联结带到直观的杂多中来。(康德原注)[看来,直观中把捉的综合是以想象中再生的综合与概念(范畴)中认定的综合这两种自发性功能活动为依据的。]

例一:量的范畴。]

如果我(再举一例)知觉水的冻结,那么我就把捉到两种状态(液体与固体),它们彼此处在一种时间关系中。但在时间中,——我把这时间置于作为内部直观的现象之基础[即形式]的地位上,——我必须表现出杂多的综合统一,而没有这种综合统一,所指的那种[时间]**关系**就不能在直观中作为规定者[即作为形式的直观](就时间顺序来说)被给予。① 而如果我抽掉了自己内部直观的恒常形式即时间,那么这种**综合统一**,作为我借以把一般直观的杂多[内容]联结起来的先天条件,就是**原因的范畴**,当我把这一范畴应用于自己的感性时,就借助它[原因范畴],按照其关系[即先后顺序]来规定一切在一般时间中发生的东西。因此,对可能的知觉来说,在此**事件**中的把捉,从而[包括]事件本身,就都从属于因果关系的概念。在一切其他情况下,事情也是一样。[这是例二:原因的范畴。]

＊　　　　　　＊　　　　　　＊

**范畴是给现象先天确立法则**,从而是给作为一切现象总和的自然界(作为**从质料来看的自然界**)先天确立法则的**概念**。[注意范畴的定义!]而现在要问:既然范畴不是从自然界中**引申**出来的,也不是把自然界作为原型来遵循的(因为那样的话它们就成了只是经验性的了),那如何理解自然界应当遵循范畴,也就说,范畴如何能够先天地规定自然界中杂多的联结,而不是把这种联结从自然界中抽取出来呢? 这个谜是用以下方式解开的。

自然界中现象的法则[规律]必须同知性以及它的形式相适应,即必须同它先天地联结一般杂多的能力相适应,就像现象自身应先天地同感性直观的形式相适应一样,这是毫不足奇的。因为,法则并不存在于现象之中,而只存在于现象所寄寓的主体所在的关系中,如果这主体拥有知性[因为法则是知性确立的]的话,这正如现象并不自在地**存在**,而只**存在于**那同一个**生物**(Wesen)[指人,即主体]所在的关系中,如果这个生物拥有感官的话。而**物自身**的**合法则性**(Gesetzmäßigkeit),也必然为它们[自身]所固有,并超出对它们[物自身]进行认识的知性之外[即不可认识]。而现象只是关于那些物的表象,而这些物,就其自身的存在而言则是不可知的。但

---

① 参见康德:《纯粹理性批判》,蓝公武译,商务印书馆2005年版,第118页注①。

是这些现象作为单纯的表象,除了像[知性的]联结力所确立的联结法则[指知性为自然界所立的法则]以外,不服从于任何联结的法则。既然把感性直观的杂多联结起来的是**想象力**,而想象力就其为**理智的综合统一**而言,则依赖于知性,而就其为把捉的杂多来说,又依赖于感性。[可见想象力界于感性与知性之间。]因为既然一切可能的**知觉**依赖于把捉的综合,而这种经验性的综合[指把捉的综合]本身同样又依赖于先验的综合,从而依赖于范畴,所以一切可能的**知觉**,从而一切总能到达经验性意识的**东西**,即一切自然现象,就它们的联结而言都从属于范畴,有赖于这些范畴,自然界(单就一般自然界来看),依赖于作为它[自然界]的必然合法则性的本源基础(作为形式来看的自然界)。[这样一来,范畴成了自然界的纯形式。]但是,除了**一般自然**——作为空间与时间中现象的合法则性——所依据的那些法则,就连纯粹的知性能力,也不能单凭一些范畴就先天地为现象确立更多的法则。特殊的法则因为与经验性地规定了的现象相关,所以不能完备地从范畴那里引申出来,尽管它们[指特殊法则]全都从属于那些范畴。一般说来,为了获得关于特殊法则的认识必须求之于经验,而一般地要能对经验以及作为经验对象的东西加以认识,就只有由那先天法则给以指导。[康德的意思不过是:要认识特殊法则必须依赖经验,而要认识经验及其对象还是要靠先天法则的指导,当然这是典型的先验论。]

13. 这种知性概念演绎的结果 [标号§27]

[**提示**]这里是几点重要结论。

## [原文]

除非借助于范畴,我们不能思维任何一个对象;除非借助于与那些概念[即范畴]相适应的直观,我们也不能认识任何一个**思维的对象**。既然我们的一切直观都是感性的,并且这种知识,如果它的对象是被给予的,就是经验性的。而**经验性的知识就是经验**。因此,我们可能拥有的只不过是关于可能的经验对象的先天知识①。

---

① 为使人们不要对这一仓促推论的原理之不良结果产生忧虑,我只想提请注意:在思维中,范畴并不受我们感性直观之条件所限制,而是有一个无限的领域,而唯有对我们所思维的东西之知识,即对对象之规定,才需要直观,在缺乏直观时,对客体之思维,就主体之理性运用[这里的理性是指广义,因而包括知性]而言,还是有其真实有用的结果的,但是,理性的运用,并不总是在客体的规定上,因此并不总是在知识上,而是在主体及其意志的规定上,这里不能再要求加以陈述。(康德原注)

但是这种知识虽说只限于经验对象,但仍不完全借自经验,而纯粹直观与纯粹知性概念,是我们**先天**拥有的知识要素。现在只有两种途径**可以设想经验**[指感性认识活动]**与关于其**[经验]**对象的概念**[理性的基本形式]之间的必然协调一致:**或者经验使这些概念成为可能,或者这些概念使经验成为可能。**[实质是关于感性和理性关系的截然不同的观点,这确实是原则性的区别,但这个提法实际上是在重复前面§14开头所说过的话。]前一个设想与范畴无涉(同样也与纯粹感性直观无涉),因为它们[范畴等]是先天的从而是不依赖于经验性的概念(断言它们的经验性起源,就会是一种 generatio at-quivoca[拉丁文:自生论,或自然发生论、自发论])。因此剩下的只有第二种设想(仿佛是纯粹理性的 epigenesis[拉丁文:新生论]体系①),这也就是说,范畴从知性方面就包含着一切一般经验的可能性的基础。至于它们如何使经验成为可能,以及它们在应用于现象时,所提供的是哪种关于经验的可能性的**基本原理**,这要留到下面的章节[即原理分析论]即留到关于判断力的先验应用的章节中去详细加以说明。

　　或许,在上述两者之间还可以提议一种成为唯一可能道路的**中间道路**,即是说,那些范畴并不是我们自己回想出来的第一先天知识原理,也并非从经验中借来的,而是主观的、与我们的**存在**一起天赋的思维**设置**(Anlagen),这种天赋是由我们的造物主**那样**安排的,即它们的应用正好同经验所遵循的自然法则相吻合(即一种纯粹理性的 Präformationssystem[拉丁文:预成论或前定和谐论])。但是这种中间道路的见解(除了从这种假设出发,无论把**前定设置的假定**向未来判断推进多远,人们也还是看不到**任何终点之外**,)还决定性地被下述事实所驳斥,即在那种情况下范畴就使它们所固有的概念的**必然性**丧失了。[这里,康德不承认前定和谐说,不向上帝的干预妥协。]

　　因为,如原因概念,它表现的是这个或那个结果在**给定条件**下的**必然性**,但如果它**只是**任意植入到我们之中的、按照那种[因果]关系的规则把某些经验性表象联结起来的**主观必然性**,那它就是虚假的。这样我就不

---

① "新生论"取自沃尔夫的生物进化论,指有生物体个体的组织和器官在发育过程中逐渐形成的观点(个体发生论),带有结构主义的色彩,实际是康德所坚持的观点。关于自生论、新生论、预成论,可参看齐良骥:《康德的知识学》,商务印书馆2000年版,第129～134页。

能说:结果同原因是在客体[或对象]中(即是**必然地**)联结着的,而只应当说:我是被那样安排的,即我只能把这个表象**想象**成是那样联结着的。这也正是怀疑论者最希望的事情,因为这样一来,我们的一切依赖于我们判断的想象的**客观有效性**之见解,就仅仅是一个假象,而且也不乏那样一些人,他们自己也并不承认这种主观的必然性(这种主观的必然性应当是被感知到的);当然,同任何人都不能就那种只依赖于**主体的某种构造方式**[即主体的结构形式]的东西进行争论。

14.这个演绎的简要总结

纯粹知性概念的演绎(以及与其在一起的先验理论知识的演绎)是把这些概念当做经验可能性的**原则**[或原理]的一种演示,而这些原则[原理]被当做是对空间与时间中**一般现象**的一种规定,最后这种规定[即原则],**作为来自于统觉的本源的综合统一原则的知性形式**,与作为本源的**感性形式的空间与时间**相关。[简言之:经验的可能性首先依赖于空间与时间这一感性形式,同时依赖于范畴这一知性形式,最后依赖于统觉的综合统一原则。这里顺便还要注意"感性形式"与"知性形式"的提法。]

＊　　　＊　　　＊

我以为段落的划分必须到此为止,因为此前我们要做的事情同本源的概念相关。而现在我要介绍这些概念的应用,为此必须要作不分段落的连续不断的叙述。

## [短评]

**首先**,康德的"客观演绎",特别是其中的范畴学说和统觉学说,是他的认识论的理论核心,集中体现了他的先验论的认识论思想,但是其中所包含的主体的"自发性"思想,却对于推动认识论中主体能动性原则的研究具有积极意义,它不仅对德国古典哲学(费希特、黑格尔)产生了重大影响,而且对现代西方哲学(如胡塞尔、马赫、石里克等人)也都产生了不可估量的影响。

**其次**,康德在"客观演绎"中所暴露出来的主观唯心主义,也是非常突出的,例如他关于统觉的综合统一是认识活动的"最高点"和"最高原理"、意识或自我意识的综合统一是一切知识的客观条件和客观实在性的源泉、经验性意识从属于纯粹的自我意识、范畴给现象或自然界立法等思想,就是露骨的主观唯心主义。

第三,胡塞尔曾指责康德先验演绎的"杂乱无章"①,斯密曾指责康德先验演义的"混乱"和"模糊"②,但是仔细看来,其主要思路还是清楚的。

---

① 胡塞尔:《第一哲学》上卷,王炳文译,商务印书馆 2006 年版,第 510 页。
② 康蒲·斯密:《康德〈纯粹理性批判〉解义》,韦卓民译,华中师范大学出版社 2000 年版,第 319、321 页。

# 第五章　先验分析论——原理分析论<sup></sup>*

## 第一节　"导言"简介[见第141~144页]

[提示]这里是"原理分析论"和"判断力学说"的导言。下面分头加以译介：

### 一、关于"原理分析论"[见第141~142页]

康德在"原理分析论"的引言中说：普通逻辑是按照与**高级认识能力**的分类正好完全吻合的计划建立起来的。这些能力就是**知性、判断力**与**理性**①。[这样判断力就介于知性与理性之间了。这里，康德把知性与判断力分开并重新定义，是与他前面的观点不一致的②，斯密曾尖锐地指出过这一点③。]

因此普通逻辑在其关于**概念、判断**和**推理**的分析部分中，是按照已经提到的智力的功能和顺序去加以解释的，这些智力一起，一般地从**广义上说被叫做知性**。[这段话非常重要，说明康德把知性从广义上区分为知性、判断力和理性，目的是把他的概念论、原理论与辩证论的三分法同普通逻辑的概念、判断与推理的三分法协调起来。]

因为这种**单纯形式的逻辑**抽掉了任何知识的内容（无论是纯粹的或者是经验性的都一样），并只研究一般思维的形式（论证性的认识形式），因此这种逻辑在其分析部分中也能包含理性的**法规**。而理性的形式是从

---

* 康德：《纯粹理性批判》，蓝公武译，商务印书馆2005年版，第141~243页。
① 按康德的说法："知性是发现规则的能力，判断力是发现那属于这规则的特殊情况的能力……理性就是把特殊事物从普遍的东西推导出来，因而按照原理和必然性来设想特殊事物的能力。"（康德：《实用人类学》，邓晓芒译，重庆出版社1987年版，第88页）。
② 见康德：《纯粹理性批判》，蓝公武译，商务印书馆2005年版，第81、136页。
③ 见康蒲·斯密：《康德〈纯粹理性批判〉解义》，韦卓民译，华中师范大学出版社2000年版，第359页。

属于某些可靠的**规范**(Vorschrift)的,并且这些可靠规范是能够掌握的,只要把理性的活动分解为它们的各个要素,而不考虑在应用这种知识时的特殊性质。

先验逻辑则限于确定的内容上,即限于纯粹"**先天知识**"的内容上,因此不能跟追随这种普通逻辑的分类。实际上,理性的先验[韦卓民译本认为应作"超验"]应用原本完全没有客观有效性,从而同真理的逻辑无关,即与分析论无关,而作为**幻象的逻辑**,则在先验辩证论的名义下要求在**学院派**(scholastisch)体系中占有特殊地位。

与此相适应,知性与判断力在先验逻辑中具有自己的客观有效、因而是真实的**应用法规**[这里要注意:客观有效=真实],并因此属于它的分析部分。而与此同时,理性则试图先天地展示关于对象的某种东西,并把知识扩展到可能的经验之外,而完全成为辩证的,并且其建立在幻象基础上的主张,无论如何也不能放到本来是分析论所应当包含的那种法规中去。

因此,**原理分析论**将只是判断力的**法规**,它教导判断力把自身中包含着的作为**先天规则**之条件的**知性概念**应用于现象。因此,在研究知性活动的基本原理时,我将利用 **判断力学说**这一术语,因为这个名称更精确地标志出我自己的任务。[换言之,如果"概念分析论"讲的是先天概念的学说,那么这里的"原理分析论"要讲的则是先天判断的学说。]

## 二、关于"先验的判断力"[见第 142~144 页]

康德在"先验判断力"的导言中说:

如果**一般知性**被宣布为确立[事物的]规则的能力,那么**判断力**(Urteilskraft)就是[把事物]**归属**(subsumieren)① 在规则之下的能力,即辨别某种事物是否从属于给定的规则。[但]普通逻辑不包含,也不能包含判断力的任何规则。实际上,因为它抽去了任何知识内容,所以留给它的一份任务就只是分析性地解释概念、判断和推理中的单纯认识形式,并由此确立知性的一切应用的**形式规则**。如果它想一般地指出,如何[把事物]归属到这些规则之下,即辨别某种事物是否从属于这些规则,那么要

---

① subsumieren(名词为 Subsumtion),即"归属"、"纳入",蓝公武、韦卓民等译本译为"归摄"或"包摄",与其相近的词是 bringen,即"带来"、"带到"、"送交"、"带领"等。

能做到这一点,就只能再借助于某种规则。但这种规则正因为它是规则,就再次要求判断力的指导;这样一来,虽说知性也能够通过规则去进行指导并掌握这些规则,但判断力却是一种**特殊的天赋**,这种天赋需要练习,但不能教导。因此判断力也具有所谓**天生智慧**的特质,并且这种能力的缺失是任何学校也不能补救的,因为学校虽说能够向有局限的知性[指愚笨者]提供如何使它[他]死记从别人那里借取来的任凭多少规则,但正确使用它们的能力则甚至应当是小学生的天性,因此如果没有这种自然的天赋,那么任何为此目的而给他定下的规则,都不能保证使他避免对这些规则的错误使用……

普通逻辑不能向判断力提供任何规定,但在先验逻辑那里,事情就是另外的样子,它的真正任务看来就是在纯粹知性的应用中,借助于一定的规则修正和防护判断力[即避免它们越轨]。实际上,作为一种为知性去**扩展**先天知识领域的学说,哲学想必是完全无用的,或者在任何情况下都是不适当的,因为一切这类先前的尝试都收获甚少或没有任何收获。但是哲学**作为批判**,正好为了预防判断力在我们某些纯粹知性概念的应用中的迷误,还是能够发挥(虽说它的益处是消极的)自己的睿智和探究艺术的。

**先验哲学**的特点是在于,它除了由纯粹知性概念所提供的规则(或者更准确地说,是规则的一般条件)外,还能先天地指出这些规则应当应用的场合。先验哲学之所以优越于一切其他有教益的科学(除数学之外)正可归结为,它所讲的概念应当先天地同自己的对象相关,并因此这些概念的客观有效性不能后天地证明,因为那种证明完全同它的尊严不相干。先验哲学应当借助于一般的但却是充分的特征来指明那样一些条件,在这些条件下对象能够在同这些概念相适应中被给予,因为不然这些概念就没有任何内容,也就是说仅仅成了逻辑形式而不是纯粹知性概念。

**判断力**的先验学说[或先验的判断力学说]由两章构成:第一章将说明那样一种**感性条件**[先验的图式],没有它纯粹知性概念就不能应用,即说明先验的**图式法**;而第二章要讲那样一些**综合判断**,它们在这些**感性条件**[即先验的图式]下[即经过这些感性条件]先天地从纯粹知性概念那里**引申**出来,并先天地存在于所有其余知识的根底中,也就是讲**纯粹知性**的**原理**。

［前者讲范畴在经验中的应用所不可缺少的中介，即感性化的图式（先验想象力的产物），后者讲通过图式从范畴中引申出来的原理（先验判断力的产物）。因此不讲清图式就不能说明原理的来路，而不讲清原理也不能看清图式的中介作用。下面首先从图式说讲起，也就是从感性和知性的中介讲起。］

# 第二节　"纯粹知性概念的图式论<sup>①</sup>"译评
## ［见第 144 ～ 150 页］

　　[提示]"图式论"<sup>②</sup> 是"原理分析论"中的重要一章，是"纯粹想象力"（即先验想象力）学说的展开，是下一章"原理体系"论的准备。图式论在《批判》一书占有特殊的地位，因为这里要解决的问题与纯粹知性概念的演绎有所不同，可以说是对它的一个必要的补充。纯粹知性概念的演绎要解决的是纯粹知性概念为何能够应用于感官对象（现象）的问题，而纯粹知性概念的图式论要解决的则是纯粹知性概念如何能够应用于感官对象（现象）的问题。前者主要是属于**认识论**，后者主要是属于**方法论**<sup>③</sup>。康德发现在纯粹知性概念（范畴）与经验性直观之间存在着脱节情况，于是他要找到一个"第三者"，以作为范畴应用于经验性直观的**中介**或**桥梁**，这就是作为判断力的"**形式条件**"<sup>④</sup> 的**先验图式**。康德认为图式具有二重性，一方面它与范畴同类，是先验的、纯粹的，因为它只不过是**范畴**的"**图式化**"<sup>⑤</sup>；另一方面，它又与直观（现象）同类，因为它又是**范畴**的"**感性化**"<sup>⑥</sup> 和"**时间化**"<sup>⑦</sup>，是"**纯粹的感性概念**"。这种图式不是别的，只不过是"**纯粹想象力**"<sup>⑧</sup>［即先验想象力］的产物，是作为一切直观的形式条件之"**先验的时间规定**"<sup>⑨</sup>，包括**时间系列**（量）、**时间内容**（质）、**时间秩序**（关

---

① "图式"（Schema），郑昕译为"图式"，齐良骥译为"范型"，蓝公武、韦卓民、邓晓芒、李秋零本译为"图型"。"图式论"，韦卓民本译为"图型法"，并作了解释（见康德：《纯粹理性批判》，韦卓民译，华中师范大学出版社 2000 年版，第 185 页注①）。
② 见康德：《纯粹理性批判》，蓝公武译，商务印书馆 2005 年版，第 144 ～ 150 页。
③ 见康德：《纯粹理性批判》，韦卓民译，华中师范大学出版社 2000 年版，第 185 页注①。
④ 康德：《纯粹理性批判》，蓝公武译，商务印书馆 2005 年版，第 216 页。
⑤ 郑昕：《康德学述》，商务印书馆 1984 年版，第 112 页。
⑥ 康德：《纯粹理性批判》，蓝公武译，商务印书馆 2005 年版，第 152 页。
⑦ 加勒特·汤姆森：《康德》，赵成文等译，中华书局 2002 年版，第 20 页。
⑧ 康德：《纯粹理性批判》，蓝公武译，商务印书馆 2005 年版，第 137 页。
⑨ 康德：《纯粹理性批判》，蓝公武译，商务印书馆 2005 年版，第 145 页。

系)和**时间总和**(模态)①。因此康德的图式论不过是其"先验想象力"学说的进一步展开而已。黑格尔称"图式论"是康德哲学中"最美丽的方面"②,而郑昕则称其为"画蛇添足"③,斯密更称其论述是"矫揉造作"和"极其武断"的④。下面是译评:

## [原文]

每当把一个对象[指经验性直观中的对象,如盘、犬等等]**归属**在一个概念之下时[如在"盘是圆的"这一判断中,盘的直观就被归属在"圆"的概念之下],对象的**表象**[实指直观]就应当与概念是**同类的**(gleichartig),也就是说,这个概念应当包含着那**归属**在概念之下的对象的**表象**[意即概念应当包含直观对象的表象],因为这话的意思正好是表示:一个对象被包含在一个概念之下。这样,"盘"的经验性概念[即经验性直观]就与"圆"(Zirkel)的纯粹几何学概念是同类的,在"圆"[几何学中的"圆"]中所想到的"**圆形**"(Rundung),是能够在"盘"中被直观到的。[这里讲的是,按照普通逻辑的同一性规则,较低的概念(种概念或下位概念)与较高的概念(属概念或上位概念)必然是同类的。⑤ 斯密曾指出康德的类比是不合适的⑥。关于译法,请参见韦卓民译本的解释⑦。]

但现在,**纯粹知性概念**同**经验性直观**(即一般感性直观)相比,却是完全不同类的,并且它们是永远不能在哪个直观中遇到的。那么就要问:直观之**归属**于纯粹知性概念,从而范畴之应用于现象,是如何可能的呢?因为没人会说:范畴,例如因果性,能够通过感官被直观到,并且包含在现象中。这个如此自然而重要的问题,就是现在必须搞出一个**先验判断力学说**的真正原因,⑧ 也就是为了指明,纯粹知性概念怎么能应用于一般现象的可能性。而在一切其他科学中,对象借以在一般形式上被思维的概念[如几何学中"圆"的概念],并不如此有别于具体表现这对象的概念,[如日

---

① 康德:《纯粹理性批判》,蓝公武译,商务印书馆2005年版,第148页。
② 黑格尔:《哲学史讲演录》第4卷,贺麟、王太庆译,商务印书馆1981年版,第271页。
③ 见郑昕:《康德学述》,商务印书馆1984年版,第153页。
④ 见康蒲·斯密:《康德〈纯粹理性批判〉解义》,韦卓民译,华中师范大学出版社2000年版,第361、367页。
⑤ 见康德:《康德书信百封》,李秋零译,上海人民出版社2006年版,第235页。
⑥ 见康蒲·斯密:《康德〈纯粹理性批判〉解义》,韦卓民译,华中师范大学出版社2000年版,第362页。
⑦ 见康德:《纯粹理性批判》,韦卓民译,华中师范大学出版社2000年版,第185页注①。
⑧ 关于这个重要问题,在《康德书信百封》中作过一个简短的解释(见康德:《康德书信百封》,李秋零译,上海人民出版社2006年版,第234~235页)。

常生活中"盘子"的概念],也不那样与这些概念不同类,所以就没有必要专门研究前一类概念[如"圆"]对后一类概念[如"盘"]的应用。[这就是说,在其他科学中并不需要图式的中介。]

现在很清楚,应当提供一个第三者,它必须一方面与**范畴**同类,另一方面与**现象**[即经验性直观]同类,以便使范畴对现象的应用成为可能。这个中介的表象应当是纯粹的(不包含任何经验性的东西),但仍然一方面是**理智的**(intellektuell)①,另一方面是感性的。这样一种表象就是**先验的图式**(transzendentales Schema)。[这里涉及到三种表象:范畴(即纯粹知性概念)、图式(即下面所说的纯粹感性概念)、现象(即经验性直观)。其实康德所说的"范畴——图式——现象"的关系,不过是"一般——特殊——个别"的关系,并没有什么相符不相符的问题。这里涉及的是抽象的等级问题,概念是抽象,概念的普遍性越高,抽象的等级越高,距离现实(即康德所谓的直观或现象)越远。黑格尔用他的"一般—特殊—个别"的辩证法很好地解决了三者之间的辩证关系问题②。郑昕早已看到了问题的症结,他说:"概念愈普遍,离直观愈远。"③]

**知性概念**(Verstandesbegriff)含有**一般杂多**[注意,这里是指时空的杂多。]的**纯粹综合统一**。而**时间**,作为内感官的杂多的形式条件,从而作为一切表象的联结的形式条件,**先天地**含有纯粹直观[这里指时间]中的杂多[例如过去、现在、将来,此处各中译本均为"先天的杂多",似可商榷]。现在,**先验的时间规定**,如果因其是一般性的东西并依赖于一个**先验的规则**[即依赖于一个先天概念(范畴)。④],就与范畴(它构成这种时间规定的统一)**同类**。但从另一方面看,**先验的时间规定**,如果因时间被包含在那些杂多的经验性表象之中,就与现象同类。因此要使范畴对现象的应用之成为可能,就只能借助于**先验的时间规定**,而这种先验的时间规定作为知性概念的**图式**,起着把现象归属到范畴之下的**中介作用**。[这就道出了图式的本质,它就是先验的时间规定,从而把图式与时间拉到了一起,同时也把图式与先验的想象力拉到了一起。这大概就是郑昕指责康德"画蛇添足"、斯密指责康德"矫揉造作"的原因了。]

依据在范畴的演绎中所揭示的东西,但愿没人在对下述问题作出判定时存有疑虑:纯粹知性概念只有**经验性的应用**,亦或还有**先验的应用**,

---

①　见康德:《纯粹理性批判》,蓝公武译,商务印书馆 2005 年版,第 119 页注①。
②　见黑格尔:《小逻辑》,贺麟译,商务印书馆 1980 年版,第 228 节。
③　见郑昕:《康德学述》,商务印书馆 1984 年版,第 152 页。
④　见康德:《纯粹理性批判》,蓝公武译,商务印书馆 2005 年版,第 128、130 页。

也就是,它们只作为可能经验的条件,先天地与现象相关,亦或作为**一般物的可能性条件**,能够把它们扩展到自在的对象本身[即物自身](不局限于我们的感性)上去。因为,在这种演绎中我们看到了,如果没有对象授之于概念,或者至少授之于构成概念的要素,那么这些概念就完全不可行,更不能有任何意义,因此就根本不能涉及到物自身(不管这些物能否和怎样能够被给予我们)。此外,对象能够被给予我们的唯一方式乃是我们感性的**变状**。最后,**纯粹的先天概念**除了在范畴中体现的**知性功能**外,还应当先天地含有感性(即内感官)的**形式条件**,这种形式条件自身含有唯在其下才能使范畴应用于某种对象的**一般条件**[即中介和桥梁]。这种限制知性概念应用的形式的和纯粹的**感性条件**,我们将称之为这种知性概念的**图式**,而知性以这种方式对图式的使用,将称之为纯粹知性的**图式法**。

图式自身任何时候都只是**想象力的产物**,但因为想象力的综合并非指向个别的直观,而仅仅是指向感性规定中的统一,所以**图式**总得与**图像**(Bild)[蓝公武译本为"心象",韦卓民译本为"意象",邓晓芒译本为"形象",李秋零译本为"图像"等等]相区别。这样,如果我一个接一个设置五个点……[一个一个地数五个手指也一样],这就是五这个数的一个图像。相反,如果我思考的只是一个**一般的数**,不论它是五或者一百,那么这种思考与其说是视作这种**图像本身**,不如说是视作依照一定的概念[如十进制]把一个多数(例如一千)表现在图像中的一种**方法的表象**[指图式],[因为]在视作图像的情况下,当我思考一个多数的时候,我很难看清其图像并把这图像同概念相比较。[这个句子烦琐冗长而且含糊不清,各译本也不尽相同,其意不过是说:对一百、一千这样的大数目的思考,是很难形成图像的,也很难把它们的图像与它们的概念相比较,所以需要一种方法的表象,这就是后面要说的图式。]这种关于想象力借以把图像提供给概念的**一般做法**(allgemeine Verfahren)[即一般方式]的表象,我称之为这个**概念的图式**。[这里似乎是泛指图式,如果是这样,那么就应该既包括纯粹知性概念(如原因的概念)的图式,又包括下面所讲的经验性概念(如狗的概念)的图式和纯粹感性概念(如三角形的概念)的图式,可这又与开头所说圆的几何学概念无须图式的中介就可以直接应用到盘的经验性直观中去的观点相矛盾。这就难怪斯密指责康德的图式说是"使人误解"的了。]

**实际上,**我们**纯粹的感性概念**[如"一千"、"三角形"等概念,它们似乎应该是空间概念的下属概念]的基础不是对象的**图像**,而是**图式**。任何三角形的图像都不适合于关于一般三角形的**概念**。因为,图像总是只局限于这个概念范围的一部分,并且不能达到概念的普遍性,而概念就是依靠这种普遍性而应用于一切三角形,如直角的、锐角的等等的。**三角形的图式**除了存在于思维中,不存在于任何别的地方,[三角形的图式作为普遍或一般的东西只存在于思想中,而不存在于作为特殊或个别的东西(即图像)中,即不能存在于感性的直观中,这当然是形而上学,]它只意味着想象力在空间的**纯粹形状**(reine Gestalt)考虑上的一条综合规则[即一条想象力的综合规则]。再有,一个经验对象[如直观中的马]或它的图像[如马的图像]很少能在某个时候达到经验性的概念[如马的概念],相反,**经验性概念**总是按照某个**一般性概念**[即一般的经验性概念,如一般的马],直接与**想象力图式**相关,也就是直接与作为我们直观之规定的一条规则相关。例如**狗的概念**[经验性概念]意味着那样一种规则,依照这种规则我们的想象力能够一般地描绘出一个四足动物的**形状**[类似解剖图],而不局限于经验所提供给我们的任何一个单一的**特殊形状**,或任何一个我所能具体描述的**可能的图像**。我们知性的图式法,在诸现象及其**单纯形式**[即图式]的相互关系中,是隐藏在人类心灵深处的技艺,它的真实手法我们任何时候都未必能从大自然那里成功猜测到和使之暴露。我们只能说,图像是再生想象力的**经验能力**[不是先验能力]的成果,而[作为]**感性概念**的**图式**[这里"感性概念"="图式",而这种图式应指经验性的图式,而非指先验的图式],(如空间中的图形),则是纯粹先天的想象力的成果,有如一种**略图**(Monogramm)[或图案],首先是借助于这种图式并且依照它,那些图像才成为可能,但它们总是只有借助于它们所标明的图式,才能同概念联结起来,而它们自身却不能与概念完全吻合。[这里,康德是拿"感性概念"作类比来说明下面要讲的"纯粹知性概念的图式",但这种类比却是有问题的,因为经验性概念是直接与现象同类的,所以不需要经验性的感性概念作中介。]

而**纯粹知性概念的图式**则是那样一种东西,它绝不能归之于任何一种图像,而只能归之于**纯粹综合**,这种综合是按照以范畴所表示的**一般性概念**为根据的某种统一性规则来进行的,并且这种图式是想象力的**先验成果**,这一成果就所有应当根据统觉的统一而在一个概念中先天地联结起来的表象来说，按照一般所谓内感官的形式(时间)条件而与**一般内感官的规定相关联**。[这段话的意思无非是说，图式不过是先验想象力的成果，它与一般内感官的规定(即时间的规定)相关联，也就是说图式与时间的诸规定相关联。]

我们不必停留在纯粹知性的一般性概念[即范畴]的**先验图式**所要求的那种枯燥乏味的分析上，而最好按照范畴的顺序并同它们联系起来对这些图式加以阐述。[于是康德就开始对先验图式进行分类叙述了。]

**一切量**(Größe(quantorum[拉丁文，即大小、范围或定量]))的**纯粹图像**[即纯粹形式]，对外感官来说，就是**空间**；**一切一般感性对象**[包括内外感官对象]的[**量的**]**纯粹图像**[即纯粹形式]就是**时间**。而量(Größe(quantitatis[拉丁文，即定量]))，作为一个知性概念，其**纯粹图式**是**数**(Zahl)，而数则是由一个单位向一个单位(同类的)逐渐相加而联合起来的表象。因此数无非就是同类的**一般直观**[即纯粹直观]之杂多的综合统一，而这统一是由我在直观的把握中所产生的时间本身而来的。[这话的意思是说，作为量之图式的"数"来自于一般直观杂多的综合统一，即来自于时间中的把捉的综合统一。时间是感性直观的先天形式，它在具体的直观活动中体现出来，故康德在上面说"在直观的把握中所产生的时间本身"。这里，康德只给出了一般量的图式，至于其中的单一性、多数性和总体性的图式则根本没有提及。]

纯粹知性概念的**实在性**[它属于质的范畴]是同**一般感觉**(Empfindung überhaupt)相应的某种东西；因此，这种东西的**概念本身**就指明了一种**存在**(Sein)(在时间中)[换言之，实在性的图式是存在]；而否定则是其概念表现了一种**不存在**(Nichtsein)(在时间中)[换言之，否定性的图式是不存在]。[康德之所以这样说，是因为一切直观的内容(与内容的否定)都处于时间形式中。其实这里的论据是很勉强的。]因此，**存在**与**不存在**的对立是由同一个时间之为**充实的时间或空虚的时间之区别**造成的。因为时间只是直观形式，从而只是作为现象的对象的直观形式，所以，与现象中的感觉相应的东西，就被当成是**作为物自身**的一切对象的**先验质料**(作为事物性、实在性)。[物自身与先验质料是康德的一种推断，这里他把物自身的先验质料看成是现象的实在性的基础。这里推断中的物自身的质料被当成是感觉材料的客观实在性的源泉，显示出康德哲学唯物论的一面。当然康德又是不彻底的，他在感觉的主观实在性与客观实在性之间摇摆。]既然任何感觉都有一个**程度**(Grad)或量[大小](Größe)，由此程度或量[大小]它能够充满同一个时间，即就对象的同一个表象来说，或大或小地充满内感官,一直到变成无( = 0 = 否定)。因此,从实在性到否定性中间有某种关系与联结,或者确切地说,有某种过渡,它们使一切实在性都表现为一个定量(Quantum),而一个**实在性的图式**,作为充满了时间的某物之**量**(Quantität)①,恰恰是这种量在时间中连续和均匀的**生成**(Erzeugung),这时我们从具有**一定程度**的感觉那里,在时间中递降到它的消失,或者从它的否定递升到它的大小。[这里,康德只是牵强附会地给出了实在性范畴的图式,即时间中量的生成(从有到无或从无到有),至于否定性与限定性范畴的图式则略而不提。]

　　**实体的图式**是时间中**实在者**(Reale)的**恒久性**(Beharrlichkeit),即关于作为一般时间的经验性规定之**基质**(Substratum)的实在者的表象,这种基质是在其他一切东西发生变化时而保持不变的东西。[消失的不是时间,而是时间中变化无常者的存在。因此,时间,作为本身留下不变并保存着的东西,是与现象中不变的存在相适应的,即与实体相适应的。并且只有在实体的基础上,现象的**相继性**(Folge)与**同在性**(Zugleichsein)才能按照时间而得以规定。]

　　原因及一般物的因果性的图式就是那样一种实在者,当其被设定之后总要有某种其他东西相跟随。从而,这个图式就是由杂多的**持续**(Sukzession)构成的,只要它从属于规则。

　　**协同性(相互作用)**或实体在其各种属性方面的互为因果性的图式,就是一个实体的规定与另一个实体的规定按照一个一般规则的**同在性**。

　　**可能性**的图式就是各种表象的综合与一般的时间条件相吻合,(例如,相对立的东西不能同时地存在于一个物中,而只能一个接一个地存在于一个物中),从而是关于**任何时间中物的表象的规定**。

　　**现实性**的图式是在一个**规定时间**中的存在。

　　**必然性**的图式就是一个对象在**任何时间**中的存在。

　　由此而显示出,每一个范畴的图式都包含并提供一种表现的可能:**量的图式**是**时间本身**在对象的相继把捉中的**生成**(综合)[即时间本身的生成或综合];**质的图式**是感觉(知觉)与时间表象的综合,或**时间的充实性**

---

　　① 　在康德这里,Quantität、Größe、Quantum 一般均可译为"量",但亦有所区别:Quantität 为一般性的"量",与"质"相对的"量";Größe 为"大小"、"范围"、"定量";Quantum 为"定量",即规定了的"量"。

(Erfüllung)［即时间的充实性,这里把感觉与时间表象联结(综合)在一起］;**关系的图式**是各知觉在**一切时间中**(即按照时间规定的规则)**相互联结**［即各种知觉在时间中的综合］;最后,**模态及其范畴的图式**就是作为对象是否及如何属于时间规定的相关物的**时间本身**［即时间本身的存在］。这样,**图式不过就是**［注意这个译法］**时间的先验规定**,它们从属于某种规则,并在按照范畴的秩序对一切可能对象的应用中与**时间系列**(Zeitreihe)、**时间内容**(Zeitinhalt)、**时间秩序**(Zeitordnung),以及最后与**时间总和**(Zeitinbegriff)相关。［这样,康德又把量、质、关系与模态这四种范畴的图式归结为时间系列、时间内容、时间秩序与时间总和,显然他所给出的这些图式的定义是混乱的和晦涩的,令人难于理解的。斯密则指责说:"康德不是对每一个范畴都做出一个图式。"①］

由此可见,知性的图式法,通过**想象力的先验综合**,所导向的无非是一切直观的**杂多在**内感官中**的统一**,并间接地导向作为同内感官(接受性)相应的功能之**统觉的统一**。［这就是说,图式法直接导向一切直观杂多在内感官(时间)中的统一,间接导向其在统觉中的综合统一。］因此,纯粹知性概念的图式是真实的、唯一的并能够给这些概念以同客体相关即［客观］意义的条件,并归根结底使范畴除了具有经验性的应用外,而不能具有任何其他的应用,因为这些范畴的职能只不过是为了通过必然统一(为了在本源的统觉中一切意识的必然联结)的先天根基,而使现象服从于综合的一般规则,并由此使现象适合于经验中的完全联结。

但我们的一切知识都处于一切可能经验的**整体**之中,而先于一切经验性的真理并使其成为可能的**先验真理**,则立足于对这种可能经验的普遍关系中。

但是不难看出,虽说范畴的**实现**［即实在化］首先要通过感性的图式,至少要受制于感性的图式,即受制于存在于知性之外(即存在于感性之中)的条件。因此图式本来只不过是一种**现象**或者是与范畴相适应的关于对象的**感性概念**。［注意:图式 ＝ "感性概念"。］

(Numerus est quantitas **phaenomenon**, sensatio realitas phaenomenon, constans et perdurabile rerum substantia phaenomenon —— aeternitas, necessitas,

---

① 见康蒲·斯密:《康德〈纯粹理性批判〉解义》,韦卓民译,华中师范大学出版社 2000 年版,第 368 页。

**phaenomena** usw.[拉丁文,意即:数是现象的量,感觉是现象的实在性,物的常驻与恒久是现象的实体性,永恒性是现象的必然性,等等。])

因此如果我们排除这种限制条件,那么,我们显然就扩展了原先所限制的概念。那样,纯粹意义上的即没有任何**感性条件**的范畴,就应当适用于亦如其所是的**一般物**[实即物自身①],而非**图式**所表现之物如其所显现的那样,从而使范畴具有不依赖于一切图式的更宽泛得多的意义。而实际上,纯粹知性概念在脱离一切感性条件后,也还是留有**某种意义**的,但只不过是诸**表象的单纯统一**这种**逻辑的意义**而已,但这种表象却没有任何对象,因此也不能赋予把客体提供给概念的意义。[这里除了邓、李译本外,蓝、韦译本均把"表象"误译为"纯粹概念"了。]这样,例如实体,如果去掉了恒久性的感性规定,就只是意味着只能被思维为主词(而不能成为其他物的谓词)的某物。从这个表象里我什么都不能抽取出来,因为它完全不能向我指出,应当被认做是最先的主词的物具有什么样的规定。因此,没有图式的范畴只是知性对于概念的功能,而不表现任何对象。这些范畴从感性那里获得自己的[客观]意义,这种感性在限制知性的同时,使知性得以成为实在的。[这就是说,在康德看来,图式是范畴的感性化,是范畴取得其客观实在性的一个必要的中间环节。]

## [短评]

**首先**,康德的图式论包含着许多合理的内容。他为了找到纯粹知性与经验性直观之间的"**中介**",以解决纯粹知性概念**怎样**能够应用于感性对象(现象)的问题,其实际做法虽然是调和唯理论与经验论之间的矛盾,但客观上却触及了如何沟通**先验与经验、知性与感性、范畴与直观、一般与个别**的关系问题,从而加深了认识论和方法论的研究,对尔后的认知心理学(如皮亚杰)和系统论认识论(如贝塔朗菲、拉兹洛)都产生过重大的影响。②

**其次**,康德的图式论确实有矫揉造作之嫌。例如,他"**过分地**"③　突

---

① 康德:《纯粹理性批判》,蓝公武译,商务印书馆 2005 年版,第 19 页。
② 齐良骥先生对康德图式论的哲学意义有过积极的评价,(见齐良骥:《康德的知识学》,商务印书馆 2000 年版,第 252~258 页。)
③ 康蒲·斯密:《康德〈纯粹理性批判〉解义》,韦卓民译,华中师范大学出版社 2000 年版,第 385 页。

出了作为内感官先天形式的时间在认识论上的意义,硬把先验的图式与时间的先验规定(时间系列、时间内容、时间关系、时间总和)扯在一起,目的是要把"先验的图式"挂到"先验的统觉"上去,因为在他看来,一切知识都从经验开始,而经验又都归根结底依赖于内感官的形式条件,即依赖于时间,并且是一个综合的过程,而统觉的先验统一则是综合统一的最高点,是图式赖以产生的想象力综合的先天根源。当然这就突显了他的先验论观点。

第三,他的图式论也是不严谨的。例如,他要"按照范畴的顺序"来阐述图式,但实际做来却未全数给出范畴的图式,例如量的图式中就没有具体给出单一性、多数性和总体性的图式,质的图式中也没有限制性的图式,等等。当然这不仅是疏忽,实际上不过是为了体系的需要而勉强加进去的罢了。

## 第三节　"一切纯粹知性原理的体系"摘要译评 [见第 150~210 页]

[提示]郑昕称"知识的基本原则的分析"(即原理的分析)是康德知识论的"压轴戏",因为在他看来,康德的知识学是由四个步骤构成的,即:1.发现范畴;2.范畴的演绎;3.在想象力里去找出范畴的图式;4.从范畴里推演出纯自然科学的基本原则,也就是"以范畴论为出发点,以基本原则为终点"。① 于是康德在前面所讲的纯粹直观形式(时空)与纯粹的思维形式(范畴)均在这些基本原则(或原理)里获得了它们的"兑现价值"②。康德在本章前言中宣称,在前一章中,他已经从**一般条件**(即感性条件,也就是先验图式)的观点上考察了先验的判断力,也就是考察了这种判断力只有在这些条件下,才有权把纯粹知性概念应用到关于**现象**[显象]或自然的综合判断中去。现在他的任务是阐述从批判的预见出发先天展示出来的**判断**[先天综合判断]的**"系统联结"**,这就是本章标题所说的

---

① 郑昕:《康德学述》,商务印书馆 1984 年版,第 154、117 页。
② 郑昕:《康德学述》,商务印书馆 1984 年版,第 154 页。

纯粹知性的**"原理体系"**,康德称其为**"一般而言的自然的形而上学体系"**①。他宣称:"先天的原理之所以叫做先天的原理,不仅是因为它们本身包含着**其他判断的根据**,而且还因为它们自身不再以更高和更普遍的知识为自己的根据。"② 同时他又声明,这一原理体系以范畴表为指导,因此数学原理不在其列,并且只限于**综合判断的原理体系的研究**,至于分析判断的原理,只是在与综合判断原理的对比中才涉及到。但是这里,康德没有详细说明原理与图式以及原理与范畴的关系,只是说"纯粹知性的**诸原理**……所**包含**的看来只不过是可能经验的**纯粹图式**"③。而实际上原理是图式的升华,即图式的判断化或原理化,如果说图式是想象力的产物,那么原理就是判断力的产物;而判断力又来自于知性本身,即来自于统觉,因此就原理与范畴的关系说,原理作为**判断体系**,又是范畴体系的特殊化,因为正如黑格尔所说:"判断是概念在它的特殊性中。"④ 当然这里应当指出,康德从他的先验论出发所建立的"一般而言的自然的形而上学体系"是不可能成功的,也不会对自然科学的研究与发展有任何实际的指导意义。现代经验主义,例如维也纳学派和分析哲学,都断然否定了康德的这一立场,认为他的这一理论是多余的和没有意义的。⑤

现在我们回到康德,关于"纯粹知性原理"他讲了三个方面的问题:

## 一、一切分析判断的最高原理(Grundsatz)[原书第一节]

[提示]这里讲的是一切分析知识的"最高原理",它属于普通逻辑的范围,实际讲的是同一律与矛盾律。

康德认为,不管我们的知识内容如何,也不管它们是否涉及到对象,我们一切判断的条件(即基本前提),就是它们**不自相矛盾**,这就是普通逻辑[即形式逻辑]的矛盾律所表述的:**"任何与某物相矛盾的谓词都不能归属于这个物。"**他还认为,这一规律(法则)"是一切真理的**一般标准**",但它只涉及到逻辑,而与其内容无关,其意义只在于消极地指出"矛盾会完全

① 见康德:《自然科学的形而上学初始根据》,见《康德著作全集》第4卷,李秋零译,中国人民大学出版社2005年版,第482页。
② 康德:《纯粹理性批判》,蓝公武译,商务印书馆2005年版,第148页。
③ 康德:《纯粹理性批判》,蓝公武译,商务印书馆2005年版,第209页。
④ 黑格尔:《小逻辑》,贺麟译,商务印书馆1980年版,第337页。
⑤ 施太格缪勒:《当代哲学主流》上卷,王炳文等译,商务印书馆1986年版,第375~376页。

排除和消灭知识"。但是这一逻辑规律也有其积极的价值,那就是:既然
与某物相矛盾的谓词(概念)是必须被否定的,那么同时也就由原有的谓
词(概念)肯定了某物。于是康德得出结论说:"因此必须承认,矛盾律是
一切**分析知识**[即分析判断]的普遍的和完全充足的**原则**[原理]。"这就是标
题所说的"一切分析判断的最高原理"了。不过他又声称,他所从事的研
究仅限于知识的**综合部分**,所以虽然要尽量避免违背这个矛盾律,但关于
综合知识的真理性问题,是不能指望从这个形式逻辑的规律中得到任何
启示的。

[这里,康德虽然向形式逻辑的基本原则作了妥协,但他最关心的还是他的先验
逻辑,因此他就在这里打住。但是康德哲学本身就是由一大堆矛盾构成的,包括现象
与物自身、经验与先验、直观与概念、个别与一般、物质与灵魂、自然科学与形而上学、
可知与不可知、可说与不可说① 等等的矛盾。而其主要矛盾则如费尔巴哈所说:"康
德哲学乃是主体和客体的矛盾,本质和现象的矛盾,思维和存在的矛盾。"②]

## 二、一切综合判断的最高原理[原书第二节]

[提示]这里讲的是一切综合知识的"最高原理",它属于先验逻辑的
范围,实际讲的是统觉的综合统一原理。

康德认为,对**综合判断**[这里指的是先天综合判断]的可能性进行解释不
是普通逻辑的课题,普通逻辑甚至连这个课题的名字都不知道,因为它的
对象只是**分析判断**[即先天的分析判断]。而在先验逻辑中对**先天综合判断**
的可能性进行解释,却是它的首要任务,甚至是它的"**唯一任务**",而完成
了这个任务也就达到了确定纯粹知性的范围和界限的目的。[这就是说,先
验哲学只研究"先天综合判断如何可能"的问题。]

康德认为,在先天综合判断中欲把被给予的概念(如"原因")与其他
的概念(如"一切发生的事物")相对比并把二者综合起来,然后作成一个
综合判断("一切发生的事物都有其原因"),就需要一个"**第三者**",即中
介,只有在这个第三者中那两个概念的综合才是可能的。他指出:这个第
三者只能是包含着一切表象的**总体**,这个总体首先靠的是内感官和它的

---

① 见康德:《康德书信百封》,李秋零译,上海人民出版社 2006 年版,第 208 页。
② 《费尔巴哈哲学著作选集》上卷,荣震华等译,三联书店 1962 年版,第 151 页。

先天形式即时间,而时间中的综合又靠的是想象力[其形式是图式],而由想象力所造成的判断的综合统一最终靠的则是**统觉的统一**[其形式是范畴]。这样,这个第三者就只能在**内感官、想象力**和**统觉**这三种知识能力中去寻求了。而在康德看来,内感官的形式是**先验的时间**,想象力的形式是**先验的图式**,统觉的形式是**先验的范畴**。①

但是综合的知识如果要具有客观实在性,也就是说要能够与知识的对象相关联,那么这种对象就必须是能够以某种方式被给予我们,否则知识就空无内容了。而对象被给予我们又同感官的经验分不开。因此正是经验的可能性是使我们的一切先天知识具有客观实在性的东西。而反过来,经验又是以现象的综合统一为基础的,即以按照由一般现象之对象而来的**概念的某种综合**为基础的,没有这种综合经验就不能成为知识,而只能是知觉的碎片。因此在经验的根底中存卧着它的先天的形式原则,这就是现象的综合统一的一般规则,而这些规则的客观实在性作为必然条件总能在经验中甚至在它的可能性中指示出来。但康德认为,没有先天的形式原则与经验的这种关系,先天综合命题就是不可能的,而前面所说的这些第三者既是一切综合**知识或经验**所以可能的必然条件,同时也是**知识或经验的对象**的必然条件。于是他就把一切综合判断的**最高原则**[原理]归结为:"一切对象从属于可能经验中直观杂多的**综合统一**的**必然条件**。"而这些**条件**就是上面提到的**先验的时间、先验的图式**和**先验的范畴**,而其"最高点"则是"**本源的统觉**"或"**统觉的综合统一**",因此也可以说:**一切综合判断的最高原理是统觉的综合统一原理**。因为康德在前面说:"**统觉的综合统一原理是一切知性应用的最高原理**。"② 又说:"**纯粹的统觉提供了一条一切可能直观中杂多的综合统一原理**[原则]。"③ 他甚至称这样一条原理为"一般思维的**绝对本源的和综合性的基本原理**"④。

### 三、纯粹知性的综合原理的系统展示[原书第三节]

[提示]这一部分最为重要,是"原理分析论"的主体,也是全书篇幅最

---

① 参见齐良骥:《康德的知识学》,商务印书馆2000年版,第266页。
② 见原书§17标题,并见杨一之:《康德黑格尔哲学讲稿》,商务印书馆1996年版,第36页。
③ 康德:《纯粹理性批判》,蓝公武译,商务印书馆2005年版,第134页。
④ 康德:《纯粹理性批判》,蓝公武译,商务印书馆2005年版,第134页注①。

长的一节,是对"原理体系"的具体论述。其主要目的是为了解决自然科学如何可能的问题,同时也为了最终解决数学如何可能的问题,因此实际上是范畴的先验演绎的延续。在康德看来,自然科学(包括"物体学说"和"灵魂学说")的**纯粹部分**都是由先天综合判断构成的①。这里的**原理**实际上是**图式的升华和理论化**。反过来说,原理在其自身中包含着可能经验的图式②,如果说图式是感性化了的范畴,那么原理就是图式化(时间化)了的范畴[这里,范畴的感性化＝图式,范畴的图式化＝原理,这样就形成了一个从范畴到感性直观的链条:范畴——原理(图式)——感性直观,因此原理(图式)是范畴与感性直观的中介]。因此这里像在图式论中一样过分突出了时间(作为内部直观的形式)的认识论意义。还有,这里应当弄清楚的是,在康德那里,自然包括"有广延的自然"与"能思维的自然"两种,关于前者的知识叫做"物体学说"(即物质学说),关于后者的知识称为"灵魂学说"(即精神学说)。因此这里所讲的"原理体系"实际是"一般而言的自然的形而上学体系",与他在《自然科学的形而上学初始根据》一书中所讲的"特殊而言的**形体自然**的形而上学体系"有所区别。③

下面是详细介绍:

康德认为,一般地说,一切原理都要归于**纯粹知性**,因为纯粹知性不仅是为一切发生的事物确立规则的能力,而且本身也是一切对我们显现出来的对象[这里是指一切现象,或一切显象]都必须服从的那些原理的源泉。首先,自然法则由于含有必然性,而毫无例外地从属于这种**纯粹知性的更高原理**,因为自然法则不过是这种知性原理在现象领域中的**特殊例证**而已。其次,**数学原理**本为先验的**纯粹原理**,但这种原理并非来自**纯粹知性概念**,而是来自于**纯粹直观**,因此不属于纯粹知性原理,但数学原理所依据的更根本的原理则包括在纯粹知性的**更高原理**中,所以仍然要归入到这些更高原理的体系中去。康德认为,这些原理"无非是范畴的客观应用的规则而已"。下面是康德以范畴表为指导所构造的**纯粹知性原理**表,即

① 康德:《纯粹理性批判》,蓝公武译,商务印书馆2005年版,第40页。
② 康德:《纯粹理性批判》,蓝公武译,商务印书馆2005年版,第211页。
③ 康德:《自然科学的形而上学初始根据》,见《康德著作全集》第4卷,李秋零译,中国人民大学出版社2005年版,第476、482页。

《导论》所列"自然科学普遍原则表"①:

**1.**

直观的公理

**2.**　　　　　　　　　　**3.**

知觉的预测　　　　　　　　　　经验的类比

**4.**

一般经验思维的公设

康德根据这四组原理的应用范围又把它们分为两类:前两组被称之为**数学的和构造性的**(konstitutiv),它们与现象[显象]的**直观**相关;后两组被称之为**力学的和调节性的**(regulativ),它们与现象[显象]的**存在**相关。按康德的见解,**经验性直观**的先验条件是一切经验(即一切知识)的绝对必然条件,而**经验对象**的存在条件则是偶然的(因人、因地、因时而异的),因此数学类的应用原理是无条件的必然的,即**自明的**[直接的];而力学类的应用原理,虽然也具有先验必然的性格,但因为仅仅是在某种经验中的经验思维的条件下才成为必然的,所以是**间接的**。下面是他列举的原理以及所作的证明:

### 1.直观的公理

其原理是:一切直观都是**外延的量**。

[提示]这里讲的是时空中一切现象[显象]的**量的原理**,它具体体现为作为**直观对象**的现象[显象]的**量的规定性**,而定量的图式则是"**数**"②。在康德看来,"它[量的原理]是数学应用到经验上去的一项**原则**[原理]"③。这一所谓的"原理"涉及到一切现象[显象]、一切直观的**形式**。下面是康德的所谓"证明",包括5个自然段④,可分为两点:

**第一**,[第1段,第二版所加,]是一般性的证明,证明一切现象的直观都

---

①　见康德:《未来形而上学导论》,庞景仁译,商务印书馆1978年版,第70页。
②　康德:《纯粹理性批判》,蓝公武译,商务印书馆2005年版,第147页。
③　康德:《未来形而上学导论》,庞景仁译,商务印书馆1978年版,第74页。
④　见康德:《纯粹理性批判》,蓝公武译,商务印书馆2005年版,第158～160页。

依赖于**量的概念**。康德说:"一切现象**按其形式**看都含有空间与时间中的直观[即纯粹直观],而这种空间与时间全都先天地存在于这些现象的基础中。因此除非借助于使**确定的**空间或时间的表象得以产生出来的**杂多综合**,即除非借助于对同类者的叠加和对这种杂多的综合统一的意识,这些现象就不能**被把捉**,即不能被接收到经验性的意识中来。"① 他认为,这样一种关于一般直观[即纯粹直观]中**杂多(同类者)**[即杂多同类者(单位)]的综合统一的**意识**(只有借助于这种意识关于对象的表象才成为可能),就是**量**[或大小](Größe (quanti[拉丁文,定量])**的概念**。[这就是纯粹的直观形式中作为"杂多同类者的综合统一"的量的概念,即规定的量或定量的概念。]因此,就连对对象(作为现象)的知觉也只有通过被给予的感性直观的杂多统一才是可能的,因为借助于这种杂多的统一,**杂多的同类者之聚合的统一**,在一个量的概念中被思维。换句话说,一切现象都是量,并且准确地说,是**外延的量**[或延展的量](extensive Größe),因为它们作为空间与时间中的直观,必须通过使**一般的空间与时间**得到规定的那种综合表现出来。[总之,在康德看来,一般的空间与时间的量的规定性或杂多同类者的综合统一(即一切现象的外延的量)是一切现象的先天基础。]

第二,[第2~5段,为第一版原有的各段,]是具体的演绎,证明一切现象的直观都依赖于**量的图式**。康德首先给"外延的量"下定义说:"我把这样的量叫做**外延的量**,就是其部分的表象使整体的表象成为可能的量(并且部分的表象必须先于整体的表象)。"② 他举例说,如果我要表现一条线(不管它多么短),那我就必须在思维中把它引出来,即从一个点开始,然后连续不断地把所有部分引出来,并记下一个直观。同样,为了得到一定量的时间表象,我们必须在思维中从一瞬间连续不断地转到另一瞬间。既然一切现象中纯粹直观要么是**空间**,要么是**时间**,所以**一切现象作为直观就是外延的量**[即同类者的连续叠加或综合],因为它只有通过把捉中的**连续综合**才能被认识。如广延性的数学(几何学)及其公理,就是以这种生产的**想象力**的**连续综合**(在**形状**的生产方面)为基础的。几何学的公理先天地表现了感性直观的条件[形式条件,即空间],只有在这些条件下,关于

---

① 见康德:《纯粹理性批判》,蓝公武译,商务印书馆2005年版,第158页。
② 见康德:《纯粹理性批判》,蓝公武译,商务印书馆2005年版,第158页。

外部现象的纯粹概念的图式才能得到实现[即,才能具有所谓的"客观实在性"]。例如两点之间只能引一条直线、两条直线不能围起一个空间等公理。这些公理就是只涉及量(大小)的。至于算术,虽然有许多命题是综合的并具有自明性(如 $7+5=12$),因而也是以连续的综合为基础的,但这类命题因为是单称的,没有普遍性,所以不具有公理的性质。康德认为,直观的公理作为"现象的先验数学原理"极大地扩展了我们的先天知识的范围,其对数学的意义在于为其在经验对象的应用中提供了精确性和自明性。但是他不忘记指出,这些先验的原理是不应用于物自身的,因为物自身超出了感性的直观形式,即超出了时空的范围。

## [短评]

**首先**,康德这种证明的实质,是指出数学知识必须以纯粹知性概念(即量)以及纯粹知性原理(实即量的图式)为基础,以便最终解决"纯粹数学如何可能的问题"。

**其次**,康德在感性论中已经提到了解决数学知识如何可能问题的关键,这就是纯粹的直观(即时空的直观),但这里他明确提出,光有时空的直观还远远不够,更为重要的还有关于时空的量的**概念**和**图式**。(见"纯粹知性概念的演绎"一章,§26,注。)

**第三**,这个所谓的"证明"是很晦涩的,它无非是要说:一切现象、一切事物都具有空间与时间的大小(即量的规定),它们作为纯粹的时空**形式**或**图式**,成为一切现象的**量的基础**,而这一点正是康德关于量的学说的**积极意义**之所在。

### 2.知觉的预测

其原理是:在一切现象[显象]中,作为一个感觉对象的实在者都具有**内包的量**即具有一个**度**。

[提示]这里讲时空中一切现象[显象]之**质的原理**,它具体体现为作为**知觉**(有感觉在其中)**对象**的现象[显象]的**质**(**度**)**的规定性**,其图式是"**时间的充实性**"[①],康德因其具有**强度**(即度)而称之为"内包的量",并因此

---

把它列入数学的原理。这一所谓的"原理"涉及到一切现象[显象]、一切直观的内容。郑昕在概括上面两条"原理"的关系时指出:一切可能经验的对象"被直观,故为广延的量,被感觉,故为强度的量[内包的量],不管是广延的量,还是强度的量,而都为**连续的量**"①。正因为直观中的量与感觉或知觉中的量都是"连续的量",所以康德就认为知觉是**可预测**的。下面是康德的"证明",包括 13 个自然段②,可分以下三点:

**第一**[第1段],是第二版所加的一般性证明:从质(感觉)与量统一即度的角度加以证明。

按康德的说法:"知觉是一种经验性的意识,即其中含有感觉的意识。"③ 因此,**现象**作为知觉的对象与空间以及时间不同,并不是纯粹的形式的直观,因为空间与时间自身不能被知觉。所以,现象除了**纯粹的直观**[即形式]外还包含着某种**一般客体**[即一般直观的客体,实为一般现象]的**质料**,(空间或时间中的某物就是通过这种质料而实际存在的)。在康德看来,这种质料[即内容]就是仅为主观表象的**感觉的实在者**(Reale),它给予我们的是只在主体被激动时才产生的那种直观[即经验性的直观],并因而使我们同**一般客体**发生关系。康德认为,这样一来,从经验性直观到纯粹直观之间就存在一种逐渐的转变,即从有到消失为 0 以及从 0 到增加为任何量这样两种情况,而后一种情况被称之为**"感觉之量的生成的综合"**。康德认为,感觉自身并不是什么客观的表象,也不包含任何空间与时间的表象,它自身不具有外延的量,但仍然具有某种量,也就是在把捉中,经验性的意识在**一定时间内**从 0 到被给予的程度,这就是所谓的**"内包的量"**(intensive Größe[或译为"强弱的量"])。而与这种内包的量相适应,一切知觉的**客体**也由于包含感觉而应当被认做是具有内包的量,即具有影响感官的**度**(Grad[或译"等级"、"强度"、"程度"])。[这里,康德把感觉的实在性(尽管他把它当成是主观的实在性)看做是现象(感性对象)的质的规定性的基础,并赋予它从无(0)到有和从有到无(0)的强弱程度,即所谓的"度"。这样他实际上就给出了质的图式,即质的纯粹知性原理。但是康德的论点并不十分令人信服,这从下面的证明中可以看出。]

---

① 郑昕:《康德学述》,商务印书馆 1984 年版,第 164 页。
② 参见康德:《纯粹理性批判》,蓝公武译,商务印书馆 2005 年版,第 161～167 页。
③ 康德:《纯粹理性批判》,蓝公武译,商务印书馆 2005 年版,第 161 页。

**第二**[第 2～11 段]，是具体的证明：从感觉强弱的连续性的角度加以证明。

康德先给"预测"下定义说[第 2 段]："**一切**我能借以先天地**认识和规定**属于经验性知识的**知识**都可以被称之为**预测**。"① 接着他论述说：但是在现象中却包含着任何时候都不能先天地加以认识的、同先天知识相区别的**经验物**（Empfindung），这就是作为知觉质料的**感觉**，因此它是不能预测的。但是无论就形状还是就量来说，空间和时间中的**纯粹规定**还是可以称之为**现象的预测**的，因为这种预测先天地表现着总是后天经验所能给予的东西。但是他又认为，如果认识在作为**一般感觉**（虽说色、香、味等个别感觉不曾给予）的一切感觉中存在着某种先天可认识的东西，那么它还是会在特殊意义上赢得预测之名的。但这种只能从经验（经验质料）中吸取的东西能够超前于经验被预测到，这种能力似乎是特别奇怪，可我们所看见的情况就是这样。

具体说[第 3 段]，如果不考虑许多感觉的前后相继，那么单凭感觉的把握，所充满的只是一个瞬间，因而这一感觉作为现象中的某种东西，对它的把握并不表现为从部分进到整体的**连续性综合**，也就是说，不是外延的量。但是，如果感觉在同一瞬间中的缺失，那么此瞬间将被表象为空虚，因而 = 0。"而那在经验性直观中**与感觉相应的东西就是实在性**，那与感觉的缺失相适应的东西就是否定 = 0。"② 然而任何一个感觉都会减弱，并因此而逐渐消失。因此在现象的实在与否定之间就存在一个有许多中间阶段的**连续性接合**，它们每个阶段之间的差别总要小于被给予的感觉与零（即完全否定）之间的差别，换言之，现象中的实在者总是含有一个量（大小），但这种量并非是在把握中所遇到的，因为它只是借助于感觉在一瞬间发生的，而不是通过于许多感觉的连续综合发生的，因此也不是从部分到整体地产生的，所以它虽然是一个量（大小），但却不是外延的量。[因为这种量是与感觉相关的量，就此郑昕解释说："感觉的'在'或'不在'，决不能是广延的量。因为在每个当前的时刻，是整个的在或不在。复次：感觉的在，虽无广延的量问题，而其为如是在，却有情形的分别。它的在或如是在，并不是在同一

----

① 康德：《纯粹理性批判》，蓝公武译，商务印书馆 2005 年版，第 161 页。
② 康德：《纯粹理性批判》，蓝公武译，商务印书馆 2005 年版，第 162 页。

强度的在,其强度的增减,它的量的情况,有变化,又有升降,可以降到这个感觉整个的消灭。"① 这个意思,康德没有表述清楚,因而曾造成歧义②。]

于是康德给内包的量下定义说[第4段]:"我把那种只作为**单一**(Einheit)来把握并且其中的**多**(Vielheit)只能通过向否定 = 0 的靠近来表象出来的量,叫做内包的量[或强弱的量]。所以现象中的一切实在性都有一个内包的量,即一个度。"③ 接着[第5段],康德以颜色、热、重等为例,说明"一切感觉,从而现象中的一切实在性,无论多小都有其度,即都有其逐渐削弱的度"。再接着[第6段]是关于量的连续性:"量的那种特性,即量的任何一部分都不因其而能成为最小,即不因其而成为单纯的,被称为量的**连续性**(Kontinuität)。"④ 据此定义,他认为空间与时间都是**连续的量**,因为它们中的任何一个部分,都不可能在不被包围在点或瞬间的界限之间而被给定出来,因此任何那样的部分本身都还是空间或时间。总之,空间是由空间构成的,时间是由时间构成的,点和瞬间不过是界限即限制空间与时间的位置。[这里,康德的意思不过是说,任何空间或时间的一部分都是一个整体,而所谓的"部分"不过是同一的空间或时间中的界限,即不过是限制空间或时间的单纯位置而已。]

他又称这样的量为"**流动的量**",因为在他看来,造成这种量的是**生产的想象力的综合**,而这种综合是在时间中向前运行的。

根据以上论述,康德认为[第7~8段],"一切一般现象就都是**连续的量**",从直观角度看是外延的量,从知觉(即感觉与实在性)角度看是内包的量。这意思是说,无论空间与时间,还是感觉的实在性,都是"连续的量"。但康德又说:"如果一切现象……都是连续的量,那么所谓'一切变化(某物从一种状态向另一种状态转换)都是连续的'这个原理,就会以数学的明显性轻而易举地在这里得到证明了。"但康德否认了这种可能性。因为他认为,一般变化的因果性完全处在**先验哲学**的范围之外,并且以经验性的原理为前提。比如,关于原因是否能够引起事物状态的变化,知性确实不能给予先天的指示,这一则是因为它不能一般地认出这种变化的可能性,二则是因为这种变化涉及到现象的某些规定,它们只能由经验揭示出来,三则是因为变化的原因应当在不变的东西中去寻找。

但康德又认为[第 9～11 段],他的这一基本原理仍然有着重要意义,这不仅表现在预测知觉方面,而且也表现在知觉缺失时具有预防作出虚假推论方面。例如,既然知觉中的一切**实在性**都有其**度**[强度、等级](即在那个等级与否定或 0 之间有一个更小等级的无限系列),既然一切感官都有对感觉的感受性的**一定度**,那么任何知觉或经验就都不能直接或间接证明现象中实在者的完全缺失,换句话说,从经验中任何时候都不能得到存在着空虚空间或空虚时间的证据。由此出发,康德坚决反对一些自然科学家的这样一些看法:似乎空间中的实在者到处都是相同的,所不同者只是外延的量,即所占据的空间的量。他认为这种假设得不到经验的支持,但却可以被先验的原理所驳倒。因为,既然现象中的一切实在性都有其度,那么,例如两个相等的空间被两种不同的物质所充实时,那么两方中是没有一个点上没有**物质**的,(例如占据一定空间的热度可以无限递减,但总能充满其所在的空间),因此两个空间现象的区别不在于外延的量,而在于内包的量(即度)。

**第三**,是另一种具体证明,类似于第一种证明[第 12～13 段]:从感觉升降的连续性角度加以证明。

康德说[第 12 段],对于一切习惯于先验推论并因此而谨慎的研究者来说,这种知觉预测的原理总是产生惊奇并引起怀疑:知性竟能**预先推出**这样一条综合性的原理,如关于现象中一切实在者的度的判断**这一原理**,以及关于感觉中的内在区别的可能性(抽去感觉的经验性质)的判断这一原理;这里要解决的重要问题就是:知性在这里怎么能够先天地对现象作出综合的判定,甚至还能预先推断这些现象具有与感觉相关的真正的和纯粹的经验性质呢?

康德论证说[第 13 段],感觉的**性质**纯属是经验性的东西,怎么都不能先天地加以表现(如颜色、气味等),但是,与一般感觉相应的实在者,作为与否定性＝0 相对立的东西,却只不过表现其概念自身含有存在并意味着一般经验性意识的综合的**某种东西**。这种经验性意识在内感官中可以从 0 增长到任何一个高度。那样一来,直观的同一个外延量(如一个光照面)所能激起的**强弱感觉**正像许多其他较小光照面的聚合一样大小。这样,从现象的外延量那里,就完全可以提取出至少说只占一瞬间的**单纯感觉**,以表现从 0 到被给予的经验性意识的**均匀上升的综合**。因此一切感觉虽说只是后天地给予我们的,但是它们具有度的那种特性,却是能够先天地加以认识的。值得惊奇的是,对于**一般的量**我们能够先天地加以认识的只是他们的唯一的一种性质,这就是**连续性**,而在现象中实在者的一切性质中,我们所能**先天地**加以认识的又只是它们的**内包的量**,也就是他们皆有度,而一切其余的东西就都赋予经验了。

## [短评]

康德虽然如此矫揉造作、含糊不清、令人费解地论证了他的知觉预测的**基本原理**①,但他还是提出了许多重要的思想。

**首先**,这一所谓的基本原理虽然十分空洞,但他所提出的"内包的量"却含有质与量的统一(即度)的思想,无疑这具有辩证法的因素。

**其次**,他极力反对空虚空间与空虚时间的观点,显然是同机械唯物论时空观相对立的。

**第三**,他关于"与感觉相应的东西就是实在性"(见第 3 段)的观点,是对物自身的默认,具有唯物主义的倾向。

### 3.经验的类比

其原理是:经验只有借助于关于知觉的**必然联结的表象**才是可能的。

[提示]所谓"经验的类比"是指依据某种先天的规则或法则对一切可能的经验知识的**预先推定**。康德认为,前边的两条原理是讲构成单个感性对象的先天条件的,也就是讲感性对象本身中所包含的先验性质和先验因素的。而经验的类比所讲的则是经验对象的存在及其相互关系的**先天原理**,具体体现为时间秩序(时间关系)的各种规定。康德认为,要把握单个对象,可以通过直接的直观和预测,而把握对象的**相互关系**则必须运用间接的类比。这种关系具体化为三种类比原理:实体恒久性原理、依据因果性法则的时间相继性原理、依据交互作用或协同性法则同时存在原

---

① 斯密曾指出了这一点,见康蒲·斯密:《康德〈纯粹理性批判〉解义》,韦卓民译,华中师范大学出版社 2000 年版,第 378 页。

理。这些原理又具体体现为时间关系的三种**模式**(Modus)[从李秋零译法，蓝公武译为"形相"，韦卓民译为"方式"、邓晓芒译为"样态"，与范畴表中的"模态"不同]，即**恒久性**、**相继性**与**同在性**[同时存在]，它们涉及到一切现象或显象。康德认为，经验类比原理为物理学的基本原理提供了先验的理论基础。康德在他的《自然科学的形而上学初始根据》一书中指出："自然科学首先以自然的形而上学为前提条件。"① 因此在他看来，实体性原理是力学物质不灭定律的基础，因果性原理是力学惯性定律的基础，相互作用性原理是力学作用与反作用定律的基础。② [参看图式论：关系范畴的图式是时间秩序，而时间秩序的三种模式则是恒久性、相继性与同在性。]

这里应当指出，黑格尔在他的《逻辑学》中，把康德经验类比的三条原理纳入到自己的绝对唯心论体系中去，称其为"实体关系"、"因果关系"与"相互作用"，使其成为他的"逻辑理念"的有机组成部分。③

下面是对上述类比的**一般原理**的证明。证明包括 7 个自然段④，可分以下四点：

**第一**[第二版所加第 1 段]，讲知觉或经验的对象[客体]在时间中存在的规定，必须借助于知觉必然联结的表象。康德指出，经验不是别的，就是经验性的知识，即通过**知觉**⑤来规定一个客体(对象)的知识。因此经验就是**诸多知觉的综合**。但知觉本身并不包含这种带有必然性的综合，因为各个知觉在经验中是偶然地凑到一起的。相反综合却把知觉杂多的**综合统一**包含在一个意识[概念]中，而恰恰是这种综合统一构成了关于感官客体的**知识**即所谓经验的本质。既然经验是通过知觉而得来的关于对客体的知识，因此这种知觉的杂多在实际存在中所包含的关系，就不是表现为**堆放**在时间中，而是客观地必然地存在于时间中。又因为**时间本身**(Zeit selbst)是不能知觉到的，所以对象在时间中存在的规定，只能借助于它们在**一般时间**(Zeit überhaupt)中联结，也就是只能借助于先天联结起来的概念。因为这些概念总是带有必然性，所以经验之所以可能就只能借

① 李秋零主编：《康德著作全集》第 4 卷，中国人民大学出版社 2005 年版，第 478 页。
② 李秋零主编：《康德著作全集》第 4 卷，中国人民大学出版社 2005 年版，第 556～560 页。
③ 见黑格尔：《小逻辑》，贺麟译，商务印书馆 1980 年版，第 312～326 页。
④ 见康德：《纯粹理性批判》，蓝公武译，商务印书馆 2005 年版，第 167～170 页。
⑤ 齐良骥说："知觉……是从与经验对象相联系的整体方面看的感性表象。"(见齐良骥：《康德的知识学》，商务印书馆 2000 年版，第 309 页)

助于知觉必然联结的表象。当然在康德看来,概念的综合统一的功能归根结底来源于作为自我意识的统觉,这是纯粹知性概念的先验演绎所证明了的。

第二[第2～3段],讲类比原理依赖于统觉的必然统一。康德认为统觉的必然统一是知性的**认识功能**,而这种功能的实现必须通过时间的模式[即以时间表象为中介]体现出来,而时间的三种模式是**恒久性、相继性**与**同在性**[即同时存在],与此相应的是时间关系的**三条规则**,即三种类比推理。而这三种类比原理,就一切时间中的**经验性意识**(即知觉)而言,依赖于统觉的综合统一,因为这种统觉的必然统一是经验性意识的先天基础。不过这种本源的统觉又与内感官相关,并因此与**内感官的先天形式**相关,即与杂多的经验性意识(知觉)之间的**时间关系**相关。而根据康德,这种**时间关系**则是**一般时间**的一种规定,一切经验性的(偶然的)时间规定都必须从属于这种规定的**各个规则**,即从属于一般时间秩序的**模式**。这是一种法则,是统觉的综合统一的必然要求。

第三[第4～6段],讲类比原理的特点。康德认为,类比原理并不像前边的两个原理仅与现象[显象]的**直观**和**知觉**相关,而是与现象[显象]的**存在**相关。前两种原理告诉我们现象(即对象)如何依赖于数学的综合规律而产生出来,它们具有**构造现象**(对象)的作用,因此被称之为"**构造性的原理**(konstitutiver Grundsatz)",例如,用20万倍于月光的亮度先天地给定或构造出对日光的知觉的度。而类比原理(也包括下面的公设原理),即力学或物理学原理,则告诉我们经验的统一(或知识的统一),如何依据这种原理从知觉中发生出来,因此它们具有**调节性**的作用,所以被称之为"**调节性的原理**(regulativer Grundsatz)"。因此在这里既不能指望有公理,也不能指望有预测,而只能先天地指出在各个知觉的存在在**时间模式**中的必然联结。换言之**经验的类比**不是**数学的类比**,可以从被给予的三项先天地构造出未知的第四项①,相反它只能根据某种原理,从规定的事实(知觉)推出与另一未知事实(知觉)的关系,例如从对"太阳晒热了石头"

---

① 斯密以"15比x等于5比10"为例说明当15、5、10三项给定之后,第四项x就确定了(即等于30)。(见康蒲·斯密:《康德〈纯粹理性批判〉解义》,韦卓民译,华中师范大学出版社2000年版,第381页)

的因果关系的类比可以**先天地**推断出水变热一定是某种原因(x)引起的,至于是什么具体的原因,例如是太阳晒还是火烧,那是不能确定的。这里也有被给予的三项和未定的第四项(x),但却不是**量**(数)的关系的相等,而是**质**(知觉)的关系的相等。两种类比的区别不在于它们的确定性,这种确定性都是二者固有的,区别是在于自明性的性质,即在于演示的方式上,前者依靠的是直觉,即直接的直观,后者依靠的是间接的类比。①

**第四**[第 7 段],总论综合原理与经验的关系。康德认为,上述一切先天的综合原理的意义只在于其经验性的应用,即只适用于现象,但是反过来说,现象并非是直接地被归属在范畴之下,而只是被归属在范畴的图式之下,即被归属在原理之下[因为原理包括图式。②]。因为这些原理不过是在现象的综合中经验性知识[它们是零星的]的统一的条件。但这种综合只能在纯粹知性概念的图式中加以思考,这时作为范畴,它所包含的是不受任何感性条件限制的一般**综合统一**的功能。这样我们就有权借助于这些原理,仅仅按照同逻辑的和一切一般性概念的统一的类比,来把诸现象联结起来。因此我们确实将在原理自身中使用范畴,但是在实行[使用]时(即应用于现象时),我们将用它的图式代替它[指范畴],作为它的应用的钥匙,或者更准确地说,我们将安排图式,让它作为范畴的限制条件,以**范畴的公式**[指原理]的名义同范畴相并列。

## [短评]

这里的所谓证明虽说不过是范畴演绎的"重复"③,但还是提出了一些重要思想。

**首先**是**对象的构成**。康德认为认识对象即客体在时间中的存在要依赖于**诸多知觉的综合**,但综合却不来自于知觉自身,因为知觉之间并没有必然的联系,相反知觉间的必然联结只能来自于统觉的综合统一功能,正是依赖于统觉的综合统一,零散的知觉才能转化为一个对象。这就是说,对象(客体)依赖统觉,而不是统觉依赖于客体。显然这是一种唯心论观点。

---

① 见华特生:《康德哲学讲解》,韦卓民译,商务印书馆 1963 年版,第 167 页。
② 见康德:《纯粹理性批判》,蓝公武译,商务印书馆 2005 年版,第 211 页。
③ 见康蒲·斯密:《康德〈纯粹理性批判〉解义》,韦卓民译,华中师范大学出版社 2000 年版,第 380 页。

　　**其次**是**一般时间**。康德认为,每一知觉都从属于一个特定的时间,但是这种特定时间本身并不能提供秩序,因此它们必然要从属于一般时间,即从属于一般时间的**模式**,这就是**恒久性、相继性**与**同在性**。正是时间模式的原理为自然科学(力学或物理学)确立了先验的基本原理。当然,康德并不理解这些所谓基本原理,归根结底是科学实验的概括和总结,根本不是什么先天的法则。

　　**再次**是原理的**中介作用**。康德认为,**范畴不能直接应用于现象**,而必须通过一般时间图式这座桥梁。这样他就自以为找到了知性与感性、概念与经验、表象与对象之间的通道。无论如何,这对认识论的研究是有重大理论意义的。

　　下面是关于三种类比的证明:

　　**第一类比——实体**(Substanz)的恒久性原理:在**现象**[显象]的一切变化中实体是恒久的,它在自然中的量既不增加也不减少。

　　[**提示**]其论述包括9个自然段①,可分以下四个方面:

　　**第一,实体恒久性**的两种证明[第1、2段]。

　　第一种证明是[第1段]:一切现象都存在于时间中,并且只有在作为**基质**[或基底、基体](Substrat)的时间[即时间本身]中(即作为内部直观的恒久形式)才能表现为**同在**和**相继**这样两种状态。因此虽然现象的**一切变化**都被思考为在时间中进行,而**时间本身**却保持不变[这类似于牛顿的"绝对时间"]。但我们并不能知觉到**时间本身**[看来这种时间本身也不过是个自在之物],因此我们应当设想,在知觉的对象即现象中,必须有一种表现**一般时间**的基质,并且一切**变化**或**同在**能通过现象与这种基质的关系而在对其**把捉**时被知觉到。但一切被知觉到的实在者的基质就是**实体**[这实体就是一般或共相]。而一切**存在物**只有作为实体的一个规定才能被思维。于是结论就是:由于实体在存在中保持不变,所以其在自然中的量不增不减[这就是物质不灭定律的根据]。

　　第二种证明是[第2段]:我们对现象的杂多的**把捉**总是逐渐的,并且总是变化的。因此我们光靠这种把捉,是任何时候都不能确定作为经验

　　━━━━━━━━━━

① 见康德:《纯粹理性批判》,蓝公武译,商务印书馆2005年版,第171～175页。

的对象而给予我们的杂多,是在时间中同时存在还是相继存在的。因为如果要确定时间中的杂多是同时存在或者是相继存在,就必须有一个在一切时间中常住的东西,即**不变者和恒久者**(Beharrliches)作为基础,以使一切变化和同时存在都只不过是这**恒久者**的存在方式(即**时间诸模式**[即恒久、相继与同在])而已。因此时间关系(即相继和同在)只有在这恒久者中才是可能的。换言之,这恒久者是时间自身的经验性表象(相继或同时存在)的**基质**,因此没有这种恒久者,就没有时间关系。因为我们不能知觉到时间自身,因此就只能假定现象中的**恒久者**是时间规定或时间关系的**基质**,是一切知觉的综合统一的条件。于是结论就是:因此,在一切现象中,恒久者就是**对象自身**,即**实体**(现象),而一切变化或能变化的事物都不过是实体的种种存在方式,或实体的具体规定。

第二,是评论[第3~4段]。康德认为,在以往时代中,人们并不怀疑恒久的实体是一切变化的基质,但人们并没有想到去证明恒久性原理,更没有想到从经验所以可能的角度去证明它。但是人们却把这一原理作为科学研究的前提。例如,当一位哲学家被问到烟有多重时,他回答说:"从所焚烧的木柴的总量中除去灰烬的重量,就得到烟的重量。"这时他就是以实体恒久性原理为依据的。[这样,康德就把他的实体恒久性原理与当时物理学公认的物质不灭定律勉强联系起来了。]

第三,关于实体与偶性、实体与变化的关系[第5~7段]。康德给偶性下定义说:"一个实体的**诸规定**无非是它[实体]的各种特殊存在方式,它们被叫做**偶性**(Akzidenz)。"① 偶性是实在的,因为它们涉及到实体的存在。康德认为,但是如果把实体中的这种实在者认做是一种特殊的存在(如作为物质偶性的运动),那么我们就把这种被称之为**依存性**(Inhärenz)的**存在**,以区别于被称之为**自存性**[固有性](Subsistenz)的实体的存在。但康德又认为,这样一来也容易造成误解,好像实体可以与它的偶性分开一样。他认为,最好把偶性只称做**一种方式**,以便用它来正面地规定实体的存在。在他看来,使实体与偶性分离是知性的特点,因为它从普通逻辑(形式逻辑)的立场出发,根据抽象同一的原则,总是把实体看成是同一不变

_____

① 康德:《纯粹理性批判》,蓝公武译,商务印书馆2005年版,第174页。

的东西,而偶性则是经常变化、可有可无的东西,并从这种互相区别、互相对立的关系上去观察可变的东西(偶性)。正因为这样,实体被列入到关系的范畴中去。但康德认为,从先验逻辑的角度出发,知性的活动更是综合性的,它本质上是在于把种种差异(杂多)结合为一个统一体。因此我们虽然把实体范畴放到关系项下,但与其把实体看成是关系本身,不如把它看成是一切关系的前提条件,也就是不如把它看成是一切变化(相继)、一切并存(同时存在)的**恒久性基质**。[这里,康德反对对实体与偶性的关系的形而上学理解,猜测出实体与偶性[即属性]关系的辩证法,正如马克思所说:"一物的属性不是从它对另一物的关系生出,而宁可说一物仅仅在这种关系之内表明它具有这种属性。"①]

至于实体与变化的关系,康德认为,对变化概念的正确理解也应当建立在这种**恒久性概念**的基础上。他认为,**产生**与**消失**并不是产生者与消失者**本身**的变化,相反,变化是这样一种**存在方式**,它跟随在同一个对象的另一种存在方式之后。因此变化者本身是保存住了,转换的只是它的**状态**,所以变化仅仅涉及到一些**规定**的消失或产生。所以可以这样有点反常地说:只有**恒久者**(**实体**)产生变化,变化者本身所经受的不是**变化**,而只是**转换**,即一些规定消失了,一些规定产生了。[这就是所谓万变不离其宗。]康德认为,既然变化与实体是不可分的,所以变化只能在实体那里被知觉到,而绝对的产生和消失并不能构成恒久者的规定,是不可能被知觉到的。因为正是恒久者才使从一种状态过渡到另一种状态和从无过渡到有的表象成为可能。因此这种过渡,只有作为保存者的**规定的转换**,才能够经验性地被认识到。相反,如果你假定某物有一个绝对的开始,那么你就有了一个它还不存在的时刻。而这样的时刻就是空虚的时间,但空虚的时间是不可能的,是知觉不到的。但是如果把某物开始存在同先已存在并直到新物产生之前持续存在的恒久者相联系,那么我们就只能把新产生的物看成是恒久者的一个新规定。对于绝对的消失也应当这样来看。因为绝对消失是以关于现象已不在其中的时间的经验性表象为前提的。显然这也是不可能的[因为时间本身是知觉不到的]。[这里,康德坚决反对空虚的时间,认为变化不过是实体状态的变化,这是带有辩证法因素的,正如马克思

---

① 《资本论》第1卷,人民出版社1953年版,第31页。

引证别人的话说："宇宙间一切现象……都不是实际的创新,而仅只是物质的形态变化。"①]

**第四**,讲实体概念的必要性[第8~9段]。康德认为,实体在现象领域中(非在物自身领域中)乃是一切**时间规定**的基质。如果一些实体产生了,一些实体消失了,那么时间的**经验性统一**的唯一条件就消灭了。那样一来,现象就会涉及两种不同的时间,存在就会在两种时间中并行流逝,这是背理的。因为只有一个时间,在其中各种不同的时间不是在一起的,而是一个接着一个的。这就是时间的各部分。所以康德认为,实体的恒久性是一个必要的条件,一切现象作为可能经验中的**物或对象**只能在这一条件下得到规定。

## [短评]

第一,康德提出实体恒久性的学说并试图把它与自然科学中的物质不灭定律联系起来②,这表明他向唯物主义自然观作出了让步。但是这种联系是很勉强的,因为在哲学上实体既可作唯物的解释,也可以作唯心的解释,而且康德并没有说实体就是物质,对他来说实体的概念比物质的概念宽泛得多,所以不能把实体与物质等同起来。况且物质不灭并非是他所说的"先天综合判断",而是哲学和自然科学从科学实践中概括出来的,它纯粹是一个经验性命题。

第二,康德的实体概念是含混的。他在《自然科学的形而上学初始根据》中说:"实体仅仅在空间中并根据空间的条件,因而唯有作为外感官的对象才是可能的。"③ 看来实体是外部现象的一般物。但是他又在前述"证明"中称实体是一切现象中的"**恒久者**",是"**对象自身**",看来实体又好像是物自身了。

第三,还应当承认,康德关于实体与偶性(属性)、实体与变化不可分离的观点具有辩证法的因素,这也是黑格尔所说的伟大的辩证法概念的"本能"④。

---

① 《资本论》第1卷,人民出版社1953年版,第14页。
② 见康德:《纯粹理性批判》,蓝公武译,商务印书馆2005年版,第40页;康德:《自然科学的形而上学初始根据》,见《康德著作全集》第4卷,李秋零译,中国人民大学出版社2005年版,第556页。
③ 李秋零主编:《康德著作全集》第4卷,中国人民大学出版社2005年版,第557页。
④ 黑格尔:《哲学史讲演录》第4卷,贺麟、王太庆译,商务印书馆1981年版,第269页。

　　**第二类比**——按因果性法则的**时间相继性**(Zeitfolge)原理：一切变化都按因果联系的法则发生。

　　[提示]康德由于受休谟因果观的影响而特别重视因果性问题。下面的证明可以看做是对休谟因果观的答复，虽然他没有提到休谟。这一类比是所有类比中最难理解的部分，因为其论述的"晦涩"、"散漫"，甚至是"混乱"，阻碍了理解，但同时又是**最重要**的部分，也是影响**最为深远**的部分①。按斯密的分析，康德前后共提出了六种证明，但齐良骥并不同意这种说法②。不过康德的证明可分为**六个步骤**，这些证明再加上后面的解释，总共有28个自然段③，下面分头加以介绍：

　　先看"预先提示"[第1段(在括号中)]，实际是讲证明的预设前提，它取自于第一类比。康德指出，前一原理[即实体性原理]已经指明，在时间中相继的一切现象都只是**变化**，即实体各种**规定**的持续性的**存在**和**不存在**，而**实体本身**却不可能从不存在到存在或从存在到不存在。换言之，实体本身并没有产生和消失。这个原理可以这样表述：现象[显象]的一切**更替**(持续)都只**是变化**。实际上实体[各规定]的产生和消失并不是实体的变化，因为变化的概念是以相反的两个规定属于同一个**实存着因而持续着的主体**为前提条件的。康德称这是"预先提示"。接下来就是所谓的"证明"：

　　**第一步**[第2段，此段为第二版所加]，是抽象的证明，是一个**总纲**，讲的是，为了形成关于现象[显象]的经验性知识，就必须使现象服从因果律。康德指出，当我们在知觉到现象一个接一个地相互继起的时候，即知觉到在某一时间中存在着物的一种状态，而其反面状态则存在于它之前的一个时间中的时候，我们实际上是把知觉到的**两种状态**联结在时间中，因为我们并不能知觉到时间本身。但这种联结却不是感官和直观的事情，而是想象力的综合能力的成果，这种想象力在时间关系上规定着内感官。但是想象力所设定的知觉的一种状态在先、另一种状态在后，并不等于实际对象的一种状态在先、另一种状态在后。所以现象间相互继起的客观

----

① 见康蒲·斯密：《康德〈纯粹理性批判〉解义》，韦卓民译，华中师范大学出版社2000年版，第388页。
② 见齐良骥：《康德的知识学》，商务印书馆2000年版，第381页。
③ 见康德：《纯粹理性批判》，蓝公武译，商务印书馆2005年版，第176～189页。

关系,决不能由单纯的知觉来决定。为了确定现象间的**客观关系**,必须借助于**必然性**,而必然性的概念只存在于知性之中。而表明上述现象间客观关系的必然性概念,就是**因果关系的概念**。就此康德论述说:"为了使[互相继起的]两种状态间的关系被认做是确定了的,就必须对它[指关系]这样来思考,就是通过这种关系使哪个状态应当在前、哪个状态应当在后而不是相反,是带有必然性的确定了的。但是包含着综合统一的**必然性概念**,只有借助于纯粹知性概念才是可能的。"① 这样,在康德看来,为了得到关于现象互相继起的带有必然性的经验性知识,我们就必须使现象服从于**因果律**,即必须使其依赖于知性所提供的**因果性概念**。[其实这种所谓的证明无非是说,知觉和想象力都不能给现象带来必然的因果关系,因此只有一途,即求助于知性的纯粹概念,即因果性概念。按齐良骥所说,这个观点是康德的知识学的"核心思想"②。当然这一思想正是先验论的思想。]

　　**第二步**[第3~8段],是证明的主体部分,讲把捉的**主观相继性**(subjektive Folge)依赖于现象[显象]的**客观相继性**(objektive Folge)。

　　**首先**[第3段],确定**对象的含义**。康德指出,对现象的杂多的把捉总是**持续的**(sukzessiv),也就是说关于其各部分的表象是[在时间中]**互相继起**(folgen aufeinander)的。可是在**对象**中是不是这样,这却是需要进一步反思之点,因为它并不包含在前一点[即前一段所说的]中。当然我们可以把一切东西,乃至**一切表象**,只要我们意识到它们,都称之为**客体**[对象]。但是当问题只涉及到**现象**[显象]的时候,由于它们**作为表象并非是客体**[对象],而只是**标志着某个客体**[对象],那么这个**客体**[对象]这个词究竟是指什么,这就值得研究了。康德分析说,既然这些现象只不过是**表象**,同时也是意识的**对象**,那么就完全不能把它们与想象力综合中对它们的**把捉**区别开来。[换言之,不能把现象与对现象的把捉区别开来。]这样就必须承认,现象中的杂多**在心灵中**的产生总是持续的。但是如果现象是物自身,那么就不会有任何人能够从表象的持续中,发现它们的杂多是怎样在对象中联结起来的,因为我们只是同自己的表象打交道,至于物自身如何,则完全超出于我们的认识之外。虽说**现象**不是物自身,但却是**唯一供我**

---

① 康德:《纯粹理性批判》,蓝公武译,商务印书馆2005年版,第176页。
② 齐良骥:《康德的知识学》,商务印书馆2000年版,第380页。

们认识的东西,因此我们就应当指明,虽说对杂多表象的把捉总是持续着的,但时间中的怎样一种联结才是现象本身中的杂多所固有的呢? 对此康德举例说,我对立在我面前的房屋这一现象[作为表象]中杂多的把捉是持续着的[即依次接连看到它的各部分],于是就产生一个问题:这座**房屋本身**[即现象本身]的杂多[即房屋的各部分]是否也是持续着的。对此问题,终究没有谁能给出一个肯定的答复。但是当我从先验意义的高度上[即从现象与物自身相区别的高度上]看待对象的概念时,我们就发现,房屋完全不是物自身[即不是房屋自身],而只是现象,即只是表象,至于它[表象]的**先验对象**则是不可知的。在这种情况下,我如何理解**现象本身**(某物自身什么也不是[因其为物自身])中的杂多是怎样联结的问题呢? 这里,被置于持续的把捉中的东西被视为表象,而被给予我的现象虽说不过是这些**表象的总和**,但还是被看做是这些表象的对象[即知识的对象]。[看来,对康德来说,现象[显象]既是表象又是表象的对象,这是他所遇到的矛盾。]而**概念**是由我从把捉着的表象中**提取**出来的,所以它应当同这种[表象的]**对象**相符合。但因为知识[即概念]同对象相符合就是真理,所以很明显,这里要论究的就只是经验性真理的**形式条件**[即先天条件或先天根据]。而同把捉的表象相对的**现象**之所以能够作为与表象相区别的**表象的对象**被表现出来,只有在它[现象]从属于这一把捉与所有其他把捉相区别的**规则**[这就是概念],并使杂多联结的**某种方式**成为必然的时候才行。而现象中含有把捉的**必然规则**的**条件**[即形式条件——因果范畴]的东西,就是**客体**[对象]。

[这里,康德以如此晦涩的语言所要表达的思想不过是:没有规则就没有必然性,而没有概念(即范畴)就没有规则,从而现象就不能成为一个客体或对象。这样,现象要成为客体或对象就只能作这样的追溯:现象——→必然性——→规则——→因果性范畴——→客体(对象),也就是不能向客体本身(先验的对象或物自身)方向追溯(因为物自身是不可知的),而只能向主体自身方向追溯。而结论则是:客体(对象)=范畴化的现象[显现]。康德就是这样解决"客体或对象究竟是指什么"的问题的。这就是他的先验论,也是理解他的认识论的关键。]

**其次**[第4段],从把捉中知觉的主观(偶然)秩序推出"事件"(即事物的发生)的客观(必然)秩序。他指出,有这样一种情况:某物**出现**了,即以前不曾有的某物或某种状态**产生**了,那么如果没有一个先前的现象,它不在自身中包含现有的状态,那就不能经验性地知觉到。因为紧跟在**空的时间**后面的现时性,也就是没有物的先前的某种状态的产生,正像空的时间自身一样,是不能把捉的。[这就是说,从空的时间中是不能生出有的,因为这里,康德不承认空的时间,正像不承认空的空间一样①,显然这个观点与他在"先验感性论"中所阐述的时空观是自相矛盾的。]因此对于一切这个或另一个事件的把捉,都不过是一个知觉跟随另一个知觉而起。但由于一切把捉的综合的出现,正像前面指出的关于房屋这一现象的把捉那样,[是主观的任意的,]所以一个把捉还不能同另一个把捉[在顺序上]区分开来。但对现象中所包含的事件来说(我把前一种知觉状态称甲,把后一种知觉状态称乙),我们就会发现,对乙的把捉只能跟在甲后,而对甲的知觉只能在乙前,但不能在乙后。例如我看见一只小船顺河流而下,我对小船在下流的位置的知觉是跟着它在上流的位置的知觉而起的。而对作为一个现象的这只小船的把捉,是不可能先知觉其在下流然后知觉其在上流的。因此在这里,在把捉中的知觉的**相继性**(Folge)**秩序**(Ordnung)是规定了了的,而把捉就是受这种秩序制约的[即受到因果概念制约的]。但是在房屋的例子中,我的知觉却可以在把捉中从其顶部开始而结束于其基础,或者反过来,从其下面开始而结束于其上面,而且我对经验性直观中的杂多的把捉,也可以从右至左或从左至右。所以,在这些知觉的系列中,是没有任何规定的秩序,来决定我**必然**要从哪里开始把捉,以便把杂多经验性地联结起来。但是在对**出现**的东西[事件]的知觉中,**这种规则**却是总还是有的,正是这种规则使一个跟随另一个的知觉(在对这一现象的把捉中)的**秩序成为必然的**。

[这里,在康德看来,因果的必然性不能来自于感官知觉,只能来自于知性。]

**第三**[第5段],是**主观相继性**与**客观相继性**的关系。康德认为,根据上面所说就应当做出结论:把捉的主观相继性来自于现象的客观的相继性,因为不然的话,主观的相继性就完全不确定,以至一个现象不能区别于另一个现象。也就是说,仅仅一种主观的相继性是不能说明客体中杂多的联结的,因为主观的相继性完全是任意的。所以现象的客观的相继

---

① 见康德:《纯粹理性批判》,蓝公武译,商务印书馆 2005 年版,第 333 页,关于第一组二律背反。

性应当是由现象中杂多的那样一种**秩序**构成,即按照这种秩序,对某一发生之物的把捉按**规则** [即按因果性概念]跟随在对另一个先行之物的把捉之后。只有在这一条件下,我们才有权确信,不只是我们自己的把捉,而是在**现象本身**之中有着**相继性**,并且这意味着我不能按别的方式,只能在这种**相继性**中进行把捉。

[这样,康德就自认为推出了现象的客观的相继性,而这种客观的相继性就是因果性概念的体现。]

**第四**[第6段],讲因果联系的**必然性**。康德认为,依据上面所说的规则,在先行于某一事件的某物中必定含有该事件**必然**随之而起的一条规则的条件;反过来,我却不能从该事件后退并**由把捉**以规定那先行于它的某物。这是因为,虽说任何一个现象都与先前的某物有关,但决不能从后继的时间点返回到先前的时间点去;相反,从被给予的时间过渡到后继的规定时间,则是必然要实现的。所以,由于存在某种后继的某物,因此我就必须把它同另外一个它按某种规则跟随其后的某物联系起来,也就是说,该事件作为依据于某种条件的东西,必然会指示着那个条件,而这一事件正是由这一条件所规定的。[康德以为这样就可以证明事件的因果联系的必然性了,虽然他这里没有点出因果律来。]

**第五**[第7段],是反证。康德申辩说,假如一个事件之前没有什么东西,使它**按规则**必须跟随其后,那么一切知觉的相继性就归根结底只能在把捉中确定了,即只是主观的了。但是这样一来,就完全不能客观地确定知觉中什么应当在前,以及什么应当在后。于是我们所拥有的就只是表象的游戏,这种游戏同**任何客体**无关,换言之,借助于我们的知觉是不能使一个现象与另一个现象按时间关系区别开来,因为把捉中的相继性是到处都一样的[即没有先后之分的],因此没有什么东西能确定现象中某种相继性是客观必然的。因此就不能说现象中的两种状态一个跟随另一个,而只能确信一个把捉跟随另一个把捉,并且这种跟随是某种纯粹主观的东西,并不规定客体,从而无论如何都同对任何对象(甚至是现象中的对象)的认识无关。

**第六**[第8段],讲规则与**经验**不可分割的关系。康德指出,因此如果我们认清,某物发生了,我们总会假定在被给予的事件之前的某物,该事件按规则跟随其后。因为，没有这一点我就不能对于客体说它是相继性的，因为只是我们把捉中的相继性，如果它不是按规则对某种先前的某物作出规定，那么就无权假定客体中的相继性。这样，如果我要想使自己的主观的(把捉的)综合成为客观的，就要考虑到规则，按照这种规则，现象才在其相继性中，即当它们发生时通过先前状态被规定，并且只有在此前提下关于所发生的东西的经验本身才是可能的。康德自认为，这样一来作为规则的因果律就从经验的角度得到了证明。

**第三步**[第9~11段]，从规则的客观性推出因果概念的客观有效性。

**首先**[第9段]，是**原因概念的归纳性**。康德指出，他上面说的一切，似乎同人们[主要指休谟所批判的经验论观点]关于知性应用程序(Gang)的解释相矛盾，按照这种解释，我们只要通过对大量事件对先行现象的**一致跟随**的知觉和对比，就能够揭示出确定的事件总是跟随在确定的现象之后所依据的**某种规则**，并因此最先向我们自己提供了造成**原因概念**的可能性。康德指出，这种概念不过是经验性的，它所提供的规则，即所谓一切发生的东西都有其原因，也像经验本身一样是偶然的。康德认为，这样的普遍性与必然性只不过是虚构出来的，而没有任何真正普遍的意义，因为他们不是先天的而是建立在归纳基础上的。但事实恰恰在于，正如同另一类先天的表象(如空间与时间)一样，我们把它们作为清晰的概念从经验中抽取出来，只是因为我们自己把它们带到经验中去了，所以经验只有借助于那些概念才得以完成。当然，关于规定事件系列的**规则**，其表象(作为原因概念)的逻辑清晰性之所以可能，只是在它[原因概念]应用于经验之后，把它作为现象在时间中的综合统一的条件来加以考虑，那么它实为经验自身的基础，并因此先天地先于经验。

[这样，在康德看来，原因概念不仅不是从经验中抽取出来的，相反倒是作为原则被知性带到经验中去并使经验成为可能的东西。当然这是典型的先验论。]

**其次**[第10段]，是**因果规则的强制性**。康德指出，因此应当以实例来指明：除非有一条规则做基础，它强制我们只注视这样的而不是别样的知觉秩序，否则即使在经验中我们也不能把**相继性**(即从前没有的东西的发生这种事件的相继性)认做是属于客体，并把它同我们把捉的主观相继性区别开来。并且不仅如此，我们还应当更进而指明，正是这种强制也是首先使关于客体中相继性的表象[原因概念]成为可能的东西。

[这里不过是说,只有规则的强制性才把现象的客观相继性与感知的主观相继性区别开来,使之归于客体,并使原因概念成为可能。]

**再次**[第11段],是**因果表象的客观实在性**或有效性对规则的依赖。康德指出,在我们内部拥有表象,而且我们意识到它们。但不管这种意识延伸多远,并多精密或多准确,这些表象都还只是些表象,即都还只是我们心灵在时间关系中的**内部规定**。可是我们怎样能够赋予**这些表象**以一个客体[对象],或者怎样能够超出它们作为**变状**[指内心的变状]的"**主观实在性**",而赋予它们以某种未知的"**客观实在性**"呢?康德认为,客观有效性是不能由一个表象对另一个表象(即能够被称之为关于对象的表象)关系构成的,因为那样重新又会产生一个问题:照样,这[后一]个表象怎么能从自身出发还会超出作为心灵变状所固有的"**主观有效性**"而获得"**客观有效性**"呢?[这样就需要第四个、第五个表象,于是就陷入恶性循环。]当我们研究对一个对象的**关系**究竟能带给我们的各种表象以何种新性质,以及这些表象借此能够获得何种尊严的时候,我们就发现这种关系只是在于,使表象间的联结以某种特定的方式成为必然的,并使这种联结从属于某一**规则**[即因果律];而反过来说,我们的**表象**只有借助于它们之间在时间关系中的特定秩序是必然的这一点,才取得了**客观有效性**。

[这就是说,一方面是对对象的关系使表象间的联结成为必然,另一方面是表象借助于必然联结而具有客观有效性。]

**第四步**[第12~14段],从时间关系推出因果律。

**首先**[第12段],讲**时间系列的必然联结**。康德指出,在现象的综合中,表象的杂多总是在时间中继起的(folgt)。但借此还是不能表现出任何一个客体,因为通过这种一切种类的把捉所共有的**相继性**,是不能把一个东西与另外一个东西在时间先后上区别开来的。但是当我知觉或预设到,在这种相继性中存在着一个表象同先前状态的关系,这个表象是按照某种规则跟随这种先前状态而来的,那么某物就会对我表明是一个**事件**或某种发生的东西,换言之,我认识到一个对象,并且定能把它安置到时间中的某个确定位置上,这个位置在先前状态之后,而且不能给它以别的位置。因此,如果我知觉到某种东西发生了,那么在这个表象中首先包含的是有某种东西在其前,因为一个现象正是在同其先行物的关系中,才获得了自己的**时间关系**,而自己的存在正好是在先前的时间之后,而在那段时间中它还不曾存在。但它之能够获得自己在这种关系中确定的时间位置,只是依赖于在先前状态中假定有**一个某物**,而已经发生的东西总是按某些规则跟随在**这个某物**之后。由此就得出结论:第一,对我来说这个系列是不可颠倒的,并且我不能把发生的东西安置到它所跟随者的前面;第二,如果先行状态给定了,那么这个确定的事件就不可避免地必然地跟在先行物的后面。这就说明,在我们的表象中间产生一种秩序,在这种秩序中现行者(由于它已经产生)会指示某种先行的状态,这种状态作为被给予事件的相关物虽未规定,但对作为自己后果的该事件的关系还是确定了的,并且把其后果同它自己在时间系列中必然地联结起来。

　　[这样,康德就把因果的必然联系纳入到不可逆转的时间关系中去了,并反过来以此来证明因果必然性。]

　　**其次**[第13段],是**时间系列的必然法则**。康德指出,如果我们感性的必然法则,从而一切知觉的**形式条件**是在于:先前时间必然规定后继时间(因为我若不经过先前时间就不能进到后继时间),那么关于时间系列的经验性表象的**必然法则**就在于:先前时间的现象规定后继时间中的一切**存在**,并且这种**后继现象**作为一些事件之所以能够占有位置,只是由于其前者规定了**后继现象**在时间中的存在,即按规则把它确立起来。因为,只有在现象中我们才能经验性地认识这种时间联结中的**连续性**。

　　**第三**[第14段],是时间秩序的确立依赖于知性。康德指出,一切经验及其可能性都必须有知性,并且知性的首要作用并不在于使对象的表象清晰,而在于它一般地说来使一个**对象的表象**成为可能。知性之所以使对象可能是因为,它把**时间秩序**带给了现象及其存在,因为它把时间中的位置确定给作为后果的每一个现象,而这个位置是在对先前现象的关系中先天规定了的,没有这个位置这些现象就不能同时间本身相一致,正是时间本身先天地为自己的所有部分规定了先后位置。但这种位置规定是不能从各现象对绝对时间的关系中借来的,因为绝对的时间不能成为知觉的对象,相反,各现象应当在时间中互相规定自己的位置,并使它们在时间秩序中成为必然的,换言之,后继的或发生的东西,应当按一般规则跟随在包含在先前状态中的东西之后。由此就产生了各现象的规定系列，这个系列**借助于知性**建立起来，并恰好使那种可能知觉系列中的**秩序**和**持续联结**成为必然的，这种情形正是在内部直观的形式（即时间）中所见到的，在那里所有知觉都应当有自己的位置。

[这就是说，现象在时间中的必然秩序归根结底取决于知性，这当然又是先验论。]

**第五步**[第 15～16 段]，是结论，从经验的必要条件推出因果律。

**首先**[第 15 段]，是因果律与经验的关系。康德指出，因此，所谓有某物发生，乃属于一个可能经验的知觉。而如果当我把一个现象看做是按其在时间中的位置确定了的，从而把它看做是在知觉按规则的联结中总能找得到的客体时，那么这可能的经验就变成现实的。这种按**时间相继性**来对某物加以规定的规则就是：在先前的东西中应当找到一种条件，按照这种条件一个事件总是（即必然地）跟随着。这样，**充足理由律**[其表现就是因果律]就是可能经验的根据，也正是各种现象就其在时间的**相继系列**（Reihenfolge）中的关系方面之**客观知识**的根据。

**其次**[第 16 段]，是充足理由律① 构成**经验判断**的客观条件。康德指出，因果性原理的证明所依据的因素是这样的：对一切经验性的**知识**来说，都必须有借助于想象力的**杂多的综合**，而这种综合总是**持续**的，即各种表象[或知觉]在综合中总是互相跟随的。但相继性在想象力中，其秩序（即哪个在先，哪个在后）却是完全未规定的，并且一个跟随另一个的表象系列可以采取这个和另外的方向，即向后和向前。但如果这种综合是被给予现象中杂多的**把捉的综合**，那么秩序就在客体中确定了，或者更确切地说，在这种综合里面存在一种规定着客体的相继性综合的秩序，并且按照这种秩序，某物必应在先，并且如果它被给定，那么另一个必应跟在后面。这样一来，如果我的知觉应当包含关于某一**事件**的知识，即关于**某物实际发生**的知识，那么这个知识就是一个**经验性的判断**，其中包含这样的思想，就是一个**顺序**被确定了，即由这种顺序可以按照时间假定**另一个现象**，在这个现象之后**某物**必然地或按规则地跟随而来。反过来说，如果我假定了先前的东西，而事件并不必然地跟随其后，那我就应视其为只是我

---

① 也就是因果律，因为其本身就是根据（见康德：《纯粹理性批判》，邓晓芒译，人民出版社 2004 年版，第 184 页）。

的想象力的主观游戏,并且如果我把这一现象中的一切都视为某种客观的东西,那我就会称它纯粹是梦象。因此按照现象(作为可能的知觉)间的关系,后继者(即发生的东西)就其在时间中的存在而言,必然地并按规则被某种先行的东西所规定。从而**原因与结果的关系**,对被给予的知觉系列而言,就是我们经验性判断的客观有效性的条件,也就是它们的经验性真理的条件,从而也是经验的条件。因此在现象的相继性中,因果关系的原理对于经验(在相继性场合中)的一切对象都是适用的,因此**它本身就是那经验的可能性的根据**。对康德来说,这就是证明的最后结论了。

以上就是因果性原理证明的主要部分。下面是几点补充性的解释:

**第一**[第17~18段],讲因果性同时存在所引起的疑点。康德指出,虽然在现象中,因果律是被限制在现象的相继性系列上,但是在因果律的应用上我们却发现,原因与结果却可以是同时的,例如作为原因的火炉的燃烧与作为结果的房间的温暖是同时存在的。康德解释说,这种情况只是由于原因不能在一瞬间就完成其全部结果而导致的。假设原因在瞬间前不再存在,那么结果就不会发生。因此因果律在这种情况下仍然是有效的。康德要求在这种情况下,人们应当关注的是**时间的秩序**,而不是**时间的过程**。他举例说,一个球放在填充的床垫上,在它上面压出一个小坑,那么这个球作为原因就是与自己的结果同时存在的。但我们还是能够把它们按它们之间的动力学联结的时间关系区别开来的。因为如果把球放到床垫上,它上面就会出现一个小坑,而如果床垫上不知因为什么有一个小坑,则不会有球继起。这样,**时间相继性**乃是结果对先行于它的原因的**因果性关系**的唯一**经验性标准**。例如,杯子是使水升高到水平面以上的原因,虽然两个现象是同时存在的。因为,一旦我开始用杯子从一个大的容器里舀水时,随后就出现了这样的事情,即:使得大容器中原有的水平面变成凹形的**那些水**正好是在杯子中。

**第二**[第19~20段],讲因果性与实体性的内在联系。康德认为,从因果性引出**动作**(Handlung)的概念,再引出**力**(Kraft)的概念并由此再引出**实体**(Substanz)的概念,这本属于分析方法,因此不包含关于先天综合知识的批判性研究之中。但是如果一个实体不是通过现象的恒久性,而是**通过作用**显示出来,那么他就不会放弃对其**经验性标准**的论述了。这里的问题是,如何能够从**动作**(Behandlung)立即推论出**动作者**(Handelnde)的**恒久性**呢?而这种恒久性恰恰是实体(作为现象[不是范畴本身])的一个根本的和特有的标志。康德认为,通过对**动作**这一概念进行**单纯分析**的通常方法是不能解决问题的。但是按照前面所说的,就没有什么困难。这里,**动作**已经意味着因果性的主体(即原因)与其**结果**的关系,因为一切结果**都是**某种发生的东西,从而是**变易的东西**,而变易者则是按其[一个接着一个的]相继性来**标志时间**的。这样,变易者的**终极主体**[实即终极原因]就是作为一切变易者的**基质**的恒久者,这就是**实体**。康德认为,因果作用为实体的证明提供了一个**充足的经验性**标准,并从而导出作为现象的**实体**①的概念。这样,康德就把因果性与实体性联系起来了。

第三[第21段以后],是对变化的**连续性原理**与因果性的关系所作的几种说明,这里简单地加以介绍。康德指出[第21、22段],像第一类比所证明的那样,变化不是实体本身的生灭,因为实体是恒久性的东西,而是实体状态的生灭,而实体状态的生灭是在时间中进行的。虽然关于变化具体如何可能的问题,是不能先天地加以认识的,但是抛开变化的**具体内容**,而对于变化的**形式**(即变化的一般条件),却可以根据因果律和时间条件来加以**考察**。

首先[第23、24段],是关于实体状态的变化与因果性作用的关系问题的说明。一个实体从状态 a 过渡到状态 b,那么后一状态的**时间点**(Zeit-punkt)就区别于前一状态的时间点,并跟随在前一时间点之后。而后一状态 b 区别于它还不曾存在于其中的前一状态 a,就状态 b 作为现象中的**实在性来说**,它区别于状态 a 就像区别于 0 一样。也这就是说,状态 b 区别于状态 a,如果按照量来看,这个变化就是**产生**,即 b − a,这里后一状态在前一状态中根本不曾存在,换言之,等于 0。但现在要问的是,一个物是怎样从一种状态转变到另一种状态的呢?这里已经知道,变化是在时间中进行的,变化中相继性的两种状态(a 与 b)各占一个瞬间(Augenblick),两个瞬间之间包含着一个时间,这个时间就成为两种状态转变的时间界限。但是一切变化都有一原因,它在变化的**整个时间**中显现着因果性。

---

① 指物理学的实体,即物质实体,这里不包括所谓精神实体。

因此原因并非是突然在一瞬间起作用的,而是在一段时间中起作用的,因此是从开始的瞬间 a 到完成的瞬间 b 递增的,并且其实在性的量(b－a)的产生也是经过了初始阶段到最后阶段的一切更小阶段的。这就意味着,一切变化都只是依赖于因果性的**连续性动作**才是可能的。

[显然,康德不理解变与不变的辩证关系,不理解有无相生的道理。]

**其次**[第25～26段],是关于因果作用的**连续性原理**问题的说明。康德认为,一切变化的**连续性原理**(Gesetz der Kontinuität)的依据是:无论时间还是时间中的现象,都不是由最小的部分构成的,虽说一物的状态在变化过程中至少要经过这些部分才能达到其下一个状态。因此在现象中任何一个实在者的区别,正像任何一个时间量的区别一样,都不是最小的。因此一个新的实在状态从前一个它不曾在其中存在的状态那里的生长,都要经过一个无限系列的阶段,其中任何一个阶段间的互相区别都小于 0 与 a 之间的区别。康德还声称,他所研究的不是这些原理在自然科学中应用,而不过是它们在扩展我们关于自然的知识方面如何先天地可能的问题。

**再次**[第27、28段],是关于经验性知识对时间综合与因果性范畴的依赖的说明。康德指出,经验性知识的一切增长以及知觉的一切进展,都不过是内感官规定的扩展,也就是在时间中的前进。这种时间中的前进规定着一切,而其自身不再被别的东西所规定。因此时间的规定是知觉中一切变化的先天形式,正像时间中包含着感性的先天条件,它使**现存之物**向**后继之物**的连续推进成为可能一样,知性也凭借统觉的统一,并通过因果系列,成为现象在时间中一切位置的连续规定的可能性的**先天条件**,同时使时间关系中的经验性知识成为客观的。这样,康德就通过因果性原理的证明,把落脚点落到经验性知识的**可能性**与**客观性**上了。

## [短评]

**首先**,虽然康德关于因果律的论述是晦涩的和混乱的,但他驳斥了休谟的主观主义的因果观,论述了因果律的客观有效性,从而与休谟的不可知论划清了界限,并试图以此为自然科学提供形而上学的理论基础,捍卫自然科学的尊严,这是有积极意义的。

**其次**,康德的证明方法是以其先验论观点为依据的,因为他认为因果性概念不是来源于经验,相反,经验的可能性倒是以先天的因果性概念(范畴)为依据的,这样他就把因果律的客观有效性的根据推给了先验的因果性范畴。当然这个理论假设本身就是没有根据的,不过他为了证明因果性范畴的客观有效性,又必须从主观的知觉事实即经验事实开始,这说明康德是承认先天的纯粹范畴与后天的经验事实的互相作用的。

**再次**,康德割裂了实体的不变性与其状态的可变性之间以及状态变化中有与无的辩证关系,不能理解一切现象中变与不变的对立统一以及变化中有无相生的道理。

**最后**,还应当指出,康德的因果观是以牛顿经典力学的机械因果观为依据的,尽管他对这种因果观作了主观唯心论的解释,但现代科学哲学已经根据物理学(例如量子力学)的研究成果,对因果性概念作了彻底的重新定义,例如大多数研究者接受了"统计因果观",从而远远超出了康德。①

**第三类比**——按照相互作用或协同性的法则**同时存在**[同在](Zugleichsein)的原理:一切实体,由于它们能够在空间中作为同时存在的东西被知觉到,而处在**全面的相互作用**中。

[**提示**]如前所述,康德认为自然现象中的统一性是以统觉(通过时空与范畴)的综合统一为前提条件的。但是时空与范畴本身是不能被知觉到的。因此对这种统一性的认识就只能通过其经验性内容来获取。既然在第二类比中已经展示了因果系列的综合统一作用,那么这里在第三类比中就要通过因果性的相互作用来展示一切现象的全面的相互作用。下面是证明,包括9个自然段②,共分四个步骤:

**第一步**[第1段],类似于前一类比证明的开头,从主观的知觉并存出发推出经验对象的可能性条件。康德首先给**同时存在**下定义说:"当一个物在经验性直观中的知觉能够同另一个物的知觉互相交替时,那么这些物就被称做是**同时存在**的(虽说第二类比的基本原理被证指明,在现象的时间相继性中,这种同时存在是没有的)。"③ 例如,我们可以先知觉月亮然后知觉大地,或反过来先知觉大地随后知觉月亮。因为两个对象的知

---

① 见保罗·利科主编:《哲学主要趋势》,李幼蒸、徐亦春译,商务印书馆1988年版,第133~135页。
② 见康德:《纯粹理性批判》,蓝公武译,商务印书馆2005年版,第189~194页。
③ 康德:《纯粹理性批判》,蓝公武译,商务印书馆2005年版,第189页。

觉可以互相交替,所以我们就说它们是并存的。这样,并存就是杂多在同一时间中的存在。可是根据什么来确定**物**的这种并存呢? 康德认为,**首先**,不能把物在同一时间中被给予归结为对它们的知觉可以交替着互相跟随,因为时间本身是不能被知觉的。**其次**,同样地,在把捉中的想象力的综合只能表明,在那个时间中某一个知觉存在于主体里,而另一个还不存在,反过来也一样,但这种综合不能表明诸客体同时存在,即如果一个存在而另一个也在那个时间里存在,并且也不能表明那些知觉必然地能够互相交替,这就意味着,为了确信知觉间的交替在客体中有自己的根据,并以此表现出同时存在如果是客观的,就必须有关于互相交替的**知性概念**,作为这些同时存在的互相外在的物的规定。在康德看来,实体间相互规定的关系,就是实体间相互作用的关系。因此,如果不假定实体间的相互作用,那么实体在空间中的同时存在,就不能在经验中被认识,这就意味着相互作用也就是作为经验对象的那些**物**本身的可能性的条件。

**第二步**[第2~4段],从物的同时存在推出实体的相互作用。

**首先**[第2段],康德指出:诸物,由于它们在同一个时间里存在,所以就是并存的。但我们按何种标志来认知它们处于同一时间中呢? 答案是:在对**物**的杂多的把捉综合中,其**秩序**是无所谓的情况下,即如果综合的进程不仅可以从 A 经过 B、C、D 到 E,也可以相反,从 E 到 A。因为如果这种综合是在时间中按次序的(即从 A 开始而终止于 E),那么在知觉中的把捉从 E 开始而转向 A,就是不可能的,因为 A 属于过去的时间,所以不能再成为把捉的对象了。

**其次**[第3段],但是如何确定物(实体)的同时存在就是**物**之间的相互作用呢? 康德答复说,我们假定各实体是完全孤立的、互不影响的,那么这种同时存在就不可能成为可能知觉的对象,并且它们中的一个存在,也不能通过任何经验性的综合把我们引向另一个存在。因为很显然,在这种情况下,各实体将被空虚的空间隔断,这时在知觉的相继性中,虽然可以确定后一实体的存在,但却不能辨别它是否客观地跟随前一个存在而来,或者他们是否同时存在。

**再次**[第4段],这样,除了实体的独自存在以外,还要有 A 与 B 二实体互相规定其在时间中的位置的某种东西,以使这些实体被经验性地表现为是同时存在的。但是只有构成**某物**的原因或某物的规定的原因的那种东西才能规定该物在时间中的位置。因此,实体的同时存在若能在某种可能的经验中被认知,那它们就应当处于力学的**关联**中。由此就可以得出结论,现象中的一切实体,既然是同时存在的,那它们必然处在充分的**相互作用的关联**中。这样,康德就从物的同时存在推出了实体间的相互作用。

**第三步**[第5段],通过现象的空间关系推出实体的相互作用。康德指出,**协同性**(Gemeinschaft)就是指力学上的**互相关联**(commercium[拉丁文]),如果没有它就连位置的**共处**(即空间的共处)也不能被经验性地认出来。我们的经验显示,只有在空间的一切位置上的**不断作用**[即不断从其各自的位置向我们发出光线],才能把我们的感官从一个对象引向另一个对象,例如,从天体射向我们眼睛的光线**确立**了那些天体与我们之间的间接的关联,并由此表明它们的同时存在。所以物体只有借助于它们的**相互作用**,才能显示它们的同时存在。相反,如果没有这种关联,那么空间中现象的一切知觉都将被同其余的知觉割断开来,并且经验性表象的链条(即经验)就应当在新客体出场的条件下完全重新开始,从而同先前的经验不再处于任何联系中,也不再处于任何时间关系中。这样,康德就从现象的空间关系推导出实体(物体)的相互作用。

**第四步**[第6段],从知觉的主观关联推出实体的客观关联。康德指出,在我们的心灵中,一切现象作为包含在可能经验中的东西,都应当处于统觉的**共处**(commuio[拉丁文])中,并且既然对象作为同时存在的东西,就应当表现为联结着的,它们应当互相规定其在时间中的位置,并且依此构成一个整体。如果主观的共处[即知觉的共处]建立在客观的根据上,或者同作为实体的现象相关,那么来自现象的一个知觉就应当作为根据,使另一现象的知觉成为可能,反过来也一样。这样才不至于使常常作为把捉的知觉中的**持续**归之于客体,而是使诸客体能够**表象为**同时存在。但是这种同时存在就是相互作用,即实体的现实关联,没有这种关联,经验性的同时存在关系就不能在经验中拥有自己的位置。各种现象就是借助于这种关联处于既互相外在又互相联结,构成为某种复合体,并由这种组合而产生各种方式,它们都来自于三种力学的关系,即**依存性**(Inhärenz)、

**一贯性**(Konsequenz)与**复合性**(Kompositon)。这样,康德就完成了第三类比的证明。

**小结**[第7~9段],有三点:

**首先**[第7段],是关于**三种类比**与时间关系的**三种模式**的关系。康德认为,上述三种类比不过是现象在时间中存在的诸规定的原理,与其相适应的是时间关系的三种模式,即:(1)作为一个量对**时间本身**的关系(存在的量,即**持续性**)[相当于实体的恒久性];(2)时间中的关系,作为**一个系列**(相继)[相当于时间的相继性];(3)作为时间中**一切存在的全体**的关系(**同时**)[相当于同时存在]。康德称这三种时间规定的统一完全是力学的,因为在他看来,时间并非是经验可以在其中直接规定一切存在的位置的东西,这是不可能的,因为**绝对时间**[即时间本身]不是能把现象统一起来的知觉的对象[即时间本身不能被知觉]。相反,一切现象在时间中的位置只能通过知性的规则来加以规定,只是凭借这种规则,现象的存在才能按照时间关系获得综合统一,从而才能对现象的存在先天地加以规定,并对一切时间来说都是有效的。

**其次**[第8段],是关于类比与自然法则的关系。康德指出,所谓**自然**,从经验的意义上说,就是诸现象的存在按照必然的规则,即按照法则的联结。这种法则是先天的,使经验成为可能的法则。而经验性的法则,只能凭借经验才能存在和暴露,它们不仅要同本源的[即先天的]法则相一致,而且其本身只有依靠这种本源的法则才是可能的。因此我们的**这些类比**实际上表现着在一切现象在某些**指数**(Exponent)下的联结中的**自然的统一**,而这种指数无非表达了时间(就其涵盖着一切存在来说)对统觉的统一关系,而这种统一只是在按规则的综合中才能发生。总之,这些类比所表示的是:一切现象都处在并必须处在**一个**自然中,因为没有这种先天的统一,就不可能有任何经验的统一,从而也不可能有任何经验中的对象的规定。[这段话非常重要,其含义是:经验类比的原理体现着自然界按照法则的统一,即体现着先天的自然法则,而这种先天的自然法则是通过统觉的统一与时间的先天形式体现出来的,经验性的法则乃至经验对象本身,都是以这种先天的自然法则为前提的,这又是典型的先验论。]

**再次**[第9段],是关于先天法则的证明。康德认为,关于他用以确立这种先天的自然法则的独特的证明方式,应当有一个说明,这对于证明既是理智的也是先天综合的原理的一切其他尝试来说,也具有完全重要的意义。他认为这种证明如果**独断**(教条)地从概念出发**进行分析**,是徒劳无益的,因为用这种方法是不可能从一个对象及其存在转向另一个对象及其存在的。剩下来的就是关于作为一种**知识**的经验的可能性,在这种经验中,一切对象,如果关于它们的表象对我们来说具有**客观实在性**,就终归可能会被给予我们。而在这第三者[指经验]中,其根本形式就是一切现象的**统觉的综合统一**,我们发现了现象中一切存在的完全必然的时间规定的**先天条件**,而没有这种先天条件,经验性的时间规定本身也是不可能的。同时我们也发现了先天综合统一的规则,正是借助于这种规则我们才能**预先推定**经验。康德认为,如果不采取这种方法,对知性的经验性应用的证明就是独断[或教条]的。

## [短评]

康德通过上述论证,全部完成了他关于三个类比的所谓"证明",当然这些证明都带有烦琐的矫揉造作的性质,并且完全是先验论的。但是也应当看到:

第一,他试图为物理学的物质不灭定律、惯性(因果性)定律以及作用与反作用定律提供形而上学基础,这无疑是维护了自然科学的尊严。

第二,他的关于实体的相互作用原理是同形而上学的外因论相对立的,从而打击了神学创世论和牛顿等人的第一推动学说。

第三,他从关于实体的相互作用原理的证明开始,转而关注实体在空间中的存在与相互关系,从而表明了他对外部经验的重视,这是他对原来片面强调内感官和时间的认识论意义的一种修正。

**4.一般经验性思维的公设**

(1)凡是(就直观与概念而言)与经验的**形式条件**相符合的东西,就是**可能的**。

(2)凡是与经验的**质料条件**(感觉)相联结的东西,就是**现实的**。

(3)凡是其与现实东西的联结,按照经验的**普遍条件**[总体条件]而被规定的东西,就是(在存在上)**必然的**。

**说明**

[提示]上面所列经验性思维的三个公设一起构成了**纯粹知性**的第四条原理,它与前面所讲的三条原理是有区别的。前三条原理分别以量、质和关系这三组范畴为基础,在康德看来,它们是关于**认识对象**(即经验对象)的规定的,而思维的公设这条原理则是以模态范畴(即可能性、现实性与必然性)为基础的,它是关于**认识能力本身**的,如果说前三条原理涉及的是认识的实际内容或**客体**,包含着客观有效的先天的综合,因此扩大了关于客体的知识,那么后一条原理涉及的则是认识的**模态**或**主体**,只包含者主观有效的先天综合,因此并不能扩大关于客体的知识。所以前三条原理需要"证明",第四条原理则只需要"说明",下面就是康德关于公设的"说明",包括 14 个自然段①,下面我们从三个方面,即分三点加以介绍:

　　**第一点**[第 1、2 段],是**总的说明**,讲模态范畴的**特殊性**和模态原理的**应用范围**。康德指出[第 1 段],模态范畴有一种特殊性,即它们作为客体的**一种规定**,丝毫也不能扩展它们作为**谓词**所附属的概念[即主词],而只是表现[这些概念]与[主体的]**认识能力**的关系。因为即使关于某个对象的概念已经足够充分[例如其他天体上的智慧生物,这本身是清晰的、不矛盾的和充分的],我们也还完全能够追问,**这个对象**究竟是可能的还是现实的呢,如果是后一种情况,它难道不也是必然的吗? 康德认为,这里并不涉及**客体本身**的规定,而只涉及**客体或事物**(包括它的所有规定)对**知性**和知性的**经验性应用**的关系,以及对经验性的**判断力**和理性的**经验性应用**的关系。[此段为第二版所加。][ 这里,康德的意思不过是说:可能性、现实性与必然性三个范畴,虽然也是客体的一种规定,但却不是对客体本身的一种规定,而只是反映了客体与主体认识能力(即知性、判断力和理性)的关系,因此他们对客体本身并未增添什么。]

　　因此康德认为[第 2 段],这条纯粹知性的模态原理,所包含的内容不过是对可能性、现实性和必然性三个概念(即范畴)在它们的**经验应用**中的解释,并由此使**所有范畴被限制在**单纯的经验性应用上,而不允许它们作先验的应用。因为,如果这些范畴不仅具有一种逻辑的意义,并不仅应当是**思维形式的分析性的表示**[即分析性的概念],而是应当关系到**事物**[即

--------

　　①　见康德:《纯粹理性批判》,蓝公武译,商务印书馆 2005 年版,第 195～207 页。

对象]及其可能性、现实性和必然性,那么它们就不能不指向认识的对象唯有在其中才能被给予的**可能的经验**及其**综合的统一**。[这里,康德对模态原理的应用范围作了明确的规定,其意思不过是说:三条模态原理就其直接的意义上说是限定模态范畴在经验中的应用,同时就其间接意义说是不允许其先验的应用,因此就必然要指向可能的经验及其综合统一。]

**第二点**[第3~14段],是对三个公设的具体说明。

**第一公设**[第3~7段]:

**首先**[第3段,这里蓝译本把第3段拆成两段,为与其他译本一致,特把3、4段合成一段]是可能性公设的正面说明。康德指出,根据前面所说,事物的可能性公设要求事物的概念[即关于事物的思维]同一般经验的**形式条件**[先验的时空与范畴]相符合。他说:"这些**形式条件**,即一般经验的**客观形式**[实为先验的主观形式],却包含着关于客体的知识所必须的**一切综合**[即主观演绎中所说的三重综合以及统觉的综合统一]。但是,一个在自身中即含有**综合**的概念,如果其所含有的综合不**属于**经验,那么这个概念就显得是空洞的并同任何对象无关,除非**这个概念**或者是借自于经验的,这时它就被称之为**经验性的概念**;或者是这样一种东西,凭着它,作为一种**先天条件,有一般经验**(即经验的形式[如空间])以之为基础,这时它就被称之为**纯粹的概念**,但这种纯粹概念仍然**属于**经验,因为它的客体只能在经验中才能遇到。"① 因为康德认为,借助于**先天综合概念**[如时空概念、纯粹知性概念(范畴),甚至还有纯粹理性概念(理念)]所思考的对象的**可能性**这一性质,如果不是取自于构成关于客体的**经验性认识**的形式综合[指三重综合,即纯粹的综合],那么它能从哪里提取呢? 于是他进而论述说[这里蓝译本另起一段],在一个概念中**没有矛盾**虽说是必要的逻辑条件,但这对概念的**客观实在性**来说,即对借助于这一概念所思考的**对象的可能性**来说,还是远远不够的。[这里要注意:概念的客观实在性=对象的可能性。]例如对于由两条直线构成的图形这一概念来说,并没有矛盾[因此这只具有抽象的可能性],因为关于两条直线及其连接的概念并不包含对图形的任何否定,因为这种**图形**的不可能性并非依据于这概念本身,而是依据于它在空间中的构成[即依据于空间的直观性,参见关于空间的先验先验阐明],即依据于空间和空间规定

① 康德:《纯粹理性批判》,蓝公武译,商务印书馆2005年版,第195页。

的**条件**[即直观的形式条件]，正是这些条件本身具有客观的实在性，即同可能的事物相关，因为这些条件自身先天地含有一般经验的形式[这里指空间][这样才能具有真实的可能性]。[这里，康德加入一个直观性的实例，他要说的不过是，无论是事物的直观还是事物的概念以及它们所标志的事物本身的可能性只有依赖于"一般经验的形式条件"，即依赖于先天的时空形式和先天的纯粹概念这样两种形式条件，才具有客观实在性。]

**其次**[第 4～7 段]，是可能性公设的广泛效用和意义。

**一**是在关系范畴上的应用[第 4 段]。康德指出，按照实体性、因果性与协同性范畴可以推定事物的恒久性、相继性与同时存在，但不能就此断定这些事物就是可能的，这是不能通过它们的**概念**来检验的。因此康德认为："只有依据于这些概念先天地表达了一切现象中**知觉的关系**，我们才能认知这些概念的**客观实在性**，即它们的**先验的真实性**，并且这种真实性虽然不依赖于经验，但不是不依赖于其对一般经验形式的一切关系，以及对对象只有在其中才能被经验性地加以认识的**综合统一**的一切关系。"①

**二**是在虚构概念上的应用[第 5 段]。康德指出，如果我们想从知觉给我们提供的材料(Stoff)中构造出关于实体、力和相互作用的全新概念来，甚至不依赖于它们来自经验的**联结的例证**，那我们就会陷入幻想的境界，**这种幻想的可能性**无论如何都不会被证实，因为在接受这些幻想时，我们既没有接受经验的指导，这些概念也不是从经验那里借取来的。所以这些概念只是一种任意的联结[如物质和精神的中间物]，虽不包含任何矛盾，但至少也不能企望这些概念具有**客观实在性**以及在这些概念中所思考的那些**对象的存在的可能性**。

**三**是在先天概念上的应用[第 6～7 段]。康德认为，以先天概念为依据的事物的可能性并不来源于先天概念本身，相反，这些概念只有作为一般经验的**形式的**和**客观的**条件才有其地位。他以三角形为例说，一个三角形的可能性似乎从它的概念(这概念当然不依赖于经验)本身就可以被认识，因为我们确实能够完全先天地给出这个概念的对象，即构造一个三角形。但因为这样构造的三角形还只是对象的形式[而非对象本身]，所以那

---

① 康德:《纯粹理性批判》，蓝公武译，商务印书馆 2005 年版，第 196 页。

三角形的概念总还只是想象力的产物，与它相应的对象的可能性还是可疑的。因为对可能性来说还要求某种更多的东西，这就是为了使这种图形能够被思维，就只有在一切经验对象都要扎根其上的那些条件[包括作为外部直观的形式条件的纯粹空间和作为内感官的形式条件的纯粹想象力的生产的综合]下才行。康德的结论是："虽然我们不必以经验本身为前提，只在对**形式条件**的关系中就能认识和描述事物的可能性，而在这种形式条件下某种东西才能被规定为对象；在这种情况下我们才能完全先天地认识到事物的可能性，但只在对经验的关系中，并只在经验的界限之内才行。"①[这就是说，如第一公设即可能性公设所要求的，要想认知事物的可能性，就只有在事物的概念同一般经验的形式条件(时空与范畴)相符合时才行。]

**第二公设**[第8～9段]：

**首先**，康德认为[第8段]，对事物的现实性进行认识的公设要求的是知觉，从而是**意识到的感觉**[因为有意识的感觉就是知觉]，但如果没有关于其存在应当被认识到的对象本身的**直接感觉**，那么至少要有这一知觉依照经验类比而同某个**现实知觉**的联结，因为经验的类比能够说明一般经验中的现实联结。[这里，康德的意思是说，对事物的现实性的认识不一定要靠直接的知觉，但至少要靠依照经验类比原理所推定的间接知觉。]

**其次**，康德认为[第9段]，只在一个事物的概念中是找不到事物存在的标志的。因为事物的存在(即其现实性)同它的概念无关，不管它多么充分，而只与事物的知觉是否先于其概念被给予我们有关。因为如果概念先于知觉，那么这只意味着事物的可能性，所以只有给概念以质料的知觉才是现实性的唯一标志。但是康德又认为，如果**事物**按照它们的经验性联结的原则(即经验类比的原理)处在同某些知觉的联结中，那么它的存在(即其现实性)就能够先于其知觉被认识到，从而在某种程度上先天地认识到。因为在这种情况下，事物的存在(即现实性)同我们的可能经验中的知觉完全联结在一起，所以我们能够离开现实的知觉，通过可能知觉的系列提前达到事物。康德以通过被吸引的铁屑来认识到磁性物质为例，来说明这个问题。他最后说："如果我们不从经验开始，或者不按现象

---

① 康德：《纯粹理性批判》，蓝公武译，商务印书馆2005年版，第198页。

的经验性联结的法则[即经验类比原理]前进,那么我们就会徒劳地去追求要猜想或探索任何事物的存在(即现实性)。"① 接着,为了进一步阐释存在性(即现实性)范畴的**客观有效性**,他就开始列专题驳斥起所谓的"观念论"[即唯心论]来。这个"驳斥"我们留到后面去专门加以介绍。

**第三公设**[第 10~14 段]:

**首先**[第 10 段],是必然性公设与因果性的关系。康德指出,第三公设所指向的是**事物存在**的质料的必然性,而不是**概念联结**的形式的和逻辑的必然性。因为在他看来,感官对象的存在不能完全先天地认识到,而只能在某种程度上,按照其同另一个被给予的存在的关系,先天地加以认识。因为即使在这种情况下,我们所能认识的也只是那样一种存在,它应当处在经验性**联结**的某个位置上,而被给予的知觉作为一个部分从属于这种联结。这样一来,存在的必然性就任何时候也不能从概念中加以认识,它总是只能从其与按照一般经验性法则[类比规律]所知觉到的东西的联结中加以认识的。康德认为这种经验性法则就是经验类比中的因果律。因此在他看来,事物必然性的标准只存在于可能经验的法则即因果律中。于是他认为,事物的必然性不过是自然或现象中的**因果必然性**,因此它不能扩展到可能经验的领域之外,也不适用于实体本身,因为实体本身是不变的,按因果律变化的只是实体的状态。这样,康德就排除了必然性公设的超验的应用。

**其次**[第 11~12 段],是可能性、现实性与必然性的关系。康德指出[第 11 段],可能性的领域是否比一切现实性领域更大,现实性领域是否比必然的东西的总数更多,这些问题是严肃的和需要综合解决的。但是这些问题只归理性法庭管辖,而按照康德的思路,可以把这些问题可以归纳为:第一,作为现象的一切事物(包括对它们的知觉)是否**可能**都归到一个唯一的经验中去,或者是否可能有不止一个可能的一般经验? 第二,除了我们的**直观形式**(时空)和**知性形式**(概念和推理)外是否**可能**还有其他的直观形式和知性形式(如上帝的**理智直观**)? 第三,除了我们可知的现象

---

① 康德:《纯粹理性批判》,蓝公武译,商务印书馆 2005 年版,第 199 页。

领域外是否可能还有其他不可知的领域？康德认为这些问题是我们的知性能力所不能裁定的。因此对康德来说，结论应当是：对人类的知性能力来说，可能性领域不能超出现实性领域，现实性领域不能超出必然性领域，因为它们都属于一个统一的**一般经验**的领域。至于[第12段]要超出经验性的应用，那对理性来说，就另当别论了。

　　**第三点**[第13~14段]，是称模态原理为公设的根据。康德指出[第13段]，他所谓的公设与近世一些哲学家（如笛卡儿、斯宾诺莎）所赋予的意义不同，认为他们违背了数学家们的原意，而数学家的原意是指，作为公设的命题是直接可靠的，无须理由和证明的。但康德认为，在对待综合命题上，如果也认为它们具有自明性，无须演绎或证明，那就会陷入妄想，而对知性的批判就毫无意义了。但康德又指出[第14段]，模态原理并不是客观的综合，因为可能性、现实性和必然性作为谓词并不能给对象的概念增加什么新的内容。但这个原理毕竟是综合的，它只能是主观的综合，只不过是表现了对象的概念与认识能力的关系，所以康德认为自己还是有权把模态原理称之为"公设"。

## ［短评］

　　**第一**，康德强调模态范畴必须与一般经验的条件（包括形式条件、质料条件和普遍条件[总体条件]）相结合才有意义的观点，是对唯理论的天赋观念论的否定。

　　**第二**，康德关于模态范畴和原理只具有主观综合作用的观点是他的先验观念论的体现，终究是一种唯心论。

　　**第三**，康德关于模态原理的解释有许多含混和矫揉造作的地方，因此是不必太求真的。

　　**5.原理体系的总说明**[原书第207~210页，蓝公武、韦卓民、俄译本分为6段，邓晓芒、李秋零译本分为4段]

　　这里重要是强调三点：第一，**范畴本身**并不是知识，只是为了从被给予的直观中产生出知识的**思维形式**（Gedankenform）；第二，只从一些范畴出发并不能形成任何一个综合命题,**只能形成分析命题**(同一性命题)①;第三,为了证明范畴的**客观实在性**,不是简单说需要直观,而是准确说**需要外部直观**。因此康德的结论就是:"纯粹知性的一切原理,不过是经验可能的先天原则,并且一切先天综合命题也只有与经验相关联才行,甚至这些命题本身的可能性也完全是建立在这种[与经验的]关系的基础上的。"②

## 第四节　"对观念论的驳斥"译评[见第199～207页]

[提示]这里对"观念论"(唯心论)的驳斥本来是夹在"思维公设"的说明中间的③,是第二版所加,因其重要,我们单立一节来加以译评。康德的"驳斥",目的是为了与经验的观念论④（也就是"质料的观念论",实为主观唯心论)划清界限。因为《批判》第一版出版后即有人把他的先验观念论与贝克莱主观唯心论等同起来⑤,为了消除人们的误解,所以他在第二版中加了这个专题,以回应这种"等同"论。其实康德在第一版"第四谬误推理"一节中已经申明了自己的立场。下面是原文:

### [原文]

观念论(我指的是**质料的观念论**)是这样一种观念论,它把我们之外的空间中对象的存在宣布为或者仅仅是可疑的和不可证明的[即怀疑外部世界的存在]或者是虚假的和不可能的[即否认外部世界的存在]。前者是**笛卡儿的怀疑的观念论**,它把唯一一个经验性的见解宣布为确定无疑的,那就是"**我在**"。后者是**贝克莱的独断的观念论**,它主张**空间**连同把空间视为其不可分离的固有条件的**一切事物**,都断定为其自身就是不可能的,并因而把空间中的一切事物都宣布为只是想象的产物。[而康德则认为,]如果把空间视为物自身所固有的属性,那么**独断的观念论**就是不可避免的,因为在这种情况下,空间连同一切以空间为条件的东西就是荒诞之物了。

---

① 见康德:《康德书信百封》,李秋零译,上海人民出版社2006年版,第124页所举的例子。
② 康德:《纯粹理性批判》,蓝公武译,商务印书馆2005年版,第210页。
③ 康德:《纯粹理性批判》,蓝公武译,商务印书馆2005年版,第199～202页。
④ 康德:《纯粹理性批判》,蓝公武译,商务印书馆2005年版,第301页。
⑤ 见瓦·费·阿斯穆斯:《康德》,孙鼎国译,北京大学出版社1987年版,第124页。

但这种观念论的根据已被我们在先验感性论中摧毁了[参看空间论的"结论",与感性论的"全部要点"]。而**怀疑论的观念论**并未就此问题有什么断言,只是认为,除了我们本身的存在以外,我们无力通过**直接经验**证明任何存在,从而这种观念论是理性的和符合有根有据的哲学思维方式的,因为这种**哲学思维**不允许在找到充分证明之前作出任何最终的决定。因此这里所要求的证明必须阐,我们对于外部事物也有经验,而不仅仅是想象;而要做到这一点,除非我们能够证明:即便是对笛卡儿来说是毫无疑问的我们的**内部经验**,也只有在假定有外部经验的条件下才是可能的。[这里,康德想证明内部经验依赖于外部经验。]

**定理**:对我本身存在的单纯的但却是经验性地规定了的意识,就是在我之外的空间中对象存在的证明。

证明

我意识到自己的存在是作为在时间中被规定了的。一切时间的规定都以**知觉**中的某种**恒久者**为前提。[这种恒久者就是"对象自身",即"实体",这是康德在"经验的类比"的第一类比中的已经证明过的。]但这种恒久者不能是**在我之内**,因为我在时间中的存在首先正是由这种恒久者所规定的。[按第二版序言,此句应修改如下:但这种恒久者不可能是我内部的一个直观,因为能在我内部找到的规定我的存在的一切根据都是表象,并且作为表象,它们自身就需要一个与它们有别的恒久者,在与此恒久者[它就是实体]的关系中这些表象的变化,从而还有我在时间中的存在,——那些表象都在此时间中变化,——才能被规定。]因此,对这个恒久者的知觉只能借助于**在我之外的物**[可在康德看来,这外物仍然是表象],而不仅仅是通过一个关于在我之外的**物的表象**。[这里,康德要把外物和外物的表象区别开来,但问题是这个外物与恒久者是什么关系,其实按康德的观点,这外物的基质就是恒久者(实体),因此这句话实际上是同语反复,并没有什么新意。]这就意味着,我在时间中的规定,只有借助于我所知觉到的在我之外的现实的物[即外部实体,它仍然是表象]的存在才是**可能的**。从而,时间中的意识就必须同这种时间规定的可能性[即可能性的条件]的意识联结起来,那就是,它还必然地同作为时间规定的条件的在我之外的**物的存在**联结起来,换言之,**我自己存在的意识**同时就是在我之外的**他物**(anderes Ding)存在的直接意识。[这里,康德要说的是,在我之内的自我的意识与在我之外的他物的意识是必然联结在一起的,因此在我之内的自我存在的意识,就是在我之外的他物的存在的证明。这种证明实际上就是"我在故物在",这恰恰还是对思维与存在的同一性所作的唯心的理解。因此这种"证明"是不可能令人信服的。]

注释1。[驳斥内部经验论:]从上述证明可以看出,观念论所使用的武器更有理由被用来反对它自己。因为观念论假定,**唯一直接**的经验就是内部经验[即"我思"],并由此经验作出关于**外在之物**的推断,但这并非完全可靠,就像通常我们从被给予的结果去推断出确定的原因时那样,因为这种表象["我思"的表象]的原因是可能处在我们自身之内的,而我们却可能是错误地把它认做是**外在之物**了。[其实这是笛卡儿的怀疑论的观点,康德认为它不能证明外物的存在,因此是自己反对自己的。]可是这里我们已经证明,外部经验是**原本直接的**[即不是"推断"的],并且只有借助于这种**外部经验**,内部经验才是可能的,这种内部经验虽然不是对我们**自己存在**的意识[指自我意识],但也还是对这种**存在**在时间中的规定。[说内部经验(内部知觉)依赖于外部经验(外部知觉),不过是一个假设,因此是不能令人信服的。]当然,"我在"这个表象,被当做是能够伴随一切思想的意识的表现时[即"我在"的表象伴随着一切"我思"的表象],就是那样一种东西,即它把主体的存在["我在"]直接包括在自己之中,但这还不是对主体的知识,从而也不是经验性的知识,即不是经验;因为同经验相关的,除了关于某种**存在的东西**的思维外,还要有直观,并且这里也就是内部直观;而就内部直观来说,即就时间来说,主体[我]应当是被规定了的,为此外部对象就是绝对需要的,因此内部经验本身就只是间接的并只有借助于外部经验才是可能的。[这个证明还是以内部经验("我在")依赖于外部经验("他物存在")的假设为前提的,因此还是不能驳倒主观观念论。]

注释2。[援引先验论:]这一定理[即上述证明空间对象存在的定理]与我们的知识能力在时间规定中的**经验应用**完全相符[这是针对贝克莱的]。对于一切时间规定,我们都只能通过对空间中恒久者的外部关系的变化(运动,例如与地球上的对象相关的太阳的运动)来知觉;况且,除了物质以外,我们根本没有什么恒久者,那种东西使我们能够把它作为直观而置于一个实体概念之下,而且甚至这个**恒久性本身**也不是从外部获得的,而是作为一切**时间规定**的必要条件,因此也是作为内感官的规定——就通过外物的**存在**(Existenz)来假定我们自己的**存在**(Dasein)而言——必要条件,被先天地**设定**的。[恒久性(即实体性)是先天设定的条件,这就暴露了立论者康德的先验论。]而在**"我"**的表象中对我自己的意识完全不是直观,它只是关于一个**思维主体**的自发性的理智表象。因此这个**"我"**没有任何直观的谓词,而这个谓词作为**恒久性东西**,是能够成为内感官中**时间规定**的相关物的,这正像**不可入性**作为感性直观的物质的相关物一样。[这就是说,恒久性=关于"我"的内部直观的相关物,与此类似,不可入性=关于物质的外部直观的相关物。而康德认为,关于"我"恰恰缺少一个直观的恒久者作为它的相关物,因此只能到外部直观中去寻找,他自以为这样就驳倒了主观唯心论。]

注释3.[**驳斥想象论:**]从对我们**自身的确定性**的意识来说,要求有外部对象的存在,但由此还不能得出结论说,关于外部之物的任何直观的表象,同时就含有外部对象的存在,因为类似的表象可能只是想象力(在梦中或幻境中)的结果;其所以如此,乃是由于先前外部知觉的再生,而此外部知觉,如上面所指明的,只有借助于外部对象的现实性[作用]才是可能的。这里只需要证明,一般的内部经验只有通过一般的外部经验才是可能的。至于这个或那个假定的经验是否是**想象**,这个问题需要按照经验的特殊规定,并通过同所有现实经验的标准相比较的方式来解决。

## [短评]

**首先**,康德想与观念论(特别是主观观念论)划清界限并设法驳倒它,其用意是不错的。因为他像狄德罗一样对难以驳倒这种观念论感到尴尬,称这是哲学的**"丑闻"**①。但事实上他自己照样也没有驳倒主观观念论,甚至是越抹越黑,其原因不仅在于他自己就是一个唯心论者,因为按列宁的说法:"唯心主义的实质在于:把心理的东西作为最初的出发点。"② 而且还在于他又是一个主观唯心论者,这一点是连黑格尔也认定了的,因为他说:康德哲学"就是主观唯心论,因为他认为自我或能知的主体既供给认识的形式,又供给认识的材料"③。

**其次**,康德的驳斥是自相矛盾的和不能自圆其说的。例如他在第二

① 康德:《纯粹理性批判》,蓝公武译,商务印书馆2005年版,第25页注①。
② 《列宁选集》第2卷,人民出版社1972年版,第231页。
③ 黑格尔:《小逻辑》,贺麟译,商务印书馆1980年版,第123页。

版序言所加的一个注释①　中，称他的驳斥是对心理学观念论的"新反驳"，称在这个反驳中不得不只在信仰上假定外物的存在，说我们从这个外物中为我们的内感官获得了认识本身的全部材料。这样看来，这个"外物"就只能是物自身了，这似乎是唯物论了。但是他在"驳斥"中却把这个"外物"看做是实体(恒久者)，而实体在他看来却仍然是现象②，而一切现象又都是表象，这样一来驳斥中所说的"我自己存在的意识"和"内部经验"(它们是一种表象)以"外物"和"外部经验"(它们也是一种表象)的存在为依据，就不过是内部表象的存在以外部表象的存在为依据了，这又是露骨的唯心论了。显然这种自相矛盾的和不能自圆其说的"驳斥"是不能令人信服的，是失败的。

## 第五节　"把所有一般对象区分为现象与本体的根据"摘要译评

### ["原理分析论"第三章，见第 211～243 页]

[**提示**]"先验分析论"的主要目的是解决关于自然的知识(即自然科学)如何可能的问题。前面他论述了构成这种知识的种种条件(包括感性的、想象力的和知性的)，可以说是已经完成了这一任务。而现在他要对前面所讲的一切作一个**总结和概括**，目的是要说明知性以其各种先验形式并借助于感性直观虽然能够提供关于**现象**(Phaenomena[拉丁文，德文为Phänomen])(其总和就是自然)的知识，但绝不能提供关于**本体**(Noumena[拉丁文])(即物自身)的知识。换言之，他要为科学知识确定一个**界限**，并为向"先验辩证论"过渡打下基础。这里，康德集中论述了他关于现象与本体的关系的学说，这对理解康德学说的实质是非常重要的。至于说把一**般对象**区分现象与本体的"根据"，说穿了就是他的二元论和不可知论，目的是给知识划定界限，从而给信仰腾出位置。这里的原文包括第二版的19 个自然段，外加第二版所删掉的、第一版原有的 7 个自然段，下面我们分五个方面对第二版和第一版所包含的相关内容加以介绍：

---

①　康德：《纯粹理性批判》，蓝公武译，商务印书馆 2005 年版，第 25～26 页。
②　康德：《纯粹理性批判》，蓝公武译，商务印书馆 2005 年版，第 175、185 页。

　　**第一**[第1~2段],讲确定知性原理应用界限的必要性和重要性。**首先**
[第1段],康德把知性活动的领域比做一个岛屿,这个岛屿被自然包围在
一个不变的疆界中,它就是**真理的王国**,周围是一片无边的海洋,诱惑航
海家们去追求虚幻的、永远也达不到的目标。于是康德奉劝航海家(即哲
学家们)在冒险航行之前,先研究一下:第一,是否能满足于现在所居之
地,或是否因无别处可去而不得不满足于现在所居之地;第二,我们有何
权利占有这块土地,并有把握去抵挡一切敌对的权利要求。康德宣称,在
分析论中虽然已对这些问题作了充分的解答,但是作一个简短的总结,把
解答的所有要素集中到一点上,还是能够加强人们对这些解答的信念的。
**其次**[第2段],康德指出,知性不借助经验而从自身所获得的一切(包括范
畴和原理),除了**经验应用**外没有别的目的。例如纯粹知性的原理,不论
是**先天构造性的**(如数学的原理)还是**纯粹调节性的**(如力学的原理),其
自身所包含的只是**可能经验的纯粹图式**[注意,原理包含图式]。因为,经验
归根结底是从统觉那里获得其统一性的,所以作为可能知识的材料的**现
象**,必须能够先天地与统觉的综合统一相关,并与它一致。但知性的这些
规则(或原理)不仅先天地真实,而且在自身中也包含着一切真理的源泉,
因为这些原则包含着作为一切知识之总和的**经验**之所以可能的根据。因
此康德认为,人们不应以弄清知性原理何以真实为满足,而是要追求更大
的成就,那就是确定这些原理的**应用界限**。

　　**第二**[第3~7段],讲范畴唯一可能的**经验性的应用**。

　　**首先**[第3段],康德认为,知性使自己的**先天原理**乃至**概念**只作经验
性的应用而任何时候都不作先验的应用,这个见解**如果是坚定不移的**[注
意!],就可以引申出重要的结论。他提出,在任何原理中,**概念的先验应
用**就是概念与**一般物**以及自在之物本身(**物自身**)相关[按康德的看法,这先
验的应用实际是一种"误用"①];而**概念的经验性应用**,则是它只与现象相关,
即只与可能经验的对象相关。但是他认为,只有概念的经验性应用才永
远是可能的,这是因为对任何概念来说都需要:一是一般概念(Begriff
überhaupt)(思维)的**逻辑形式**;二是向它提供与它相关的对象的**可能性**,

---

　　① 见康德:《纯粹理性批判》,蓝公武译,商务印书馆2005年版,第245页。

而如果概念缺少这种对象,那么它虽然仍含有一种逻辑功能,但却因为失去内容而**没有任何意义**。但是除非在直观中,对象是不可能提供给概念的,并且虽说**纯粹直观**能够先天地先于对象,但是它若能获得其对象并具有客观有效性,只能借助于**经验性的直观**,而它[纯粹直观]也只能是这种经验性直观的一个**形式**。因此对康德来说,一切概念以及和它们在一起的一切原理,虽说完全是先天可能的,但至少要同经验性直观相关,即至少要同可能经验的材料相关才行。而没有这种关联,它们就没有任何客观有效性,就只不过是想象力或知性借助于自己的表象所作的游戏。康德以数学概念为例,首先是以数学中的纯粹直观为例,如空间具有三个向量、两点之间只能引出一条直线等等,来考虑体和线的概念。他指出,虽然这门科学所研究的这类原理及其相关对象的表象是完全先天地产生于内心,但是如果不能每次都在现象(即经验对象)中展示出它们的意义,那就没有任何意思了。所以数学家为使任何抽象概念成为可感的,就必须借助于图形、手指、算珠[即感性直观]等等。因此在康德看来,数学概念及其综合原理就其起源来说虽是先天的,但其应用以及同可能对象的关系,归根结底却只能在经验中求得,而其经验的可能性(就其形式说)却先天地包含在它们自身之中。

**其次**[第4段],康德断言,范畴以及由范畴而来的原理,其情形也是如此。因为在他看来,例如对这些范畴来说,如果我们不去关注于它们的感性条件(即现象的形式),那就不能给它们中的任何一个以**实在的定义**,即不能弄清其客体的可能性。因此在康德看来,那些范畴应当局限于作为自己唯一对象的现象的领域,因为没有这种感性条件,它们就丧失了任何意义,即失去了其与客体的一切关系,这样一来任何例证都不能使我们自己明白,在那样的概念下被思维的究竟为何物。

**再次**[第5段],是对离开感性条件的概念所作的举例说明。例如,对于**一般量的概念**来说,所能给出的定义只不过是:量是物的那样一种规定,我们能够据以想到在物中含有多少倍的给定单位。但是这个"多少倍"是建立在**相继性重复**的基础上的,从而是建立在时间及其(同类者)综合基础上的。**又如**,如果想到一个**时间**(它作为一切存在的总和),它或者是充实的,或者是空虚的,那就能够对与否定性相反的**实在性**作出解释。

**再如**,如果离开了恒久性(即离开了在**一切**时间中的存在),那么对**实体**概念来说,除了关于主体的逻辑表象之外,就什么都不剩了,而这个表象则是我试图使之变成某种只能被当做是主体[主词](而绝不能成为谓词)才能存在的**实在的东西**。但这样一来[即使实体成为单纯的逻辑表象],我就不仅不知道这种逻辑的优势唯在其下才能关涉到任何一物的**那些条件**,而且也不可能有任何更多的作为并从中引出某种结论。因为这样一来就不能为这一概念[即实体]的应用确定一个客体,并且我也并不因此而知道这一概念是否还有任何别的意义。**再如**,关于原因的概念(如果抽掉某物按规则跟随另一某物而继起的**时间**),我在纯粹范畴中找到的也只是:原因是那样一种东西,从中可以推断出另外某物的存在。但是这并没有提供出把原因与结果区别开来的可能性,而且,因为从一物的存在推断出另一物的可能性是以某种条件为前提的,而关于这个条件我却一无所知,因此要找到原因概念同客体相应的任何规定都是不可能的。关于**协同性**概念,那也不难看出,因为实体和原因的纯粹范畴都不能容许有任何规定客体的定义,那么也就不能给出处于实体间**相互关系**的互为因果的定义。至于可能性、存在性与必然性的概念,如果抱定从纯粹知性那里吸取这些概念的定义的目的,那就除了是明显的同义反复外,是不能以别的方式作出规定的。因为以概念的逻辑可能性(因为概念不自相矛盾)偷换物的先验可能性(因为有一个对象与概念相应),能够欺骗并令其满意的也许只有经验不足的人。

　　**最后**[第6~7段],是"无可争辩"的结论:一是[第6段],纯粹知性概念只能作经验性的应用,而绝不能作先验的应用;与此同时,纯粹知性的原理,也只有在同可能经验的一般条件的关联具备时,才能被**归给**感官对象,而绝不能把它们**归给一般物**,除非我们能够直观到它们。**二是**[第7段],知性唯一能够先天做到的不过是预知一般可能经验的**形式**,而且因为**非现象之物**是不能成为经验对象的,所以知性永远也不能超出对象唯在其中才能被给予我们的感性界限;而知性的原理则只是现象的阐述原则,并且奢望以"**系统学说**"的面貌给出关于**一般物**[即物自身]的先天综合知识(如因果性原理)的"**本体论**"(Ontologie)这一骄傲名称,应当让位给纯粹知性的**朴素**"**分析论**"这一谦虚名称。

　　**第三**[第8~9段]，讲范畴先验应用的可能性。**首先**[第8段]，康德指出，**思维**就是把被给予的直观同一个对象[即使直观变成知识的对象]联系起来的活动。[这里，康德的意思是：思维的功能就是把直观与对象联结起来，而不是作单纯的概念游戏。]如果这种**直观的方式**[即时空]无论如何都不能被给予，那么对象就成为纯粹先验的，并且知性概念只能作**先验的**应用，即只是思维对**一般杂多**[时间与空间的杂多]的统一。因此一个纯粹的范畴脱离我们唯一拥有的感性直观的**一切条件**[包括形式条件与质料条件]的，就不能规定任何一个客体，而只是按照各种不同**模式**去**表达**对**一般客体**的思维。但对概念的**应用**来说，还需要对象由以被**归属**到概念之下的**判断力**的功能，从而至少还需要有**某种东西**唯在其下才能在直观中被给予出来的**形式条件**[指纯粹的想象力①]。而如果缺少判断力的这个条件（图式）[正如经验性直观以先验（纯粹）直观为条件一样，经验性判断力也以先验（纯粹）判断力为条件，这个条件就是时间的规定，即图式]，那么这种**归属**就不能进行了，因为缺少这个条件，就没有什么被给予我们的东西能够被**归属**到概念之下。[这就是说，判断力是一个联结感性与知性的不可缺少的中介条件，没有它范畴就不能应用到经验中去。]因此范畴的单纯先天的应用实际上完全不是应用，而且它也没有什么可规定的对象，哪怕只是在形式[时空形式]上可规定的对象。由此看来，对先天综合原理来说，光是纯粹范畴是不够的，并且纯粹知性原理只有经验性的应用，而没有任何先验的应用，况且在一般可能经验的范围外也不可能有任何先天综合原理。**其次**[第9段]，康德作结论说：没有感性的形式条件，纯粹范畴只有先验的意义[即从本体论上说，只能作为先天条件]，但没有任何先验的应用[即从认识论上说，并没有认识的功能]，因为这种应用本身就是不可能的，这是因为，纯粹范畴缺少对在判断中的应用来说是必要的条件[感官的和想象力的条件]，而这些条件正是把某种可能的对象归属到这些概念[即范畴]之下的形式条件。因此，既然这些概念被拿来只作为纯粹范畴，既不能有经验性的应用，同时也不能有先验的应用，所以它们如果被从任何感性中孤立出来，那就不会有任何用处了，换言之，它们不能应用于任何所谓的对象。准确点说，范畴不过是知性指向**一般对**

---

　　①　见康德：《纯粹理性批判》，蓝公武译，商务印书馆2005年版，第137页。

象的应用的纯形式和思维的纯形式，既然这样，仅仅借助于一些范畴，就不仅不能思维，同时也不能规定任何客体。

第四①，讲现象与本体的关系。这是一个更符合标题要求的、不能省略的非常重要的部分，因此这里要详细加以介绍。

**1.**[第 1 段]定义。康德给现象[显象]与本体下定义说："诸**显象**（Erscheinung）如果作为对象依照范畴的统一而被思考，就叫做**现象**（Phaenomena[拉丁文]）。[这就是说，在康德看来：显象＋范畴＝现象。]但是如果我假定**某些物**仅仅是**知性的对象**，它们至少可以作为那样一种直观的对象被给予，虽然这种直观是非感性的（因此是作为**理智直观的对象**[被给予]），那样的物就被叫做**本体**（Noumena）（Intellgiblia[拉丁文：直悟的东西]）。"（第 223 页）[这样，在康德看来，现象就是由范畴统一起来的感性的东西，而本体则是单单由知性所直悟的东西。本体虽然对人类来说仅仅是知性的对象或思想的对象，但对智慧的存在物（即上帝）来说，却可以是直观的对象，即理智直观的对象。]

**2.**[第 2 段]现象与本体的区分。康德指出：由先验感性论所限定的**现象**这个概念，已经由其本身赋予了本体以**客观实在性**，并使人们**有理由**把对象区分为**现象**与**本体**，从而也把世界区分为**感性世界**和**知性世界**（Sinnen‑ und eine Verstandeswelt）（mundus sensibilis et intelligibilis[拉丁文：感性世界和直悟世界]），并且这里的区分所涉及的，不仅是关于**同一个物**的知识不清晰或清晰的逻辑形式[如莱布尼茨所说的清晰的知觉与混乱的知觉]，而且也涉及到这两个世界最初所由以授予我们的知识的不同[方式][即由感性与知性联合获得的方式和单独由知性获得方式]，由此它们就其**种类**说是彼此有别的。因为，如果感官向我们表现的某物只是它所**显现**的那样，那么这个某物**就其自身**来说也完全应当是一个物，并且是非感性直观的对象，即知性的对象；换言之，那种在其中没有任何感性并且只具有**绝对客观实在性**的知识[关于物自身的知识]**应当是可能的**。通过那样的知识种类，对象被表现为它们之**所是**，而与此同时，在我们知性的经验性的应用中，物仅被认做是他们所**显现**的那样。因此范畴除了经验性的应用（受感性条件的限制）之外，还有它们的纯粹的而且至少带有客观有效性的应用，并且

---

① 为第二版删去的 7 段（见康德：《纯粹理性批判》，蓝公武译，商务印书馆 2005 年版，第 223 ~ 225 页；康德：《纯粹理性批判》，邓晓芒译，人民出版社 2004 年版，第 227 ~ 230 页）。

我们不能就像上面所做的那样断言,我们纯粹的知性知识只不过是解释现象的原则,并且这些原则即使在它们的先验的应用中也不远离经验的形式可能性。因为这里,在我们面前展现出一个**完全不同的领域**,仿佛是精神在自身中思维(甚至可能是直观)的整体世界,它甚或能够成为我们知性的更高尚的对象[即本体]。[毫无疑问,这里,康德要为他的道德形而上学本体论的创立扫清道路。]

**3.**[第3~7段]关于**本体**。

**首先讲先验的客体**(即等于 X 的某物)[第3~4段]。康德指出,我们的一切表象都通过知性而与某个客体发生关系,并且因为现象无非就是表象,所以知性就把它们带向作为**感性直观的对象**的某物那里[即知性使表象成为知识的对象]。但是这个某物**就理智而言**,只是一个**先验的客体**。但它只意味着一个等于 X 的某物[即未知的东西,即物自身],关于它我们什么都不知道,总之什么也不能(按照我们知性现在的构造)知道。这个某物只能用做指向感性直观中的杂多统一的统觉统一的相关物[某物是统觉统一的相关物,即存在是思维的相关物],知性借助于这种统一把杂多联结在对象的概念中。这个**先验的客体**不能从感性材料中分离出来,因为如果是那样,就不会剩下什么东西可以用来对**这个对象**进行思考了[先验客体离开感性材料就不能思考]。因此这个对象就**其自身**说,完全不是认识的对象,而只是关于诸现象在**一般对象**这个概念下的表象[即一般现象的表象],而这个"**一般对象**"是通过现象中的杂多来加以规定的[即加以特殊化和具体化的]。正因如此,范畴并不表现任何只能授予知性的特殊客体,而只是被用做借助于感性所提供的东西来规定**先验的客体**(即关于一般某物的概念),为的是借助于这些对象的概念来经验性地认识现象。[这里,康德从认识论的角度论述了先验客体的概念的必要性,即是说,这个先验的客体是作为"一般对象"被用来经验性地认识现象的,它不是别的,只能是物自身。]

**其次具体讲本体**[第5~7段]。首先康德指出[第5段],为什么我们不满意于感性的**基质**[即物自身],以及为什么我们还要给**现象**加上只有**纯粹知性**才能思考到的**本体**,其原因仅如下述:感性和它的领域即现象的领域本身被知性以这种方式加以限制,即它并不关涉**自在之物本身**,而只是关涉那些物在对我们**主观特性**的依赖中借以显现给我们的那种**方式**。[这就是说,感性并不关涉我们之外的客体(即物自身),而只是关涉我们主体自身所固有的先天形式(即时空)。]康德认为,这曾是全部先验感性论的一个成果。但是他又说,从现象的概念那里自然会得出这样的看法,即应当有某种东西与现象相符合,而这种东西本身不是现象,因为在我们的表象方式之外,现象就其自身来说[非物自身]什么也不是。[这就推断出现象之外或之上的某种东西。]因此,如果不致为此而不断地陷入恶性循环,那么就要承认现象这个词本身就已经**表明**了其对某物的一种**联系**,而关于这个**某物**的直接表象虽说是感性的,但这个对象本身,即使不包括我们的感性这种特性(我们的直观形式就是以此为基础的),也还是某物,也就是一种不依赖于感性的对象。

**再次**进入正题[第6段],他说:由此就产生**本体**的概念,但这个概念绝**不是积极的**[即正面的],也不是关于任何某物的确定知识,而只是意味着关于**一般某物**的思考,在这种思考下,我抽掉了感性直观的一切形式。但是为使**本体**取得真正的区别于一切现象的**对象**之含义,而使自己的思考脱离感性直观的一切条件而获得自由还是不够的,而是还应当有根据假定有别于感性直观的另外的直观方式[理智直观],在这种方式之下那样的对象[即本体]才能被给予。否则这种思考虽说不含有矛盾也还是空虚的。[这里,康德把本体的概念置于消极的地位,即仅仅是非感性直观的对象,但如果它能成为理智直观的对象,那它就具有积极的意义了。显然这是在为形而上学的实践理性的活动创造条件。]但康德又指出,上面我们确实未能证明**感性直观**一般说来是**唯一可能的直观**,虽说我们也证明了**对我们来说**,这是唯一可能的直观;但与此同时,我们却不能证明直观的另一种直观方式是可能的,虽说我们的思维可以脱离任何感性,但这种思维是否是概念的单纯形式,以及在一般分隔的情况下,是否还能留下某种客体[对象],所有这些还都是问题。[这里,康德留下了悬念,这些问题要留到道德学说中去解决。]

**最后**讲本体与先验对象的区别 [第7段]。康德指出,我一般地使现象与之联结起来的**客体**就是**先验的对象**[即物自身],也就是完全未规定的关于一般某物的思考。但这个**先验的对象**不能叫做**本体**[这就是说本体不等于物自身],因为我不知道它[本体]自己本身是什么东西,并且对它没有任何概念,它只是一个关于感性直观的**一般对象**的概念,所以它对一切现象来说都是一样的。我不能通过任何范畴来思考它[只能通过理念来思考它],因为范畴只适用于经验性的直观,以便把这种直观安置到关于**一般对象**的概念之下。范畴的纯粹应用虽然是可能的,也就是说,自身并不包含矛盾,① 但是这种**应用**却没有任何**客观有效性**,因为它并不指向任何直观,而这种直观本应通过此种应用而获得客体的统一性;因为范畴只不过是思维的功能,通过这种功能没有任何对象被给予我,而只可思维能在直观中被给予的东西。

**第五**[第10段以下]讲本体概念的双重意义和本体的不可知。

**首先**[第10~11段],是范畴对客体的关系。在康德看来[第10段],在范畴的应用问题上,从根本说会陷于难以避免的幻觉。因为范畴的起源不像**直观形式**即空间和时间那样,是建立在感性的基础上的;因此对我们来说,范畴**似乎**容许有超出一切感官对象之外的应用。而另一方面,它们又只不过是**思维形式**,只是把直观中被给予的杂多先天地联结到一个意识中的**逻辑能力**;而如果把**对我们**[人类]**来说**是唯一可能的**直观**从这些思想形式旁边拿掉,那么这些思想形式就会比纯粹的**感性形式**具有更少的意义,因为借助于这些**感性形式**至少还有一个客体[指时空中的杂多,如图形与数目]被给予[我们],而与此同时,如果不能把唯在其中杂多才能被给予我们的**直观**附加上去,我们的知性所固有的杂多的**联结方式**(Verbindungsart)[即范畴]就完全没有任何意义了。——可是尽管如此,当我们把作为**现象**(Phänoman)的**一定对象**称为**感官物**(Sinnenwesen)时,我们就通过我们怎样直观这些对象的**方式**,把这些对象同它们的**自在性质本身**[即物自身]区分开来,这样在我们的这种**概念**[感性物]中就已经包含着这样的意思,即:要么是我们把这个**感性物**同对象的**自在性质本身**(尽管我们不能直观这种对象的**自在性质本身**)仿佛对立起来,或者是我们把这个感性物同完全不是我们感官客体的另一种可能的物(我们把它们看做是作为**只能**由知性加以思维的对象)仿佛对立起来,并把它们[指"对象的自在性质本身"或"不是我们感官客体的另一种可能的物"]称为"**知性物**"(Verstandeswesen)

---

① 斯密指出,这种提法与二版的提法是有差异的(见康蒲·斯密:《康德〈纯粹理性批判〉解义》,韦卓民译,华中师范大学出版社2000年版,第433页);而二版则说,范畴在经验性的应用之外是"毫无意义"的(见康德:《纯粹理性批判》,蓝公武译,商务印书馆2005年版,第215页)。

（Noumena[拉丁文,即本体]）。由此就产生一个问题,即难道我们的**纯粹知性概念**[即范畴]对本体来说就没有意义,并且它们也不是认识这些本体的方式吗？接着[第11段],康德提出:这样一来,从一开始我们就遇到了成为严重错误之源的歧义。比如,**知性**一方面从某种关系说,称对象仅仅是现象（Phänomen）,而同时又在这种关系之外给自己造出关于**自在的对象本身**的表象,并因此设想能够形成关于类似对象的概念[即本体],而因为知性除了范畴以外没有给出别的概念,所以**对象本身**至少必须借助于这些纯粹知性概念才能被思维,但借此却把对一个知性物的完全**不确定的概念**,即在我们感性之外的**一般某物**的概念,当成了我们能够借助于知性以某种方式来加以认识的实质性的**确定概念**。[康德的意思是说,这样一来知性就误入歧途,借助于本体概念错把一个不确定的概念当成了确定性概念。]

**其次**[第12～13段],导出**本体概念**的双重意义。康德指出[第12段],如果我们把本体理解为这样一个物,由于我们抽掉了我们对它的**直观方式**,而不是我们感性直观的客体,那么这样的本体就是**消极理解上的**[即否定意义上的]**本体**;而如果我们把本体理解为非感性直观的对象,那么我们就假定了一种特殊的直观方式,即理智的直观,但它并非我们[人类]所具有,并且就连它自身的可能性也难以认清,这样的本体就是**积极意义上的**[即肯定的或理智直观的意义上的]**本体**。①康德进而论述说[第13段],感性论同时就是**消极理解**[即否定意义]**上的本体论**[即否定性的本体论],即关于那样一种的理论,这种物是知性在抛开与我们的**直观方式的关系**而被思考的,从而不是作为单纯的现象,而是作为**自在之物本身**被思考的,[这就是说,自在之物本身（物自身）是消极意义上的本体],但同时知性懂得,在这种分离情况下[即脱离我们直观方式的情况下],它是不能对这种**自在之物本身**应用自己的范畴的,因为范畴仅在其对空间与时间中**直观的统一**的关系中才有意义,而这些范畴也只是由于空间与时间是观念性的东西,才能通过一般联结的概念以先天地规定这种统一[即直观的统一]。在没有这种时间的统一之处,即在本体那里,范畴不仅不能应用,而且也失去了任何意义,

---

① 这就是说,在康德看来,同一个本体概念对感性直观来说具有消极、反面和否定的意义,这种本体就是物自身;而对理智直观来说,却具有积极、正面和肯定的意义,这就是这真正形而上学的、本体论意义上的本体。（见郑昕:《康德学述》,商务印书馆1984年版,第17页的解释。）

因为在这种情况下,甚至连应与范畴相应的**那些物的可能性**本身也看不出。所以在康德看来,要能证明某物的可能性,绝不能单凭这个物的概念中没有矛盾的办法,而只能通过给这个物的概念配之以与其概念相应的直观的办法。因此如果我们想把范畴应用于被视为**不是现象**的对象,那我们就得设定**非感性的其他的直观**,而那时对象就成了**积极意义上的本体**。但是因为类似的直观方式正是**理智的直观**,完全处于我们的知识方式之外,所以范畴的应用无论如何都不能超出经验对象的界限。并且,虽说与**感性物**相应的无疑是**知性物**,我们感性直观的方式与这种**知性物**没有任何关系,至少我们的知性概念只作为我们感性直观的思维形式,是无论如何也不能扩展到这些物[指知性物]上去的。因此结论是:"**对于我们称之为本体的东西,我们只能在消极意义上去理解。**"①

**再次**[第14~19段],这一部分没有更多的新意,因此我把它概括为以下几点:

**1.**如果从经验性知识中除去一切通过范畴进行的思维,那就不会有任何关于对象的知识存留下来,但如果除去一切直观,还能剩下思维形式(即范畴),在这种情况下思维通过范畴虽然可以扩展到比感性直观更远的地方,指向一个**一般对象**,但并不能扩展对象的范围,除非我们假定有另一种直观形式,即理智的直观。[第14段]

**2.**一个作为非感官对象(即物自身)的**本体**的概念是不自相矛盾的,甚至是必要的,因为它从消极意义上说,能够防止把感性直观扩展到物自身上去。[第15段]

**3.**虽然可以把概念区分为感性的(sinnlich) 和理智的 (intellektuell),但把对象区分为现象与本体,并把世界区分为**感性的与知性的**(Sinnen - und Verstandeswelt),从**积极的意义上**,则是不允许的,因为本体概念在起着消极的限制感性的作用,同时也限制了**知性本身**,使它不能通过范畴去**认识本体**,而只能把它作为**直悟的对象**和未知的东西去思考。[第16段]

**4.**驳斥近代文献中某些人把世界区分为**感性世界**(mundi sensibilis[拉丁文])与**知性世界**(mundi intelligibilis[拉丁文])的做法。认为按照这种用

---

① 康德:《纯粹理性批判》,蓝公武译,商务印书馆2005年版,第218页。

法,一些人把直观到的**现象总和**称之为**感官世界**(Sinnenwelt),而把按照普遍的知性法则思考的现象总和称之为**知性世界**(Verstandeswelt),后者就是所谓**直悟的世界**(intelligibele Welt)。康德认为,知性与理性固然都可以应用于现象,但是当对象不是现象而是物自身时,即只被看做是"**直悟的**"(intelligibel)①时,知性是否还有其先验的应用? 他的回答是否定的。[第17段]

**5.**如果说,感官把对象表现为**如其所显现**的那样,而知性把对象表现为**如其所是**的那样,那么对于后者也只能在经验性的含义上去理解,即把对象理解为经验的对象,而不能理解为**纯粹知性的对象**[即不能被理解为本体],因为我们的知性和感性只有结合起来才能确定对象,如果把它们分开,我们虽然也会有一些表象,但它们却不适合于任何对象。[第18段]

**6.**批驳对范畴做"**纯粹先验应用**"的做法,认为单靠范畴是不可能做成先天综合命题(如"一切偶然的东西都有其原因"等)的,因为做成这样的命题必须有第三者做中介,而这第三者只能求助于经验,所以"**直悟的对象**"这一概念是完全缺乏其应用的原理的。[第19段]

## [短评]

康德之所以在这里强调对象区分为现象与本体的重要性,是为了顺利地向先验辩证论过渡,以提供批判理性辩证法的理论根据,这是他的体系的需要,是有理由的。但是更应当看到,他强行把认识的**一般对象**区分为经验的对象与直悟的对象、先验的对象(物自身)与超验的对象(本体)却是没有根据的,这正是他的形而上学思维方式的必然结果。还应当指出的是,康德关于本体与物自身的区别,以及消极本体与积极本体的区别的论述是不很清楚的,甚至有时是自相矛盾的,这是由他的唯心论观点与唯物论观点的矛盾造成的。

---

① "直悟的"(intelligibel),直译应为"只能用智力了解的",有的译本译为"理知的"或"知性的"似乎不妥,因为在康德看来,intelligibel 是指"只能通过理智来表现的对象说的,这些对象是我们任何一种感性直观都达不到的"。(参见康德:《未来形而上学导论》,庞景仁译,商务印书馆 1978 年版,第 88 页注 * )因此我们采取蓝公武译本的译法译为"直悟的"。

## 第六节　"附录:反思概念的歧义"摘要译评
### [见第 226～230 页]

　　[提示]所谓"反思概念的歧义",顾名思义,就是指需要进行反思的那些概念所产生的歧义或混淆。这里主要是对莱布尼茨的唯理论(即康德所谓的"理智论")观点即"纯粹知性"论的批判,实际是对现象与本体关系的观点的进一步发挥。所谓"反思概念"(Reflexionsbegriff)是指**同一与差异、一致与冲突、内部与外部、质料与形式**,它们分别与**量、质、关系**和**模态**的概念相对应。这些相互对立的反思概念① 被排除在**范畴表**之外,因为康德不允许未经批判的研究就把它们"混入"纯粹知性(范畴)中去②,但又认为是不能忽略的,于是他把它们一一列举,作为**反思概念表**放到这里来考察。康德认为,这个表把莱布尼茨的学说一切部分的特点及其所造成的误解的主要根源暴露出来。③ 但斯密认为,这个反思概念表的位置是放错了地方的,实际应当放到辩证论里。④ 其实不然,因为在康德看来,这几组概念是与不同的认识能力(感性或知性)相关联的,而在莱布尼茨那里却造成了"混淆",这就是所谓的"歧义",所以放到纯粹理性的辩证推理中是不合适的。显然,康德在这类对立概念的比较中也陷入了困惑,于是他就用自己本体(**纯粹知性的对象**)与现象(**感性直观的对象**)的二元论观点来加以解决。因此,黑格尔提出,康德之所以加上这个附录,是因为他感到从感性上升到知性的阶梯"不完全",所以要在直观和知性之间添上一个中间领域。⑤ 这个说法有一定道理,但也有一定问题,因为康德在感性和知性之间已经找到了一个中介物,那就是想象力。斯密指责这部分内容是"矫揉的",但从先验论的角度看,还是有其重要意义的,例如阿斯穆斯就说:"这个学说深刻描述了先验方法,指出这个方法要求我们

---

① 即莱布尼茨所说的"相对概念"(莱布尼茨:《人类理智新论》上卷,陈修斋译,商务印书馆 1982 年版,第 233 页)。
② 康德:《未来形而上学导论》,庞景仁译,商务印书馆 1978 年版,第 39 节。
③ 见康德:《纯粹理性批判》,蓝公武译,商务印书馆 2005 年版,第 229 页。
④ 见黑格尔:《逻辑学》下卷,杨一之译,商务印书馆 1977 年版,第 250 页。
⑤ 见康蒲·斯密:《康德〈纯粹理性批判〉解义》,韦卓民译,华中师范大学出版社 2000 年版,第 439 页。

并不仅仅撇开内容对概念作形式的比较,而要按照内容来描划概念。"①
但是应当指出,康德对莱布尼茨的批判是不彻底的,甚至可以说是带有妥
协意味的。下面我们按三个小标题加以介绍,其中第三个小标题为本书
作者所加。先看第一个小标题:

## 一、由知性的经验性应用与先验应用的混淆而引起的反思概念的歧义

[提示]这是主体部分,先概论"反思",然后是四组"反思概念"及其分
析,共有6个自然段②:

第一[第1~2段],是引言,概论"反思"。

首先[第1段],是"反思"和"先验的反思"。康德指出,**反思**
(Überlegung)(reflexio[拉丁文])并不是为了从对象那里直接获取概念而与
对象本身打交道,相反它是那样一种**心灵的状态**(Zustand des Gemüts),在
那里我们首先试图寻找唯在其下才能形成概念的**主观条件**。于是他给反
思下定义说:"**反思**是被给予的表象[包括直观与概念]对我们的各种知识源
泉[指感性与知性]的关系的意识,只有依靠这种意识,各种知识源泉之间的
相互关系才能被正确地加以规定。"③ 因此他认为,我们在对自己的表象
作更进一步的探讨之前,应当先解决这样的问题:这些表象全都属于哪种
知识能力? 是谁把它们[表象]加以**联结**或加以**比较**的呢,是知性还是感
性? [这就是说,在对知性或感性的表象进行联结或比较之前,应当首先对它们的归
属进行反思,也就是在认识之前首先要对认识能力进行一番批判。]通常一些判断
或者是按照习惯被接受的,或者是由于个人倾向的作用而联结起来的,但
因为没有任何反思在前,或至少这种反思也没有怀着批判的目的跟随其
后,于是就认为这些判断是起源于知性的。[这是指莱布尼茨。]但康德又认
为,并不是所有的判断都需要追究其真理性的根据,例如两点之间只有一
条直线,因为这个判断是直接确定的。但是所有的**判断**,乃至所有的**比较**
都需要反思,即都需要对被给予的概念所属的那种**知识能力**进行识别。

① 瓦·费·阿斯穆斯:《康德》,孙鼎国译,北京大学出版社1987年版,第163页。
② 见康德:《纯粹理性批判》,蓝公武译,商务印书馆2005年版,第226~230页。
③ 康德:《纯粹理性批判》,蓝公武译,商务印书馆2005年版,第226页。

康德给**先验的反思**下定义说:"我通过**一种活动**把对一般表象的比较同这种表象由以产生的知识能力联系起来,并且我通过这种活动来辨明,这些表象相互之间的比较是属于纯粹知性还是属于感性直观,我称这种活动为**先验的反思**。"① [因此先验的反思实际是对于不同表象的联结或比较的一种主观层次的先行思考。]但是这些概念相互间在这样或那样的心灵状态下所能发生相互关系是:**同一与差异、一致与冲突、内部与外部、被规定者与规定者**(质料与形式)。正确地确定这些关系取决于它们在何种知识能力中主观地相互关联,在感性中还是在知性中。因为感性与知性间的差别,会引起这些概念在**思维方式**上的巨大差别。

其次[第2段],是"先验反思"与"逻辑反思"的区别。康德指出,在构成一个**客观的判断**之前,我们先要对其中的概念进行比较,例如,为了构成全称判断而确立**同一性**(即使许多表象从属于一个概念),或者为了构成特称判断而确立**差异性**,或者为了构成肯定判断而确立**一致性**,或为了构成否定判断而确立**冲突性**,等等。这样一来,似乎就该把上述概念称为**比较概念**。但是当这里所说的不是关于概念的**逻辑形式**而是关于概念的**实际内容即关于事物本身**[物自身或现象]的同一或差异、一致或冲突时,那么事物对于我们的知识能力就具有两种关系,这就是对感性的关系和对知性的关系,并且这样一来,概念之间互相关联的**方式**,就取决于它们究属何种知识能力。于是康德就得出结论说:只有**先验的反思**,即**被给予的表象**对这种或那种知识能力的关系,才能**规定**它们之间的相互关系,并且,事物的同一或差异、它们的一致或它们之间的冲突等等,不能只通过单纯的比较从概念自身来加以确认,而首先是通过**先验的反思**来辨别它们究属哪种**认识方式**来加以确定。所以在康德看来,"逻辑的反思"只是一种单纯的比较,因为这种反思完全**抽掉**被给予的表象所从属的知识能力,而只注意到它们在心灵中的**同类位置**,而"**先验的反思**"则不然,它**指向对象本身**[即涉及到内容],含有表象间客观比较的可能性根据,所以两种反思之间存在深刻的区别,因为两者所从属的知识能力是不同的。于是康德认为,先验的反思乃是一种义务,对于所有想先天地对事物作出判断

———————
① 康德:《纯粹理性批判》,蓝公武译,商务印书馆2005年版,第226页。

的人来说,都是不能回避的。为了履行这种义务,他就对上述几组对立概念进行比较分析。

第二[第3~6段],是反思概念表,即对四组反思概念的分析。

**1.同一与差异**(Einerleiheit und Verschiedenheit)。康德提出两种情况,即一方面,如果一个对象多次展示给我们,而且总是伴随着同一的内部规定(质和量),那么作为纯粹知性的对象,它就**总是**同一的,并且只是**一个物**(数目的同一),而不是**多个物**;另一方面,如果对象是现象[指显现],那么问题就**与概念的比较**[概念的比较遵循形式逻辑的同一律:A=A]无关了,因为即使概念是一样的,这一现象在同一时间中空间位置上的区别,也还是构成了对象自身(感官的)**数目的差异**的充分根据[这就是一中有多或多中有一,即同中有异或异中有同]。例如对**两个水滴**来说,即便完全抽去一切内部[即其自身的]差异(质和量),而如果我们在同一时间,在空间的各种位置上**直观它们**,那么也还是有足够理由认知它们在数目[即是2个而非1个]上是有差异的。接着康德就开始批判莱布尼茨。他指出,莱布尼茨把现象当做物自身,从而当做**理智物**(intelligibilia,拉丁文),即当做纯粹知性的对象(虽说由于对这些对象的表象模糊不清,他称它们为现象),在此情况下,他的"**无差异的同一原理**"[即绝对的同一原理]固然是不能反驳的[这是妥协];但是现象是感性的对象,对它们来说只有知性的**经验性应用**而非纯粹应用;因此空间本身作为外部现象的条件,就已经指明多数性和数目的差异。因为空间的一部分即使与另一部分完全相似和相等,但至少是处在这另一部分之外;正因为空间的一部分有别于另一部分,所以把这一部分与另一部分加在一起时,就形成了更大的空间。因此这一点本身也关涉到同时处于不同空间位置上的一切物,而不管它们相互之间在另外的关系上怎样相似和相等。[这样,康德就从先验反思的立场出发,把对同一与差异的区别同知性能力与感性能力的区别联系和对应起来,并把同一与差别机械地对立起来。而与此形成鲜明对照的是黑格尔的"具体的同一",即"同一与差别的统一"的观点①。]

**2.一致与冲突**(Einstimmung und Widerstreit)。康德认为,如果实在性只是通过纯粹知性表现出来(即本体的实在性),那么实在性之间的冲突

---

① 黑格尔:《小逻辑》,贺麟译,商务印书馆1980年版,第248、259页。

就是不可设想的,即不能设想这样一种关系:各实在性在联结在一个主体中时,其结果会互相抵消,就像 3 减 3 等于 0 那样。相反,在现象中诸实在性(现象的实在性)却可以处在互相冲突之中,也就是当它们结合在一个主体中时,一个实在性完全或部分地抵消另一个实在性的结果,例如在这种情况下:当位于一条直线上的两个力的运动,在相反方向中作用于同一个点上,或者当痛苦被快乐所平衡的时候。[这里,康德在本体领域中只见到了一致,而在现象领域中却发现了对立,结果就遇到了一致与冲突的歧义。当然这又是他的二元论和形而上学在作怪。]

**3.**内部与外部(Das Innere und Äuβere)。康德指出,在纯粹知性的对象[作为理智物(知性物)]中,只有同一切与其相区别的东西没有任何关系(就其存在来说)才是**内部的**。而在空间中显现出来的实体[作为感性物](即作为**现象的实体**)的内部规定无非是一些关系,而这种实体本身完全只是一些关系的总和。我们对空间中的实体的认识,只是通过它们在空间中起作用的力,或者是促使其他物靠向自身(引力),或者抵御他物对自己的闯入(斥力和不可入性),除此我们并不知道构成显现在空间中并被称做物质的实体概念的其他属性。相反,作为纯粹知性的客体,一切实体都必须具有内部规定以及倾向内部实在性的力。但是除了我的内感官所提供给我的东西外,即要么其本身就是一个**思维**,**要么**是类似于思维的东西外,我还能思考什么其他的内部属性呢?因此**莱布尼茨**把一切实体当做是天赋表象能力的**单纯主体**,一句话当做是**单子**,因为他把它们当做本体接受下来,同时也不排除物质的组成部分,只是他从物质的组成部分中想象地去掉了一切能够表示外部关系的东西,以及一切附加的东西。[这里,康德批判了莱布尼茨只看到了作为单纯实体的单子所固有的"内在原则"、"内在活动",而忽视了它们的外部表现和外部关系。①]

**4.**质料与形式(Materie und Form)。康德认为,质料与形式这两个反思概念是一切其他反思概念的基础,在一定程度上同知性的一切应用不可分割地联结着。因为其中的一个意味着一般**可规定者**[质料],另一个意味着**规定**[形式](这两者都具有先验的意义,因为我们抽掉了被给予的东西的一切差别[即只看到统一],以及这种被给予的东西由以被规定的方

①　见莱布尼茨《单子论》(载《十六—十八世纪西欧各国哲学》,商务印书馆 1975 年版)。

式)。他说,从前的逻辑家称质料为**一般物**,称形式为种属差异[即属差]。例如,在一切判断中,被给予的概念都可称之为逻辑质料(对判断来说),而这些概念之间的关系(通过联结)就是判断的形式。① 还有,在每一个**存在物**(Wesen)中,**其组成要素**(essentialia[拉丁文,李译"实质性东西",即实质性])就是**质料**,而这些质料借以在物中联结起来的方式就是本质的**形式**。对**一般物**来说也是一样,未被限制的**实在性**可以被看做是一切可能性的质料,而对它的限制(否定)就是按照先验的概念使一物借以区别于另一物的形式。这样一来,知性为了以某种方式来规定某物,首先要求某物被给予出来(至少在概念中)。因此在纯粹知性概念中**质料先于形式**,为此莱布尼茨首先假定诸物(单子)以及内在于它们[即单子]的**表象能力**[把它们作为特种质料],以便使以后物之间的外部关系以及它们的状态之间(即诸表象之间)的相互作用(即协同性)皆植根于此[即植根于单子的内在的表象能力]。按照这种见解,空间与时间都是作为根据与后果的关系才是可能的,即空间[作为果]有赖于实体间的**相互关系**[即互为因果],时间有赖于这些实体规定的**互相联结**[即因果连续性]。[这就是说,在莱布尼茨看来,空间与时间依赖于相互区别的实体(单子)之间的关系。]康德认为,如果纯粹知性能够直接与对象相关,如果空间与时间都是物自身的规定,那么事情本身可能就是这样。[这里,康德首先向莱布尼茨的唯理论(单子论)作出了让步。]

　　但是如果空间与时间只是感性直观,我们在其中所规定的一切对象只不过是现象,那么直观的**形式**(作为感性的主观性状)**就先于任何质料**(即感觉),从而,空间与时间就先于一切现象和一切经验的材料,确实只有它们[即空间与时间]才使现象和经验成为可能。康德说,这位理智论的哲学家不能容许形式先于物本身并且规定这些物[物自身]的可能性,而从理智论者自身的观点看,他是对的,因为他认为我们所直观的物正像它们[实际]存在的那样(虽说是通过不清晰的表象)。但是因为感性直观是完全特殊的主观条件,它先天地存在于一切知觉的根底中,而且它的形式又是原初的,所以这种形式是自己所给予的,而质料(或者显现的物本身)不仅不应当作为基础(就像我们如果单单按照概念来推断而应当确信的那

---

① 见康德:《纯粹理性批判》,韦卓民译,华中师范大学出版社 2000 年版,第 296 页注①。

样),正好相反,质料之所以可能是以形式的直观(即空间与时间)已被给予为前提的。[这样,康德就从先验反思论出发,断定了形式先于质料的先验论观点。]

## 二、对反思概念的歧义的注释[见第230~243页]

[提示]这个所谓的"注释"实际上是对前面所讲的四组反思概念的进一步发挥,是对莱布尼茨唯理论(即"理智论")的直接批判,其中有一些内容与前边的论述相重复,① 但还是包含着许多重要的思想。下面我们对其主要观点加以介绍:

第一[第1~4段],"先验的位置论"。这里涉及到对**比较、反思、歧义**等重要概念的解释。与亚里士多德的逻辑位置论相区别,康德提出了他的**先验位置论**。他把或在感性中或在纯粹知性中所分给概念的位置称做**先验的位置**;把一切概念在其应用中所从属的**位置之确定**,以及按规则确定一切概念的**位置之指导**,称之为**先验的位置论**。这种位置论所涉及的只是前面提到的四组概念,它们**不同于范畴**,因为它们所指示的并非是据以构成其概念(量、实在性等)的东西,而仅仅是先行于物的概念的诸多表象的**比较**。但是康德认为,这种比较首先需要一种**反思**,即首先需要确定其位置,也就是这些表象是被纯粹知性**所思维**,还是由感性在现象中**所提供**。但是因为对这种概念的比较是涉及到它们所表现的对象的,所以先行进行的反思就要确定这些对象是哪种知识能力的对象,是**纯粹知性的对象**还是**感性的对象**。康德认为,没有这种反思,这些概念的应用就是不可靠的,并会引出一些假想的综合原理,它们是不会被批判的理性所承认的,因为它们是以先验的**歧义**为根据的,即以纯粹知性的对象与现象的**混淆**为根据的。因此他批评莱布尼茨因为缺乏先验位置论而被概念反思的歧义所迷惑,于是就建立了一个世界的**理智体系**,更准确地说,他宁可相信只要把一切**对象**与知性以及它的思维的抽象的形式的**概念**相比较,似乎就能认识物的内在性质。因此他指责莱布尼茨只通过概念来使一切物相互比较,而完全忽视了感性的差别,把感性看做是模糊的表象,甚至认

---

① 斯密因此说这是把分别写成的稿子外在地凑合在一起的,见康蒲·斯密:《康德〈纯粹理性批判〉解义》,韦卓民译,华中师范大学出版社2000年版第443页。

为现象就是关于物自身的表象。因而他认为**莱布尼茨**与**洛克**陷入了两个极端，一个**把感性的现象理智化**，一个**把知性的概念感性化**[即一个陷入了纯粹的理性论，一个陷入了纯粹的经验论]。

**第二**[第5～9段]，是对**莱布尼茨**四组反思概念的理智论观点的批判。康德认为莱布尼茨错误的关键是仅在知性中把感官对象作为一般物来加以相互比较。具体是：

**1.**关于同一与差异。莱布尼茨对感官对象的比较所采取的做法是用知性来判定它们的同一或差异，这样他就不可避免地把他的只对一般物的概念有效的**无差异的同一原理**扩展到感官对象上去，以为这样做本身就扩大了关于自然的知识。例如两滴水在概念上是完全同一的，但在外部直观中作为现象却至少有着位置上的差异。所以康德认为，莱布尼茨的无差异的同一原理并非是自然规律，因为自然是现象的总和，因此这个原理只不过是通过单纯概念对物进行比较的一个**分析性规则**。[这样，康德就把抽象同一性原则留给了知性，而把具体同一性原则留给了感性或自然界。]

**2.**关于一致与冲突。康德认为，表示实在性（作为单纯的肯定）在逻辑上永远互不相冲突的原理，完全是一条关于概念之间相互关系的真实性原理，但不管对自然界来说还是对物自身来说，都没有任何意义。因为在康德看来，现实的[即非概念的]冲突到处都会遇到，例如在 A − B = 0 那里，即在联结在一个主体中的各实在性那里，它们的作用就会相互抵消。但康德又指出，莱布尼茨虽未把上述命题作为一条新的法则，但他的继承者们却把它收入到他们的体系中去了。在他们看来，在被造物（自然界）那里，与实在（作为单纯的肯定）相冲突的只是否定，因此冲突不过是关于物的概念因矛盾而消灭而已。他们决不承认相互危害的冲突，而这种冲突只在感性中才能向我们显示出来。[这样，康德就把矛盾和冲突放逐到感性和自然界中去了。]

**3.**关于内部与外部。康德指出，对莱布尼茨来说，单子论除了只在对**知性**的关系中[即只在知性中]才表现出内与外之间的区别外，是没有任何其他根据的。而**一般实体**[即实体一般]应当具有某种内部的东西，即某种不受外部关系约束的东西，因此也不受合成的约束。这样一来，构成物自身的**内部基础**的就是**单纯的东西**[即单纯的实体或灵魂]。但是属于物自身的状态的内部东西不能是它们的空间位置、形状、接触或运动,因为这些都是外部关系。因此除了我们赖以从内部规定自己感官的东西外,我们是不能把任何其他的**内部状态**归给实体的,而这种内部状态正就是表象。① 这样单子就出现了,它们应当成为全宇宙的**原初质料**,虽说它们的活动能力只在表象之中,也就是说,它们的活动只能在自己内部。于是在莱布尼茨看来,实体的相互作用就不能依赖于物理的作用,而只能依赖于"**前定的和谐**",当然这就是上帝的干涉。[这样,康德就有力地批判了莱布尼茨关于内与外、灵魂与形体(物质)的相互关系的理论,揭露了莱布尼茨的"前定和谐"论。]

**4.**关于质料与形式。康德指出,莱布尼茨在他的时空学说中把感性形式理智化了,由此而造成了同样的先验反思的错觉。他说,如果我只用知性来表现物的外部关系,那我就只能借助于关于物的**相互作用的概念**才能做到,而如果我要把物的一种状态与它的另一种状态联结起来,那么这就只能在根据与后果的转换中实现。于是莱布尼茨就把空间想象为实体间相互联系中的一定秩序,把**时间**想象为实体状态的力学的相继性。康德认为,这样一来莱布尼茨就把空间与时间看成是物自身间联结之**直悟的形式**,把这些物看成是**直悟的实体**(即**本体**)。但是在这种情况下,即便我们可以就物自身作出某些综合判断(但这是不可能的),但还是完全不能涉及到现象,而现象又不能代表物自身。于是我们就不得不在先验的反思中,在感性的条件下去比较概念,而这样一来空间与时间就不是物自身的规定,而是现象的规定了。这样物自身是什么我就不知道了,也无须知道,因为物除了作为现象任何时候都不能对我们表现出来。[这样,康德就既批判了莱布尼茨的天赋观念论,又维护了他自己的关于感性的先天形式(即时空)的先验论学说。]

**[短评]**

康德的先验反思学说对理解他的先验论、二元论和不可知论的认识论有着重要意义,具体说有以下几点:

---

① 这里说的是,莱布尼茨用我们人的表象来类比单子的表象(见康德:《纯粹理性批判》,蓝公武译,商务印书馆2005年版,第239页),因为在莱布尼茨看来人和单子都是上帝的造物,因此都有着"同一的存在本性"(莱布尼茨:《人类理智新论》上卷,陈修斋译,商务印书馆1982年版,第131页),即都一样具有知觉、表象和灵魂。并参看莱布尼茨的《单子论》(载《十六一十八世纪西欧各国哲学》,商务印书馆1975年版)。

**首先**,康德为了重申他的先验论和不可知论,而同莱布尼茨的天赋观念论和理智论划清了界限,指出莱布尼茨为了坚持理智论而求助于形而上学的抽象的同一性、一致性、内在性和实质性(质料)原则,从而忽略了现实的差异性、冲突性、外在性和规定性(形式)。毫无疑问,这种批评是有着很强的针对性的。

**其次**,康德虽然揭露了莱布尼茨从理智论出发所陷入的反思概念的歧义(混淆),试图解决这一矛盾,但结果并未能摆脱这一窘境,相反却陷入了二元论和不可知论的陷阱,例如他把现实的差别归给感性,把抽象的同一归给纯粹知性,从而把现象(感性物)与本质(理智物)割裂开来。

**再次**,康德在承认莱布尼茨的无差别的同一性(即"抽象的同一性")、无冲突的一致性、无外在性的内在性以及非规定性的实质性的同时,仍然坚持了现实的差异性、冲突性、外在性和规定性,这就使他向辩证地解决反思概念所陷入的歧义靠近了一大步,虽然远未达到黑格尔的水平,但毕竟是不能否认的历史功绩。

### 三、无的概念的划分表及其说明[见第 242~243 页]

[提示]前面提到,康德曾提到"反思概念表",称这个表把莱布尼茨体系的一切特征及造成其误解的根据都暴露出来了。但是康德为了"体系的完整",又在此基础上提出了"无的概念的划分表"并加以说明,因此我们单列一个标题来加以介绍。"无"的概念虽然也被康德排除在范畴表之外,但在他看来也还有说明的必要,因为明确了这些概念对于防止理智的滥用是有意义的,当然其矛头也主要还是针对莱布尼茨派的理智论的。下面我们就加以介绍:

**首先**,是这个表与范畴表的关系。按康德的说法,**先验哲学**通常由之开始的最高概念是**可能**与**不可能**的划分。①但是康德又认为,因为一切划分都必须假定有**被划分的概念**,这就必须容许有一个更高的概念,这就是"**一般对象**"[包括现象与本体]的概念,但它的被采用却是可疑的,

---

① 显然,这是受到莱布尼茨的启发的,因为莱布尼茨通过可能的观念与不可能的观念的划分来判断概念的真和假。(参见莱布尼茨:《人类理智新论》上卷,陈修斋译,商务印书馆1982年版,第284页。)

并未确定其对象是**有**是**无**。于是康德推论说,既然范畴是指向**一般对象**的唯一概念,所以决定某一对象是有是无的问题,就应当按照**范畴的秩序**并在范畴的指导下进行。这样,康德就把他的**无的概念划分表**与他的**范畴表**一一对应起来,并且把矛头主要指向**本体**的有和无,以便向先验辩证论过渡,当然这种做法是由他的纯粹理性的建筑术所决定的,是非常牵强的。

**其次**,是对无的概念的划分。

1.无对象的**空虚概念**(leerer Begriff ohne Gegenstand)。按康德的说法,这是指与**全部、多数**和**单一**相对立并取消它们这一切的概念,这就是**虚无**(Keines)的概念。这样,这一概念的对象就没有任何直观与其相适应了,因此这一概念之所指的对象等于**无**(Nichts),例如,**本体概念**就是没有对象的概念,所以本体不能被列入可能性的范围,虽然也不能就此认定它们是不可能的(作为理智物),或者就像某些基本力,它们被人们所思维而且并不矛盾,但不能从经验中获取例证,因此而不能列入可能性的范围一样。[这样,康德就把量的概念从物自身中驱除出去。]

2.一个概念的**空虚对象**(leerer Gegenstand eines Begriffes)。康德解释说,实在性是**某物**[即有],而否定就是**无**,而这个无就是对象缺乏的概念,如阴影和寒冷(缺乏的无)。[这样,康德就把物自身列为有名无实的行列中去了。]

3.无对象的**空虚直观**(leere Anschauung ohne Gegenstand)。康德说,一个没有实体的直观形式本身并不是一个对象,而只是作为现象的对象的**形式条件**,这就像纯粹的空间和纯粹的时间,它们作为直观的形式是某种东西,但它们本身决不能是直观的对象(想象的物)。[这样,康德就把无实体的空虚直观(纯粹直观)从物自身中排除出去。]

4.无概念的**空虚对象**(leerer Gegenstand ohne Begriff)。康德宣称,陷于自我矛盾的概念,其对象是无,因为这样的概念本身是无,是不可能的东西,如两条直线围成的图形(否定的无)。[这里,康德从概念本身的自相矛盾(自我毁灭)出发,把物自身的可能性也排除了,这是最彻底的排除。]

**再次**,是无的概念表。康德把无的概念这种划分列表如下(按他的说法,与这种"无"的概念相对应的"某物"即"有"的概念的划分就自然得出来了）：

无，作为：

**1.**

无对象的空虚概念

理智物

**2.**　　　　　　　　　　　**3.**

一个概念的空虚对象　　　　　无对象的空虚直观

缺乏的无　　　　　　　　　想象物

**4.**

无概念的空虚对象

否定的无

**最后**，是几点说明。康德指出，思维的空虚产物(1)与荒诞不经之物(4)的区别在于，前者不能被列入可能性的范围，因为它只是虚构(虽然并不矛盾)，而后者与可能性相对立则是因为其概念就取消了这种对象本身。但是这两者都是**空虚的概念**。至于缺乏的无(2)与想象物(3)，那它们都是概念的空虚材料。因为，如果没有光线给予感官就不能表现出黑暗，如果没有广延的存在物(ausgedehntes Wesen)被知觉也就不能表现出空间。所以否定的和直观的单纯形式如果没有实在的东西就不能成为对象。

## [短评]

这里，康德把"无"的概念与"有"的概念区分开来，以此来解决现象与本体的区别问题，这从他的先验逻辑观点看是必要的，因为他强调了认识的客观内容即客观性。但是他并没有解决有和无的辩证关系问题，从而也不能解决现象与本体的辩证关系问题，这说明他仍陷入形而上学的思想方式而不能自拔。不过他的有无关系理论却为黑格尔后来提出他的有无关系的辩证法提供了启发，例如黑格尔也以"黑暗只是光明的缺少，寒冷只是温热的缺少"[①]为例谈到了康德所谓的"**缺乏的无**"等等，因此康德的有无关系的理论还是有其积极意义的。

---

① 黑格尔：《逻辑学》上卷，杨一之译，商务印书馆 1977 年版，第 92 ~ 93 页。

# 第六章　先验辩证论<sup>**</sup>

## 第一节　先验辩证论的"导言"简介［见第 244～253 页］

　　[提示]先验辩证论即先验理性论，是先验逻辑的第二编，要解决的是"作为自然倾向的形而上学如何可能的问题"，主要讲**以往形而上学**的辩证推理(即"纯粹理性本身的诡辩")是如何产生的。康德认为，知性的活动本来应当限于经验的领域，在这里，知性通过他特有的纯粹概念(范畴)和纯粹原理(图式)来**为自然界立法**，从而使数学与自然科学成为可能。但是知性发现在经验的领域总是受到条件(即有限性)的限制，因而得不到满足，于是就企图超出经验领域向不受条件限制的**绝对全体**前进，结果就突入到被叫做形而上学的即物自身(灵魂、世界、上帝)的领域。但是知性一旦进入这个领域，就因得不到经验的支持，而陷入到"**幻象**"之中。这时知性也就不再是原来意义上的知性，而变成了理性。按康德的说法，理性所使用的概念叫做纯粹理性概念，即理念，这就是"**先验的幻象**"；理性的活动方式是推理，这就是"**逻辑的幻象**"。于是先验理性论(先验辩证论)就分为纯粹理性的概念与纯粹理性的推理两个部分，前者论述纯粹理性概念在**主观上**的合理性，这就是**理念**；后者揭露纯粹理性推理的谬误性，这就是**辩证推理**，它成为本章的重点。黑格尔认为本编的内容比前一编"尤为重要"，其对象涉及到"灵魂、世界、上帝"这样一些"理性的理念"。<sup>①</sup> 下面是该编"导言"的简介：

---

　**　康德:《纯粹理性批判》，原书第二编，第 244～496 页。
　①　黑格尔:《小逻辑》，贺麟译，商务印书馆 1980 年版，第 128、99 页。

## 一、先验的幻象(transzendentaler Schein)

[提示]在这个标题下康德主要讲了先验幻象与经验性幻象以及逻辑幻象的区别,应当说这里的论述是比较模糊的,特别是关于先验幻象与逻辑幻象的区别就没有说明清楚。这里我们把《批判》与《导论》的相关内容加以梳理。

康德把"一般辩证论[辩证法]"称为"**幻象的逻辑**",也就是"**辩证的幻象**"。但他认为,这并不意味着它就是概率性的学说,因为概率性学说,虽然是没有充分根据的知识,但毕竟是真理而不是谬误,因此至少不能与逻辑的分析部分分离开来。这就是说,"幻象的逻辑"并非是"真理的逻辑"①。**幻象**(Schein)也不能等同于**显象**(Erscheinung)。因为幻象或真理,都不存在于能被直观的对象之中;相反,它们都只存在于关于被思维的那个对象的**判断**中。在他看来,"一切幻象都可以归结为:思维的主观条件被当做了关于客体的知识"②。他又说:"所有的幻象都在于把判断的主观根据当成了客观根据。"③ 既然幻象存在于关于对象的判断中,因此也就是存在于"对象同我们**知性**的关系中"④。康德认为有**三种幻象**,即**先验的幻象、经验性的幻象与逻辑的幻象**。⑤

首先,先验的幻象与经验性的幻象不同。经验性的幻象(如视觉的幻象[即错觉])是把可靠的知性规则应用于经验时,**判断力**"在想象的影响下"而产生的。而先验的幻象则是由于违背批判的警告,引导我们"超出范畴的经验性应用","并用**纯粹知性**的一种扩展的错觉来拖累我们"造成的。⑥ 他说,这种幻象居住在"纯粹理性"之中⑦,又说,"理念带有一种能够轻易地诱惑人的幻象"⑧。他声称共有"三种先验的幻象"⑨,即:思维主

---

① 康德:《纯粹理性批判》,蓝公武译,商务印书馆2005年版,第79页。
② 康德:《纯粹理性批判》,蓝公武译,商务印书馆2005年版,第316页。
③ 康德:《未来形而上学导论》,李秋零译,《康德著作全集》第4卷,中国人民大学出版社2005年版,第332页。
④ 康德:《纯粹理性批判》,蓝公武译,商务印书馆2005年版,第244页。
⑤ 见康蒲·斯密:《康德〈纯粹理性批判〉解义》,韦卓民译,华中师范大学出版社2000年版,第447页。
⑥ 见康德:《纯粹理性批判》,蓝公武译,商务印书馆2005年版,第245页;康德:《纯粹理性批判》,李秋零译,中国人民大学出版社2004年版,第275页。
⑦ 康德:《纯粹理性批判》,蓝公武译,商务印书馆2005年版,第247页。
⑧ 康德:《未来形而上学导论》,李秋零译,《康德著作全集》第4卷,中国人民大学出版社2005年版,第332页。
⑨ 康德:《纯粹理性批判》,蓝公武译,商务印书馆2005年版,第317页。

体的绝对统一、现象的诸条件系列的绝对统一、一切一般思维对象的绝对统一①,实为**灵魂、宇宙**(世界)、**上帝**。[但是又不能把先验的幻象完全等同于先验的理念,实际上它们之间既有密切的联系,又有所区别,因为至少可以作这样的理解:理念在消极意义上是一种幻象,例如康德就称灵魂为"单纯的幻象"②,而在积极意义上则意味着知性知识的"最高统一"或"绝对统一"③。]康德还把纯粹知性的经验性应用的原理称做**内在的原理**,而把纯粹知性的超出经验界限的应用的原理称做**超验的原理**。他认为**先验的**与**超验的**术语不是一回事。上述纯粹知性的原理[即先验的原理],只能作经验性的应用,不能作先验的或超出经验界限的应用,而如果取消这些界限,甚至驱使纯粹知性跨越这些界限,这样的原理就叫做**超验的原理**。

其次,先验的幻象与逻辑的幻象也不同。立足于单纯模仿理性的**推理形式**的**逻辑的幻象**(错误推理的幻象)来源于对逻辑规则的缺乏重视,因此一旦集中注意于当前的事例,它就会完全消失。而先验的幻象,即使我们已经揭穿它,并通过先验的批判清晰地看到它的无价值(例如,"世界在时间上应当有开始"这个命题的幻象),也还是不会终止。其原因在于,我们的理性把我们概念的**主观的必然联结**当做关于物自身的规定的**客观必然性**。康德认为,这是不能避免的**幻觉**(Illusion),正如海面中央看似比海岸更高或月亮初升时显得比平时更大一样。因此他提出,先验辩证论应当满足于**揭露**先验命题的幻象,同时预防我们受它的欺骗,而不要指望它会像逻辑幻象那样完全消失,因为这是一种自然的不可避免的幻觉,是一种纯粹理性的自然的不可避免的**辩证法**。

[郑昕解释先验幻象说:"经验本来是无限制的,而理性又替它要求有一个限制(即寻找一个"极限"),于是幻象产生了:好像此经验的极限即在经验领域之内,即在现象之内。好像物如(物自身)即是现象的第一分子,此分子即在现象之内,为一对象。"在他看来,这就是"纯理性的不可避免的先验的幻象"。④]

## 二、作为先验幻象驻地(Sitze)的纯粹理性 [此为原书的标题]

[提示]在这个标题下康德从三个方面泛论理性,下面我们按原书的

① 见康德:《纯粹理性批判》,蓝公武译,商务印书馆2005年版,第267页。
② 康德:《纯粹理性批判》,蓝公武译,商务印书馆2005年版,第287页。
③ 康德:《纯粹理性批判》,蓝公武译,商务印书馆2005年版,第247、267页。
④ 见郑昕:《康德学述》,商务印书馆1984年版,第21页。

小标题加以介绍：

**1.**一般理性（Vernunft überhaupt）

这里主要讲理性与知性的关系。首先康德区分了人类的三种认识能力，即感性（感官）、知性和理性。他宣称："我们的全部知识从感官开始，然后转向知性，而终止于理性，在理性之上我们再没有什么整理直观的质料并使之置于思维的**最高统一**之下的东西了。"① 他认为，理性像知性一样，也有两种应用。一是纯形式的即**逻辑的应用**，这时它抽掉了知识的一切内容；二是**实质的应用**，因为它自身包含着某些概念和原理的源泉，这些概念和原理既不借自于感官也不借自于知性。这样理性也就有了两种能力，即**逻辑的能力**和**先验的能力**。他认为，按照同知性概念的类比，逻辑概念自身含有**先验概念**的钥匙，因此知性概念的功能表同时也能提供理性概念的系谱。

　　［当然，在今天看来，这种类比的理由并不充分。］

　　随后是通过与知性能力的对比来对理性能力进行论述。康德指出，在先验逻辑的第一部分中我们规定知性是提供"**规则的能力**（Vermögen der Regeln）"，这里我们把理性与知性加以区别，称理性为提供"**原则**［或原理］**的能力**（Vermögen der Prinzipien）"。但是原则这一术语的含义是模棱两可的，而通常仅指那样一种知识，它被当做原则来运用，虽然它本身就其起源来说完全不是原则。例如一切一般命题（全称命题），即便是来自于经验（通过归纳），都能作为**三段推理**的大前提，但这并不意味着它自身就是原则。数学公理（如两点之间只能做一条直线）固然可称之为原则，但并不能就此说从这一原则出发就可以认识一般直线和直线自身的性质，因为它只能在纯粹的直观中被认识。于是康德提出，来自于原则［原理］的知识只是那样一种知识，即我们"**通过概念在普遍中认识特殊**"。因此，如果说知性是借助于规则以建立现象统一的能力，那么理性就是按照原则以建立知性规则的统一的能力。所以理性任何时候都不直接针对经验或某种对象，而永远是针对知性，为的是借助于概念**先天地**给知性的杂多知识以统一，这种统一可称之为"**理性的统一**"，同知性所成就的统一完全不

---

① 康德：《纯粹理性批判》，蓝公武译，商务印书馆 2005 年版，第 247 页。

同类。康德认为,这种理性能力的一般性概念完全无须例证就能解释清楚,这些例证将在下面的论述中提供出来。

[这样,康德就经过层层抽象发现了理性这一最高的认识能力。但是他始终搞不清归纳与演绎、抽象与具体、一般与个别的辩证关系。他先是强行把知性知识与感性知识对立起来,弄不清从感性知识上升到知性知识的辩证法,现在又把理性知识与知性知识对立起来,弄不清从知性知识上升到理性知识的辩证法。]

**2.理性的逻辑应用**[实即形式的应用]

这里主要讲理性推理即**三段推理**。康德指出,在任何的推理中,都有一个**基础命题**,和另外一个由它引出的命题,即**结论**,最终还要有**推论程序**(Konsequenz[或一贯性]),它把结论的真理性同基础命题的真理性必然地联结起来。而推理则有两类,一类是从基础命题中直接(不借助于第三者)得出结论的推理,康德称之为"**知性推理**",如从"人皆有死"推出"一些人会死"、"一些会死的是人"、"没有不死的人";另一类是只有借助于其他命题才能推出结论的推理,康德称之为"**理性推理**"[即三段论],如从"人皆有死"推出"所有的学者都会死",就必须借助于一个中介判断才能推导出来,因为"所有学者会死"的命题并不包含在"人皆有死"的命题中。

康德认为,**三段论**属于理性推理。在这种推理中,三个判断来源于三种不同的认识能力。大前提来自**知性**,在这里我借助于知性思考到一条规则[如"人皆有死"];小前提来自**判断力**,在这里我借助于判断力把某些知识**归属**到规则的条件下[如"苏格拉底是人"];结论来自于**理性**,在这里我通过理性借助于规则的谓词["有死"]先天地规定自己的知识[如"苏格拉底"],从而作出断定[如"苏格拉底必有死"]。这里,在理性的三段推理中,已有知识[在小前提中,如"苏格拉底是人"]与它的作为规则表现在大前提中的条件[如"人皆有死"]之间的关系决定了推理的各种类型。康德认为,推理的类型就像关系判断的类型一样也分为三种,即**直言推理**、**假言推理**和**选言推理**。

康德进而指出,在通常情况下,如果结论作为一个判断提出来,那么为了看一下它是否是从某些被给予的判断中引申出来,其他的对象通过它们而被思考,那我就要在知性中寻求这个结论的主张,以发现它是否正好在知性里按照一般规则而从属于某些确定的条件。如果我发现这种条件,并且如果结论的客体[或对象]能够被**归属到**被给予的条件下,那么结论就是从对其他的知识对象一样有效的规则引申出来的。这就说明,理性推理的目的就是把知性知识规约为最小数目的**原则**(即知识的一般条件),并以此方式达到它们的最高统一。

[这样,康德就从理性的逻辑应用(即知性的一般规则)中推导出理性的最高原则(或原理)。]

**3.**理性的纯粹应用[实即先验的、实质的应用]

这里,康德要解决的问题是:**理性自身**,即**纯粹理性**,是否先天地包含着综合性的原理(原则)和规则以及这些原理(原则)可能在哪里? 康德认为,理性在推理中的形式的和逻辑的程序充分指明:在由纯粹理性而来的综合知识中,其先验原理(原则)将建筑在什么样的基础上。这里首先提出以下两点:

**第一**,理性的推理之所指并非是直观,以把它们[直观]**归属到规则之下**,(就像知性通过它的范畴所做的那样,)而是**指向概念和判断**。所以由理性所获得的统一是与由知性所完成的**经验的统一**完全不同的统一。例如,"一切发生的事物必有其原因"的这一原理,完全不是通过理性而认出和预先确定的原理,它使经验的统一成为可能,而不依赖于来自理性的任何东西,理性脱离这种同可能经验的关系,仅从一个概念出发是根本不能设置这种综合统一的。[这就是说,经验的统一只能依靠知性,而不能依赖理性。]

**第二**,理性在其逻辑的应用中要寻求的是其判断(作为结论)的**一般条件**,而理性推理本身无非是通过把其条件**归属到**一般规则(大前提)之下的方式而成的判断。但因为这种规则[它来自于知性]同样成为理性活动的对象,因而就又要寻找**条件的条件**(通过回溯推理),因此**一般理性**(在其逻辑应用中)**的特有原理**一般说就是,为有条件的知性知识找到这种知识的统一得以完成的**无条件者**。

于是康德提出,理性的原理可表述为:"**如果受条件限制者被给予,那么相互从属的诸条件的整个系列,即无条件者自身也一同被给予。**"① 这就是所谓的纯粹理性的"**最高原理**"。[这个所谓的"最高原理"是康德哲学的另一个最基本的假设,它涉及到相对与绝对、有限与无限的关系问题,而康德却无力解

---

① 康德:《纯粹理性批判》,蓝公武译,商务印书馆2005年版,第252页。

决这个问题,因此他的"最高原理"是一个根本无法证明的假设!]康德认为,这样一条纯粹理性的原理显然带有综合的性质,因为受条件限制者分析地与某种条件相关,但完全不同无条件者相关。[这里康德就是不懂相对包含绝对、有限包含无限的道理①,无奈他只能把绝对和无限推到所谓"理性"的思维中去,而黑格尔虽然仍旧援用感性、知性和理性的概念,但却废止了康德关于感性、知性和理性活动的三分法。]他认为,从这种综合性的原理可以派生出各种综合命题,而这些命题是纯粹知性完全不知道的,因为它只与**可能经验的对象**打交道,而关于经验对象的知识与综合却总是有条件的。如果这种无条件者确存在,那它就应当从其与一切受条件限制者不同的各种规定的角度来加以特别地看待,并且为某些先天综合命题提供材料。但是从这种纯粹理性的"**最高原理**"引申出来的原理[命题]对一切现象[显象]来说都应当是**超验的**,也就是对这种原则来说永远也不会有与其相适应的经验性的应用,因此它同一切知性原理不同。[这样,康德就从理性的纯粹应用推出了纯粹理性的"最高原理",其实这种"最高原理"不过是因果律的翻版而已,而因果性的观念则是由人的长期实践活动奠定基础的,因此是无须理论证明也无法证明的。]

于是康德就为先验辩证论提出了一系列需要解决的问题,例如:1.从条件系列扩展到无条件者的原理是否具有客观真理性? 2.以及从这种原理出发,将对知性的经验性应用产生什么样的后果? 3.或者,这类客观有效的理性原理是没有的,而只有一种通向更遥远条件的**逻辑准则**(logische Vorschrift),以便接近它们的完成,并由此把对我们来说由理性所达到的可能的最高统一带给我们的知识。为了解决这些问题,康德把先验辩证论分为两部分:纯粹理性的**超验概念论**以及纯粹理性的**超验的和辩证的推理论**。

## [短评]

第一,康德把理性从知性中分离出来,认为理性同经验完全隔绝,从而会产生不可避免的幻象,这不仅是一种唯心论,而且也是一种形而上学。如果硬要把理性与知性区别开来,那么理性无非是处于更高层次上的理论思维,即所谓的"**思辨的理性**",但是它既然还是一种思维,就不仅

---

① 见列宁《哲学笔记》,人民出版社 1974 年版,第 408 页中关于相对与绝对的论述。

不可能完全脱离经验,而且最终还要以现实为原型。

第二,康德试图从形式逻辑的三种推理形式中推导出三种纯粹理性概念(理念)的做法是牵强附会的。正如他无法证明形式逻辑的十二种判断必定蕴藏着十二个范畴一样,他也无法证明形式逻辑的三种推理形式必定蕴藏着三种理念。

第三,康德第一次把认识活动区分为感性、知性与理性三个发展阶段,是对认识发展阶段论的一个突出贡献,不仅对黑格尔的认识论有一定的影响,而且也对包括马克思主义哲学在内的现代科学认识论具有启发意义。

# 第二节 "纯粹理性的概念"译评[见第254~269页]

[提示]这里我们分四部分加以介绍,其重点在第三部分:"先验理念"译评。康德在《导论》中提出,正如对纯粹知性概念(即范畴)需要进行"演绎"一样,对纯粹理性概念(即理念)也需要进行"演绎"(第40节)。[演绎的具体内容见《批判》第260~266页。]他认为,理念与范畴相比,是完全不同的知识。概括起来就是:1.从其种类看,两者虽然同为纯粹概念,但范畴是有条件的相对的,而理念则是无条件的绝对的;2.从其来源看,两者按其性质说虽然都是先天的,但范畴是由反省(反思)得来,而理念则是从推理得来;3.从其应用看,范畴作为经验的形式必然只在经验中有其应用,而理念的应用则不限于经验,而是超验的,因为它们所提供的知识是一切经验性知识只是其一部分的那种知识,而其本身则不是经验性知识;4.从其功能看,范畴的功能是**理解**(与知觉相关)对象,而理念的功能则是**领会**(与概念相关)对象;5.从其对象看,范畴以经验对象(现象)为对象,而理念则以一切现象的绝对全体为对象,如此等等。下面是介绍:

## 一、引言译评[见第254~255页]

[提示]这里是没有加标题的引言,通过与纯粹知性概念的对比推出纯粹理性概念即理念。

## [原文]

不论从纯粹理性而来的概念可能是怎样一种情形,但这些概念在任何情况下都不单是由**反思**（reflektieren）[即由分析]得来的，而是由**推理**的方式得来的。[这就是说，纯粹知性概念是由反思得来的，纯粹理性概念是由推理得来的。]**知性概念**也是在经验之先并为了经验而先天地被思维，而这些概念除了就其必然从属于一种可能的经验性意识，从而包含着关于现象[显象]的**反思的统一**之外，不包含任何别的东西。只有通过这些知性概念，关于对象的知识和规定才是可能的。因此这些概念首先为推理提供材料，并且在它们之前，再没有什么关于对象的概念可以从中通过推理的方式把它们推导出来了。而这些概念[知性概念]的**客观实在性**只根据于这样的事实，即它们构成一切经验的**知性形式**，并且它们的应用总能在经验中展示出来。

理性概念这一术语本身就已经展示出，这样一些概念不能使自己局限于经验的范围，因为它们与那样一种知识相关，即在这种知识中一切经验性知识（也许是可能的经验，或者是其经验性综合的整体）只构成其一部分，并且虽然任何现实的经验都无法提升到它的高度，但却总要从属于它。理性概念用于**领会**[统领]（Begreifen），正如知性概念用于**理解**[掌握]（Verstehen）（对知觉）。如果说理性概念包含着无条件者，那么它们所关涉的是一切经验所从属但其本身却永远不能成为经验对象的东西。这种东西无非就是理性在其推理中从经验那里所**通向**的东西，以及理性用以评价与测度其经验性的应用与之相符合的程度而其自身却永远不能作为组成部分进入经验性综合的东西。尽管如此，如果这样的概念还有客观有效性，那它们就可叫做 conceptus ratiocinati[拉丁文]（richtig geschlossene Begriffe [德文，即正确推得的概念]）；而如果它们没有**客观有效性**[因而也没有客观实在性]，那么它们至少是凭借**推理的假象**而产生，因而可叫做 conceptus ratiocinantes[拉丁文]（vernünftelndetui Begriffe[德文，玄想的概念]）。但是因为这个问题应当首先在纯粹理性的辩证推理中才能得到解决，所以我们还不能顾及到它，但类似于我们用范畴来称呼纯粹知性概念那样，我们暂时也用一个新术语来标志纯粹理性概念，就是称它们为**先验理念**，并且现在就来对这个称呼进行解释并说明理由。

## [短评]

这里，康德把知性概念看成是通过反思得来的，把理性概念看成是通过推理得来的,并提出了正确推理与玄想推理的区别,看似有些道理,但却是似是而非的。

## 二、"一般理念"(Ideen überhaupt)摘要译评[见第 255~259 页]

[提示]这里,康德按照自己的逻辑体系,对柏拉图的"理念"(Idee)这一概念重新作了解释,并给出了一个纯粹理性批判的概念的梯级系列清单。

## [原文]

虽说我们的语言非常丰富,思想者还是常常为找到准确适合其概念的术语而感到困难,因此这样的术语不仅对别人甚至对自己实际上也是不能理解的。发明新词汇,这意味着企求在语言中立法,那是很少能取得成功的。在诉诸这种极端的手段之前,最好是转向死去的但却是学术的语言,以便搜寻其中是否有那样的概念以及与其相适合的术语,即使这术语的旧用法因其创造者的不严谨而变得模棱两可,那么坚守它的主要含义(虽说那术语的运用能否与当初的意义一点不差是不清楚的)也比由于令人不解而坏事更好些。

因此,如果对某个概念来说,在已经设定的意义上只有一个词汇完全适合于它,它同另一个邻近概念的区别更其重要,那就不应加以滥用,或者为了多样化而用另外一些同义词汇去代替它,而应当尽量为它们保存其特殊意义;否则极易使该术语不再引起注意,湮没在带有完全不同意义的其他术语的堆积中,同时只由该术语所保存的含义本身也丧失了。

柏拉图曾这样使用**理念**这一术语,人们很清楚,他所指的不仅是任何时候都不依赖于感官的东西,甚至还远远超过了亚里士多德所研究的知性概念,因为在经验中没有任何东西同它[指理念]相符合。在他那里,理念是事物本身的**原型**,而不像范畴那样仅仅是可能经验的钥匙。按他的见解,理念来源于**最高理性**,并由此出发而为人类理性所分享[分有],但它现在却失去了原初的状态,这就迫使人们费力地通过回忆的道路(被叫做哲学的东西)去恢复其所旧有的现已变得完全暗淡的理念……

柏拉图清晰地看出,我们的认识能力感到,比起为了能够把现象[显象]作为经验来解读,而仅仅依照综合统一来拼写现象,还有更高得多的要求,而且我们的理性会自然而然地腾飞到那样一些知识上去,致使某个经验所能提供的对象任何时候都不能与它们相符合,但至少它们仍具有实在性而绝非只是些幻影。

…………

然而,柏拉图不仅在道德领域中,在那里人类理性展示出真正的因果性,在那里理念成为实际的原因(对行动及其对象),而且也就自然本身而言正确地看到了来源于理念的明显标志。一棵植物、一个动物以及这一世界的有规则的安排(大概还有全部自然秩序),都清楚显示着它们只有按照理念才是可能的;并且,虽说任何一个生物作为个体在其存在的条件下,都不能同在其种类上的最完善者的理念相重合(恰如一个人不能同人类的理念相重合,尽管这种理念在其特殊的心灵中作为他自己行为的**原型**),但这些理念在最高知性中每一个还都是作为单个的和不变的东西被完全确定了的,并且成为诸物的**初始原因**,同时只有世界中诸物联结的整体才完全符合理念。如果抛开表达方式中夸张的东西,那么就不能不承认,这位哲学家思想的这种飞跃,——也就是从物理世界秩序的复写式观察,升华到按目的,即按理念,对这个世界秩序所做的建筑术式的联结,——是值得敬重和效仿的;而对道德、立法和宗教的诸**原则**来说,尽管它们不能完全在经验中表现出来,却只有理念(善的)才能使经验成为可能,所以在这个领域中柏拉图有着完全特殊的功绩,它之所以不被人们承认是因为对他的学说的评价依据一些经验性规则,而它们作为**原则**,其有效性恰好应由其自身予以否定。因为对自然来说,正是经验为我们提供了原则并成为真理的源泉;而对道德律来说,经验(可惜!)却是假象的源泉,而且最不体面的就是,借用所做事情来确定应当做事情的法则或者来对这些法则加以限制。

对这些考察作适当的发挥,实际上构成了哲学的特有尊严,这里我们所从事的不是那么辉煌但也并非是无谓的劳动,即为雄伟的道德大厦平整和加固地基……但在结束这些先行的导言之前,我请求那些珍惜哲学的人(而某些人则说得多做得少),如果相信下面的考虑,那么就在**本源的意义**上对理念这一术语加以维护,以便它不致同其他术语(它们通常无选择地指示一切可能的表象形式)相混淆,以使科学受到损害。毕竟我们并不缺乏完全适合各种表象形式的称谓，所以我们无须侵入陌生的领地。下面是它们的序列梯级[参见本书第一章第二节最后所附"概念等级系列一览表"]：

　　种是**一般表象**（repraesentatio[拉丁文]）。从属于它的是有意识的表象（perceptio[拉丁文，即知觉]）。与主体相关而作为其状态之变状的知觉是感觉（sensatio[拉丁文]）；客观的知觉是知识（cognitio[拉丁文]）。知识或为直观（intuitus[拉丁文]），或为概念（conceptus[拉丁文]）。直观直接地与对象相关并总是单个的，而概念借助于对某些物所共有的标志间接地与对象相关。概念或为经验性的概念或为纯粹的概念，纯粹的概念以其只来源于知性（而不是来源于感性的**纯粹图像**）而被称为知性概念（Notio[拉丁文]）。由知性概念所构成并超出可能经验范围的概念是理念或理性概念。对习惯于这种划分的人们来说，当有人把红色的表象称做理念时，必不能容忍。因为这一红色表象甚至连知性概念也不算。

## ［短评］

　　康德追随柏拉图把理念看成是一切事物本身的"原型"，当然是唯心主义的，但柏拉图是客观唯心主义者，而康德则是主观唯心主义者，因为在他看来理念只有**主观的实在性**，而没有**客观的实在性**，只能产生幻象，而不能达到真理。但是正因为如此，使他更强调了人类认识活动的主观能动性，因为他赞扬柏拉图说："如果抛开表达方式中夸张的东西，那么就不能不承认，这位哲学家思想的这种飞跃，——也就是从物理世界秩序的**复写式观察**，升华到按目的，即按理念，对这个世界秩序所做的建筑术式的联结，——是值得敬重和效仿的。"① 这里他批评了机械唯物论的反映论观点，不能不说是对认识论研究的重大贡献。

## 三、"先验理念"（transzendentale Ideen）译评[见第 260~266 页]

　　[提示]这里的内容是对纯粹理性概念即理念进行演绎[即推导]。康德称这种演绎是"主观"地进行的，因此被叫做"**主观的推导**"②，按理说应当属于先验演绎中的主观演绎，但实际上却类似于范畴演绎中的**形而上**

---

　　① 康德：《纯粹理性批判》，蓝公武译，商务印书馆 2005 年版，第 258 页。
　　② 康德：《纯粹理性批判》，蓝公武译，商务印书馆 2005 年版，第 268 页。

学演绎,相当于理念的"**发现线索**",因为理念的**主观推导**是从形式逻辑的**推理形式**出发的,就像范畴的形而上学演绎是从形式逻辑的**判断形式**出发的一样。所以如黑格尔所说,这里"康德从三段论法的形式推演出理念来"①。这个所谓的"主观的推导"是分两步进行的。第一步[第1~10段],通过对三段推理的分析导出理念从"种类上"[第3段]、"来源上"[第4~5段]和"应用上"[第6~10段]等方面来看的基本特征。第二步[第11~13段]重新分析三段推理并导出纯粹理性的**无条件者的理念**和纯粹理性的"**最高原理**"。这里要注意的是,所谓的"主观推导"与后面要讲的"辩证推理"并不是一个东西,因为前者的目的是推出先验的理念,后者的目的是揭露以往形而上学关于理念的错误推理,前者来自于**理性的本性**,是**不可避免的**,后者来自于**理性的幻象**,是**应当揭露的**。当然如斯密所说这种"演绎""**是完全矫揉造作的**"②。

## [原文]

先验分析论给了我们一个例证,我们知识的一个逻辑形式如何能包含纯粹先验概念的源泉,它们先于任何经验**提供**关于对象的表象,或者更准确地说,**指示**一种唯独能使关于经验对象的知识成为可能的综合统一。这种判断的形式(转变为关于直观的综合的概念)给出了**诸范畴**,它们指导知性在经验中的应用。与此相似,我们可以指望,三段推理的形式如果按照范畴被应用于直观的综合统一,含有特殊的**先天概念**(Begriffe a priori)的**起源**[可见,三种理念来源于三种推理],我们应称这种先天概念为纯粹理性概念或先验理念,并且它们将按照原则[原理]来规定知性在一切经验的**整体**中的应用。[这里是关于理性概念与知性概念的类比。当然这种类比是不能令人信服的。]

理性在其推理时的功能存在于依据概念而来的知识的普遍性之中[这种普遍性是以全称判断的形式出现的。这样,理性的推理功能就是康德在前面所说"通过概念在普遍中认识特殊"],而三段推理就是在其全部条件的范围内被**先天地**规定了的判断[这种判断是以推理的结论的形式出现的]。对"卡尤斯会

① 黑格尔:《哲学史讲演录》第4卷,贺麟、王太庆译,商务印书馆1981年版,第277页。
② 康蒲·斯密:《康德〈纯粹理性批判〉解义》,韦卓民译,华中师范大学出版社2000年版,第470页。

死"这一判断,我自然能够仅仅借助于知性从经验中取得。但我寻求的是自身含有这一判断的谓词(一般断言[即会死])所由以被给出的条件这样的概念(这里就是人这个概念),而此后我把这个概念归到这个就其**全部范围**[指外延]来说(一切人会死)的条件之下,我依此来规定关于我的对象的知识(卡尤斯会死)。[这里是一个典型的三段推理实例:"一切人会死,卡尤斯是人,所以卡尤斯会死。"按康德的看法,"卡尤斯会死"是根据大、小前提"先天地"规定了的。康德正是通过对三段推理的分析推出了理念的三个基本特征。]

因此,我们先是在大前提中,在其全部范围[外延]内,在确定的条件下,思考一个谓词,然后在三段推理的结论中,把这个谓词限制到特定的对象上。这个范围[外延]的**全量**就其对这种条件[指"人"]的关系来说就叫做普遍性(Allgemeinheit)。在直观的综合里,与这种普遍性相适应的是条件的**全体性**(Allheit)或总体性。因此先验的理性概念无非是被给予的**受条件限制者的诸条件的总体性概念**。但是因为只有**无条件者**(Unbedingte)才使条件的全体成为可能,并且反过来,条件的全体自身总是无条件的,所以一般地说,一个纯粹理性概念只要自身包含着受条件限制者的综合的根据,就能够通过**无条件者**的概念来加以解释。[这就是从概念的种类上看的理念的第一个基本特征:理念是受条件限制者的诸条件全体的概念。康德的推论过程是:从全称判断推出条件的全体,再从条件的全体推出作为无条件者(绝对者)的理念。这样的演绎当然是不能令人信服的。]

这时,知性通过范畴表现出来的关系的种类有多少,就有多少种**纯粹的理性概念**。所以要寻求的就是:第一,在主项中**直言综合的无条件者**,第二,系列各要素的**假言综合的无条件者**,第三,系统中各部分的**选言综合的无条件者**。[这样就通过关系类的三种范畴推出了三种无条件者即三种理念。这就是关于三种理念的形而上学演绎,当然这种演绎也是很牵强的。]

这样,就有同样多种类的三段推理,其中每一类都通过**上溯推理**推向无条件者:一种是推向其本身已不再是谓项[谓词]的主体[主词],另一种是推向其本身不再以其他东西为前提条件的前提条件(Voraussetzung),第三种是推向分类的各环节的**集合体**(Aggregat),对这些环节来说,为了完成概念的分类,不再需要任何其他的东西了。因此在诸条件的综合中的**总体**的纯粹理性概念,至少作为一种使命,即为了把知性的统一引申到无条件者,是必要的,并且在人类理性的本性中是有根据的,即便除此之外这些先验概念没有与其相适合的具体应用,从而,除了给知性以方向,使其借此尽最大可能地加以扩展,同时又得以与其自身完全一致,此外再没有任何别的用处了。[这就是从概念的来源上看的理念的第二个基本特征:理念来源于推理,即三种理念是从三种三段推理推论出来的。这是关于理念的形而上学演绎的关键。这里再次证明,康德弄不清从个别到一般、从具体到抽象、从一级抽象到二级、三级抽象的辩证关系。]

这里,在谈到作为一切理性概念的共同称呼的**诸条件的全体**和**无条件者**时,我们又遇到了不能不用的术语,尽管由于对其长期的误用以致含义模糊而不能可靠地对其加以利用。"**绝对的**"(absolut)这个词是少许词汇中一个在其原初意义上适合于某个概念的词,而在同一种语言中没有一个其他词能够更精确地把该概念标志出来。因此丧失这个词,或者同样地,对它的不规则的使用必定也将导致这一概念本身的丧失,并且对这一概念来说,因其是理性研究所侧重的,所以它的丧失不能不给一切先验的研究带来巨大的损失。"**绝对的**"这个词现在常常被用于仅指**就其自己本身**来考虑的某物,所以是**内在有效的**。因此"**绝对可能的**"这个词就意味着,什么东西是**自己本身**(内在)可能的[意即不依赖于他物而自己可能的,也就是说,绝对可能=自己可能],它是关于某种对象实际上所能说的**最少的东西**。相反,同一个词有时被用以指明,某物在**一切关系上**[包括直观的、现实的关系](即无限)是有效的(例如绝对的统治),因此,在这个意义上"**绝对可能的**"这一说法意味着,那种东西在一切关系中的一切意图上都是可能的,而这是我关于一物的可能性所能说的**最多的东西**。[这就是说有两种"绝对",一种是"内在"的绝对,即抽象的绝对;一种是"一切关系上"的绝对,即具体的绝对。如果把它用在"可能性"上,那么就有了两种可能性,一种是"内在"的逻辑的可能性,即我们今天所说的"抽象的可能性",对这种可能性人们所能说的最少;一种是"在一切关系上"的可能性,即"具体的可能性",即我们今天所说的"现实的可能性",对这种可能性人们所能说的最多。]

既然这两种含义[指内在的与在一切关系中的]有时是**连在一起**的,所以,例如内在的不可能,同时也就是在一切关系中的不可能,从而是绝对的不可能[这证明两种绝对是相连的]。但在多数情况下,这两种含义却相去甚远,并且从某物自己本身是可能的出发,我不能以任何方式断定,它也在一切关系中是可能的,从而是绝对可能的。[这就是说,事实上抽象的可能性不等于现实的可能性。]的确对于绝对的**必然性**,我随后[从下一段开始]将指出,**绝对的必然性**绝非在任何情况下都依赖于**内在的必然性**,并因而不应被看做是与**内在必然性同义**的。[这就是说,不能把绝对必然性等同于内在必然性。]如果某物的反面是内在不可能的,那么这个反面当然也是**在一切意图上**不可能的,因此这个某物本身就是**绝对必然的**。[某物的反面是绝对不可能的,那么某物本身就是绝对可能的,即绝对必然的,这是根据前面两种意义的绝对"相连"推断出来的。]

但是我不能反过来断定,某物是绝对必然的,其反面就是内在[即绝对]不可能的,即物的**绝对的必然性**就是**内在的必然性**;因为,这种内在的必然性在某种情况下是更加空洞的词汇,同任何概念都不相关;相反一物在一切关系中(在对一切可能性的关系中)的必然性之概念,却含有完全特殊的规定。[这就是说,内在的必然性是空洞的,而在一切关系中的必然性则是具体的,因此不能说具体的必然性就是抽象的必然性,于是这里又涉及到抽象的必然性与现实的必然性的关系,而康德由于缺乏辩证思维,所以弄不清二者的关系。]

由于在思辨哲学中有着广泛应用的概念的丧失,对哲学家来说绝不会是无所谓的,所以我期望,对于同这个概念相关的术语的规定和精心维护,对于哲学家们来说,也不会是漠不关心的。[这里,康德之所以讨论"绝对"这个概念,是为了引出"绝对的总体性"和"绝对的无条件者"。]

后面我将在更广泛的意义上使用"绝对的"这个词,并把它与**相对的**或就特殊有效性考虑的东西对立起来,因为后一种意义受诸条件的限制,而前者则无限制地有效。

现在,先验的理性概念永远只同诸条件综合中的**绝对的总体**(absolute Totalität)相关,并且除非到达绝对无条件者,即到达在**一切关系中**的无条件者,不会终止。因为纯粹理性把一切都托付给知性,而知性则直接关涉到**直观的对象**,或者更准确说关涉到这些**直观对象**在想象力中的综合。纯粹理性只为自己保留着知性概念应用中的**绝对总体性**,并力求把在范畴中所思考的综合统一引向**绝对无条件者**(Schlechthinunbedingte)。因此这种统一可称之为诸现象的**理性的统一**,正像由范畴所表现的统一可称之为**知性的统一**那样。[这样看来,如果说范畴是知性统一的纯形式,那么理念就是理性统一的纯形式。而理念又是直接针对概念和判断的,从而是直接针对知性的,因此理念就是一切形式的最高形式,同时也是一切内容的最高形式(虽说是或然的形式)。]

　　这样理性就只关涉到知性的应用,并且不就知性自身含有可能经验的根据而言(因为诸条件的绝对总体性是并非应用于经验性的概念,因为任何经验都不曾是无条件的),而是为了给知性确定达到那种统一的方向,关于这种统一知性毫无概念,而这种统一在知性关于每个对象的所有活动的联结中构成了**绝对的全体**(absolute Ganze[全体、整体、总体])。因此纯粹理性概念的客观应用任何时候都是**超验的**,而同时纯粹知性概念的客观应用按其本性则总是内在的,因为这种应用只限于可能的经验。[这就是从应用上看的理念的第三个基本特征,即超验的应用,其思路是:从诸条件综合的绝对总体性(无条件者)推出绝对的全体,再从绝对的全体推出理念的超验的应用。这里可以看出,康德弄不清绝对与相对的辩证关系,例如:绝对包含着相对、相对之中有着绝对、绝对与相对的对立也是相对的。①]

　　我所理解的理念是那样一种**必然性的理性概念**,在感官中不能给予它以任何相应的对象。因此,我们目前所考虑的纯粹理性概念是先验的理念。[**首先**,]它们是纯粹理性的概念,因为其中的一切**经验知识**都被它们看做是由诸条件的**绝对全体**规定了的。[**其次**,]它们不是随意虚构的,而是由理性自身的本性所给予的,并因而必然地同知性的全部应用相关。**最后**,它们是超验的并超出一切经验的界限,因而其中绝没有同先验理念相应的对象。[这里从"种类上"、"来源上"和"应用上"三方面概括了理念的基本特征②。当人们提到一个理念的时候,如果就客体来说(作为纯粹知性的对象)那就意味着说得**过多**[因为就客体本身来说,没什么可说的],但如果就主体来说(即就其经验性条件下的现实性来说)则意味着说得**太少**,因为理念作为一个**极限概念**(Begriff eines Maximums)③,绝不能具体地完全一致(kongruent)地被给予出来。但因为理性的单纯思辨的应用所追求的,其实就是这种**完全的一致性**,而且因为对于那种实际上绝不能达到的概念的接近,同一一概念完全失效是一样的,所以对于类似的概念人们就说:这不过是个理念。[这样,在康德看来,理念就是遥远的虚幻的和永远不能实现的理想。这里缺少的是理想和现实的辩证法。]

---

　　① 列宁:《哲学笔记》,人民出版社 1974 年版,第 408 页。
　　② 见康德:《未来形而上学导论》,庞景仁译,商务印书馆 1978 年版,第 105 页。
　　③ 见郑昕:《康德学述》,商务印书馆 1984 年版,第 21 页。

这样就可以说,例如,一切现象的绝对整体只是个理念,因为我们绝不能把这个整体表现为一个**图像**,所以它留下的是一个没有任何答案的问题。相反,因为在知性的**实践应用**中,则仅仅关涉到按规则的行动,所以**实践理性的理念**总能具体地被给予,尽管只是部分地被给予,它甚至是理性的一切实际应用的必要条件。**理念**[除蓝公武译本外均译为"理性"]的实施总是有限的和有缺点的,但却处于不确定的界限中,因此它总是处于**绝对完善**这一概念的影响之下。这就是为什么**实践理念**总是在最大程度上有效,并且在实际行动方面是绝对必要的。在这种**实践的理念**中,纯粹理性甚至含有把其概念中所包含的东西实际产生出来的**因果性**,因此,对于这种智慧是不能轻蔑地说:它只是个理念。正因为它是一个一切可能目的必然统一的理念,所以它作为源初的、至少是限制性的条件,应当成为一切实践的东西的规则。[这里,康德对理念的本性作了总结,并引出了实践理念的概念,为他的道德形而上学打下伏笔。]

对于先验的理性概念虽然可以说:它们只不过是些理念,但我们却绝不能认为它们是多余的和毫无价值的。因为借助于这些理念虽然**不能确定任何一个客体**,但至少在本质上和不显著地以它广泛和一致的**法规**用于知性,借助于这些理念,知性根据自己的概念对于对象确实不能有更多的认识,但这些理念还是对知性的认识给予更好和更广阔的**指导**[这是理念的积极意义之一]。更不必说,这些理念或许能够提供一条从自然概念向实践概念的**通道**,并以此方式为道德理念自身提供**支撑**,以及道德理念同理性的思辨知识的**关联**。对于所有这些问题,人们可以期待下面作出的解释。[这里,康德确认了理念的实用价值和积极意义:一是为知性提供法规和指导,二是为从自然概念向实践概念的转变提供通道。这样,他就最后完成了对理念的基本特征的演绎。]

但是,按照我们的意图,我们这里把实践理念放到一边,因此只把理性当做思辨的应用,或者更狭义些,即只当做先验的应用来加以考察。这里,我们应当采取同前面的**范畴演绎**一样的道路,即考察**理性知识**(Vernunfterkenntnis)的逻辑形式,看一下,理性是否借此也能成为概念的源泉,即是否能够把**客体本身**看做是就其与理性的这个或那个功能的关系说,被先天综合地规定了的。[这里,康德设想:既然知性能够把直观的对象看做是先天综合地规定了的,所以理性也可能把客体本身(物自身)看做是先天综合地规定了的。这也是一种类比,是对前面的范畴演绎中所使用的类比的类比。]

　　**理性**,如果被看做是[构成]认识的**某种逻辑形式**的能力,那么它就是推理即间接作出判断(通过把可能的判断条件归属到被给予的判断条件下)的能力。被给予的判断就是普遍性规则(即**大前提**);把另一个可能判断的条件归属到规则的条件下,就是**小前提**;实际的判断,即说出被规则归属到它之下的**事件**的见解,就是**结论**。这样,规则在某一特定的条件下说出了某种一般的东西。于是,作为规则的条件就展现在**被给予的事件**面前。因此,凡是在这个条件下一般有效的东西,应当被看做在被给予的事件(其自身含有这个条件)中也是有效的东西。人很容易看出,理性通过构成一个条件系列的**知性活动**来获得知识。例如我之所以获得"一切物体都是**可变**的"这一命题,那仅仅是由于我从较远的知识开始(在这种知识里还不包括物体这个概念,但已有了这个概念的条件),即从"所有复合的东西都是可变的"开始。我从这里进到从属于原初**知识**条件的较近的知识,即"一切物体都是**复合物**"这一命题。并且由此进到把较远的知识(即"可变的")同眼下的知识结合起来的第三个命题,即"所以,**一切物体都是可变的**"。这样我就通过条件的系列(前提)获得了知识(结论)。既然每一个系列,其实例(直言或假言判断)已经存在,就能够持续下去,从而这种理性活动自身就趋向了**复合推理**(ratiocinatio polysyllogistica),即推理的系列,这个系列可以或者向条件[即条件的条件或原因]方面[通过**回溯推理**(per prosyllogismos)],或者向受条件限制者[即后继者或结果]方面[通过**前进推理**(per episyllogismos)],持续到无限远的地方。[这里提出了理性的两种推理,即回溯推理和前进推理。其实,回溯推理是经验论的方法,即康德在《导论》中所说"倒退法"或马克思所说的"研究方法",实为"分析法",本质上是归纳的,而前进推理则是康德所说的"前进法"或马克思所说的"叙述方法",实为"综合法",本质上是演绎的。康德总是在归纳和演绎的关系问题上陷入形而上学。关于回溯推理和前进推理①。]

　　但是,人们很快就觉察到,回溯推理的链条或系列,即通过推理在被给予的知识的根据或条件方面所获得的知识链条,换言之,三段推理的上

―――――――――

　　① 参见康德:《纯粹理性批判》,蓝公武译,商务印书馆 2005 年版,第 324 页。

**升系列**,其对理性能力的关系,不同于**下降系列**,即不同于理性通过前进推理在受条件限制者方面的进展。因为,在前一种情况下,知识(即结论)只作为受条件限制者被给予,所以要通过理性获得这种知识,就只能在这样的前提下,即从条件方面看**系列的全部环节**(即**条件系列的总体**)已经被给予,因为只有在这样的前提下,眼下的判断才是先天可能的。相比之下,在受条件限制者或结论方面,所能设想的只是形成中的系列,而不是已经全然假定的或被给予的系列,因而只是一个潜在的进展。因此,如果知识被看做是受条件限制者,那么理性就不得不把全部**条件系列**按上升路线**看做是**完成了的,并且就其全体看是被给予了的。但如果同一知识又被看成是另外一些知识的条件,这些知识按下降路线构成了某种结论的系列,那么对理性来说,这种进展在**下降方面**[即从经验观点看](a parte posteriori)究竟传递多远以及这个系列的全体一般地是否可能,则是可以漠不关心的。因为理性对于要得出的结论来说,是不需要这样一个系列的,这是由于结论已经通过其根据,在**先行方面**[即从先验观点看](a parte priori)充分地被确定和得到证实。至于前提系列在条件方面,无论它是否拥有某个作为最高条件的**第一项**,从而无论这个系列是否在先行方面[即从先验观点看]是无限的,但它总是一样要包含诸条件的全体,即便假定我们永远不能掌握它,而"如果被看作是从这个系列产生出来的结论的**受条件限制者是真的**(wahr),那么这**整体系列**就应当是无条件真的"①。[这就是纯粹理性的"最高原理",即前面所概述的:"如果受条件限制者被给予,那么相互从属的诸条件的整个系列,即无条件者自身也一同被给予。"② 郑昕将其证明方法概括为如下的三段论:"如果有条件的给了,则其一切条件的系列(无条件的亦即是绝对的)也都给予(大前提);现在有条件的对于我们给了(小前提),所以无条件的对于我们也都给予(结论)。"③ 但可惜它的大前提(即所谓的"最高原理")不过是个假设,因为它是靠归纳法得来的。]

　　这是理性的要求,它宣称自己的知识是先天**确定了的**和**必然的**,或者就其自身而言,在这种情况下**这种知识**无须任何根据,或者这种知识是作为那根据系列的一个环节引申出来的,而这个系列本身是无条件**真实的**。

① 康德:《纯粹理性批判》,蓝公武译,商务印书馆 2005 年版,第 266 页。
② 参见康德:《纯粹理性批判》,蓝公武译,商务印书馆 2005 年版,第 252 页。
③ 郑昕:《康德学述》,商务印书馆 1984 年版,第 22 页。

[这样,康德就从理性的本性出发,最后导出了先行"条件系列的全体"即无条件者的理念和纯粹理性的最高原理,从而结束了理念的形而上学演绎。]

## [短评]

**首先**,康德关于理念的"演绎"(证明)是故弄玄虚和矫揉造作的。他之所以这样做完全是为了体系的需要,正像在范畴的"演绎"中,他需要把范畴和原理同**知性的判断功能**强行联系起来,以便为他的先验的范畴体系和原理体系寻求根据一样,现在他在理念的"演绎"中,需要把先验的理念和纯粹理性的最高原理同**理性的推理功能**与推理程序强行联系起来,以便为他的先验理念体系和纯粹理性的最高原理寻找根据。其实他没有必要这样做,因为他的三种理念完全可以从他的范畴表中"关系"类的三种范畴(即**实体性、因果性**和**协同性**)中直接推导出来,而他的纯粹理性的最高原理实际上是公认的因果律"一切发生的事物都有其原因"的翻版。

**其次**,康德把理性理解为逻辑推理的能力,并区分为**回溯推理**与**前进推理**,因而牵涉到经验与先验、归纳与演绎、分析与综合、具体与抽象、个别与一般、相对与绝对、有限与无限的关系这样一些重大的哲学问题,但由于他缺少辩证的思维而不能真正解决这些问题。

**第三**,康德把回溯推理看成是具有真正意义的形而上学(即哲学)推理形式,实际上是承认了经验论的归纳法(分析法)在获取纯粹理性概念(即理念)的方法论意义,这原本是与他的先验论哲学所强调的演绎法(综合法)的方法论相冲突的。

**第四**,但是应当承认,康德提出的回溯推理的方法论,无论对经验论哲学还是对先验论哲学都具有很大的吸引力和启发性,因为从经验到理性、从相对到绝对、从有限到无限等等的过渡永远是哲学的难解之谜。

### 四、先验理念的体系简介[见第 266～269 页]

[提示]这里,康德力图按照他的先验逻辑的"建筑术"把各种理念安排在一个固定的框框里,以造成一个完整理念体系的外观。当然这样的体系是注定要破产的。

**首先**[第 1～6 段],从三种辩证推理推出表象[对存在物]的三种关系,再从表象[对存在物]的三种关系推出三种理念。康德宣称[第 1 段],这里他不研究**逻辑的辩证法**,而只研究**先验的辩证法**。认为后者应当先天地包含着从纯粹理性而来的某些**知识**(即原理或原则)以及通过推理所获得的一些**概念**(即理念)的**来源**[即上面的所谓"主观的推导"]。又提出,在前面他已经根据理性的先验应用(即纯粹应用)与逻辑应用的"**自然关系**"推断出理性的三种辩证推理,其任务是从受条件限制的综合上升到**无条件的综合**[即理念]。

接着[第2段],他首先列举了我们一般表象[在对存在物]中的**一切一般性关系**:1.对主体的关系;2.对客体的关系,并且或者是作为现象[即作为现象的客体],或者是作为一般思维的对象[即作为上帝的客体]。然后又从三种辩证推理推导出表象[对存在物]的三重关系①:1.对**主体**的关系;2.对现象中**客体**的杂多的关系;3.对作为前两者的统一的一切**一般物**[这就是作为最高存在物的上帝]的关系。

再接着[第3段],他又推论说:一切**一般的纯粹概念**[包括范畴和理念]都与表象的综合统一相关,而纯粹的理性概念则与一切一般条件的**无条件的综合统一**相关。因此一切先验的理念可以分为三个等级:第一级包括思维主体的**绝对的(无条件的)统一**[即灵魂],第二级包括现象的诸条件的绝对统一[即宇宙],第三级包括一切一般思维对象的诸条件的绝对统一[即上帝]。[这样一来,理念就构成了一个无所不包的完整的体系。]按康德的看法[第4段],与三种理念相适应,也有**三种形而上学**,即:1.以思维的**主体**为对象的**先验灵魂学(理性心理学)**;2.以**现象的总和**(世界)为对象的**先验宇宙学(理性宇宙学)**;3.以一切存在的最高条件(一切本质的本质)为对象的**先验上帝知识(先验神学)**。还有[第5段],与此相适应的**三种推理功能**,即:1.推出思维主体的**直言理性推理**;2.推出绝对无条件者(世界)的**假言理性推理**;3.推出一切本质之本质的**选言理性推理**。[这样,康德就通过三段推理的三种形式,推出了他后面所称的三种辩证推理的"图式",即三种"理念":灵魂、宇宙与上帝②。]还有[第6段],关于先验理念的推理或演绎的性质,康德指出,关于先验理念,只有"**主观的推导**"而没有**客观的演绎**,因为

---

① 如下面所说,这三种关系是以"关系"类的三种范畴为"导线"的,显然这是一种牵强的类比(见康蒲·斯密:《康德〈纯粹理性批判〉解义》,韦卓民译,华中师范大学出版社2000年版,第470页)。

② 见康德:《纯粹理性批判》,蓝公武译,商务印书馆2005年版,第270~271、321~322页。

没有任何与之相关的**客体**存在。[当然这种联想和类比也是牵强附会和矫揉造作的,是不能令人信服的。]

**接下来**[第7段],康德指出了纯粹理性在对条件进行综合的方向问题。他认为,纯粹理性的意图不过是诸条件综合的**绝对全体**,但其综合的方向却只在于条件系列的无条件方面,即**上升的系列**,而不是条件系列的受条件限制者方面,即**下降的系列**,因为对后者来说只要有知性就够了,而无须理性的参与。换言之,对条件综合的绝对全体来说,只需要理性的先验应用,而不需要知性的经验应用,因为只有理性才能预先设定条件的绝对全体,而知性却做不到这一点。于是康德就声称,他这里要讨论的只是先验的理念,而不是先验的范畴。

**最后**[第8段],康德做结论说:人们将注意到,先验理念自身中间显现出某种联系和统一,纯粹理性则借助于这种联系和统一把自己的全部知识归结为**一个体系**。从关于自身的知识(即灵魂)开始进到关于世界的知识,以及通过关于世界的知识进到关于第一存在物的知识[这是一个认识进程、分析进程或研究进程],这是一个如此**自然的进程**,以至于它与理性从前提到结论的**逻辑进程**也显得类似①。[注意,这个"类似"并不是"相同"。][这样,康德就"暂时"完成了他的理念体系的建造。显然这样的体系是臆造的和多余的,但却涉及到理念的自然的认识进程与自然的逻辑进程的关系以及理念的先验应用与逻辑应用的关系这样一些重要的方法论问题,他虽然没有展开自己的论述,但还是很

---

① 这是康德的一个很重要的原注。康德谈到了形而上学的两种方法,即认识方法与逻辑方法、分析方法与综合方法、研究方法与叙述方法的关系。他指出:"形而上学的本来意图不过是研究以下三个理念 :上帝(Gott)[属于先验神学]、自由(Freiheit)[属于先验宇宙学]和不死(Unsterblichkeit)[属于理性心理学],其中第三个概念是第一个概念与第二个概念的结合。[这是一个综合的顺序,即从抽象到具体的顺序:上帝(神学) + 自由(宇宙学) = 灵魂不死(心理学)。]……而在这个系统的演示(Vorstellung)[即叙述]中,上述[即上帝—自由—灵魂不死]作为综合的顺序[即演绎方法]是最适当的顺序;但在这种综合的顺序之前必有的研究中,分析的顺序[即从具体到抽象的,即与综合的顺序相反的顺序,更能符合目的,以便于我们从经验[即最直接的主观经验:'我思',即自我或灵魂]直接给予我们的东西出发,即由灵魂说出发,进到宇宙论,再由宇宙论进到关于上帝的知识,这样才能完成我们的庞大计划。"(见康德:《纯粹理性批判》,蓝公武译,商务印书馆2005年版,第269页。)这样康德就为下面"辩证推理"的分析顺序(即:灵魂—宇宙—上帝)提供了方法论依据。不过这里,康德涉及到后来黑格尔与马克思所说的叙述方法与研究方法、综合方法与分析方法、先验方法与经验方法的辩证关系问题,这种关系应当如黑格尔所说:"如果方法意味着从直接的存在开始,就是从直观和知觉开始,──这就是有限认识的分析方法的出发点。如果方法是从普遍理念开始,这是有限认识的综合方法的出发点。但逻辑的理念……它的开始既是综合的开始,又是分析的开始。"(见黑格尔:《小逻辑》,贺麟译,商务印书馆1980年版,第424页)康德虽然不能这样辩证地解决这些问题,但这里却表明了他对研究方法、分析方法与经验方法的重视,这无疑也是对经验论的让步、妥协与认可,黑格尔甚至就此批评康德"老是被关闭在……经验的方法之内"(见黑格尔:《哲学史讲演录》第4卷,贺麟、王太庆译,商务印书馆1981年版,第261~262页)。

有意义的。]

## ［短评］

康德对纯粹理性概念(理念)体系的论述也是牵强附会的、矫揉造作的,但他关于先验方法与经验方法、逻辑方法与认识方法、综合方法与分析方法、叙述方法与研究方法、演绎法与归纳法等关系的猜测却有许多合理的地方,对黑格尔与马克思等后继者也具有启发意义,因而是很有价值的。

# 第三节　"纯粹理性的辩证推理"——
# "纯粹理性的谬误推理"译评［见第 271～321 页］

［提示］康德认为,虽说纯粹理性概念(理念)来源于**理性的本性**,但却只具有**主观的实在性**,而没有**客观的实在性**,因为在感性直观中,即在现象领域中,没有任何与之相适应的**对象**。但是理性却执著地要通过推理去推导出不受条件限制的**绝对者**,以为从此就认识了在我们之外的物自身,这就是灵魂、宇宙和上帝,从而陷入**不可避免的幻象**。如前所述,康德认为有三种错误的推理,即三种辩证推理,他称这种推理为"**玄想的推理**",实际上是纯粹理性本身的"诡辩"。现在他就开始对这些推理进行分析和批判,并把它列为纯粹理性批判的**主要内容**。这里应当注意黑格尔的看法,他认为理性所遇到的矛盾就是**有限与无限的矛盾**,即用有限的范畴去规定无限的理念而引起的矛盾。例如,谬误推理就是理性把无条件(即无限的)的主体(先验的统觉或先验的自我)设想为实在的(即有限的)实体而产生的错误,二律背反就是就是理性把无条件的(即无限的)理念应用到有限的世界而引起的矛盾,理性的理想就是无限的理念(即概念)与有限的现实(即存在)的矛盾。①

## 一、辩证推理的引言简介(原文没有标题)

康德指出,虽然**先验的理念**是按照理性的原初法则从理性自身中产

---

① 黑格尔:《哲学史讲演录》第 4 卷,贺麟、王太庆译,商务印书馆 1981 年版,第 276～282 页。

生出来的,但是关于这种**先验理念的对象**我们却没有任何的概念,即没有任何的知性概念[范畴]或在可能经验中能够显示和直观到的概念[经验性概念]。但如果我们说,尽管我们关于这种理念可以有一个**或然性的**(problematisch)**概念**,我们还是没有关于同理念相适应的对象的知识,这样说也许更好一些,而且也不致引起误解。

不过康德又认为,纯粹理性概念(理念)也还是具有**实在性**的,虽说只是**先验的**(主观的)**实在性**,因为理念毕竟是通过必然的**理性推理**(即**回溯性的三段推理**)所得出的东西。于是就常常会遇到这样一些三段推理,它们本身并不包含任何经验性的前提,但我们却通过这些推理从我们**已知的东西**,推出另外一些我们对其没有任何概念的东西,但出于**不可避免的幻象**,我们却**认定**它们具有**客观实在性**。因此这样的推理就其结果而言,与其说是理性推理,莫如说是**玄想的**(vernünftelnd)**推理**。这是一种**诡辩**,不是某某人的诡辩,而是**纯粹理性自身的诡辩**。

于是康德就按照理念的数目推出三种形式的**辩证推理**:1.从不含有任何杂多的主体之先验概念推出这一主体的**绝对统一**,这种推理可称之为**谬误推理**(Paralogismus);2.牵涉到对于一般被给予的现象而言的条件系列的**绝对全体**的先验概念,它们**自相矛盾**,我总能推出与这种绝对综合统一相对立的概念,我称之为**二律背反**(Antinomie);3.从对于能够被给予我们的一般对象加以思考的诸条件全体,推出一般物之所以可能的一切条件的绝对综合统一,即推出"一切存在的本源存在",我称之为纯粹理性的**理想**(Ideal)。[这样,康德就建立起他的辩证推理的基本框架。]

## 二、纯粹理性的谬误推理摘要译评

[提示]这里的主要内容是对理性心理学的批判。理性心理学是康德以前广泛流传的一种心理学派。这种心理学与经验心理学相反,企图离开具体的心理过程去研究心理活动的本质,从而臆造出一套关于**灵魂**(Seele)① 的学说。这种心理学在近代是由笛卡儿奠基的,到莱布尼茨、

① 康德又称其为"我思之'我'"、"内感官的先验对象"、"最终的主体"(见康德:《纯粹理性批判》,蓝公武译,商务印书馆 2005 年版,第 115、296 页;康德:《未来形而上学导论》,庞景仁译,商务印书馆 1978 年版,第 114 页)。

伏尔夫时期开始占据统治地位。康德的批判主要是针对莱布尼茨和伏尔夫的。但是应当指出,康德的论述本身从逻辑上是牵强附会的,所以斯密批评说:"《批判》一书的杂凑性格,其各部分相互联系的矫揉性质,没有别处比谬误推理这一节[章]更明显的。"① 下面我们对这一批判的两版内容分头加以译介。

先看第二版内容,可分八个方面:

**第一**[第 1~10 段],对理性心理学对象的批判(译评)。

## [原文]

逻辑的谬误推理,是一种形式上错误的三段推理,而不管它的内容如何。而先验的谬误推理则在其形式上错误的三段推理方面有其先验的根据。[这就是说,先验的谬误推理是有着先验根据(先天根据)的错误推理。]因此,这类的错误在人类理性的本性中有其根据,并带有虽说不是不能克服的但却是不可避免的幻觉。

现在我们到达了这样一个概念,它并不包括在前述先验概念的总表中,但至少应当从属于它,虽说这个表一点也不需要因此而更改,也无须认定其有缺欠。这里我们要说的是**一个概念**,如果愿意的话,也可以说是**一个判断**,这就是"**我思**"[注意,"我思"既是一个概念,也是一个判断]。不难看出,它是一切一般概念的**载体**(Vehikel)[这里,"我思",即"我在思维"、"在思维的是我"、"思维者是我"等等,含有"能思之我"或"在思维着的我"等意,因此康德又称其为"概念",称其为"一切一般概念的载体"],从而也是先验概念的载体,因此它总要参加到一切先验概念的组成中去,因而本身也是先验的,但它不能有特殊的称呼,因为它只是被用于表明一切思维[即一切概念、判断、推理]都从属于意识[即自我意识]。但是无论它怎样纯粹而不杂有经验成分(即感性印象),它仍然能够被用来根据我们表象能力的本性,把两种不同的对象区别开来。作为**思想着的"我"**(Ich, als denkend),是**内感官**的对象,也称之为"**灵魂**"。② 而那作为**外感官对象**的"**我**",则称之为"**肉体**"。[这就

---

① 康蒲·斯密:《康德〈纯粹理性批判〉解义》,韦卓民译,华中师范大学出版社 2000 年版,第 476 页。
② 注意:思维着的我 = 灵魂,不过这里的"灵魂"是指作为物自身的"灵魂本身"(Seele selbst)(见康德:《纯粹理性批判》,邓晓芒译,人民出版社 2004 年版,第 27 页),而灵魂的"现象",则称之为"心灵"(见康德:《未来形而上学导论》,庞景仁译,商务印书馆 1978 年版,第 47、49 页)。

是说,"我思"把作为能思者(即灵魂)的"我"(即认识之我)同作为肉体的"我"(即行动之我)区别开来。]因此**"我"**这个术语,作为一个**能思的存在物**,指的是心理学的对象,而如果关于灵魂我想知道点什么,那么既然它存在于一切思维之中,那就能够不依赖于任何经验(它们更确切地规定着我)从**"我"**的概念中引申出来,这种心理学即可称之为**理性的灵魂论**。

　　**理性的灵魂论**正是那种名副其实的冒险行为,因为在这种情况下,如果向这门学科的知识根底中哪怕混进我思维中的少许经验因素,如混进我内部状态的某种特殊的知觉,那么它就不再是理性的而是经验的**灵魂学**了。这样摆在我们面前的就是一门自称建立在"我思"这一唯一命题上的学科。这里我们可以完全适当地按照**先验哲学**的本性,对它是否有根据进行研究。人们不要因下面的事实而不满,即这个命题中表现出对我自己的知觉,即含有自己的内部经验,因而建立在它上面的理性灵魂学不是纯粹的,而是部分地依据经验原则的。因为这种内部知觉不过是**单纯的统觉**(bloße Apperzeption):我思;它甚至使一切先验的概念成为可能,这些概念意味着:是**"我"**在思维实体、在思维原因等等。因为,一般内部经验及其可能性,或者一般知觉及其与其他知觉的关系,如果没有它们之间的任何特殊区别和它们的任何规定,被经验性地给予出来,那就不应当被看做是经验性的知识,而应当被看做是关于**一般经验性东西的知识**,并因此而关系到**一切经验**的可能性,这样的研究当然是先验的。只要表象的最低限度的客体(例如仅仅是快乐和不满)掺杂到自我意识的一般表象中来,就立刻使**理性的心理学**(rationale Psychologie)转化为**经验的心理学**。[看来,"我思"是纯而又纯的先天的东西,是没有任何内容的空壳,很类似于黑格尔的"纯有"、"纯思"和"单纯的直接性"①。]

　　所以,"我思"(Ich denke)[这是笛卡儿最早提出的命题]是**理性心理学**的**唯一文本**(Text)②,从此文本中理性心理学应当展示出自己的全部智慧[玄想]。人们不难看出,这一思想[即"我思"],如果应当与一个对象[我自己(mich selbst)]相关,那就只能包含该对象的一些先验谓词,因为些许经验性的谓词都会破坏先验的纯洁性和这门学科对一切经验的独立性。

---

① 黑格尔:《小逻辑》,贺麟译,商务印书馆1980年版,第189页。
② 一些中译本译为主题、文章、解说词。

这里我们将仍然只遵循范畴的导线,但因为这里首先给出了**一个物**[一个直接物],也就是作为**能思存在物**的**"我"**,所以我们就从**实体范畴**开始①,通过它来表现一个**自在之物本身**[即"自我"本身],并按照范畴的序列回溯,但在其他地方并不改变范畴表所显示的秩序。[显然,这是康德为了建筑术的需要而故弄玄虚,硬把理性心理学的命题纳入到自己的体系中去。]这样,理性灵魂论的论题(Topik),——该学科所能包含的一切其他东西都应当从这些论题中引申出来,——就有如下列[这是康德对理性心理学主要命题的归纳]:

**1.**

灵魂是实体[关系的实体性]

**2.**

灵魂,就其质而言,是单纯的
[质的单纯性]

**3.**

灵魂,就其所在的不同时间而言,
是数目上同一的,即单一性(非多
数性)[量的单一性]

**4.**

灵魂与空间中可能的对象相关[模态的可能性]

从这些要素出发,单单通过它们的**组合**(Zusammensetzung)[即综合],而且不掺杂任何其他原则,就可以产生出纯粹心理学[即理性灵魂论]的一切概念。该**实体**就其仅仅作为一个**内感官的对象**来说,给出了**非物质性**(Immaterialität)概念[这是第一,从抽象的实体概念出发,是正题,是一般,从中引出灵魂的非物质性(实体性属于"关系"范畴)];作为单纯的实体,给出了**不朽性**(Inkorruptibilität)概念[这是第二,引出灵魂的不朽性,康德认为"单纯的"属于"质"的范畴,但如斯密所指出的②,在范畴表的质的范畴里并没有单纯性(Einfachheit)这个概念,但康德虽然声称"单纯性"与质的范畴中的"实在性"相关,但又说"不能说明之"③];它作为智慧实体的**同一性**(Identität),给出了**人格性**(Personalität)概

① 列宁说:"真正地认识原因,就是使认识从现象的外在性深入到实体。"(列宁:《哲学笔记》,人民出版社 1974 年版,第 167～168 页。)
② 康蒲·斯密:《康德〈纯粹理性批判〉解义》,韦卓民译,华中师范大学出版社 2000 年版,第477 页。
③ 康德:《纯粹理性批判》,蓝公武译,商务印书馆 2005 年版,第 320 页注①。

念[这是第三,引出灵魂的"单一性"(Einheit)即从实体的"同一性"引出灵魂的人格性,"单一性"属于量的范畴。这里,第二与第三一起构成反题,是特殊,当然这都是很牵强的];它们三个在一起,给出了**精神性**(Spiritualität)**概念**[它们是非物质性(关系)、不朽性(质)和人格性(量)的统一,依据的是关系、质和量三者的统一];它对空间中对象的关系给出了其与物体的**交感性**(Kommerzium)**概念**[这是第四,是合题,是正、反、合构成的"圆圈"的完成,是个别,引出灵魂与空间中物体交互作用的可能性与现实性,这里所说的现实性相当于存在性(Dasein)与实存性(Existenz),它们都应当属于"模态"范畴,这是康德在附注中指明了的,当然这也是很牵强的];因此,它[灵魂心理学]就使我们把**能思的实体**表现为物质中的**生命原则**,即表现为**灵魂**(anima[拉丁文,指动物性灵魂]),和表现为**动物性**(Animalität)**的根据**;这种**动物性灵魂**通过**精神性**来加以限制,就给出了**不死性**(Immortalität)**的概念**。[这一长句,各译本间差异很大。]

[这里是合题本身的进一步展开,是黑格尔式的"圆圈的圆圈",在更高点上演示了从灵魂的实体性概念出发的从抽象到具体的逻辑进程:实体性——物质的生命原则——灵魂性——动物性根据——精神性——不死性。而总起来看,康德按照自己的理解,依据其范畴表的固定模式,对理性心理学的基本命题作了概括和比附。这就是:"我"、能思的存在物作为灵魂的实体性——灵魂的单纯性(不朽性)——灵魂的同一性或单一性(即人格性)——灵魂与物质的交感作用的可能性与现实性,这是一个"关系——质——量——模态"的逻辑进程。这里充分暴露出康德迷恋于纯粹理性建筑术的做法,有许多地方都是牵强附会的,这在前面已经指出了。但是也应当看到,这里康德向人们展示了一个先验论的灵魂学体系,他所依据的是从抽象到具体的叙述方法或综合方法。这里应当注意的是,这种叙述方法或综合方法是处在前面所说整个理念体系所采取的研究方法或分析方法(即:灵魂—宇宙—上帝)的大背景之下的。因此这里是研究方法或分析方法下的叙述方法或综合方法,可见康德对两种相反方法运用的灵活性。下面是对理性心理学的批判。]

由此就涉及到先验心理学的四种谬误推理,这种心理学被错误地当做是纯粹理性关于我们的**能思的存在物**之本性的学问。对此,除了"我"这个**单纯的**以及就其自身在内容上是完全**空洞的**表象以外,我们为该学说不能奠定任何别的基础。"我"这个表象甚至不能叫做概念,因为它只不过是一个伴随着所有概念的意识而已。通过这个在思维的**"我"**或"他"或"它"(即物),所表现出来的无非是一个等于 X 的**先验的思维主体**[一个自在之物],要认识它就只有通过作为其谓词的**思维**,而且如果把它[单独]分离出来,我们对它就没有丝毫概念;这样我们就只好永远就地打转,因为为了对这个主体作出某种判断,我们总是不得不已经利用了对这个主体的表象[这就是说,要对思维的主体作出判断,即进行认识,就必须先利用对这个主体的表象(即关于"我"的意识,如"我"是"我思"的主体),而要形成对主体的某种表象,又必须先利用关于"我"的意识,这样就陷入了恶性循环];出现这种与主体难解难分的不便①[即:要判断主体必须先表象主体的麻烦],是因为意识[即关于"我"或主体的意识]本身并不是一个能够对其加以区分的特殊客体的表象,而是一个一般表象——如果它[表象]应当被称之为知识的话——的形式[注意这个提法];因为原本只有对于它[即表象或知识],我才能够说,借此[表象或知识]我思维着任何的某物。[此句的意思是,关于"我"这个思维主体的表象只不过是表象的一般形式,而不是关于一个特殊客体的具体表象,而只有具体的表象才称其为知识,只有通过这种知识我们才能思维某物。这是关于主体这个表象的形式与内容的矛盾。]

　　但在最初看来,似乎不能不令人惊讶的是:我借以一般地进行思维并因而成为我的主体**性状**的条件,同样应当对一切**思维着的东西**有效,并且我们还自以为能够在看起来是经验性的命题上建立起一个无可争辩的和普遍的判断[即把经验性的判断提升为普遍判断],这就是:一切**思维者的东西**都具有**自我意识**(Selbstbewußtsein)对我自己所认定的那种**性状**。[这意思是说:自我意识对我自己所认定的性状,也应当是一切思维者所具有的性状,也就是把个别性当做一般性,即把"我思"变成"一切智慧者思",或把小我变成了大我]。而其原因则在于:我们必须先天地赋予**诸物**[这里是指一切思维着的某物]以**一切属性**,它们成为我们唯有在其下才能进行思维的条件。[这就是说,从先验哲学的观点看,那样做的原因是:我们应当先天地赋予物一种属性,使这种属性成为我们赖以对这些物进行思维的条件(即形式条件)。]

　　既然对于一个能思的存在物,我所拥有的任何表象[即认识]都只能通过自我意识[即纯思维],而不能通过外部经验,所以,这类对象无非是关于我的意识向**他物**的一种**转换**(Übertragung)[即从自我意识向他物意识(即对象

---

① 见黑格尔《逻辑学》下卷,杨一之译,商务印书馆 1977 年版,第 475 页对这种"不便"的评论。

意识)的转换],这种**他物**只有通过这种转换才能把它们作为能思的存在物表现出来。而"我思"这个命题在这种情况下只被当做是或然的,不是因其可能含有对于**存在**的知觉(如笛卡儿的"我思故我在"(cogito, ergo sum [拉丁文]),而是为了仅就其可能性而言,来看一下根据这个如此单纯的命题,究竟有哪些属性被认作是归于它的主体[即"我思"命题中的"我"](无论这主体是否存在)。

如果在我们关于一般能思的存在物的纯粹理性知识的基础中,除了"我思"(cogito[拉丁文])之外还有别的,如果我们诉诸对我们的思维活动的观察,以及诉诸对由此推导出的关于**能思的自我**(denkendes Selbst)的自然法则的观察,那么得到的就是经验的心理学,这种心理学不过是一种内感官的生理学,并且它或许能够解释其现象,但永远不能揭露出绝不属于可能经验范围的那些属性(如**单纯性**),也不能开启关于一般能思存在物之本性的无可争辩的教诲,换言之它不会是理性心理学。

因此"我思"这个命题(在或然性的意义上)包含着一切一般知性判断的**形式**,并伴随着一切范畴,并作为它们的**传播载体**(Vehikel),所以显然,由此命题而来的推论所能包含的只是知性的先验应用,这种应用排除了一切经验的杂质,并且对于这种推论的进程,根据上面所指明的,我们不能预先形成适当的概念。我们将按照批判的眼光来跟踪这一命题,研究纯粹心理学的一切谓项,但为简便计,我们对它们的研究将在**不间断的联系**中进行。[这样,康德就先为"我思"或单纯之"我"定了位:它只不过是一切思维、一切判断的纯粹的形式条件,也就是黑格尔与恩格斯所说的那个"自在之物",即"先验的主体"。]

**第二**[第11~16段],对理性心理学四个基本命题的批判(译评)。

## [原文]

首先,增强我们注意的应当是对这种推论方式的总的说明。我认识到某个客体不是因为**我仅仅在思维**["我思"],而只是因为,我要在包含着一切思维的**意识的统一**中,对一个被给予的直观进行规定,我才能认识到随便一个什么对象。[意即:我认识一个客体不单是借助于思维,而是借助于在意识的统一中对一个被给予的直观作出规定。]因此,我认识到**我自己**,并不是因为**我**意识到我自己是**思维着的**(denkend)、**有意识的**(bewußt),而是因为,当**我**意识到我对**我自身**的直观是作为**思维的功能**而被规定了的时候。［这就是说，人们对"我"自己的认识，不是因为我意识到"我自己在思维"，而是因为我意识到"我对我自己的直观被规定了"。］因此在**思维自身**(Denken an sich)中，**自我意识**的一切**模式**(modi)并非是关于**客体**的知性概念(即范畴)，而是一种**单纯的功能**，它既不把关于**对象**，从而也不把关于作为对象的**我自己**(mich selbst)，提供给思维去加以认识。［因此，］并不是对**规定者之"自我"**的意识，而只是对**被规定者之"自我"**的意识，即对我的内部直观(只要它的杂多能够按照思维中统觉统一的普遍条件联结起来)的意识，才是**客体**。［这就是说，不是我思之"我"，而只是直观自身之"我"，才能成为思维的客体，因为前一种"我"只是一种形式，唯有后一种"我"才具有直观的内容。这就是康德所遇到的"不便"。］

　　1.在一切判断中，"**我**"总是构成判断的那种关系的**规定的主体**(bestimmendes Subjekt)。但"**我思之'我'**"(Ich, der ich denke)，在思维中应当永远被当做主体，并且被视为并非仅仅是依附于"思维"这一谓词的某种东西，这是一个无可争辩的，甚至是个同一性的命题［同一性命题是指"我是我"，是说，能思之"我"只是一个主体，而不能是一个谓词(可参照第214页"只能为主词，不能为任何主词的谓词"的提法)］；但这一原理并不意味着"我"作为一个**客体**，是一个对我而言**自己存在的物**或**实体**。［这是康德的一个基本观点：自我虽说是主体，但并非就是一个实体。］后一种说法［即"我"为实体说］走得太远，它甚至还要求思维中完全没有的**质料**，也许(如果我把这个**思维者**只当做是这样一种东西［即当做思维者］)，还要求比我在任何地方(在思维中)要找到的东西更多。

　　［这是康德对灵魂的"实体性"命题的批判。］

　　2.这个统觉之"我"，从而在一切思维中的"我"，是一个不能分解为**主体之多数**的单数，所以意味着逻辑上**单纯的主体**，这已经包含在思维之概念中了，因此是一个**分析命题**；但这不意味着能思之"**我**"是单纯的实体，因为那会是一个**综合命题**。［这里，康德指责理性心理学用分析命题偷换综合命题，把主体偷换成实体。］［因为］实体概念总是与直观相关，这种直观在我这里只能是感性的，从而这些直观完全处于知性及其思维的范围之外，但是当我们断言"我"在思维中才是单纯的之时，其实我们原本所说的就是这个思维的范围。［这就是说，只是在知性及其思维的范围内，才能说"我"是单纯的。]而令人惊异的是：如果某种东西，在别的情况下需要做大量的努力，以区分在直观所标明的东西中什么是实体，进而再分辨出这种实体能否是单纯的（例如从物质的各个部分来看情况会是怎样的），那么它在这里，就是在最贫乏的表象中被直接地给予了我，就像经过了某种启示一样。[换言之，单纯的主体在这里是作为最贫乏的表象直接地给予我们的。]

[这是康德对灵魂的"单纯性"命题的批判。]

3.我所意识到的**我自己**在一切杂多中的**同一性**[即单一性，它属于量的范畴]之命题，同样是一个包含在**概念自身**（Begriff selbst）中的命题，从而是一个分析性的命题；但是这种**主体的同一性**，——它能够在我的一切表象中被我所意识到，——并不涉及对主体的直观，因为借助于直观主体就能作为客体被给予；同样这种主体的同一性也不能意味着**人格的同一性**，因为凭借这种人格的同一性，作为在一切变化状态中**能思存在物**的实体之同一性的意识，就成为可理解的，就此而言，为了证明这种人格的同一性，光有对"我思"命题的分析是不行的，所需要的则是以被给予的直观为根据的各种综合判断。[这里的意思无非是：主体的同一性只是逻辑主体（主词）的同一，并不等于人格主体的同一性，也就是说，逻辑的同一性① 并不等于现实的同一性，要想证明人格主体的同一性（即"单一性"）必须求助于直观，即求助于经验。]

[这是康德对灵魂的"单一性"命题的批判。]

4.我把我自己的存在作为能思的存在物，同在我（属于这个我的还有我的身体）之外的其他物区别开来；这仍然是分析命题，因为其他的物是被我思维为同我自身有别的东西。但由此我却完全搞不清楚，没有在我之外的那些物，——只有借助于这些物，各种表象才能被给予我，——这种对我自己的意识**是否可能**，以及我**能否仅仅作为能思的存在物**（不是作为人[有肉体的人]）而存在。[这里，康德从先验哲学的角度提出了一个重大问题：如果离开外物，我是否能意识到我自己是一个精神的存在物？这就是灵魂与肉体、思维与存在、概念与经验的关系问题。]

[这是康德对"灵魂与空间中可能的对象相关"命题的批判。]

因此，对一般思维中**我自身**[即自我]这一**意识**的分析并不能提供关于我自身作为一个客体的任何知识。[这里，康德把思维与知识区别开来，因为在

---

① 见康德：《纯粹理性批判》，蓝公武译，商务印书馆2005年版，第295页。

他看来,"知性不能直观,而感官不能思维,只有二者的结合才能产生知识"。]对一般思维的逻辑解释被错误地当做是对客体的一种形而上学规定[这就是理性心理学的实质]。

第三[第17~23段],对理性心理学一个基础性的**直言推理方法**的批判(译评)。

## [原文]

如果能够先天地证明,一切能思的存在物本身都是单纯的实体,因此(这是从同一个论据得来的结果)作为这样的实体,都不可分割地具有人格性,并且意识到自己与一切物质相分离的**存在**,那么这对我们的全部批判来说,就成了巨大的甚至是唯一的绊脚石。因为以这种方式,我们已经完成了超出感官世界界限的第一步,并进入了**本体的领域**,因此谁都不敢否定我们向这一领域走得更远和在那里定居的权利,并且如果幸运光临的话,还会在那个世界里占领一块领地。因为"一切能思的存在物都是单纯的实体"这一命题,其自身乃是一个先天的综合命题,这首先是因为它超出了为它**奠定基础的概念**的界限,把**存在方式**加给了一般思维[所以是综合命题],其次是因为它把在任何经验中都不能被给予的谓词(Einfachheit,单纯性)加给了这一概念[所以是先天命题]。因此,先天综合命题之所以是可能的和被允许的,不仅像我们曾经主张过的那样,在于其与可能的经验对象相关,即作为这种经验之所以可能的原则,而且也在于其能够同一**般物**以及**物自身**相关,这样的结论终将断送我们的批判,并迫使我们不得不墨守陈规。但如果人们更贴近事实的话,其危险也并非很大。

理性心理学的程序(Verfahren)是受这样一个谬误推理所支配的,这种谬误推理通过以下的三段推理表现出来:

一物只有作为主体才能被思维,只有作为主体才能存在,它因此就是实体。[大前提][在康德看来,这个推理是理性心理学的基础,其推理形式则是直言推理,这应当特别引起注意。]

现在,一个能思的存在者,只能被当做这样一个东西,即它只有作为主体才能被思维。[小前提]

因此它[指能思的存在者]也只有作为这样一个东西[指主体],即作为实体而存在。[结论]

在大前提中所说的是**在一切关系上能够一般地被思维的存在物**,因而也是能够**在直观中被给予的存在物**。而在小前提中所说的那个存在物指的是,自己把自己当做仅仅同思维和意识的统一相关的那样一种主体,而不是自己把自己当做同时也同直观相关并通过直观使其作为思维的客体而被给予的那样一种主体。这样,结论就是 per Sophisma figurae dictionis [拉丁文,意为:通过修辞格的诡辩],从而是通过错误的三段推理取得的。①

如果回忆一下我们关于"原理的系统叙述"一节中的"总说明"② 和关于"本体"的一章③,那么很清楚,把这个著名的论证[指上面的三段推理]归结为谬误推理是完全正确的。因为那里证明了,本身能够作为主词而存在而不单是作为谓词而存在的物的概念,其自身还根本不含有**客观实在性**,换言之,我们不能知道这一概念是否能适合于某种对象,因为我们看不出这种**存在方式**的可能性,因此这种概念不能提供任何知识。因此,如果这种概念在实体的名义下指示一种能够被给予的客体,如果它能够成为知识,那么它就理应在其基础中,有一个**恒久的直观**来作为概念的**客观实在性**的必要条件,而没有这种直观,对象就不能被给予。但是在内部直观中我们却没有任何恒久性的东西,因为**"我"**只是我的思维的意识,因此,如果我们不能思维得更远一些,那么我们就没有适合于**作为思维存在物的自己本身**的实体概念即独立存在的主体概念的必然条件,而与此相联系的实体的单纯性也就同这一概念的客观实在性一起消失了,并转变为在一般思维中自我意识的纯粹逻辑的**质的单一性**,而不管它是不是复合的实体。[这里,康德要说的是,上述推理不仅犯有逻辑的错误,而且犯有"先验"

---

① 这原本是康德的一个长注,是对上面三段推理方法的批判,内容是:"在两个前提中所用的'思维'一词其含义是完全不同的。在大前提中,它涉及的是一般客体(从而是在直观中被给予的客体),而在小前提中所涉及的是,它的存在只是就其同自我意识的关系而言的,因此这里我们所思维的不是任何客体,而只是表现其同主体自身(作为思维的形式)的关系。前者[在大前提中]所讲的仅仅是作为主体而被思维的物;而后者[在小前提中]所讲的不是物,而是思维(由于人们抽掉了一切客体),在思维中'我'总是作为意识的主体;所以在结论中不能断定'我只能作为主体[即作为实体]而存在',而只能断定'我在对我的思维中只能作为判断的主体',但[后面]这个命题则是一个同一性的命题,对于我的存在方式绝没有说出任何东西。"(见康德:《纯粹理性批判》,蓝公武译,商务印书馆 2005 年版,第 278 页。)这里康德要说的是,上述三段推理犯有四名词的错误,因为大前提中的主体(作为中项)不仅表现在思维中,而且也表现在直观中,因为只有在直观中才谈得上存在,而小前提中的主体则只表现在思维中而不同时表现在直观中,因此中词的含义是混乱的;换言之,大前提中的主体是思维的主体,而小前提中的主题则是逻辑的主体(主词),主体一词是有歧义的。毫无疑问,康德的这一批判是有力的。
② 见康德:《纯粹理性批判》,蓝公武译,商务印书馆 2005 年版,第 207~210 页。
③ 见康德:《纯粹理性批判》,蓝公武译,商务印书馆 2005 年版,第 211~225 页。

的错误,即把作为逻辑主体(主词)的"我"作了先验的(先天的)应用,即用做唯在直观中才能表现出来的实体的"我"。为此他提醒人们注意以前的论述。这样他就自以为同主观唯心论划清了界限。]

　　**第四**[列为独立标题,第1段],"对门德尔松关于灵魂恒久性证明的反驳"(简介)。

　　犹太哲学家、莱布尼茨灵魂不朽论的维护者**门德尔松**(1727—1786)注意到,莱布尼茨的一个论据,——即灵魂不能因**分裂**(如果假定它是单纯的实体)而终止其存在[见莱布尼茨《单子论》第四节],——对于证明灵魂恒久存在的必然性并不充分,因为可以假定灵魂因为**消失**而终止其存在。于是他提出了另一种证明,以避免灵魂因消失而终止其存在。其论据是:灵魂作为单纯者[不能再分者]不能因减弱而一点一点地丧失自己的存在,以至于最后转变为无,因为单纯者不包含部分,也没有多数,所以它不能终止其存在,因为在它存在和不存在的两个瞬间之间不可能有一个过渡性的中间时间,(因为只有在逐渐消失的情况下才有这种中间时间)。康德对此驳斥说,门德尔松没有认识到,即使我们承认灵魂是单纯的并且不包含有部分,因而没有外延的量(即大小),但我们却不能否认灵魂与其他一切存在一样仍具有强弱的量(即度[有质的量])。这就是说,灵魂即使不能分解为各个组成部分,但却可以有不同程度的实在性[即质],可以逐渐减弱以至于无。因此门德尔松试图从内感官的角度来证明灵魂的恒久性是难于成立的。康德进而指出,尽管灵魂在生命中的**恒久性**[这是相对恒久性]由于能思的存在物(作为人)同时也是外感官的对象,因而是清楚的,但这不能让理性心理学家感到满意,因为他们想从单纯的概念出发,去证明灵魂超出个体生命的**绝对恒久性**(即不死)。

　　**第五**[列在批判门德尔松的标题下,第2~5段],对理性心理学体系的批判(简介)。

　　康德在批判门德尔松的灵魂不死论的同时,对理性心理学体系进行了批判。他认为,理性心理学体系无论采取**综合方式**,还是采取**分析方式**,都是错误的。首先[第2段],如果把前面所列的四个基本命题作为一个系统,**综合地**联结起来,那么理性心理学的体系就是从关系类范畴[这里是指实体性]出发,即从"一切能思的存在物本身[即灵魂]都是**实体**"这个命题出发,然后按范畴表的顺序向后回溯,即经过质的范畴[即实在性](其命题是:"灵魂是单纯的[即不朽性]"和量的范畴[这里是指单一性](其命题是:"灵魂是数目上同一的,即单一性[即人格性]"),最后到达模态的范畴[即存在性或现实性](其命题为:"灵魂与空间中**可能的对象相关**"[即交感性]),并由此最后达到了能思的存在物的**存在**(Existenz),这样就实现了一个"**圆圈**"的闭合,重新回到了它的起点。

[这个体系,是一个从一般到个别、从抽象到具体的体系,显然它靠的是演绎法,实质上是属于唯理论的。]

因此他断言,这是一个唯理论的体系,因此唯心论是不可避免的,而且如果外物的存在对我们自身在时间中存在的规定完全是不需要的,那么假定外物的存在对我们来说就是多余的,也不能利用这种存在作出什么证明。

其次[第3段],反过来,如果我们按**分析的方式**来处理,把包含着被给予了**存在性**(Dasein)的"我思"命题作为起点,即以模态范畴[这里是指存在性或现实性]为起点,然后**剖析**(zergliedern)[即分析]"我思"这一命题,以辨认它的内容[即如下面所列:实体性(属于关系)、单纯性(属于质)和单一性(属于量)],也就是辨认能否和如何仅仅借此内容以确定"我"在时空中的存在[即现实性]。这样一来,理性心理学的各个命题就不再从一个一般的能思的存在物之概念开始,而是从**现实性**(Wirklichkeit)**的概念**开始,并且我们从这种现实性由以被思维的方式中,剔除一切经验的因素后,推导出一切属于一般能思的存在物的命题,就像下表所显示的那样[与前一个综合体系相反,这是一个分析的体系,即从个别到一般、从具体到抽象的体系,显然它靠的是归纳法,实质上是属于经验论的]:

**1.**

我思[模态的现实性]

| **2.** | **3.** |
|---|---|
| 作为主体[关系的实体性] | 作为单纯的主体[质的单纯性] |

**4.**

作为我的思维的一切状态中

同一的主体[量的单一性]

接着[第4~5段]，康德就开始了对这个体系的批判。他指出，在上述的命题体系中，**第二个命题**并不能确定我能否只作为主体并不作为另外某物的谓词而存在[实存]和被思维，所以这里的主体(即能思之"我")只能是**逻辑的主体**(即主词)，因此其实体性是不能确定的。而在**第三个命题**中，虽然我对主体的**性状**及其**自存性**(Subsistenz)还没有说出什么，但**统觉的绝对统一性**，即**单纯之"我"**( einfache Ich)，在构成思维的一切联结或分离与之相关联都与之相关的表象中，就其自身来说也还是具有重要意义的[因为如前所述，在康德看来，这种单纯之"我"毕竟是一切思维和概念的载体]。不过他又认为，关于"我"的这种质的单纯性，是无法用**唯物论**的观点来说明的，因为在外在的空间中是没有单纯的东西。至于**第一个命题**，虽然已经包含着我的存在，但这种"我在"仅仅是从"我思"中引申出来的，而"我思"只与我在时间中的表象有关，而时间中是没有什么恒久性的东西的。因此包含在"我思"中的**我的存在**也不具有恒久性，从而也不能作为实体或偶性而存在[实存]。这就说明，**唯物论**不能说明"我"的存在。[这就是说，唯物主义从第三和第一命题出发都不能证明"我"的存在。]同样**唯心论**也无法说明"我"的存在。因此结论是：无论于何种方式都不能证明"我"或灵魂的**独立存在**[实存]。因为对康德来说，由我们自己根据自身的经验而认识到的**意识的统一**(作为逻辑主体)而越出经验(即越出我们生命期间的存在)以推断**灵魂**(单纯之"我")的**实体性**或**存在性**，或者由"我思"的**经验性命题**以推断**一切思维者**的本性，都是不可能的。这样，康德就自以为既同唯物论划清了界限，也同唯心论划清了界限，其实是巧妙地在二者之间来回摇摆。

**第六**[亦列在批判门德尔松的标题下，第6~9段]，主要讲对理性心理学的批判考察的意义(简介)。

康德认为，对理性心理学的批判还是有积极意义的。首先[第6、8、9段]让人们认识到，理性心理学虽然不能增加我们的**自我认识**(Selbsterkenntnis)，但是对它的批判考察却是对理性的一种训练，目的是为理性确立一个界限，一方面防止人们投入到无灵魂的唯物论的怀抱，另一方面防止人们沉迷于丧失了生命依据的精神论[即唯心论]，以便人们从关于灵魂的无益思辨转到关于灵魂的有益的实践应用上去。因为在康德看来，**实践理性**并不局限于**自然秩序**的束缚，有权扩大**目的秩序**并超出个人的存在，以进到现世生活之外的领域。

其次[第7段]让人们认识到，理性心理学的谬误所产生的根源，这就是：把作为范畴基础的**意识的统一**（即单纯的**自我**）当成了作为客体的**主体**之直观，并把实体范畴应用于这种意识的统一，也就是说，把**纯思维的主体**当成了**感性直观的客体**。但是在康德看来，**意识的统一**不过是思维**中的统一**罢了，由于没有任何客体被给予，所以也不能把实体概念应用于其上。这样一来，这个主体就是完全不能被认识的。因为在康德看来，正由于范畴的主体（即单纯之"我"）思维这些范畴，所以这个主体就不能获得关于自己本身作为范畴的客体的概念，因为要想思维范畴，思维的主体就必须把应当加以解释的纯粹自我意识设定为基础，这就是说，思维的主体不能成为思维的客体（范畴）的客体（感性直观的对象）。类似的情况是，原本在自身中就含有时间表象之基础的**主体**，是不能由这些表象来规定其在时间中的存在的。既然后者不可能，那么前者由范畴来对其自身（作为一般能思的存在物）作出规定也是不可能的。为此他还在随后的注释中批评笛卡儿"我思故我在"的命题，指出"我思"是一个经验性的命题，其中包含着"我在"的命题，但不能说"一切思维者都存在"，因此"我在"不是从"我思"命题推论出来的，因为如果"我在"是从"我思"推论出来的，那么就必须有"一切思维者都存在"作为大前提，否则是推不出"我在"的。因此"我在"与"我思"是同一的命题，"我在"分析地包含在"我思"中。这样"我在"的"在"（即"存在"）就不是一个范畴，因为范畴必须是与一个确定的客体相关的，而只是一个一般思维的"在"，既不表明现象也不表明物自身（本体）。这样，康德就自以为既揭露了门德尔松，也驳倒了笛卡儿。[这里涉及到哲学史上思维与存在的关系的重大问题，特别是思维与存在的同一性问题。康德站在形而上学的立场上，既想与唯心主义划清界限，又想与唯我主义划清界限，但他做不到这一点。]

**第七**[列为独立标题]，"心理学谬误推理之解决的结论"（简介）。

这个结论包括两点，**首先**是理性心理学幻象的根源问题。康德重申，理性心理学辩证幻象产生的根源是：一个理性[纯粹的**直悟**(Intelligenz)]

的**理念**与在一切方面都不确定的一般能思存在物(自我)的**概念**相混淆。他论证说,我思维我自己,目的是为了某种可能的经验而抽掉一切现实的经验,于是就推断,即便在经验及其条件之外我也能意识到**自己的存在**。因此我就将抽掉了我的经验性地规定了的**可能的抽象**,与作为我的能思之我的**特定存在**的可能性之**假想意识**混淆起来,并相信我认识到,似乎在我之内的实体性的东西就是**先验的主体**(transzendentales Subjekt),但实际上此时我所认识到的却只是意识的统一,这种意识的统一作为**知识的单纯形式**[这就是说,统觉或自我意识不过是知识的单纯形式]存在于一切表象的根底中。[这里,康德把单纯之"我"、思维的主体、统觉或自我意识(它们是一个东西)看成是一切知识的最高形式("最高点"),因为范畴已经是经验知识或经验性概念的逻辑形式,而单纯之"我"则是范畴的形式,因此是形式的形式,如果考虑到经验性概念本身又是感性知识的逻辑形式,那么,统觉或自我意识就是一个形式的形式的形式,这真是一个不可思议的纯粹的自在之物。]

**其次**是身心的关系问题。康德认为,理性心理学并不研究灵魂与肉体的关系问题,因为它的任务是要证明灵魂不死,所以是超验的。但是康德又认为,他的批判实际上已经对这个问题作了解答,而困难只在于作为内感官对象的灵魂与作为外感官对象的肉体是不同类的,因为内感官对象依据的直观条件是时间,而外感官对象依据的直观条件还要加上空间。但是如果人们看到这**两种现象**的共同基础都是物自身,因而其性质未必是不同的,那么这种困难也就会消失,而剩下的问题就是一般地论述实体的交互作用如何可能的问题,但人们已经知道,这个问题已经超出了心理学的领域,而不属于人类知识的范围。

**第八**[列为独立标题],"关于从理性心理学向宇宙论过渡的总注释"(译评)。

## [原文]

"**我思**",或"我因思维而存在[实存]"(ich existiere denkend),是一个**经验性的命题**[因为"我思"是"未规定其内容的经验性直观"①]。然而由于这个命题是以经验性的直观为基础的,从而是以作为现象的被思维的客体为基

---

① 康德:《纯粹理性批判》,蓝公武译,商务印书馆 2005 年版,第 284 页注①

础的,因此看起来,按照我们的理论,**灵魂**甚至在思维中也会完全转变为**现象**,而且这样一来,我们的**意识本身**[即灵魂],作为**单纯的幻象**,实际上就不应当同任何东西相关了。[这就是说,既然"我思"是一个经验命题,那么按照先验论的观点,意识自身就什么也不是了,因为作为现象之"我"完全不能表现"我自身"。]

思维,就其自身而言,仅仅是一种**逻辑功能**,从而不过是把仅仅可能的**直观的杂多**联结起来的**纯粹的自发性**,而且这个思维无论怎样都不能把意识的主体展示为现象,其原因只是,它绝不能在**直观方式**上去考虑,不论这种直观是感性的或者是理智的。而通过思维,我对我自己既不表现为像"我之所是"那样,也不表现为像"我对自己显现"那样,而仅仅是我思维我自己就像思维任何一个抽掉了我对其进行直观的方式的**一般客体**那样。如果我这样把**自己**表现为思维的主体或思维的基础,那么这些表现方式并不意味着实体范畴或原因范畴,因为这些范畴是已经应用于我的感性直观的**思维(判断)功能**,而如果我要认清**我自己**,这种直观是必需的。但现在我想意识到的**自我**(Selbst),仅仅是作为在思想着的**自我**,至于我的**特殊的自我**(eigenes Selbst)如何在直观中被给予,——在直观里这个特殊的"自我"对我而言,即对"我思"(ich denke)而言,只能成为**现象**,而不能成为"我思"[换言之,直观中的"自我"只能是"我"或"我思"的现象]——我则把它放到一边。而在纯粹思维中的我自我的意识里[即自我意识],我就是**存在物本身**,但是就这个存在物来说,也还是没有什么东西提供给思维。[康德一贯认为,离开了感性直观,思维就空无内容,他说"思维没有内容是空的",这对于包括自我在内的一切一般对象或客体来说都是如此。]

"**我思**"这一命题,如果就其意味着"我由思维而存在[实存]"(Ich existiere denkend)来说,那么它就不仅是逻辑的功能,而是在**存在**(Existenz[实存])方面上规定着主体(在这种情况下它同时也是客体),并且没有内感官这种主体就不能产生,而**内感官的直观**却总是给出一个仅仅作为**现象**而不是作为**物自身**的客体。[这就是说,"我思"只在内感官中规定主体的存在,从而主体的这种存在只能作为现象,而不能作为物自身。]因此在这里,不仅有**思维的自发性**,而且也有**直观的感受性**,也就是对我自己的思维[换言之,是自我意识],被应用于**同一个主体**的经验性直观。在这种直观中,思维着的

**自我**就不得不向实体、原因等范畴寻求自己的逻辑功能的应用条件,以便不仅通过"我"标志自己作为**自在的客体本身**(Objekt an sich selbst),而且也规定自己的存在方式,即把自己作为本体来认识;但这是不可能的,因为内部的经验性直观具有感性的性质,并且只能提供现象的材料,而这些材料是不能向纯粹意识的客体提供任何东西来认识其[指作为客体的"我"]**独立的存在**的,它们只能用于经验的目的。

但是如果允许,将来不是在经验中,而是在某些(不单是逻辑规则,而且还是)理性的纯粹应用的先天确定的法则中,——这些法则涉及到我们的存在[实存],——找到理由,以完全先天地预设我们在我们自己的**存在**方面是立法的,并且还要规定自己的存在[实存]。那么就会由此而发现一种自发性,通过这种自发性我们的现实性就成为可规定的,而不需要经验性直观的条件,并且这时我们就会觉察到,在我们的**存在**(Dasein)的意识中先天地含有某种东西[作为物自身或本体的先验主体或灵魂],能够用来确定我们的**存在**(Existenz,实存),这种**存在**[实存]——它通常只有我们的感性才能加以规定,——至少就某种内在的能力而言,涉及到直悟的(无疑只是思维的)世界方面。[这就是说,对于我们自己的存在的意识先天地包含着能够用以确定我们的实际存在的直悟世界(先验的主体或灵魂)。]

但是这一点也不能促进理性心理学中的竭力尝试。因为通过这种由道德法则最先向我披露的令人惊异的能力,我虽然拥有了规定我的存在的**纯粹理智原则**,可是要借助于什么样的谓词呢? 只能借助于那些应当在感性直观中给予我的谓词,这样,我又陷入了理性心理学所沉溺的同样位置,即我对感性直观的需要,以便赋予自己的知性概念——如实体、原因等等——以意义,而没有这些我就不能取得**关于自己**的知识,可这些直观却永远也不能帮我超出经验的范围。但是,对于永远指向经验对象的实践应用来说,我却可以当之无愧地按照类似于理论应用的意义,把这些概念应用于自由和自由的主体,这时我只把它们理解为主体(主词)与谓词、根据与结果的逻辑功能,按照它们,行动或结果都遵照道德法则来作出那样的规定,即它们总能与自然法则一起按照实体和原因范畴作出解释,尽管它们来自于完全不同的原则。我们讲述这一切只是为了避开误解,这种误解会轻而易举地引出把我们的自我意识当做现象的学说。在以下的叙述中我们将有机会应用这一点。[这里,康德特别突出了自我意识的能动性,他要躲过其关于作为物自身的先验主体、先验统觉或先验自我的不可知论观点,把这种先验的主体或自我运用到实践和道德的领域中去,以使作为主体的自我获得自由,使之成为自由意志,而这是人类意识与动物意识的本质区别。这里他突出了人、人的思想、人的主体性、人的自由。毫无疑问,这对整个近代西方哲学乃至现代西方哲学都具有启发意义。例如其继承者黑格尔也曾说:人之所以异于禽兽由于人有思想①。]

下面我们看所删掉的第一版内容:

[提示]康德对理性心理学的批判如郑昕所说,共有三次,第一次(1781年)载《批判》第一版,第二次(1782年)载《导论》,第三次(1787年)载《批判》第二版,其中以《批判》第一版最详尽,其中不仅重述了他的时空学说,以之作为批判的依据,而且还进一步发挥了他关于认识的主体即自我的学说,因此值得特别重视。② 这里是康德在《批判》第一版中,对理性心理学四个基本命题的批判。

**1."第一谬误推理,关于实体性"**(简介)。

康德把理性心理学的"第一推理"——关于灵魂实体性的谬误推理形式归结为:

某物,其表象是我们判断的绝对主体[主词]并因此不能被用做其他物的规定,就是实体。[大前提]

"我",作为能思的存在物,是我们的一切可能判断的绝对主体[主词],并且这种关于我自己的表象不能被用作任何其他物的谓词。[小前提]

所以,"我"作为能思的存在物(灵魂),就是实体。[结论]

康德的批判如下:

**首先**[第1段],讲理性心理学是如何推出"灵魂是实体"的。康德说他曾经指出,纯粹的范畴本身(其中就有实体范畴)如果它们不依靠直观,——范畴不过是能够应用于直观的杂多之上的综合统一的功能,——就没有客观意义。因此缺少这个直观的条件,范畴就只是一种空无内容

---

① 黑格尔:《小逻辑》,贺麟译,商务印书馆1980年版,第38页。
② 见郑昕:《康德学述》,商务印书馆1984年版,第26页。

的判断功能。但是他又指出,对于一切**一般物**,我都可以说它是实体,只要我把它同那个物的谓词和规定区别开来。[康德在《导论》中说,人们虽然可以说自我或灵魂是实体,但却"非常空洞、毫无意义"(第114页)。]可是理性心理学却论证说:现在,在我们的一切思维中,"我"是主体,——思维仅仅作为一些规定而从属于这个主体,——而且这个"我"却不能被应用于任何其他物的规定,因此任何人就不得不把**自己本身**(Sich selbst)看做是一个实体,而思维只能被看做是自己存在的一个偶性,并被看做是自己状态的一些规定。[这里,康德批评理性心理学把主体与实体等同起来。]

**其次**[第2~3段],指出上述说法是没有根据的。康德认为,既然范畴不过是一种判断功能,没有任何客观意义,所以无论如何都不能仅从实体范畴出发,推导出"我"作为能思主体的**永久存在**和**不自生自灭**,而且"我"作为能思主体的**实体性概念**,除此之外再没有别的用途,而既然无用,那就无须这个实体性概念。相反,如果我们要把实体概念应用于能思之"我",就必须以其来自于经验的恒久性为基础,而在上述命题中却没有这样的基础。因为我们虽然在其中发现"我"在我的一切思维中存在,但却没有任何直观同"我"的表象相联系,以便把"我"与其他对象区别开来。因此康德争辩说:在上述命题中,尽管我们能够觉察到**"我"的表象**存在于我的一切思维中,但是还是不能发现这种**表象**就是有各种思维在其中交相更替的**稳定恒久的直观**。[这里,康德援引经验论来批驳理性心理学的唯理论。可参看郑昕对这一推理的方法上谬误的理解。①]

**第三**[第4段],是结论。康德认为,理性心理学在**第一推理**中,用表现在思维中的恒久的**逻辑主体**(主词)(logisches Subjekt)来冒充**实在的主体**(reales Subjekt),而我们对这后一种主体(实即**先验的主体**)却没有也不能有任何知识。而在康德看来,只有意识才能把一切表象联结在一起,使之成为思维,因此在作为**先验主体**的意识(即"自我意识")中,能够遇到我们的一切知觉(即"有意识的表象"),可是关于这个作为主体的"我",除了它的逻辑意义外,我们并不能形成关于作为先验主体和一切思维之基质的**自在的主体本身**(Subjekt an sich selbst)(即"我"自身)的任何知识。因此

---

① 见郑昕:《康德学述》,商务印书馆1984年版,第27~28页。

在他看来,理性心理学关于"灵魂是实体"之类的命题并不能推进关于我们的自我的知识,因为这种实体只存在于理念中,而不存在于现实中。[这里,康德揭露理性心理学用逻辑主体来冒充实在主体,强调理性心理学并不能解决灵魂的实体性问题,因为作为一切思维主体的"我"自身是不可知的。]

**2."第二谬误推理,关于单纯性"**(简介)。

康德把理性心理学关于灵魂单纯性的谬误推理形式归结为:

某物,其活动无论如何都不能被看做是许多活动物的协作,就是**单纯**的。[大前提]

**灵魂或能思之"我",就是这样的东西。**[小前提]

所以,……[结论]

康德的批判包括以下几个方面:

**首先**[第1~4段],批判理性心理学的主要论据"并不充分"①。康德指出,理性心理学的这一推论是一切辩证推理的阿基里斯(最有力者),而非故意的伪造。其具体论据是[第2段]:

一切复合的实体都是许多实体的集合,所以复合物的活动也是分布于许多实体中的许多活动的集合。这种情况对于纯粹外部的东西或许是可能的,(例如物体的运动就是其各部分的联合运动)。但是对于能思的存在物来说就不同了,因为如果一个复合物在思维,那么它的每个部分就会包含思维的一部分,而只有所有的部分合在一起才能包含整个思维。这是矛盾的。因为分布于各个存在物之间的表象是永远也不能组成一个思维的整体的,正如个别单词是绝不能构成一整个诗句一样。因此思维是不可能从属于那种复合物的。因此其结论就是:思维只有在一个并非是许多实体集合的实体中,从而只有在一个**绝对单纯的实体**中,才是可能的。[在康德看来,理性心理学的这个论据似乎是很有力的,因此他以赞扬的口吻来复述这个论证。]

康德接着指出[第3~4段],上述证明的"**关键**"论据是:要构成一个思想,诸多表象就必须处于能思主体的绝对统一中。但是康德认为,这个论据毕竟是站不住脚的,其理由有二:

① 见郑昕:《康德学述》,商务印书馆1984年版,第28页。

其一是,该原理是不能从概念引申出来的。康德指出,"一个思想只能作为能思的存在物的**绝对统一**的结果",这样的命题不应被看做是分析命题。因为由诸多表象构成的**思想的统一**具有**集合性**,而单从概念来看,这种思想的统一既可以同实体的一般活动的**集合性的统一**相关(就像物体的运动是其一切部分运动的集合那样)[这样它就是一个综合命题,是感性直观中的杂多的统一、具体的统一],也可以是主体的**绝对统一**[这样它就是一个分析命题,是"我思"的同义反复,因此是抽象的逻辑的同一]①。因此康德争辩说,既然说到**复合性的思维**,那么按照同一律,单纯实体的假设就没有必然性了。[因为在康德看来,"我思"伴随着我的一切表象,这里边"我"是自我同一的,根本用不着"单纯实体"的概念。]与此同时也没有人会主张单从概念中就可以先天综合地推导出上述命题。[这就是说,按照同一律,从能思主体的绝对统一的概念出发,一方面,单纯实体的假设并没有必要,另一方面,也不能推出上述的先天综合命题。因此剩下的就只不过是赤裸裸的逻辑主体了。]

其二是,该原理也不能由经验来证明。因为经验永远也不能提供必然性的知识,更不要说绝对统一的概念远远超出了经验的范围。于是康德就追问说,理性心理学是从哪里获取上述支撑着全部心理学推理的命题的呢?

**其次**[第5~9段],批判理性心理学的"唯一根据"即"我思"的虚假性。

康德指出[第5段],对人们来说显而易见的是,当我们要对自己表象**能思的存在物**的时候,我们就必须把自己置于它的位置,并因此而把自身的**主体转换成客体**[即把主体客体化或把主观客观化]。还有就是,我们之所以对一个思想来说,要求主体的**绝对统一**,只是因为,不然我们就不能说"我思"(即把杂多放到在一个表象中去思考)。因为即便退一步说,思维作为一个整体是可以划分的,并且分配于许多主体之间,但主体性的"我"还是不能划分和分配的,而这个主体性的"我"恰恰是被我们设定为一切思维的前提的。[这样,在康德看来,能思的主体即"我"的绝对统一性或绝对同一

---

① 这里有的译本把"绝对统一"译为"绝对的单一性"是不确切的,因为"统一性"(统一)与"单一性"(单一)在德文中虽然是一个词(Einheit),但含义与用法却是不同的:统一性应理解为"质的统一",即黑格尔所说的"具体的同一"、"多中之一"(见黑格尔:《小逻辑》,贺麟译,商务印书馆1980年版,第248、213页),属于质的范畴;而单一性则与多数性相对,即黑格尔所说的"抽象的同一"、"排他的一"(见黑格尔:《小逻辑》,贺麟译,商务印书馆1980年版,第249、214页),属于量的范畴,因此切不可混淆。

性对任何人来说都是自明的。但是这里有一个问题,就是主体的绝对的统一性与其说是与质的范畴相关,不如说是与量的范畴更加接近,因为统一性与单一性在德文中是一个词,而单一性是属于量的范畴的。①]

接着又指出[第6段],理性心理学的这一论据与第一谬误推理的论据是一样的,作为理性心理学扩展其关于主体知识的"唯一根据"就是统觉的**形式原理**的"我思"。但是他又指出,"我思"这一形式原理虽说不是一种经验(即知识),但却是与一切经验有关并先于一切经验的**统觉的形式**,是一般可能知识的纯粹主观的条件,并且我们无权将其转变为关于**对象**[应为一般对象,实为物自身]的知识的可能性条件,也就是不能使其转变为关于**一般能思存在物**的概念,这是因为,我们要想向自己表象这种能思的存在物,就必须把自己连同自己意识的公式一起,置于任何其他能直悟的存在物的位置。[这个表述是晦涩的,其意思是说,"我思"本身并非是知识,只不过是关于一般的可能知识的主观条件,因此要想得到作为一般能思存在物的"我思"[即我自身]的知识,就必须把自己设定为能直悟的存在物。换言之,"我思"本身(或我自身)是不可知的,参见"纯粹知性概念的先验演绎"§25。]

因此康德认为[第7段],**我自身**(作为灵魂)的单纯性(Einfachheit)实际上并不是从"我思"的命题中推导出来的,而是包含在任何思想中的。例如笛卡儿的"我思故我在"实际上是同义反复,因为"我思"("我"在思维)直接就表明了"我存在"的事实。而"我是单纯的"这个命题不过意味着"我"这个表象并不包含任何杂多,而且是绝对的(尽管只是逻辑上的)统一性。

于是康德认为[第8~9段],上述心理学的证明只不过是建立在关于"我"的表象的不可分割的统一的基础上,而这个表象所支配的只是**统一的人称关系中的动词**。[换言之,"我"的表象只涉及到统一的主体(思维者),而对其他的主体是什么情况,他是绝对不知道的。]因此对康德来说,显而易见的是,当我们把适合于任何人的"我"与其一切思想联系起来时,我们只能先验地指示这些思想所依存的主体,至于这个主体是什么那是根本不知道的,这样的主体就只能是最单纯不过的,因为我们把它的一切属性都抽掉了。

---

① 见康蒲·斯密:《康德〈纯粹理性批判〉解义》,韦卓民译,华中师范大学出版社 2000 年版,第 477 页的评论。

但是可以肯定的是,通过"我"的表象,我们总会向自己表象出一个主体的**绝对的尽管是逻辑的统一性**(即单纯性),但这并不意味着这个主体的现实的单纯性。这样一来,我们关于我们自己就不可能获得作为经验对象的任何知识。

第三[第10段以下],批判理性心理学关于灵魂的单纯性主张的"客观有效性"的荒谬性。康德指出,在理性心理学看来,人们必须承认,灵魂的单纯性这一主张的**实际价值**仅在于以此使思维主体(灵魂)与物质(肉体)区别开来,使其免于像物质那样被分解。康德对此批评说,如果人们一方面承认灵魂的**单纯性主张**具有客观有效性,一方面又发现不能用它去解决灵魂与物质的关系问题,那就等于说它没有客观应用的实在性。

康德论述说,先验感性论曾经指出,物体(物质)只不过是现象,而不是物自身。这样人们似乎就有理由说,我们的**能思的主体**是非物质的。这意味着,由于它是内感官的对象,所以既然它在思维,它就不能是外感官的对象,即不能是空间中的现象。这样似乎就把它同物体完全区别开来了。但康德驳斥说,尽管广延、不可入性、凝结力、运动等**外感官对象**与思想、感情、欲望、决心等内感官对象是不同的,但这一点并不能使物自身与能思的主体(灵魂)区别开来。因为物自身作为刺激感官使其获得空间、物质、形状等表象的东西,并非是现象,因此不能用广延、不可入性、复合性的谓词来加以描述,也就是说,物自身是非广延的、非不可入的、非复合的。既然是这样,物自身与作为灵魂属性的单纯性就不矛盾,换言之,物自身很可能同时就是能思的主体,即灵魂。因此康德的结论是,即使我们承认灵魂是单纯的,那么这种单纯性也不能使灵魂与物质的基质(即物自身)区别开来。但是从另一方面看,我们固然可以假设[像莱布尼茨那样],物质实体本身是能思维的,使之在一种关系(即外感官)中被称做物体,而在另一种关系(即内感官)中被称做能思的存在物,这样我们可以不说"只有灵魂(作为**特殊形式的实体**)在思维",而说"人们在思维",而人作为外部现象具有广延,作为内部现象是主体,是非复合的、单纯的和能思的。但康德认为这样的假设是多余的。因为第一,如果我们把灵魂作为能思者自身而与物质相比较,问它们是否是同类,这是不合理的,因为很明显,物自身与构成其各种状态的规定(即现象的规定)相比,具有另外的本性。第二,如果我们把灵魂(能思之"我")不与物质相比较,而与存在于外部现象(即物质)根底中的直悟体相比较,那么我们固然可以说能思之"我",即灵魂(对内感官的**先验对象**的称呼),是单纯的,但却丝毫不能扩大我们关于能思主体的知识。这样一来,理性心理学的支柱就垮台了。

**3."第三谬误推理,关于人格性"**(简介)。

康德把理性心理学关于灵魂的人格性的推理形式归结如下:

某物,意识到自己在各个时间中是数目上的同一,因此它就是一个人格。[大前提]

灵魂就能意识到这一点。[小前提]

因此,灵魂是一个人格。[结论]

康德的批判分三个部分:

**首先**[第1~4段],批判理性心理学把主体的**主观的、逻辑的同一性**与主体的**客观的、现实的同一性**混淆起来。他指出[第一段],如果我想通过经验以认识一个外部对象在数目上的同一性,那我就应当注意现象中的**恒久者**,这个恒久者作为主体与一切其他规定相关,而且还要注意这个**恒久者**在一切其他规定在其中发生变化的时间中的同一性。[这就是说,一个主体要成为一个恒久者,不仅应当与一切其他规定相关,而且还应当在一切其他规定在时间中发生变化时保持同一。]而现在**我**却仅仅是**内感官**的一个对象,而一切时间又都是内感官的单纯形式。因此**我**就只能在一切时间中,即在对我自身的**内部直观**的形式中,把自己的一切连续的规定性同**"我"的数目上的同一**联系起来。[这就是说,我是一个在时间中自我同一的东西。]这样一来,灵魂在不同时间中数目上的同一性,即人格性,就不能被看做是推论出来的命题,而应当被看做是自我意识在时间中的一个完全同一的命题,这就是该命题被认做是**先天的**原因。[这就是说,"自我或灵魂具有人格性"的命题是分析性的,所以是先天的。]但是,这种灵魂的人格性命题仅仅意味着,在我意识到我自己的全部时间中,我意识到这个时间是属于我自己的**单一性**的;而且说"这全部时间都是在作为个体单一性的'**我**'之中",或者说"我是以数目上的同一处于该全部时间之中",都是一样的。

所以康德认为[第2段],在"我自己"的意识[即自我意识]中必然会遇到**人格的同一性**。[这就是说,应当承认自我意识在时间中的人格同一性。]但是,如果从另一个人的角度观察我自己(作为他的外部直观的对象),那么这个外部的观察者就首先是在时间中考虑我,因为在统觉中,时间本来只是表现在我之内的。[这就是说,对外部观察者来说,我首先是在时间中。]因此他虽然也会允许这个"我"在自己的意识中伴随着一切时间中的一切表象,并由此而保持着完全的同一性,但他还是不能由此推断出这个"我"自己的**客观恒久性**(objektive Beharrlichkeit)。[这就是说,我或灵魂在自我意识和时间中的自我同一性或人格同一性,只不过是一种主观的恒久性或逻辑的同一性,而不等于客观的恒久性与事实的同一性。]因为,在康德看来,实际上在这种情况下,这个观察者把我置于其中的时间并不是我自己的感性的时间,而是他的感性的时间,因此同我自己的意识必然联结的同一性并不是同观察者的意识相联结的同一性,即不是同对我自己的主体的**外部直观**相联结的同一性。[这就是说,我只是**我自己**的内部直观的对象,而不是别人的外部直观的对象。]因此康德进而指出[第3段],我自身的意识在各个时间中的同一性只不过是我自己的思维及其相互联结的**形式条件**,但这种同一性完全不能证明**我自己的主体**在数目上的同一性,因为在这种同一性中尽管是"我"在**逻辑上的同一性**,但总还是要发生变化,致使保持它的同一性成为不可能,虽然我们按先前一样称其为同一的"我",这个"我"在另外的情况下,甚至在主体已经变化的情况下,也还是能够保存从前主体的思想,并把这些思想传给后来的主体。于是康德又指出:虽然承认实体的存在,与一些古老学派的见解——世上一切都在流转以及无物永恒常驻,——是难以与其调和的,但它毕竟不能被**自我意识**的单一性(即数目上的同一性)所驳倒。因为实际上,我们从自己的意识出发并不能判断我们作为灵魂是否是**恒久的**,因为我们的**同一的自我**只是我们自己意识到的,而对旁观者来说却未必能够接受,因为伴随并联结我的一切表象的"我"这一表象也只不过是一个思想,它未必不会像其他思想那样处于不断的变化之中。[这里,康德提出了我与他人的关系问题,即主体间性的问题,以及此时的我与他时的我的关系问题,即主体的连续性问题,可惜他没有进一步加以发挥。]

其次[第5段]，批判理性心理学在论据上的本末倒置。他指出，值得关注的是，关于灵魂的人格性[即自我同一性]及其前提条件，即灵魂的恒久性以及实体性，只是现在才需要证明。其实，如果预先设定了灵魂的恒久性和实体性，那么灵魂的**同一性**和**人格性**包含于其中。[因为按照康德对分析判断的理解，灵魂的实体性概念必然包含着灵魂的恒久性、自我同一性和人格性。显然这是经验论者所采取的方法。]但是康德又指出，灵魂的恒久性是不能在由我们从同一个统觉中推论出来的我们自己的**数目上的同一性**之前提供给我们的，相反，灵魂的恒久性只能从灵魂的数目上的同一性中推导出来。当然在康德看来，这种推导要遵循正确的途径，这就是必须借助于经验。因此他的结论是：从我所意识到的"我"的**自我同一性**（Identität des Ich）中，绝不可能得出**人格的同一性**，因此在这种人格的同一性上也绝不可能建立起灵魂的实体性。[当然这个结论是康德从他的先验论的综合方法的角度做出的。]

第三[第6段]，关于人格性概念的用途。康德指出，关于灵魂的人格性的论证虽然在理论上是没有根据的，也丝毫不能扩大关于我们的**自我**（"**我**"）的知识，但灵魂的人格性概念在实践领域中却是必需的。

**4."第四谬误推理，关于观念性（就外部关系而言）"**（简介）。

康德把理性心理学关于灵魂与肉体的关系的推理形式归结如下：

某物，其存在能够被断定为只不过是被给予的知觉的原因的东西，只是某种可疑的存在[实存]。[大前提]

一切外部现象就是那种其存在不能直接被知觉到，而只是作为被给予的知觉的原因被推断出来的东西。[小前提]

因此，一切外感官对象的存在都是可疑的。这种不确定性，我[指康德自己]称之为**外部现象的观念性**，而关于这种观念性的学问就被称之为**观念论**，与这种主张相区别的关于可能的**外感官对象**之确定性的学问被称做**二元论**。[结论]

[提示]康德对第四谬误推理的批判主要是针对其**"观念论"**（即**主观唯心论**）的，特别是贝克莱的"观念论"观点。斯密称理性心理学的第四谬

误推理与灵魂的性质是"风马牛不相及"的①,而且结论的后一句话所陈述的还是康德自己的解释性观点,因此就造成了混乱,但就其涉及到灵魂与外部世界的关系问题来说,仍然是有价值的。这个批判主要包括以下五点:

**首先**[第1~3段],考察第四谬误推理的两个前提。康德认为这两个前提可以归结为:"只有处于我们自己内部的东西才能被直接知觉到,并且只有**我自己的存在**才能成为纯粹知觉的对象。因此在我之外的**现实对象**的存在任何时候也不能在知觉中被直接给予出来,而只能在思想中作为知觉的外部原因被添加给作为内感官变形的知觉,因此是被推论出来的[意即:现实对象的存在是作为知觉的原因被推论出来的]。"②

康德的意思不过是说:第一,我们只能直接知觉到我们之内的东西;第二,我们知觉的唯一对象就是我们自身的存在;第三,外部对象是通过思维被作为知觉的原因推论出来的。康德认为笛卡儿有充分理由坚持这种观点。但康德却质疑说,把外物作为知觉的原因来推论是站不住脚的。因为一个结果可以由一个以上的原因所引起,因此知觉的原因既可能在我们之内,也可能在我们之外,也就是说,既可能与我们的内感官作用有关,也可能与外物的作用有关。总之,只有内感官是可靠的,而由推论所得的外部对象是可疑的。康德称其为"观念论",并归纳其主张是[第3段]:并非否定外感官对象的存在,而只是不承认**外部对象**可以直接知觉得到,因此任何经验都不能向我们提供关于外部对象的实在性的确定知识。[这样,康德就认同了笛卡儿的唯心论。]

**其次**[第4~8段],区分**两种观念论**。康德认为,为了揭示这一谬误推理所造成的骗人假象,必须区分两种观念论,即**先验的观念论**(transzendentaler Idealismus)与**经验的观念论**(empirischer Idealismus)[即贝克莱主义的观念论]。他认为先验的观念论是这样的学说,即主张:"一切现象都只不过是些表象,而并非是**自在之物本身**,并且与此相适应,空间与时间只不过是我们直观的感性形式,而不是**作为自在之物本身的客体**独自被给予

---

① 康蒲·斯密:《康德〈纯粹理性批判〉解义》,韦卓民译,华中师范大学出版社 2000 年版,第482 页。
② 康德:《纯粹理性批判》,蓝公武译,商务印书馆 2005 年版,第300 页。

出来的规定或条件。"① ［这是康德的先验观念论（或先验唯心论）观点，实际就是关于感性、知性和理性形式（包括时空、范畴、和理念）的观念性（或精神性）观点。］与这种观念论相对立的是**先验的实在论**（transzendentaler Realismus）［包括机械唯物论与客观唯心论］，它把空间与时间看做是某种自在地（不依赖于我们的感性）被给予的东西，把外部现象看做是物自身，是不依赖于我们和我们的感性而存在的东西，因此按照纯粹知性概念（如实体、原因）来解释，也会是"**在我们之外**"的东西。［显然这是指以笛卡儿、牛顿、莱布尼茨为代表的"实在论"观点。］但是康德又声称，**先验的观念论者**（transzendentaler Idealist）也可能是**经验的实在论者**（empirischer Realist），因而像人们所说的，是一个**二元论者**，即"在不超出自我意识的范围，并只承认除了在我之内的表象（即'我思故我在'）的确定性以外，再没有更多东西的条件下，可以承认**物质**的存在"②。［这就是说，康德的"二元论者"是在不超出自我意识的前提下，同时也承认"外部对象"（或物质）的存在。不过在康德看来，这种"外部"仅仅是指"与空间相关"，而空间本身还是"在我们之内"。因此，这里，康德所说的"二元论"不过是指在"观念论"的大前提下承认外感官对象与内感官对象具有同等"实在性"的"二元论"，归根结底还是跳不出观念论（即唯心论）的框子。］

　　康德宣称他赞成**先验的观念论**，他说："外物的存在一如我的存在一样，二者都是我的自我意识直接见证的，但是关于作为能思主体的我只同内感官相关，而关于广延性存在物的表象同时又同外感官相关。"③ 于是他又宣称："**先验的观念论者**同时也是**经验的实在论者**，他也承认作为现象的物质的现实性，是直接知觉到的，而不是推论出来的。"④ 这就是他的所谓"二元论"了。［可参看康德关于空间与时间的"先验的观念性"与"经验的实在性"的论述。］而与此同时，他看来，先验的实在论最后却不得不倒向**经验的观念论**，因为它把外感官对象看做是在我们之外的，而实际上，不管我们多么清楚地意识到关于这些物的表象，我们还是不能确定如果这种表象存在，那么与其相应的对象也存在。［这就是唯物论无法驳倒主观唯心论

---

① 康德：《纯粹理性批判》，蓝公武译，商务印书馆 2005 年版，第 301 页。
② 康德：《纯粹理性批判》，蓝公武译，商务印书馆 2005 年版，第 301～302 页。
③ 康德：《纯粹理性批判》，蓝公武译，商务印书馆 2005 年版，第 302 页。
④ 康德：《纯粹理性批判》，蓝公武译，商务印书馆 2005 年版，第 302 页。

的主要原因,是令狄德罗感到"耻辱"的原因①。]而康德说,按照先验观念论的体系,这些外物,即物质,都不过是现象,即都是在我们之内的一些表象,它们的实在性是我们直接意识到的。康德还进一步论证说,如果我们把外部现象看做是由存在于我们之外的作为其对象的物自身所引起的表象,那我们除了由这种表象(即现象)以推断其对象(即物自身),即由结果以推断其原因外,我们是无法断定这对象是否是存在的。可是这样一来,即使我们承认这种对象是存在的,我们还是无法断定这原因是在我们之内还是在我们之外,而且退一步说,即使我们承认这原因是在我们之外,那么它也不是现象(因为现象是在我们之内,是可以直接确定的),而如果是一种先验的对象,那么它又是**不知道的**(unbekannt)。这样,归结起来,康德既是一个**先验的观念论者**,又是一个**经验的实在论者**,因此是一个**二元论者**,而与此同时,他既反对**先验的实在论**[机械唯物论与客观唯心论],也反对**经验的观念论**[主观唯心论]。

第三[第9~12段],具体论述他的**经验的实在论**。康德在上一段[第8段]末尾指出,既然先验的对象是不可知的,所以这里不谈先验的对象,而只谈经验的对象。经验的对象表现在空间中叫做"**外部对象**",而表现在时间关系中则叫做"**内部对象**",但无论是空间还是时间,都只存在于我们之内。因此在这里,他先要探讨"在我们之外"的含义。他认为这个说法具有双重含义:一是指离开我们而存在的物自身,一是指外部的现象,前者是**先验的外部对象**,后者是**经验的外部对象**。[注意"在我们之外"的两种含义。]

为了具体说明经验对象的"实在性",康德又重复与发挥了他的时空学说。他指出,空间与时间是先天的表象,是作为我们的感性直观的形式而预先存在于我们之内的东西。但是与这种形式相关的质料(即内容),即实在者,则以知觉为前提。例如,正是知觉才能展示出空间中某物的实在性,而离开知觉这某物就是不可想象也不能产生的。由此看来,感觉(作为主观的知觉)就是标志空间与时间中的实在性的东西,它一旦被给予了,就可以借助于它的杂多(如愉快、痛苦、色彩、冷热等)在想象中构造

---

① 见北京大学哲学系编译:《十六—十八世纪西欧各国哲学》,商务印书馆1975年版,第307页。

出各种对象来。因此在康德看来,就外部直观来说,知觉代表着空间中具有实在性的东西。因此知觉与空间的关系可以归结为:第一,知觉是实在性的表象,而空间则是共同存在的可能性的表象;第二,这种实在性是在外感官面前,即在空间中表现出来的;第三,空间自身不过是单纯的表象,除了空间中的物以外,并没有任何实在的东西,反过来说,凡在空间中被给予的物都是实在的。因此康德认为,一切外部知觉直接证明了空间中的实在者,或者说,其本身就是这种实在者。于是康德又得出结论,可概括为以下几点:第一,空间自身连同其作为表象的现象,固然都只存在于我们之内,但至少在这一空间中有实在者或一切外部直观对象的质料实际地不靠任何臆造地被给予出来;第二,既然在我们的感性之外空间什么也不是,因此空间中不论有什么东西在我们之外被给予,都是不可能的;第三,即使有这种在我们之外的对象,也不能表象或直观为在我们之外,因为这种表象或直观是以空间为前提的,而空间是在我们之内;第四,因此,外部现象中的实在者,其实只不过是知觉中的实在者,除此之外绝不能成为实在的。这样一来,康德所说的**经验的实在论**就只不过是**知觉的实在论**罢了。

　　但是康德毕竟要遇到如何避免知觉中的假象问题。为此他论述说,由表现而获取关于对象的知识只有二途,一是通过想象,一是通过经验,而这两种途径都会产生与对象不合的虚假表象,如想象力中的梦幻和判断力中的错觉。康德认为,为了避免这类假象,就必须坚持如下的规则:凡是按照**经验法则**而与知觉相关联的东西就是实在的。①而为了驳斥经验的观念论因假象的存在而对外部知觉的客观实在性所产生的怀疑,需要指出以下两点:第一,外部知觉是空间中的实在性的直接证明,空间自身虽然只是表象的形式,但在对一切外部现象的关系中仍然具有**客观实在性**;第二,没有知觉就连虚构和梦幻也是不可能的,因此对我们的外感官来说,如果它拥有能够从中产生出经验的材料,那就会适合于空间中的实在对象。

---

　　① 当然,援引经验的法则也还是不能保证知觉的**客观实在性**或真理性的,而要做到这一点就必须像黑格尔那样把实践概念引入认识论。(见列宁:《哲学笔记》,人民出版社 1974 年版,第 236 页。)

第四[第 13 ～ 15 段]，阐述先验的观念论与各派哲学的关系。康德认为，在观念论中除了先验的观念论外还有两种观念论，即**独断的观念论**（贝克莱）和**怀疑的观念论**（休谟）①。独断的观念论否定物质的存在，这里他暂时不谈。而怀疑的观念论只是怀疑物质的存在，因为在这种观点看来，物质的存在是不能证明的。康德认为这种怀疑的观念论对于先验的观念论的确立是有价值的，因为它迫使我们把一切知觉看做是仅仅与我们的感性相关的东西的意识，并且把外部对象不看做是物自身，而只是我们能够直接意识到的表象。而且更为重要的是，迫使康德接受了现象的观念性，并进而接受了"**经验意义上的**"二元论。但康德认为，如果心理学家把**现象**看做是物自身，那么就会陷入以下各派的"**玄想**"（vernünfteln[蓝译"伪辨"]）：一是**唯物论者**只承认物质的存在，二是**唯灵论者**只承认能思的存在物的存在，三是**二元论者**既承认自在的物质的存在又承认自在的能思的存在物的存在。而康德则认为，"可是它们[现象]毕竟不是什么**物自身**，而只不过是**一般物的现象**"②。

第五，关于**辩证幻象**的一般说明。康德认为，在论及思维的主体（灵魂）的时候，应当对纯粹理性的谬误推理中产生的幻象给出一个一般性解释。他认为："一切幻象都可以归结为：思维的主观条件被当做了关于客体的知识。"③ 他认为，纯粹理性的辩证幻象均涉及到思维条件的一般性东西，于是其辩证的应用就可以区分为以下三种情况：1.一般思维的种种条件的综合；2.经验性思维的种种条件的综合；3.纯粹思维的种种条件的综合。他说："在所有这三种情况下，纯粹理性所从事的只不过是这种综合的绝对总体性，即那种本身是无条件的条件。"④ 他认为三种先验幻象就是以这三种情况的区分为基础的，而这三种幻象又给"纯粹理性的辩证推理"中三章的划分提供了根据，这三章涉及到先验的心理学、先验的宇宙论和先验的神学，它们全都是伪科学。

## [短评]

**首先**，康德对理性心理学灵魂学说的批判，如黑格尔所指出的，是有

---

① 见康德：《纯粹理性批判》，蓝公武译，商务印书馆 2005 年版，第 199 页。
② 见康德：《纯粹理性批判》，蓝公武译，商务印书馆 2005 年版，第 307 页。
③ 康德：《纯粹理性批判》，蓝公武译，商务印书馆 2005 年版，第 316 页。
④ 同上。

成就的和值得肯定的,这表现在:一是他从经验论的立场出发,把实体性、单纯性、人格性(自我同一性)、观念性(与肉体相关)等等从灵魂或自我中扫除净尽,这一成就体现了经验论对唯理论的胜利;二是他对理性心理学的错误推理方法的批判,指出其错误的关键是把大小两个前提中的同一名词加以不同意义的应用,即犯了四名词的错误,这个揭露也是有力的。①

**其次**,康德从他的二元论和不可知论立场出发,把认识主体——灵魂或自我,当做自在之物推到不可知的领域中去,是根本错误的。黑格尔批评说:"依照康德……看来,通过这个自我……不过是设想一个思想的先验主体＝X而已",而这个先验的主体就是人们一点概念都没有的"自在之物"②;恩格斯也就此指出:"康德在思维着的'自我'上面也失败了,在'自我'中他也找出了一个不可认识的物自体。"③

**第三**,康德力图把灵魂的实体性和灵魂不死的学说塞进道德领域中去的做法虽然并不可取,但他由此而突出了精神主体即自我意识的**自由**,其价值无论怎样估计都不会过分。

# 第四节　"纯粹理性的辩证推理"——"纯粹理性的二律背反"译评[见第 321～414 页]

[**提示**]在"先验辩证论"的导言中,康德依据形式逻辑三段推理的三种形式推出辩证推理的三种图式,这就是:1. 纯粹理性的谬误推理;2. 纯粹理性的**二律背反**;3. 纯粹理性的理想。上一节所讲的是纯粹理性的谬误推理,这里所讲的是纯粹理性的二律背反,内容占据了全书篇幅最大的一章,足见其地位之重要。康德认为,二律背反涉及的是一般被给予的现象的条件系列的绝对全体的理念,因此这些理念就被称之为"**世界概念**"。他声称这些概念都**不可避免地**即**不自觉地**陷入到"自然的**悖论**"和"不可避免的**冲突**"之中,这就是"二律背反",它显示出"人类理性的一种新现

---

①　见黑格尔:《小逻辑》,贺麟译,商务印书馆 1980 年版,第 131、130 页。
②　黑格尔:《逻辑学》下卷,杨一之译,商务印书馆 1977 年版,第 474～476 页。
③　恩格斯:《自然辩证法》,曹葆华等译,人民出版社 1955 年版,第 202 页。

象"。黑格尔称二律背反是康德批判哲学的"重要部分"①，恩格斯称二律背反是康德所遇到的"不能解决的矛盾"②。下面就是康德二律背反学说的具体内容：

## 一、"宇宙论的理念体系"[原书第一节]简介

康德不满足于把他的三种理念与他的范畴表中的三种关系范畴联系起来，而且还企图把理念的特殊应用按其"四分法"的教条与他的整个范畴表的四类范畴联系起来。因此，为了论述他的二律背反学说，他要按照范畴表的四分法顺序，先构筑了一个宇宙论的理念体系。当然这个体系纯粹是臆造的和矫揉造作的，但对理解康德的思想还是必要的。康德的论述分以下几个方面：

**第一**[第1段前半部]，建立宇宙论的理念体系的**两个前提**。康德宣称，为了能够按照某种原则以系统的精确性来列举这些理念（即世界概念），我们应当注意的是，纯粹的和先验的概念只能产生于知性，而理性本身并不能创造出任何概念，顶多能使知性概念摆脱可能经验的限制并由此扩展到经验之外，但毕竟还要同经验保持联系。因为这种扩展是理性的要求，即从受条件限制者推论出无条件者（绝对者），其原理是："**如果受条件限制者被给予，那么一切条件的总和，从而绝对的无条件者，也一同被给予。**"③ 这个原理可以通过假言三段推理表现出来："如果受条件限制者被给予了，那么所有条件的整个系列也就被给予了；现在感官对象作为受条件限制者被给予我们了，所以……[所有条件的整个系列也就被给予了]。"④ [这是前面所说的纯粹理性的"最高原理"⑤，其推理形式正是假言推理，而且是一切理性主义者（包括经验论和唯理论）都赞成的。]于是在康德看来，这样一来就应当注意：**首先**，先验的理念（即世界概念）"不过就是扩展到无限者的范畴"，因此它们能够被归到范畴的列表中去；**其次**，但也不是所有的范畴都能做到这一点，只有其综合能够构成一个互相从

---

① 黑格尔：《逻辑学》上卷，杨一之译，商务印书馆1977年版，第199页。
② 《马克思恩格斯选集》第3卷，人民出版社1995年版，第389页。
③ 康德：《纯粹理性批判》，蓝公武译，商务印书馆2005年版，第323页。
④ 康德：《纯粹理性批判》，蓝公武译，商务印书馆2005年版，第375页；并见郑昕：《康德学述》，商务印书馆1984年版，第38页。
⑤ 见康德：《纯粹理性批判》，蓝公武译，商务印书馆2005年版，第252页。

属的**系列**的那些范畴才能做到这一点。这样,康德就设定了两个前提,以便建立起他的宇宙论理念(即世界概念)的体系,一个是**先验论的前提**,一个是**方法论的前提**。

第二[第 1 段后半部分～第 3 段],与宇宙论的理念体系相关的**两种综合**。首先[第 1 段后半部]康德区分了两种互相从属的条件系列,即从后果到原因的**上升系列**和从原因到后果的**下降系列**。康德认为,只有上升系列才是理性所要求的,因为受条件限制者一旦被给予,作为其条件的全体就应当被视为被给予了,相反,后果并非是使被给予的受条件限制者成为可能的东西,而是以这种被给予的受条件限制者为前提的,所以下降系列就无须予以考虑了。于是康德认为[第 2 段],从时间上说,必须把一个直到被给予的瞬间为止完全流过去的时间也看做是被给予的,而未来的时间对被给予的瞬间却是无所谓的。与此相适应[第 3 段],康德又把向后推导的综合(即上升系列)称为"**回溯性的综合**"(regressive Synthesis),而把向前推导(即下降系列)的综合称为"**前进性的综合**"(progressive Synthesis)。

第三[第 4～8 段],推出四个宇宙论的理念,即**四个世界概念**。根据上面的论述,康德宣称:与范畴表相对应,他组成了一个理念(即世界概念)表,其内容包括:

1.我们一切直观的两个原始的**量**,即时间与空间。[属于量的范畴,见第 4 段。]

2.空间中的实在性,即**质料**,它们是受条件限制者。[属于质的范畴,见第 5 段。]

3.实体性与协同性的范畴能够对被给予的结果,因不存在相互间的从属,而不适合于先验的理念(即世界概念),所以只有**因果性**范畴才能对被给予的结果给出某种原因的系列。[属于关系范畴,见第 6 段。]

4.可能性、现实性与必然性的概念并不能导致任何系列,但偶然性的东西必须被看做是有条件的,通过回溯性的综合最终必然会导致作为系列总体的无条件的**必然性**。[属于模态范畴,见第 7 段。]

这样一来康德的宇宙论理念体系就构成了,其列表如下[见第 8 段]:

**1.**

一切被给予现象的全体之
复合的绝对完备性

**2.**

现象中一个被给予的全体之
分割的绝对完备性

**3.**

一般现象之发生的
绝对完备性

**4.**

现象中变化者存在之
依赖的绝对完备性

显然,康德所构筑的这个体系是牵强附会的和矫揉造作的。

**第四**[第9~13段],是几点说明。

1.关于"绝对的总体性"的理念[第9~10段]。康德声称:首先,这一理念只在说明现象,而不涉及一般物全体的纯粹知性概念,即不涉及本体。其次,理性通过回溯性的综合所追求的不过是那无条件者,而这种无条件者却总是包含在想象中系列的绝对总体之中,而绝对完成了的综合却只不过是个理念,其中的许多问题都是悬而未决的。

2.关于无条件者[第11段]。康德认为,对于无条件者可以设想两种情况:一为条件系列的各成分都是有条件的,唯独其全体是无条件的,这样的回溯叫做**无限的**;一为绝对的无条件者只是系列的一部分,别的部分都从属于它,而它却不从属于别的部分。在第一种情况下,系列在先行方面是没有界限的(即没有开端)。而在第二种情况下,则存在系列的第一项,就过去的时间说,它叫做**世界的开始**;就空间而言,它叫做**世界的边界**;就边界内被给予的全体的各部分而言,它叫做**单纯的**;就原因而言,它叫做**绝对的自发性**(即自由);就变化之物的存在而言,它叫做**绝对的自然必然性**。

3.关于**世界**与**自然**两个概念[第12~13段]。康德认为,两个概念有时是相通的,但也有区别。**世界**是指一切现象的**数学上**的全体及其综合(包括宏观与微观即**复合的进展**与**分割的进展**两个方面)的**总体**,它们属于**量**与**质**两者;**自然**是指同一世界的**力学上的全体**(属于关系与模态两者),它着眼于诸现象的**存在中**的统一性,于是发生的东西的条件叫做**原因**,而现象中无条件的原因就叫做**自由**,有条件的原因叫做**自然的原因**,一般存在中的受条件限制者叫做**偶然的**,无条件者叫做**必然的**,诸现象的无条件的必然性叫做**自然必然性**。与世界概念和自然概念的区别相适应,康德又把作为数学上全体的两个世界概念称之为**狭义的世界概念**,而把作为力学上全体的两个自然概念称之为**超验的自然概念**。

## 二、"纯粹理性的悖论"[原书第二节]摘要译评

[提示]这里的"**悖论**"(Antithetik)或"**冲突**"(Widerstreit),也就是"**二律背反**"(Antinomie)。康德在前面就曾指出,先验的幻象是一种自然的和不可避免的幻象。这里纯粹理性所遇到的"悖论"或"冲突"就是这样一种不可避免的幻象,因为它本身是"辩证"的,所以被称之为"辩证学说"。这种学说不像经验性概念那样只与"知性的统一"相关,而只与"理性的统一"相关,对知性的统一来说理性的统一"**太大**",而对理性的统一来说知性的统一又"**太小**",于是就产生了**悖论**或冲突,这就是**二律背反**。康德认为二律背反是纯粹理性的"正"、"反"两种主张互相争斗的"战场",其根源就在于"**理性的本性**"。他认为正面主张代表"**独断论**"[即唯理论]的观点,**反面主张则代表"经验论"的观点**①,前者属于柏拉图主义(**唯心主义的理念论**),后者属于伊壁鸠鲁主义(**唯物主义的经验论**)。康德给自己提出的任务是:1.纯粹理性究竟在哪些命题上陷入了二律背反? 2.这种二律背反产生的原因是什么? 3.理性如何解决这些问题? 康德在论证正反两种观点时所使用方法是他自己所说的"反证的"②[迂回的]方法③,即证明其对立观点是错误的,以反证己方观点的正确。下面让我们首先来看一下康德所列举的四种**二律背反**或冲突(前二者为数学的,后二者为力学的)及其证明。

---

① 见康德:《纯粹理性批判》,蓝公武译,商务印书馆 2005 年版,第 353~356 页;郑昕:《康德学述》,商务印书馆 1984 年版,第 40 页;杨祖陶、邓晓芒:《康德〈纯粹理性批判〉指要》,人民出版社 2001 年版,第 306 页。
② 黑格尔称其为"反证法"(见黑格尔:《逻辑学》上卷,杨一之译,商务印书馆 1977 年版,第 252 页)。
③ 康德:《纯粹理性批判》,蓝公武译,商务印书馆 2005 年版,第 545 页。

## 1."先验理念的第一种冲突"[第一组二律背反:关于量]

# [原文]

### 正题

世界在时间上有开端,在空间上也有边界。[《导论》的表述是:世界在时间上和空间上有一个开端(界限)。]

### 证明

因为,我们假定,世界在时间上没有开端,那么在任何一个给定的时间瞬间之前,都有一个永恒[即永恒的时间]流逝了,从而世界上诸物状态的无限系列就过去了。但是,无限的系列恰恰是在任何时候都不能通过连续的综合来**完成**的。因此无限的过去了的世界系列是不可能的,也就是说,世界的开端是其存在的必然条件,这是需要证明的第一点。[简而言之:如果世界在时间上没有开端,那么在任何一个瞬间之前就会有一个无限的时间系列过去了,而这是不可能的。所以世界只能在时间上有一个开端。]

关于第二点[即论题的第二点],我们复又假定其反面的论断,即世界是一个由诸物同时存在而来的无限给定的**全体**。但是,对于那样一种量的大小,——这种量不能在这样或那样的确定直观的界限中被给予,——我们只能通过部分的综合把它表现出来,并且那种量的**总体**只能通过完成了的综合或通过单位的自身重复相加表现出来。因此,为了把充满一切空间的世界作为一个**全体**来思考,就必须把无限世界的各部分的连续综合看做是**完成**了的,即必须把**无限的时间**看做是在列举一切共存之物时已经历过了的,可这是不可能的。因此诸现实物的无限集合不能被看做是被给予的**全体**,从而它也不能被看做是同时被给予的。因此,世界就其空间的广延性来说不是无限的,而是局限在自己的界限中[即有限的]。这是需要证明的第二点。[简而言之:如果世界在空间上是无限(即无边界)的,那么这个世界就应当被看做是其各个部分的连续综合(即相加)已经完成了,可这是不可能的。所以世界在空间上只能是有限(即有边界)的。]

### 反题

世界在时间上没有开端,并且在空间上也没有边界,它在时间上和空间上都是无限的。[《导论》的表述是:世界在时间上和空间上是无限的。]

### 证明

因为,我们假定,世界[在时间上]有开端。那么因为开端是[这样]一种存在,在它之前的时间里还没有物存在,那就是说,应当存在一个其中没有世界的时间,即空的时间。但是,在空的时间里是不可能有任何物产生出来的,因为那个时间里的任何一个部分与其他部分相比都不包含有别于不存在的条件之存在的条件(不管这种存在是由自己产生还是由其他原因产生都一样)。因此,虽说在世界中某些物的系列可能有开端,但世界本身不能有开端,因此,就已经过去了的时间来说,是无限的。[简而言之:如果世界在时间上有开端,那么在开端之前就会有一个空的时间,而在空的时间中是不可能有什么东西产生出来的。所以世界在时间上是不能有开端的。]

关于第二点,我们先假定相反的方面,即世界在空间上是**有限的**和**有界的**,这样世界就处在一个**无界的**空的空间之中。因此不仅应当存在诸物之间在空间中的关系,而且也应当存在诸物对[空虚]空间的关系。但因世界是一个绝对的**全体**,在世界之外没有任何直观的对象,从而也没有任何的相关物与其相适应,这样一来,世界对空虚空间的关系就成了它对**无**的关系。但那样一种关系,从而通过**空虚空间**对世界的限制也是**无**;因此世界在空间上是没有限制的,也就是说,从广延看它是**无限的**。[简而言之:如果世界在空间上有限或有边界,那么在有限的边界之外就是一个空的空间,那么这个空的空间就不能对世界加以限制。所以世界就是无限制的,即无限的。]

**正题"注释"**[简介]

康德在列举了正反两方面的主张后,又都分别作了注释,以阐述他自己的观点。下面我们仅介绍第一组二律背反中正题注释的主要内容,因为这里涉及到康德本人对双方观点的态度:

**首先**,他声明自己在论述互相对立的观点时,并不是要故意搬弄"假象"(Blendwerk),以便为自己捞到好处,而是意在指出这些证明是出自于"事情的本性"。

**其次**,他指出,可以向"独断论者"那样预设一个有缺陷的概念,然后再驳倒它。例如把"**无限**"的**量**定义为"在其上没有**更大**的量",但如今没有任何量是最大的量,因为总能在给定的量之上再加上一个或多个单位,因此,一个无限的被给予的量,从而无限的世界是不可能的。这样就轻而易举地证明了世界的有限性。但康德认为这是不允许的。因为这个"无限"概念只涉及到它与单位的关系,而单位却是**可大可小的**,从而这个无限的东西也就会或大或小。因此"无限"的概念并不涉及"极大值"的概念,即不涉及"全体的绝对量",而这样的量(作为理念)是不能按我们所设定的方式来加以认识的。

第三,康德认为,无限性的真正先验的概念是:在量的计量上,单位的连续综合永远也不能完成。按照这样的概念,各种现实的**相继性状态的永恒**就不可能在给定的瞬间(当前)流过去,因此世界必须有一个开端。

第四,关于正题的第二部分,康德认为,在广延上无限世界的杂多是同时被给予了的,因此不能诉诸直观来构成一个总体性的边界,因此不能从全体推进到部分的确定数量,而只能通过部分的连续综合以证明全体的可能性,但因这种综合要构成一个永远也完不成的系列,因此我们不能先于这种综合来思考一个总体。因此不要说"**总体**"这一概念,就是"**完成**"这一概念也是不可能的。

### 2."先验理念的第二种冲突"[第二组二律背反:关于质]
### [原文]
**正题**
世界中一切复合的实体都是由单纯的部分构成的,并且除了单纯的东西或由单纯的东西复合而成的东西存在着以外,就什么都没有。[《导论》的表述是:世界上的一切都是由单纯的东西构成的。]

**证明**
因为,我们假定,复合的实体并非由单纯的部分构成的;那么,如果我们从思想上排除了一切**复合**,也就没有复合的部分,同时也就没有单纯的部分(因为没有单纯的部分),从而就什么都没有,因此也没有任何实体被给予。因此,或者复合不能在思想上被排除,或者在排除它之后还留有没有任何复合性的**现存物**(Bestehendes),即留有**单纯的东西**。但是,在第一种情况下[即不排除复合],**复合的东西**并非由**实体**构成(因为对实体来说,复合只是一种偶然的关系,没有这种关系,实体也必然会作为独立常存的**存在物**而存在)。因为这种情况与我们的假定相矛盾,所以就只剩下第二种情况,即世界中实体性复合的东西是由单纯的部分构成的。

由此就直接得出结论,世界中的一切物都是单纯的**存在物**,复合的东西只是它们的外部状态,并且,如果我们甚至不能从这种结合的状态中把一些**基本实体**完全抽取出来和孤立起来,理性却仍要把它们思考为一切复合的第一主体,并从而把它们思考为先于复合的单纯存在物。[简而言之:如果世界中的复合体不是由单纯的部分构成的,那么如果干脆排除了复合物,也就没有了单纯物(因为我们假定复合物不是由单纯物构成的),因此就只有两种可能,一是复合物不能被排除,二是复合物被排除后还留下了单纯物。可在第一种情况下就只有复合物而没有单纯的部分了,这样也就不仅没有实体,就连复合物也没有了,这是与"复合的实体并非由单纯的部分构成"的假设相矛盾的。所以就剩下了第二种情况,即排除了复合物后还留下了某种单纯东西。]

**反题**

世界中没有一个复合之物是由单纯的部分构成的,而且在任何地方都没有单纯的东西存在。[《导论》的表述是:没有单纯的东西,相反一切都是复合的。]

**证明**

我们假定,复合之物(作为实体)是由单纯的部分构成的。因为一切外部关系,从而亦即一切由实体而成的复合只在空间中才是可能的,所以由复合之物所占据的空间应由多少部分构成,该复合之物就由多少部分构成。但空间却不是由单纯的部分构成的,而是由诸多空间构成的。因此复合之物的一切部分都应当占据一块空间。但是一切复合之物的绝对原初部分都是单纯的。因此这单纯的东西都占据着某一块空间。但因为一切占据着一块空间的实在的东西都包含着彼此处于外在状态中的杂多,因此是复合的,并且作为实在的复合物并非是由**偶性**[附属性]构成的(因为偶性不可能在没有实体时处于互相外在的状态),因而是来自于实体的。那样单纯的东西就应当成为实体性复合的东西了,这是矛盾的。[这就是说:如果复合物是由单纯部分构成的,那么每一个单纯部分都要占据一个空间,而任何一个空间都是由其各部分构成的,因此单纯部分也是复合的,这样就自相矛盾了。所以说"复合物是由单纯的部分构成的"就不对了,结论是:没有单纯的东西。]

反题的第二个命题是,世界中根本没有**单纯的东西**存在着,这里要说的意思只是:**绝对单纯的东西**的存在是不能通过任何**经验**或知觉——不论是外部的还是内部的——来证明的,因此绝对单纯的东西只不过是一个理念,其**客观实在性**是不能通过任何可能的经验来加以证明的,因而它在对现象的解释方面,是没有任何用处也没有任何客体的。[这个证明的理由是前面驳斥灵魂的单纯性时已经论述过的。]因此如果我们假定,能够找到同这种先验的理念相适应的**经验对象**,那就意味着,对这个对象的**经验性直观**应当被认做是这样的直观,即它**不包含**任何互相外在并联结为一个统一体的**杂多**[因为在康德看来"一切直观都在自身中含有某种杂多"(见第125页)]。因为现在对这种杂多的**无意识**[即无知觉],确实不能推断杂多在客体的某种直观中的完全**不可能**,但是对绝对的单纯性来说那种直观的客体却是完全必要的。由此就可以作出结论,无论从哪种知觉——哪种都一样——之中,都不能推断出绝对单纯性的存在。因此,作为绝对单纯的客体是无论如何都不能在可能的经验中被给予的,而因为感性知觉的世界必须被看做是一切可能经验类型的总和,所以,在感性知觉的世界中任何地方都是没有任何单纯的东西被给予的。[总而言之,不通过经验性的直观,就不能证明存在着绝对单纯的东西。所以结论就是:世界上没有单纯的东西存在。]

这个反题的第二个命题要比第一个命题延伸得更远,第一个命题只是把单纯的东西从对复合的东西的直观中排除出去,而第二个命题则把这种单纯的东西从全部自然界中排除出去,因此对这个命题的证明,无须从被给予的外部直观(复合的东西)对象的概念中作出,而要从这一概念对一般可能经验的关系中作出。

### 3."先验理念的第三种冲突"[第三组二律背反:关于因果关系]

## [原文]

#### 正题

依据自然法则的因果性,不是能够从中引出世界中一切现象的唯一因果性。就对现象的解释来说,还必须假定经过了自由的因果性。[《导论》的表述是:世界上有凭借自由的原因。]

#### 证明

我们假定,除了依据自然法则的因果性外,没有任何其他的因果性;

那么一切发生的事物都要以其先前的状态为前提，它必然要按规则跟随这种状态之后。但是先前的状态本身也应当是某种发生过的东西（在时间中发生，因为它从前并不存在），因为如果它曾一直存在，那么它的后果就不是在时间中存在，而是曾一直存在。[因为有因必有果，一直存在的因必然有着一直存在的果跟随。]因此，赖以有某种东西发生的原因之**因果作用本身**，就是某种发生的东西，它又是依据自然法则以某种先前的状态及其因果作用为前提的，而这种状态又要以更早的为前提，如此等等。[这就是说，陷入了追溯原因的原因的恶性循环。]因此，一切都只依据自然的法则而发生，那么就总是只有从属的东西，而没有最初的开始，因此一般说来，在相互发生的原因方面，就没有系列的**任何完满性**。与此同时，自然的法则恰恰是，在没有充分确定的先天原因时是什么事情都不会发生的。这一命题——即似乎一切因果作用只有依据自然的法则才是可能的——就其自身具有无限的普遍性来看，是自相矛盾的[也就是要陷入恶性循环的]，因此这种因果作用不能成为唯一的假定。

这样就必须假定那样一种某物赖以发生的因果作用，即其原因并非照样是被任何其他先前的原因按必然法则所规定的，换言之，必须假定原因的一种**绝对的自发性**，使某个依据自然法则推进的现象的系列能够自己开始，从而假定一种先验的自由，没有它甚至在事情的自然进程中，现象在原因方面的连续系列都不能完成。[简而言之：如果除了依据自然法则的那种因果性外没有其他的因果性，那么一切发生的东西就都有一个原因，这样就会陷入无限追溯的恶性循环中，因果系列也不会圆满，因此必须假定有一种绝对自发的原因存在，这就是自由的因果性。]

**反题**

没有任何自由，世界中的一切都只是依据自然的法则发生的。[《导论》的表述是：没有自由，相反一切都是自然。]

**证明**

我们假定，存在着作为因果性的特殊形态的先验意义上的自由，依据这种自由，世界中的诸多事件才能产生出来，这正是使某种状态绝对开始的能力，从而也是使这种状态的后果系列绝对开始的能力。这样，依靠**自发性**而绝对开始的，就不仅是某个系列，而且还有对建立该系列的自发性本身的规定,这就是因果性,这样就没有什么东西是**先在**的了,而正是通过这种先在的东西,才使得**产生的活动**被按照永远不变的法则来加以规定。但一切活动的开端都还是以尚未活动的原因的某个状态为前提,而动力学上的第一个活动的开端是以这样的状态为前提,即这种状态不处于同这一原因的先前状态的任何因果联系中,也就是说,不是以任何方式从这种先前的原因状态中产生出来的。因此,**先验的自由**同因果性法则相对立,并且表现为起作用的诸原因之相继性状态的那样一种联结,按照这种联结,任何**经验的统一**[因为经验的统一只能是相对的统一,而不是绝对的统一]都是不可能的。因此在任何一个经验中都得不到这种自由[各中译本译为"联结"],所以它[自由]是一个空洞的**思想之物**。

我们所拥有的只是自然界,除此没有一点别的东西,因此我们应当在世界中[即在自然界中]去寻找事件的联系和秩序。离开自然法则的自由(对立)虽然是脱离了强制的一种**解放**,但同时也摆脱了一切规则的指导。因为我们不能说,自由法则进入到世界的因果作用中,就可取代自然法则。因为,如果自由被法则所规定,那么它就已经不是自由,而只不过是自然。自然与先验的自由相区别,正如合法则性与无法则性相区别一样。其中,自然虽然把寻找诸事件在原因系列中越来越深的源头之困难任务委托给知性,——因为这些原因的因果性总是受条件限制的,——但是,自然也许诺把经验的充分合法则性的统一作为奖赏,可是自由的假象却向探求的知性许诺,在原因的链条中找到最终的一环,以便把它引向自己开始活动的无条件的因果性,但因为它自身就是盲目的,所以它割断了规则的导线,而没有这种导线,完全联结起来的经验就是不可能的。[简而言之:如果存在着先验的自由因,世界上的事件据以产生出来,那么这就是一种绝对开始的能力,这样不但后果的系列、而且造成这个系列的自发性也有一个绝对的开始,这就是因果性,于是先验的自由就与因果性相对立,也就是自由被因果性法则所规定,所以这种自由就不是自由而是自然。]

**4."先验理念的的第四种冲突"**[第四组二律背反:关于必然性与偶然性模态]

## [原文]

### 正题

绝对必然的存在物,或作为世界的一部分,或作为世界的原因,而从属于世界。[《导论》的表述是：在世界原因的系列中有某种必然的存在者。]

**证明**

**感官世界**作为一切现象的全体，同时还包含着一个变化的系列。因为，没有这种**变化**[各中译本均为"系列"，俄译本译为"变化"①]，就连感官世界的可能性之条件**时间系列**的表象也不能提供出来。但是一切变化都从属于自己的条件，这种条件先于变化并使变化成为必然的。既然一切被给予的受条件限制者就其存在来说，都是以直至绝对的无条件者的完整条件系列为前提的，而这个绝对的无条件者是唯一绝对必然的。因此绝对必然的东西，如果有变化作为其后果，就应该是存在的。但是这个必然的东西却从属于感官世界。因为，如果假定它处于感官世界之外，那么，**世界变化**的系列由之得以开始的那个东西，作为必然的[即必不可少的]原因本身并不存在于感官世界中。但这是不可能的。因为，时间系列的开端就只能由时间上在先的东西来加以规定，所以一个变化系列开始的最高条件应当存在于这个系列还不存在的时间之中（因为开端是那样一种存在，在它之前有一段时间，那时开端之物尚未存在）。因此，变化的必然原因之因果性，乃至这个原因本身，都从属于时间，即从属于现象（时间在现象中只有作为其形式才是可能的），所以这种因果性不能脱离作为一切现象的综合的感官世界，来单独地加以思考。因此，世界本身包含着某种绝对必然的东西（不论它是全体世界系列本身，还是其一部分）。[这就是说：感官世界包含着一个变化的系列，而变化则发生在时间中，正是时间先于变化并使变化成为必然的。所以因果性不能脱离作为一切现象之综合（总和）的感官世界，因此这个世界本身包含着某种绝对必然的东西。]

**反题**

任何地方，不论是在世界之内还是在世界之外，都没有作为其原因的任何绝对必然的存在物。[《导论》的表述是：在它里面没有任何东西是必然的，相反在这个系列中一切都是偶然的。]

**证明**

我们假定，世界本身是一个必然的存在物，或在世界之内有一个必然

---

①　康德：《纯粹理性批判》俄译本，罗斯基译，莫斯科埃克斯莫出版社 2006 年版，第 359 页。

的存在物,那么就会在其变化的系列里,**或者**有一个绝对必然的开端,因而是没有原因的,而这与时间中一切现象之规定的力学法则相矛盾;**或者**这个系列本身并没有任何开端,并且尽管其所有各部分是偶然的和受条件限制的,但至少就其全体说是绝对必然的和无条件的,而这就与其自身相矛盾,因为,如果其中任何一个部分自身都不具有必然的存在,那么它们的集合的存在就不可能是必然的。[这里,康德不懂相对中包含着绝对的辩证法。]

相反,我们假定,世界的绝对必然的原因是在世界之外,那样,它作为世界中所发生的诸变化的原因系列之最高环节,就应当是首先给这些变化和这些变化的系列以开始存在的东西。但在那种情况下,它同样应当开始活动,并且它的因果作用应当处于时间之中,并因此处于现象的总和即世界之中,因此,如果这个原因本身处于世界之外,那就同我们的假定相矛盾。因此,无论在世界之内还是在世界之外(但与世界处于因果联系中)都没有这种绝对必然的存在物。[这就是说:如果世界包含着必然的存在物,那么在世界变化的系列里就会有两种可能,一种是有一个绝对必然的开端,它不再有原因,这同力学法则相矛盾;一种是没有绝对的开端,但系列的全体则是绝对必然的,这就与其自身相矛盾。而如果假定世界的绝对必然的原因在世界之外,那么它也应当开始活动,而且只能在时间中活动,并因此处于作为现象之总和感官世界中,可这样一来就与"世界的绝对必然的原因处在世界之外"的假设相矛盾了。所以世界上没有绝对必然的存在物。]

### 三、理性在它的这种冲突中的利害关系[原书第三节]简介

这里,康德主要讲二律背反中的"实践利益"与"思辨利益"。他认为,正面主张坚持纯粹理性的的"独断论"(理念论)原则,反面主张则坚持纯粹理性的"经验论"原则。他指出,对**正面主张**(独断论即理念论)来说:

**第一**,在实践利益方面。对一切怀着善意的人来说,如果他知道了自己的真正利益,就会支持这种主张。例如**世界**有一个开端,我的**能思之自我**具有单纯的和不朽的本性,这个自我在行动上是自由的并高于自然的强制性,最后,构成世界的一切物的秩序都来自于一个原始存在物,一切事物都从它那里借取自己的统一性和合目的性联结。——这一切都是道德和宗教的基石,而反题则把这些支撑从我们这里夺走或至少似乎是夺

走了。

第二，在理性的思辨利益方面。假如**先验的理念**以这种方式存在并被加以利用，那么从无条件者开始，我们就完全可以先天地抓住诸条件的整个链条，并理解受条件限制者的由来，而这是反题所做不到的。因为它[反题]不承认世界有一个开端，于是就只能陷入对开端的无限的追溯、对复合物的无限分割、对原因的无限依赖，而永远达不到原始存在物的无条件的支撑。

第三，在通俗性方面。普通知性比较容易接受一切综合的无条件的开端，因为比起经验论者回溯性地追溯到根据（或原因），独断论更习惯于向前推倒后果（或结果）。因为独断论在原始存在物的概念里感到舒适，而经验论则在从受条件限制者到无条件者的无休止追溯中感到空虚。

而对**反面主张**（经验论）来说：

第一，在实践利益方面。经验论因为找不到以理性的**纯粹原理**为基础的实践利益，而把道德与宗教的力量剥夺了。因为如果世界没有一个开端，那就没有创造者，没有意志自由，没有灵魂不死，也就没有了道德理念。

第二，在思辨利益方面。经验论在这方面具有极大的诱惑力，因为它处于经验的基地上，可以探究经验的规律，无限地扩展自己的知识。它不允许世界有一个**开端**，有一个感官或想象力所达不到的**单纯物**，有独立于自然的**自由**，有一个世界的**第一创造者**。经验论者提出他的反题，目的是防止理性的冒失和狂妄，防止正题所做的预设以科学的名义出现，他们因此也独断起来，给理性的实践利益造成了不可弥补的损失，因此更应当受到指责。康德声称"这就是伊壁鸠鲁主义和柏拉图主义的对立"，它们每一方都是"说的比知道的更多"，前者虽然有害于实践，但鼓励和推动了知识，而后者虽然为实践利益提供了出色的原则，但由于对自然现象作了观念的解释而忽视了物理的研究。

第三，在通俗性方面。经验论完全不受欢迎，因为：一则，普通知性因懒惰与虚荣而不愿对自然作深入的研究，而宁可相信理念论者的夸夸其谈；二则，虽然理念论的哲学家对他们所设置的原理很难说明理由，但对普通知性来说这些东西却是习以为常的；三则，对普通知性来说，思辨的利益最终要让位于实践的利益,而使"先验的观念化的理性"受到群众的欢迎。

总而言之,康德认为,人类理性的本性是"建筑术式的",要按照一定的原则把一切知识集合在一个系统之下。而经验论者则无法完成知识大厦的构建,这就给理念论者的主张带来了自然的好感。最后他要求人们放弃偏见,把正反两方的主张提到理性的法庭面前,听从其审判。

## 四、先验观念论作为解决宇宙论的辩证论的钥匙[原书第六节]简介

康德认为他的**先验哲学**有能力解决理性所提出的二律背反问题,**先验的观念论**就是解决这一问题的钥匙。这里他重述了他的先验观念论的基本观点,给这种观念论下定义说:"一切在空间或时间中被直观到的东西,从而一切对我们来说是可能经验的对象,都无非是些现象,即仅仅是些表象,它们正像被我们表现的那样,作为广延的存在物[即空间中的现象或外感官现象]或变化的系列[即时间中的现象或内感官现象],在我们的思维之外并没有以其自身为基础的存在。这种学说我称之为**先验的观念论**。"① 这种观念论又被称之为"**形式的观念论**"②。康德声称,这种先验的观念论既不同于先验的实在论[指机械唯物论与客观唯心论],又不同于经验的观念论[即主观唯心论],而主张:外部直观或空间中直观的对象和内部直观或时间中直观的对象都是现实的,而空间与时间本身以及与它们在一起的一切现象,其**本身**都不是什么物,而只不过是些表象,并且它们不能在我们的心灵之外存在,即便是我们的作为意识对象的内部感官的直观,也不是**真正的自我**或**先验的主体**,而只不过是由不可知的存在物所提供给感性的现象。这种内感官现象的存在并非是自在之物,因为其条件是时间,而时间不是自在之物的规定。但是,空间与时间中诸现象的经验真实性则是充分确定的,并且如果有两种东西在经验中,按经验法则确实和完全地互相联结起来,那么这种真实性就能同幻想区别开来。③

---

①　康德:《纯粹理性批判》,蓝公武译,商务印书馆2005年版,第371页,并见第301页。
②　康德:《纯粹理性批判》,蓝公武译,商务印书馆2005年版,第371页,注①。
③　见康德:《纯粹理性批判》,蓝公武译,商务印书馆2005年版,第372页。

于是在先验的观念论看来,经验的对象(现象)并非是自在的东西,只是在经验中被给予的,离开了经验就不存在。例如说"月亮上会有居民,虽然从没有人见过他们",无疑这是可信的,但这只是意味着:在经验的可能进展中,我们能够遇到他们。因为按照经验进程的法则同知觉相关联的一切东西都是实在的,也就是说,只要这些东西同我们的现实意识处于经验的联结中,它们就是现实的,尽管**它们自身作为自在的东西**并非是现实的,即在经验进程之外的。这样一来,**现实地被给予我们的东西**就是在知觉中以及从被给予的知觉向可能知觉的经验进程中的东西,知觉实际上无非是经验性的表象的现实性,即无非是现象的现实性。[这样一来,康德的观点就接近了"存在就是被知觉"的主观唯心论观点了。]

但是康德又指出,至于说到自在之物本身,固然可以有离开我们的感官和可能经验之关系的它**自己本身的存在**,但这里所说的只是空间与时间中的现象,而空间与时间不是自在之物本身的规定,而只是我们感性的规定,因此空间与时间中的东西(现象)不是自在的某物,而不过是我们之中(在知觉之中)的表象而已。而这种表象就其在空间与时间中按照经验法则联结起来和被规定而言,就叫做**对象**,其纯粹直悟的原因就叫做**先验的客体**,它自身在一切经验之前就被给予了。这样我们就可以说:过去时间的那些**现实之物**是在**先验的经验对象**(transzendentaler Gegenstand der Er-fahrung)[即被推论出来的经验对象]中被给予的。但是,这些现实之物只对我们来说才是对象,并且只在过去时间中才是现实的,只要我**想象**一个可能知觉的**回溯系列**(世界进程),按照经验法则把我们引向作为当下时间之条件的过去时间系列,因此这个过去时间的系列只是在可能经验的联结中,而不是由自己表现为现实的,这样从远古时期直到我们存在所过去了的一切事件,就只不过意味着经验的链条从当下知觉按时间向规定这一知觉的那些条件之延伸的可能性。①

最后康德作了结论。他说,如果我想象一切时间与一切空间中感官对象的一切存在,那我绝不是在经验之前把它们放置到空间与时间中去,相反,这种想象不过是对一个可能经验在其绝对完备性中的思考。只是

---

① 见康德:《纯粹理性批判》,蓝公武译,商务印书馆 2005 年版,第 373 ~ 374 页。

在可能的经验中,那些对象(它们不过是些表象)才能被给予。而如果我们说,它们在我的一切经验之前就存在了,那这就只能意味着,我应当能够在从被给予的知觉开始推进的那部分经验中遇到它们。而在回溯中所遇到的经验性条件的原因(即物自身)则是**先验的**,并且必然是我们所不知道的。这里我们关心的不是这个原因,而只是经验推进的规则,正是在这种经验中,诸对象(即现象)才被给予我们。所以,不管说在空间中的经验推进中我能够见到更遥远的星星,或者说即使从来没有人也永远不会有人见到它们,但在宇宙空间中找到它们总是可能的,这都没有什么不同。因为如果它们作为与一般可能经验无关的物自身被给予,只要它们不被包含在经验回溯的系列中,那它们对我们来说也还什么都不是,从而也不是对象。只有这些现象被应用于关于绝对整体的宇宙理念的场合下,或者因而涉及到超出可能经验的界限问题时,对于如何区别地看待被思考的感官对象的现实性,以便防止由于误解我们的经验性概念而产生骗人的妄想来说,还是很有意义的。① 这里,康德想运用他的先验的观念论来防止理性的越界做法,以此来解决宇宙论的二律背反问题。下面我们将看到他是如何解决这个问题的。

## 五、理性与其自身的宇宙论争论之批判的解决[原书第七节]简介

康德在提出了解决二律背反问题的先验观念论的根据以后,就开始了具体的解决途径。这里他首先对二律背反作批判哲学的批判式解决。他提出,二律背反的根据是这样一个辩证的**三段推理**或**原理**:"如果受条件限制者被给予了,那么所有条件的整个系列也就被给予了[大前提];现在感官对象作为受条件限制者被给予我们了[小前提],所以……[所有条件的整个系列也就被给予了]。[结论]"② 但是他认为,对于这个三段推理(原理)应作这样的分析:

**第一**,这个推理的大前提是一个分析性命题,因为"受条件限制者"被给予了,按照理性的逻辑设定,就提出了必须对条件之条件进行**回溯**(Re-

---

① 见康德:《纯粹理性批判》,蓝公武译,商务印书馆2005年版,第374页。
② 康德:《纯粹理性批判》,蓝公武译,商务印书馆2005年版,第375页。

gressus)的任务,而且要把这个回溯无限地进行下去,直到无穷。

第二,如果条件或条件之条件是**自在之物本身**,那么某受条件限制者一旦被给予,那就不仅提出了回溯其条件的任务,而且其条件本身也被给予了,也就是整个条件系列即那个无条件者也被给予了。这样大前提就成了受条件限制者与它的条件构成的一个**单纯知性的综合命题**。但是这里知性没有注意到这种关于事物本身或物自身的知识能否和如何取得的问题。而如果我们与**现象**打交道,那么现象作为单纯的表象离开了经验,就根本不能被给予。这样就不能说:如果受条件限制者被给予了,条件的条件乃至条件的整个系列即无条件者也被给予了。因为这是一个经验性的综合命题,并且所涉及到的诸现象只有在经验性的综合中才能被给予,而且这种命题只有在经验性的回溯中才能做出来。

而在上述推理中,大前提只对物自身或先验的对象来说才有意义,即只有**先验的意义**,而小前提则必须面对感性直观的对象,即只有**经验的意义**,这样,推论就犯了中词含混的错误,即"辩证谬误"。但是,先验对象的综合是抽掉了时空条件的,而经验对象的综合则必须在时空中进行,而且永远不能完成。但这不是说正反两方面的观点就不能再争论了,唯一的出路在于指出这种争论是没有意义的。

## 六、纯粹理性在宇宙论理念上的调节性原则[原书第八节]简介

这里,康德又提出了解决二律背反的"理性的调节性原则"(regulatives Prinzip der Vernunft),以作为具体解决理性二律背反的准备。他指出,既然按照上面所述,通过关于总体性的宇宙论原理,并没有把感官世界中诸条件系列的**极限**作为**自在之物本身**被给予出来,而只能在这种系列的**回溯**中把这个极限当做任务提出来。但是在感性中(即在空间与时间中),一切受条件限制者又都是有条件的,因此是永远达不到作为物自身的绝对无条件者的。所以,理性的原理不过是一种规则。因为在康德看来,按照纯粹理性的原理,理性试图把感性世界的概念扩展到超出一切可能经验的界限之外,那样的原则不能叫做理性的"**构造性的原则**";而作为原则的宇宙论原理只设定我们应当在回溯中做什么,而不是在**回溯**之前预测在客体中自在地给予了什么,因此这样的原则就只能叫做理性的"**调节性**

原则"。康德认为,为了恰当地规定这一纯粹理性规则的意义,首先要注意它不能告诉我们什么是客体,而只能告诉我们为了达到关于客体的完整概念应当怎样进行经验性的**回溯**。因为如果是前者,那就会是构造性原则,而这样的原则是不能来自于纯粹理性的。所以我们不能根据这样的原则去主张什么,一个被给予的受条件限制者的**条件系列自身**是有限还是无限。因为在这种情况下,一个关于**绝对总体性自身**的单纯理念所思考的对象,是不可能在任何经验中被给予的,而这样一来,一个现象系列就会**被赋予**某种不依赖于经验性综合的**客观实在性**。这样,理性理念就只给条件系列中的回溯性综合颁布一条规则,按照它,这种综合就从受条件限制者开始,通过一切互相从属的条件向无条件者进发,尽管这无条件者永远不能达到,因为这个绝对的无条件者在经验中是遇不到的。

## 七、理性的调节性原则对一切宇宙论理念的经验性应用 [原书第九节] 简介

康德认为,在作了上述准备后,理性与它自身的争执就完全终止了,理性与其自身的分裂就消除了。下面是对四组二律背反的解决办法:

### 1. 对世界全体(Weltganze)诸现象之复合的总体性这一宇宙论理念的解决

康德认为,在一切宇宙论问题中,理性的调节性原则都依据于这样的命题:**在经验性的回溯中没有关于绝对界限的经验,从而也没有关于一个在经验上是绝对无条件之条件的经验**。其原因是:这样的经验自身要包含由无或空所构成的诸现象的边界,这种边界在由知觉所进行的持续回溯中将会被碰到,但这是不可能的。他接着指出,上述命题等于说:在经验性的回溯中,我总是达到这样的条件,它本身照样应当被看做经验性的受条件限制者,本身包含着一条限制性规则(即调节性原则),按照这一规则,我不管在上升系列中走到多远,我总要追寻该系列的更遥远的项,而不管它能否为我所知晓。于是康德就进而推论说:为了解决第一个宇宙论的课题就还要确定,在对世界全体(按时间和空间)的**无条件之量**的回

溯中,是否可以把这个无止境的上升过程称之为**无限后退**,或者只称之为**不限定地持续回溯**。而康德认为,对世界无论是在时间中还是在空间中的回溯,都不过是作为可能经验的回溯,这样我就只是在概念中而不是在直观中拥有世界。这样我们就不能对现象全体的量作出绝对的确定,也就是对世界的自在的量不能说出什么,因为世界的量并没有通过直观在总体上被给予我们。因此结论就是:我们不能说世界在时间上或在空间上是无限的,也不能说世界在时间上或空间上是有限的,而只能说世界在时间上或空间上是不限定的。[这样,康德就依据他的先验的观念论和理性的调节性原则,做出了争论双方都错误的结论。]

**2.对直观中一个被给予的整体之分割的总体性这一宇宙论理念的解决**

康德认为,对直观中被给予的整体进行分割,就是从受条件限制者向其可能的诸条件推进,这种分割就是在这些条件系列中的一种回溯,并且这种系列的绝对总体只有当回溯达到单纯的部分才被给予。但是,如果一切部分在回溯的连续进展中又都是可分的,那么这种分割就可以**无限地**进行。这样一来,分割就不单是"不限定的"了,因为这些被分割的条件(即部分)都已经被包含在当初的那个受条件限制者本身之中,并且,由于这个受条件限制者在一个包围在其边界内的直观中被给予了,也使这些条件**全部**都被给予了。但是并不能因此就说这种**分割的系列**全部都包含在这个直观中了,因为只要回溯是无限的,这个分割的系列就不会是全部,因而不能把无限的总量及其在一个全体中的总计表现出来。

康德认为,以上的**一般提示首先**可以应用于空间:一切在其边界内被直观到的空间都是那样一个整体,其各部分无论怎样分割,都还只是空间,因此还是**无限可分割**的。[这样,在康德看来,任何一个被给予的空间的无限可分性就得到了解释。]**其次**,这个提示也可以应用于包围在空间边界之内的外部现象,即物体。因为物体的可分性是以空间的可分性为根据的,正是这种空间的可分性构成了作为具有广延性的物体的可能性。因此物体可以无限分割下去,虽然不能说物体是由无限多的部分组成的。[这就是说,虽然物体不是由无限多的部分组成的,但却可以无限地分割下去。这样,在康德看来,物体的无限可分性也得到了说明。]

因为物体在空间中要被表现为实体，所以就空间的可分性法则来说，它似乎与空间有所区别；因为也许人们终究会承认，**分解**永远不可能在空间中把**复合**除去，因为不然的话，空间本身——它除了复合就没有任何独立自主的东西，——就消失了，而这是不可能的。但是说，在思想上除去物质的一切复合以后那就什么都剩不下了，这似乎同实体概念不相容，因为实体意味着它是一切复合的主体，它应当在自己的诸要素中保留下来[因为物质不灭]，尽管这些要素之间在空间上的联结——依靠这种联结诸要素才构成了物体——也可能被消除。[这就是说，从空间看分解不能消除复合，否则空间本身就不存在了，而对空间中的物质来说，其诸要素间的联结（即复合）是可以消除的，因为即使这种联结消除了，作为实体的物质也会保留下来。]但是那种在现象中被叫做实体的东西并不具有以纯粹知性概念为基础的关于物自身的那种性质[即绝对的实体性，如果是那样分解就可以除掉复合了]。因为现象中的实体并非是绝对的主体，只是感性的常驻**图像**，无非是直观，其中并没有任何无条件者。

康德认为，这种无限推进的规则[即无限回溯、无限分割的规则]无疑是适用于对作为**空间的单纯充实**之现象所做的再分割，但这条规则却不适用于下面的场合：如果我们要把这条规则扩展到在一个被给予的**整体**(Ganze)[指物自身]中以某种方式被分离开来之各部分——它们由**分离的量**(quantum discretum[拉丁文])构成——的**集合量**[总数](Menge)。假定，在一切被分割的（有组织的）整体中，一切部分照样被分割，并在这些部分的**无限分割**中，我们总会遇到一些新的有组织的部分(Kunstteil)，一句话，假定这样的**整体**被无限分割下去，这是绝对不允许的，即使可以假定物质的各部分在其分割中或许都能被分割到无限。[这里，康德的意思是，无限的分割仅仅适用现象，但不适用于被给予的由各部分所构成的有组织的整体或集合，即不适用于物自身，因为经验的分割虽然可以无限进行下去，但不能达到假设的物自身。]因为，空间中被给予的现象之分割的无限性，其唯一根据是，通过这种分割的无限性[蓝、韦、俄本译为"无限性"，邓译"现象"，李译"分割"]被给予的只是可分性，即一个自身完全不确定的**各部分的集合量**，而**各部分自身**只有通过再分才能被给予和被规定，一句话，并非是**整体自身**已被分割。因此分割在整体中所能确定的各部分的集合量，只是我们在分割的回溯中所要推进到的那么多。相反,在一个被分割到**无限**(Unendlich)的有机体那里,整体正是依照这理解被想象为是已经被分割了的,而同时在这个整体中,在一切分割的回溯之前,又存在一个自身确定了的但却是无限的各部分的集合量,从而陷入了自相矛盾;因为这种无限的纠缠被看做是永远不能完成的系列(无限的),但是如果把这个系列作为一个总括来看它还是完成了。这个无限的分割表明现象只是作为 quantum continuum[拉丁文,连续的量],并且与空间的充实不可分割地联系着,因为无限可分性正是以空间的充实为根据。但是一旦某种东西被看做 quantum discretum[拉丁文,分离的量],那么其中各单位的集合量就是确定的,因此它就总是等于某个数。[这指的是实体的量不变的原理。]因此只有经验才能确定,在一个被分割的物体中组织性会达到何种程度,即便我们的经验还肯定没有达到某种无组织的部分[即不能再分的单一部分],那些部分至少都还包含在可能的经验中。但是对一般现象的先验分割能扩展到多远,这是不能由经验而是由理性的原则决定的,这个原则要求在对广延物的分割中,按照该现象的本性,绝不能把经验的回溯看做是绝对完成了的。[这样,康德也否认了关于第二个宇宙论理念争论的价值。]

随后康德以一个独立的小标题"对数学性先验理念的解决的**最后注释**与对力学性先验理念的解决的**预先提示**",对上面两组二律背反的解决作了总结,并对后面两组二律背反的解决作了提示。按康德的说法,前两组二律背反所涉及的不过是空间与时间中的现象的全体,即**现象的量**,因此不过是数学性的综合。其中无论是**条件**还是**受条件限制者**都是系列中的一项,也就是说是"同类"的,因此这里的回溯就永远不能被看做是完成了的,否则就会把同是有条件的项看成是最初的无条件的项了,这是自相矛盾。因此这里的解决办法是,只要宣布对立双方的主张"都是虚假的"就可以了。但是后两组二律背反所涉及的却是空间与时间中**现象的存在**,因此是力学性的综合。这种综合不再局限于条件与受条件限制者的同类性,相反它却允许某种不同类的条件,它不再是条件系列的一部分,而是作为直悟的东西处于系列之外,从而使无条件者被置于现象之先。这样就会使对立双方的主张可能"都是真实的"。[这样,康德就作出了争论双方都真的结论。]

**3.关于从其原因方面对世界事件加以推导的总体性之宇宙论理念的解决**

这里,康德对论述自然与自由两种原因及其相互关系,以解决第三组二律背反的问题。

**首先**是一般论述。康德指出,对于所发生的事物来说,有两种可能的因果性(Kausalität),一为**自然**(Natur),一为**自由**(Freiheit)。所谓自然就是"在感官世界中**一种状态**与它按规则跟随其后的**另一种先前状态**的联结"。所谓自由,在宇宙论意义上就是"**自己**开始一种状态的能力"。这种自由与实践意义上的自由不同,后者指的是"**任性**(Willkür)对感性冲动的强制的独立性",是"**自己决定的能力**"①。这种**实践的自由**以**自由的先验理念**为根据,因此如果取消了**先验的自由**也就消灭了任何**实践的自由**。康德认为,这样自由就超出了经验的范围,因此它就成为**先验哲学**的研究对象。这里,康德设想了两种情况。一是如果诸现象就是**自在之物本身**,从而空间与时间就是自在之物本身的存在形式,那么条件与受条件限制者就会作为各项同属于一个系列,这就难免与所有理念一样陷入二律背反,即难免陷入这个系列对知性来说不可避免地**太大或太小**的矛盾。但这里要研究的却是力学的理性概念,其特点是它们不涉及**作为量的对象**,而只涉及**对象的存在**,可以抽掉条件系列的大小,只研究条件与受条件限制者的力学关系。这样就会碰到自然与自由的一系列关系的困难问题。二是如果诸现象被看做它们实际上所是的东西,即看做是经验的法则互相联结起来的诸表象,那么它们本身就应当拥有不属于诸现象之列的根据。这样的原因及其因果性是处于系列之外的,是不受诸现象限定的,因此可以被看做是自由的,而与此同时,就其诸现象的相互关系来说,它们的结果又可以被看做是以**自然的必然性**为根据的。实际上,康德认为这样就可以解决自然与自由的二律背反了。**下面**是他的具体论述②:

(1)同自然必然性的普遍法则相一致的**自由因**(Kausalität durch Freiheit)的可能性(原书小标题)

这里,康德试图从理念方面来解决自然与自由的对立统一关系问题。

①　康德:《纯粹理性批判》,蓝公武译,商务印书馆2005年版,第396页。
②　康德:《纯粹理性批判》,蓝公武译,商务印书馆2005年版,第398~409页。

**首先**[第 1 段前半部],康德区分了因果性概念的**两面性**:直悟的因果性与感性的因果性。他一开始就宣称"感官对象中其本身不是现象的东西"为"直悟的"。于是他认为,如果有一种在感官世界中应当被看做是现象的东西,**其本身**也含有一种能力,这种东西本身不是感性直观的对象,但却能够凭借其能力而成为现象的**原因**;那么,这种存在物的**因果性**就可以从两个方面来看:就其**行动**(Handlung[又译"活动"])来说它是直悟的,可视为自在之物本身;而就其行动的结果来说是感性的,可视为感官世界中的现象。因此我们关于那样一种**主体**的能力,就相应地形成了既是经验的也是理智的**因果性概念**。康德认为这两种因果性概念并不矛盾,因为既然现象不是物自身,它就必然以一个**先验的对象**为根据,而这种先验的对象规定**现象只不过是一些表象**,但这不影响这种先验的对象也具有因果性,它虽然不是现象,但是其行动的结果却可以在现象中碰到。

**接着**[从第 1 段后半部起]他又提出了**主体的两种品格**,指出:每一种有结果的原因都应当有一种品格,即它们的因果性法则,否则它就不是原因。因此在感官世界的**主体**之中,我们首先会遇到**经验性的品格**,其次会遇到**直悟的品格**。按照前者,主体作为**现象**,从属于时间条件,形成一个经验性的条件系列并服从自然法则;按照后者,主体作为自在之物本身,不从属于时间条件,处于感官世界及其经验性的条件系列之外并摆脱了一切自然必然性。康德认为,这样一来自由与自然就可以在同一行动中并存,而不互相矛盾。[这样,康德就自以为从理念方面,解决了自由与自然的二律背反。]

(2)对与普遍的自然必然性相联结的自由这一宇宙论理念的说明

这里,康德主要是从实践方面来解决自由与自然的对立统一关系问题,其论述反反复复,但基本论点是清楚的。下面按蓝译本所分段落简单地加以介绍。

**首先**,关于直悟的因果性[第 2~6 段]。康德指出:一切在时间中发生的东西都有其原因,而这一原因亦有其原因,这是一条**自然法则**,一条没有例外的**知性法则**。但问题是:虽然现象中一切结果都必须按照经验性的因果性法则与其原因相联结,但这种经验性的因果性自身能否是非经验性的而是**直悟的因果性**之结果呢? 康德认为,这种假定在实践领域中不仅是必要的,而且与经验性的因果性并不矛盾。因为在他看来,如果我们假定在自然的原因中还含只由直悟的能力所赋予的东西,那么我们也不会给经验的因果性带来任何损害,因为这种能力在确定行动的时候不依赖于经验性条件,而仅仅依赖于某些直悟的根据,正是这种直悟的根据构成了行动主体的**直悟品格**。随后康德就把他的这种理论观点应用于人的实践活动。

**其次**,关于人的经验性品格与直悟品格[第7~13段]。康德指出[第7段]:**人是感官世界的现象之一**[人是感官世界中的现象,而现象又不过是我们之内的表象,因此我们每天与之打交道的人不过是我们之内的表象,而人自身则是不可知的,这就是除了贝克莱的唯心论之外的最荒唐的唯心论,难怪黑格尔称康德为主观唯心论者],因此也是自然原因之一,其原因的因果性必须从属于经验性法则。因此人作为自然的原因之一,也应当具有**经验性的品格**。但是人在通过感官以认识全部其余自然的同时,还通过统觉[或自我意识]以认识自己。所以人一方面被视为现象,另一方面又被视为**直悟的对象**[即物自身或本体]。人的这种直悟的能力就是**知性**与**理性**,特别是理性。理性按照理念去观察自己的对象,并据此规定知性,而知性则把自己的纯粹概念应用于经验。

康德认为[第8~9段],人的理性含有因果性,这一点可从这样一种"**命令**"——即我们在一切实践活动中把它作为规则加给行动的力量——中清楚看出来。而"**应当**"则表示出某种必然性以及与在整个自然界中都遇不到的种种根据[即直悟的根据]的联结。这种"应当"表示一种可能的行动,其根据仅仅是概念。在康德看来,这种"应当"在指向行动时,必须在自然条件下才可能,但这些自然条件并不涉及**任性**本身的规定,而只涉及它在现象中的结果与后果。但是不论有多少自然的理由激起我的愿望,不论有多少感官的刺激,都不能带来"应当",而只能带来远非必要的但却是永远受条件限制的愿望;而对于这种愿望,理性所宣告的"应当",则以节制(Maβ)和目的(Ziel)乃至禁止和尊重来与之对抗。因此在康德看来,理性并不遵从事物在现象中展现出来的秩序,而是完全自发地依据理念来自己创造一种**特殊的秩序**。

因此在康德看来[第12~13段],人的**任性**除了经验性的品格外还有直悟的品格,因为这种经验性的品格是在直悟的品格中(在**思维方式**中)被规定的。但康德又认为,我们并不能知道这种直悟的品格,我们只能通过现象把它显露出来,而现象只能把关于**感性方式**(即经验性的品格)的知识提供出来。

康德认为[第15~19段],理性是人在其中显现的一切任性行动的恒久条件。这种行动在发生之前就已经在人的经验性品格中被规定了,这种经验性品格只是直悟品格的**感性图式**。而人的直悟的品格则没有任何先后,因此理性是自由行动的。但是不能把理性视为一种消极的力量,而应当视为创始事件系列的积极力量。康德还以造成社会混乱的恶意谎言为例,来说明犯罪虽有种种社会原因,但理性仍应当承担自己的责任,以证明自由行动与自然必然性并不互相冲突。[这样,康德就自以为从实践方面,解决了自由与自然的二律背反问题。]

### 4.现象就其一般存在的依存性的总体性之宇宙论理念的解决

这里,康德转向关于偶然存在物与必然存在物的关系的讨论。首先[第1段],他要对这种过渡作出一个貌似合理的解释。按他的说法,上一小节他讨论了感官世界的因果性变化系列,现在他把这个系列作为到达一切变化者的最高条件之**存在**(Dasein)的导引,即到达**必然的存在物**(not-wendiges Wesen)的导引。因此在他看来,这里所涉及的不是受条件限制的因果性,而是实体自身的无条件的**存在**(Existenz,实存),所以这里所面对的不再是一个直观是另一个直观的条件时那样的诸直观的系列,而是真正**概念的系列**。[当然这种过渡是非常牵强的。]

接着[第2~4段],康德又回到力学回溯与数学回溯的区别上去。他认为,既然在现象的总和中一切都是可变的,因此在其**存在**中是受条件限制的,所以很清楚,在**依附性的存在**(abhängiges Dasein)系列中,不能有任何不受条件限制的、其存在是绝对必然的项。因此如果现象是物自身,那就意味着这些项的条件连同受条件限制者同属于一个直观的系列,那个作为感官世界诸现象的存在条件之必然的存在物是完全不可能的。

但是康德又指出,力学的回溯与数学的回溯不同,后者所涉及的是部分合成为整体[即现象的量]或整体分裂为部分[即现象的质],所以系列的条件本身是系列的一部分,也就是说,系列的条件与系列的各部分是同类的,因此同样是现象;相反,力学的回溯所涉及的不是由被给予的部分而来的**无条件整体**的可能性[即量],或由被给予的整体而来的**无条件部分的可能性**[即质],而是一种状态从其原因所作出的推导,或**实体本身**的偶然性存在从必然性存在所作出的推导。因此在这里,条件并不必须与受条件限制者一起构成一个**经验性的系列**。[换言之,无条件者和必然的存在者完全可以超出经验的限制。]

于是结论是,这样一来,在人们面前就有了一条摆脱二律背反的出路,即两种相互冲突的命题在不同的关系中可能都是真的,例如,感官世界中的一切物完全是偶然的,从而总是只有经验性地受条件限制的存在,而对整个系列来说却存在一个非经验的条件,即无条件必然的存在物,这个必然的存在物作为直悟的原因,完全处于感官世界的系列之外,并不屈从于一切现象的偶然性和依附性的法则。

接着[第5~8段],是**理性的调节性原则**在必然存在物上的具体应用。康德认为,这样一来理性的调节性原则对现在的课题来说就是:在感官世界中一切都具有经验性地受条件限制的**存在**,而绝没有一种无条件的必然性,但尽管如此还是不能否认整个经验性系列依赖于一个直悟的存在物,它不仅摆脱了一切经验性的条件,而且还包含一切现象可能的根据。

但康德又申明,这根本不是要证明哪个存在物的无条件必然的存在,或者确立感官世界中一切现象存在之纯直悟条件的可能性,而是要一方面限制理性,使之不能脱离经验性条件的线索,不迷失于不能有任何具体表现的解释之**超验根据**的领域,另一方面限制知性的纯经验性应用的法则,以便使它不致被用于去解决一般物的可能性问题,不致把**直悟的东西**仅因其无须被用于对现象作出解释,就说成是不可能的。总之,这里仅仅是要表明:一切自然物及其(经验性)条件的偶然性完全可以与必然的、虽说是纯直悟的条件之随意的假设协调起来;因此这两种主张没有任何矛盾,它们两者可能都是真的。于是在康德看来,按照理性的**调节性原则**,感官世界属于现象,而现象是"偶然物",以感性为条件,因此经验性的回溯永远也超不出偶然性的范围。但是对感官世界即对诸现象设想一个"直悟的根据",并设想这种根据能够摆脱感官世界的偶然性,使之既不与现象系列的无限的经验性回溯相矛盾,也不与它们的无例外的偶然性相矛盾。他认为这样就消除了自由与必然的表面上的二律背反。

[短评]

**首先**,二律背反学说是康德哲学中最精彩的部分之一,它在欧洲哲学史上具有划时代的意义,因而受到了黑格尔的高度赞扬。例如他指出,二律背反是康德批判哲学的"重要部分",其积极意义是"它们使以前的形而上学跨了台"①,它虽然有许多缺点,但从总体看,"总不失为批判哲学中一个很重要而值得承认的收获"②。而我们今天则可以说:没有康德的二律背反学说,就没有黑格尔与马克思的辩证法。

**其次**,今天看来,康德的二律背反学说确有种种缺点。例如黑格尔指出,其一是四组二律背反的分类只具有"完备的外貌",而实际上按照理性的"辩证性质","每一个概念一般都是对立环节的统一……所以有多少概念发生,就可以提出多少二律背反"③。其二是它的证明方法"似是而非","因为要证明的理论总是已经包含在他据以做出发点的前提里"④。其三是他解决二律背反的"先验唯心主义的独特方式",而在黑格尔看来,"真正的解决在于认识到这样的道理:范畴本身没有真理性,理性的无条件者也同样没有真理性,只有两者的具体的统一才有真理性"⑤。

# 第五节　"纯粹理性的辩证推理"——"纯粹理性的理想"译评[见第415~496页]

[提示]康德在"对全部纯粹理性二律背反的结束语"中宣称,当我们的**理性概念**(即理念)所拥有的对象仅仅是感官世界中**诸条件的整体性**,以及就这个世界来说**对理性是有用的东西**时,那么这个理念就虽然是**先验的**却还是宇宙论的 ,但是当我们把无条件者完全置于感官世界之外,从而置于一切可能的经验之外时,那么理念就成为**超验的**了。这样,康德

---

① 黑格尔:《逻辑学》上卷,杨一之译,商务印书馆1977年版,第199页。
② 黑格尔:《小逻辑》,贺麟译,商务印书馆1980年版,第134页。
③ 黑格尔:《逻辑学》上卷,杨一之译,商务印书馆1977年版,第200页。
④ 黑格尔:《小逻辑》,贺麟译,商务印书馆1980年版,第134页。
⑤ 黑格尔:《哲学史讲演录》第4卷,贺麟、王太庆译,商务印书馆1981年版,第281~282页。

就从先验辩证论牵强附会地过渡到先验的理想论。康德指出,前面讲过的两种理念已经较之范畴距离现实很远,而现在要讲的理念则较之上述理念距离现实更远,因此就被他称之为"理想"。他又称这种"理想"是"个体的理念"、"最高存在物的理念",是"一切存在物的存在物"。他认为,理性为了追求知识的绝对完备性,把"理想"作为最高存在物的概念是必要的。但是如果把最高存在物的概念**实体化**,那就必然会产生**幻象**。为了揭露这种幻象,康德对理性神学关于上帝存在的各种证明(如本体论的证明、宇宙论的证明、自然神学的证明)一一进行了批判。下面就是先验理想论的一些主要内容。

## 一、"先验的理想"(Prototypon Transzendentale①)[原书第二节标题]

### 简介

[提示]这里主要是对先验的理想进行推导,即进行所谓的"演绎"。

首先[第1~4段],是先验理想的推出,类似于范畴的"形而上学的演绎"。康德认为,有两种"规定性原理",**一种**是属于普通逻辑的**"纯逻辑的[规定性]原理"**,其内容是:"每两个互相矛盾的谓词只有一个是[作为主词的]概念所固有的。"② 康德认为,这个原理所依据的是矛盾律,并且抽掉了一切知识的内容,只着眼于逻辑形式,因此这个原理是纯形式的**分析性原理**,并且是针对概念的。例如依据这一原理,一切概念其自身所不包含的东西就是未规定的。**另一种**是属于先验逻辑的**"充分规定的原理"**,它针对的是物或对象,其内容是:"诸物一切可能的谓词,如果把它们与其相反者相比照,其中必有一个属于该物。"(同上)康德认为,这个原理所依据的并非仅仅是矛盾律,因为除了两个互相对立的谓词的关系外,它还要就作为一般物的一切谓词之总和的**"一切可能性的总和"**来考虑一切物,并且把这种**一切可能性**预设为先天的条件,如此来把所有的物表现得就像从全部可能性中自己的分额中引出自己特殊的可能性一样,因此这个原理是包含内容的**综合性原理**。③ 因此在康德看来,"一切**存在者**(Exis-

---

① Prototypon Transzendentale,拉丁文,即"先验的原型"。
② 康德:《纯粹理性批判》,蓝公武译,商务印书馆2005年版,第417页。
③ 这就是说,充分规定的原理除了依靠形式逻辑矛盾律外,还依靠先验逻辑的先验根据原理(见康德:《未来形而上学导论》,庞景仁译,商务印书馆1978年版,第20、27页)。

tierende)都是被充分规定了的"这个命题,其意思不过是说,为了充分认识一个物必须认识一切可能的东西,并通过这种可能的东西来肯定地或否定地规定这个物。因此这个"充分规定"就是一个永远不能在总体上加以具体展示的概念,这意味着它是以理念为基础的,而理念则依赖于理性为知性所颁布的充分应用的规则。但是这个"一切可能性总和"的理念却是对每个物进行充分规定的基础,而人们将其视为**一切一般可能谓词的总和**。进而康德又发现,这种理念被"提纯"(läutern)为先天充分地被规定的概念,并由此而成为一个单一对象的概念,这个对象仅仅作为一个理念而被充分地加以规定,因此应当被叫做**纯粹理性的理想**,这就是"**先验的理想**"。[这样,康德就牵强附会地推导出了先验的理想,这种所谓的"理想"不过是黑格尔的"绝对理念"(absolute Idee)的原型罢了。]

接着[第5~18段],是先验理念的证明,类似于范畴的"先验的演绎"①。主要有以下几点:

**1.**[第5~8段]从"先验的肯定"推出"先验的理想",类似于范畴的"**主观演绎**"。按照先验逻辑的充分规定性原理,一些谓词所表现的是**存在**[即有](Sein),另一些谓词所表现的则只是不存在[即无](Nichtsein)。康德认为,由"不"(Nicht)所标志的**逻辑否定**并不与概念相关,而只与判断中一个概念对另一个概念的关系相关,因此不能充分揭示概念的内容,例如"不死"这个词就不触及对象的任何内容。而先验逻辑的否定则意味着与先验的肯定相对立的**不存在本身**,先验的肯定表示某个物,其概念本身就表示一种存在,因此这种肯定就被叫做**实在性**(物性),因为靠着这种肯定,对象才是某种东西(物),而与之相反的否定则意味着只是缺乏,意味着一切物的消除。因此在康德看来,在这里,否定是以肯定为基础的。例如没有光明就没有黑暗,没有富裕就没有贫穷,没有知识就没有无知,所以一切否定性的概念都是派生的,而实在性的概念本身则包含着一切物可能性和充分的规定的材料、质料,或先验内容。因此,如果在我们的理性中有一种**先验的基质**作为充分规定的基础,那么这个基质自身就包含着一切质料的储备,而物的一切可能谓词就会由此而取得,这样的基质无

---

① 康德:《纯粹理性批判》,蓝公武译,商务印书馆2005年版,第476页。

非就是**实在性全体**(omnitudo realitatis[拉丁文])的理念。这样真实的否定无非就是一种限制,如果它不以无限制的东西为基础,那它就不是限制了。康德认为,通过这种**实在性全体**,自在之物本身的概念就作为充分规定的概念被表现出来,而一个**最实在的存在物**的概念就是一个**单一存在物**的概念,因为在这个存在物的规定中,从一切可能相互对立的两个谓词那里,总会发现有一个谓词是全然属于存在(Sein)的。[此句意即:在单一存在物的规定中,两个相互对立的谓词中总有一个谓词属于存在,另一个则属于虚无,因此这个存在物是单纯的、不能分割的。]

因此这个存在物就是一个**先验的理想**,它成为必然属于一切**存在的东西**(was existiert[实存的东西])的充分规定的基础,构成了这些东西的可能性之至上的和完备的质料条件,一切关于涉及到一般对象的思考都必须归结到这些条件。在康德看来,这是人类理性所能达到的唯一真实的理想,因为只有在这种唯一的情况下,关于一物自身的**一般概念**才能被其自身所充分规定,并作为一个**个体**的表象而被认识。

**2.**[第9~11段]是先验理想的应用,类似于范畴的"客观演绎"。这种应用首先表现在先验理想的"**逻辑规定**"上。康德认为,先验理想的逻辑规定所依据的是选言三段推理。但理性为了表现物的必然的充分规定所预设的前提并不是与这种理想相应的**存在物的存在**[实存](Existenz Wesens),而只不过是这个存在物的理念,目的是从充分规定的**无条件总体**推出受条件限制的规定。所以先验的理想不过是一切物的**原型**(prototypon[拉丁文]),而一切物不过是接近于这个原型的**摹本**(ectypa[拉丁文])。因此包含一切物的可能性的先验理想是本源的,而一切物的可能性则是**派生**的。因此这个先验的理想就被称之为**原始的存在物**(ens originarium[拉丁文])、**最高存在物**(ens summum[拉丁文])、**一切存在物的存在物**(ens entium[拉丁文])。但是这并不意味着一个现实的对象与其他物的客观关系,而只意味着理念与诸概念的关系,至于这个占有独特优先地位的**存在物的存在**[实存],我们一无所知。

**3.**[第12~18段]是对先验神学的批判。这里,康德对先验神学把先验理想"实体化"的做法作了一般性的批判,以过渡到对上帝存在的几种证明的批判。他指出[第13段],由于每一个派生的存在物都预设了原始存在物这个理想,所以原始存在物不是构成的聚合体,而是一切存在物的根据,因此存在物的杂多性并不是对这个原始存在物的限制,而是对由这个原始存在物所产生的**完整后果**的限制,其中就包括我们的全部感性连同现象中一切实在性,它们不能作为一个部分属于最高存在物的理念。因此在康德看来[第14段],如果把这个最高存在物的理念**实体化**(hypostasieren)并跟随它到更远的地方,那么我们就会把一个最高实在性的单纯概念规定为一个唯一的、单纯的、完全充足的、永恒的等等存在物,这就是关于上帝的概念,从而纯粹理性的理想也就成了先验神学的对象。这样先验理念的应用就超出了它的规定性和许可性的范围,而成为一种幻象。随后康德就着手揭露这种幻象。

## [短评]

理想理念的推演是康德所谓"演绎"中最矫揉造作、最模糊的一个部分,他之所以用得着这种东西,无非是他的纯粹理性的"建筑术"的需要,因此这部分内容并没有太高的价值。

### 二、对上帝存在(Dasein Gottes)的本体论证明的批判[原书第四节]摘要译评

[提示]康德认为,关于上帝存在的证明有三种,即"本体论的证明"、"宇宙论的证明"和"自然神学的证明"。① 所谓"本体论的证明",即:"抽掉一切经验,完全先天地从一个单纯的概念出发推出一个最高原因的存在"②。安瑟伦、笛卡儿、斯宾诺莎等人都站在唯理论的立场上,从关于上帝的概念出发推出上帝的存在。其中最有代表性的是笛卡儿的证明,其要点是:我心里有一个上帝的概念(或观念),它指的是无限、永恒、不变、独立、全智、全能的实体,这样一个实体概念不能来自于我自己,除非它是由真正无限的实体放在我心里的,所以上帝必然是存在的。③ 康德关于上帝本体论证明的有力批判是先验理想论中最重要的篇章,在当时曾受

① 康德:《纯粹理性批判》,蓝公武译,商务印书馆2005年版,第429页。
② 康德:《纯粹理性批判》,蓝公武译,商务印书馆2005年版,第429页。
③ 参见笛卡尔:《第一哲学沉思集》,庞景仁译,商务印书馆1986年版,第45~46页。

到普遍的欢迎并被接受。① 下面是康德对这种证明的批判摘要。

## [原文]

............

在一切时代,人们都曾谈论**绝对必然的存在物**(absolut notwendiges Wesen),但与其说把力气花费在理解哪怕仅仅是能否和如何思维这个物上,不如说把力气花费在证明它的**存在**上。现在,对这个绝对必然的存在物做**名称解释**是十分容易的,这就是,把它说成是某种其**不存在**(Nichtsein)是不可能的东西②;但这种解释丝毫没有使我们在认定某物的**不存在**简直是不可思议的**条件方面**,变得更加明智,而这些条件恰恰是我们想要知道的,也就是要知道我们能否通过这一概念随便在哪里去思考某种东西。因为如果我们借助于**无条件**这个词,而把知性永远需要在其中把某物看做是必然的**一切条件**丢掉,那么这还远不能使我明白,通过这个**无条件必然者**的概念,我还能思维点什么,或者根本什么都不能思维。

进一步说,对于这个最初是碰运气冒险得来的、最后完全变成俗套的概念,人们还相信已经用许多例证作了解释,致使对它的易懂性的进一步追究是完全不需要的。每一个几何学命题,例如一个三角形有三个角,是绝对必然的,而这样一来,人们就谈论起完全处于我们知性范围之外的对象来,他们完全可能理解,他们打算借助某物的概念来说出某种东西。

一切预先给定的(vorgegeben)例证都无例外地只来自于判断,而不来自于物及其**存在**(Dasein)。而判断的**绝对必然性**并不是物的绝对必然性。因为判断的绝对必然性只不过是物[即对物来说]的有条件必然性或判断中谓词[不包括主词]的有条件必然性。上面那个命题并不是说,三个角是绝对必然的,而是说,在一个三角形**存在**的条件下(被给予),那么三个角(在三角形里)同样必然**存在**。但是这种逻辑必然性幻觉的威力是这样巨大,以至人们给自己造出一个关于某物的**先天概念**,这一概念按人们的意见把**存在**包括在自己的范围中[即把存在的属性包括在自己制造的概念中],人们以为可以有信心从中作出以下结论:由于存在必然属于概念的客体,即

---

① 见黑格尔:《小逻辑》,贺麟译,商务印书馆1980年版,第140页。
② 因为在这个绝对必然的存在物的概念中已经抽掉了一切特殊的必然性,所以就只好从反面"其不存在……如何如何"来下定义,(见康蒲·斯密:《康德〈纯粹理性批判〉解义》,韦卓民译,华中师范大学出版社2000年版,第545页。)

在我假定这个物是被给予(即**存在**)的条件下,那么它的**存在**也就必然地(按同一律)被假定了,从而这个**存在物本身**应当是绝对必然的,因为它的**存在**是在同我随意假定的概念一起,并在我假定了其对象的条件下,被思维的。[这样,康德就有力地揭露了人们自己制造的概念包含存在的秘密。]

　　如果我在同一个判断中取消谓词[如"有三个角"]而保留主词[如"三角形"],那就会产生一种矛盾(Widerspruch),因此我才说[那个判断中的]谓词必须属于主词。但是如果我把主词与谓词一起取消,那就不会产生矛盾,因为那就不会有任何与之矛盾的东西了。设定一个三角形,但同时却取消它的三个角,这是矛盾的;但是把三角形与它的三个角一起取消则没有矛盾。对于一个**绝对必然的存在物**来说也恰恰是这样的。如果你取消[即否认]了**它的存在**那么你也就把这个**物本身**连同它的一切谓词一起取消了;这里怎么会产生矛盾呢? 从外部看没有任何与之矛盾的东西,因为这个物不应有外部的必然性[也就是说,它的必然性不能来自于外部,只能来自于内部];从内部看也没有任何与之矛盾的东西,因为当你取消了这个物本身的时候,你也就取消了一切内部的东西。"上帝是全能的"的这个判断,是一个必然性的判断。如果你设定神性,即一个无限的存在物,那么你就不能否认其概念与神性是同一的那个**全能**。但是如果你说:"没有上帝",那么就既没有全能也没有来自上帝的其他谓词被给予,因为它们全都连同主词一起被取消了,并且在这个想法里没有一点矛盾。[显然这个论据也是有力的。]

　　　　···········

　　很明显,"**存在**"(**Sein**,又译"在"、"有"、"是")并非是一个**实在性的谓词**(reales Prädikat),也就是说,并不是一个关于能够加到物的概念上去的**某种东西的概念**。[这就是说,"存在"这个谓词并不是一个能够对给定的概念综合地有所添加的谓词。]它只不过是对物或某些规定本身的一个**肯定**(Position)而已。在逻辑的应用中它只是判断的系词(Copula)。"上帝是全能的"(Gott ist allmächtig)这一命题[这是一个分析命题]包含着两个概念,它们都有自己的客体:上帝和全能;"是"(ist)这个词并不是一个添加性的谓词,而只是一个被用来把谓词分别安置到主词中去的东西。[此句译文各译本不尽相同。]现在,如果我把主词("上帝")连同其所有谓词(其中也包括

"全能")拿来合在一起,并说:"上帝存在或存在一个上帝",那么我并没有给上帝的**概念**设定一个新谓词,而仅仅是设定**主词本身**连同其所有谓词[如"全能"等属性],[因为确认一个对象同时也就确认了这个对象的所有属性,就像在分析命题中确定了主词也就同时确定了它所包含的所有谓词,因为两者是同一的],**更确切地说**[这是主要的],是把一个**对象**[上帝本身]设定在与我的**概念**[即上帝概念]的关系中。这两者[即对象与概念]所包含的内容必须是完全一样的,所以对于只表示可能性的**概念**[即上帝概念]来说,不能因为我把上帝概念的**对象**[上帝本身]思维为是绝对被给予了的[即把上帝本身想象为是纯粹被给予了的][通过"它存在(er ist)"这个表述],就对这个**概念**有额外的添加[这就是说,并不因为我说"上帝是"或"是一个上帝",即确认了上帝的存在,就使上帝的概念增加了新内容,例如增加了现实性的内容等等]。这样,现实的东西[作为对象,即上帝]所包含的内容并不比仅仅是可能的东西[作为概念]更多。① 一百个现实的塔勒[作为对象]所包含的丝毫不比一百个可能的塔勒[作为概念]更多[也就是说,对象与概念两者,从量的内容来看是一般多的,都是一百]。因为可能的塔勒意味着**概念**,而现实的塔勒则意味着**对象**及其肯定本身[即对对象的肯定],所以如果对象所包含的东西多于概念,那么我的概念就不表现整个对象,从而就不能与对象完全一致。但是就我的财产状况说,一百个现实的塔勒却比一百个塔勒的**单纯概念**(即**一百个现实塔勒的可能性**)有更多的内容。[这就是说,从财产状况来说,现实的一百个塔勒比可能的、账面上的一百个塔勒包含更多的内容,也就是说,从逻辑的角度看,对象(存在)与概念(思维)是同一的,但是从财产状况来看,对象(存在、现实)与概念(思维、可能)对一个人来说就是两码事了。]因为实际上,**对象**[一百个真实的塔勒]不仅分析地包含在我的**概念**[一百个可能的塔勒]中,[这就是说,可能性分析地包含着现实性,]而且综合地对我的概念[一百个可能的塔勒]有所增加(它是我的状况的一种规定[拥有现实的一百个塔勒]),而通过在我的概念之外的"存在"(Sein)[即现实的一百个塔勒],并没有使思维到的一百个塔勒本身[可能的一百个塔勒]有什么增添[这就是说,给一百个的塔勒概念加上现实性的"存在",并没有使一

---

① 也就是说,上帝作为一个对象被给予了,并不等于上帝作为一个概念而增加了什么新内容。因为对象与关于这个对象的概念所包含的内容一样多,所以从黑格尔从他的思维与存在的同一性的角度看,这两者是"同一概念"(见黑格尔:《哲学史讲演录》第4卷,贺麟、王太庆译,商务印书馆1981年版,第283页)。

百个塔勒的概念增加什么新内容,也就是说一百个塔勒还是一百个塔勒]。

…………

所以,不管我们关于对象的概念包含什么和包含多少,我们为了赋予对象的概念以**存在**(Existenz,实存),就必须走出这个概念以外。在感官对象那里,这是通过按照经验性法则与我的某些知觉的联结来实现的;但是对纯思维的客体来说,我们是没有任何手段来认识它们的存在的,因为这种存在必须完全先天地去加以认识[这就是说,对上帝的存在我们只能先天地认识,当然这种观点是康德的先验论观点],而我们对一切存在的意识(不论是直接地通过知觉,还是通过把某种东西同知觉联结起来的推论),都完全属于经验的统一[即经验性的综合],尽管不能说,在我们经验的范围之外这种存在是绝对不可能的,但至少这种存在是一个我们绝不能为之辩护的假设。[可见,康德从先验论的观点承认上帝的存在,而从经验论的观点则否定上帝的存在,这是他的不彻底性。]

一个**最高存在物**的概念是一个在许多方面非常有用的理念;但是这个理念正因为它仅仅是一个理念,而绝不能只靠它来扩展关于那个存在物的知识。这个理念甚至在可能性的考虑上,要多教导我们些什么也做不到。可能性的分析性标志在于,单纯的肯定(实在性)不产生矛盾,它在最高存在者的概念上虽然是无可争议的,但因为在一个物中,一切实在性质的联结是一个综合,对于这种综合的可能性我们不能先天地判断,因为这种实在性并没有特别地被给予我们,并且即便是给了,我们也不能从中取得任何判断,因为综合知识的可能性标志任何时候都要到经验中去寻找,而一个**理念的对象**(Gegenstandeiner Idee)是不属于经验的。所以那个著名的莱布尼茨就没能做到他所自夸的事情,即先天地洞察一个如此崇高的理想物的可能性。

因此,一切努力和劳动——即花费在从概念出发对最高存在物所做的如此著名的本体论的(笛卡儿派的)证明[参见笛卡儿《形而上学的沉思》、《哲学原理》]——都白费了,而一个人要从单纯的理念中来丰富自己的认识,就像一个商人为了改善自己的财产状况而在自己的现金账上添加几个零一样,是不行的。[这样,康德就自以为彻底驳倒了关于上帝存在的本体论证明。]

## ［短评］

**首先**，康德对上帝存在的本体论所作的批判，是对唯理论形而上学的一个沉重打击，带有反先验论和唯心论的性质，从而带有经验论和唯物论的倾向。

**其次**，康德的这种批判也遭到了一些人的反对，例如不仅遭到了基督教神学家的反对，也遭到了黑格尔、叔本华等哲学家的批评。①

### 三、对上帝存在的宇宙论证明的批判简介［原书第五节］

按康德的说法，如果上帝存在的本体论证明是从"**纯粹概念**"开始的证明，那么他的宇宙论的证明就是从"**一般经验**"出发的证明。下面是康德的论述：

**首先**［第 1 段］，康德回顾了本体论证明的特点，就是从"最现实的存在物的理念"出发推导出这个存在物的"存在的必然性"。

**接着**［第 2 段］，他就开始转向证明宇宙论的证明，指出这种证明虽然保留了"绝对必然性"与"最高实在性"之间的联结，但不像本体论证明那样从"最高实在性"推出"存在的必然性"，而是从某个存在物的"绝对必然性"推出它的"绝对实在性"。康德认为，这是一种自然的、有说服力的推理方式。

**再接着**［第 3~5 段］，是对宇宙论证明的归纳。康德把这种证明归纳为两个步骤，第一步［第 3 段］是："如果有某些物**存在**（existieren），那么也就必定会有一个绝对必然的存在物**存在**［大前提］。现在至少我自己是存在的［小前提］，所以一个绝对必然的存在者是存在的［结论］。"② 康德指出，这里，小前提包含一个经验［即我存在］，大前提包含一个从一般经验到必然存在物的推论。所以这个证明是从经验（即某些物的存在）着手的，并且由于一切可能经验的对象就叫做世界（宇宙），所以这个证明就叫做宇宙论的证明。第二步［第 4 段］是："这种**必然的存在物**只能以唯一的一种方式而被规定，也就是，就一切可能相互对立的谓词而言只能通过其中的一

---

① 见奥特弗里德·赫费：《康德的〈纯粹理性批判〉——现代哲学的基石》，郭大为译，人民出版社 2008 年版，第 273 页。
② 康德：《纯粹理性批判》，蓝公武译，商务印书馆 2005 年版，第 437 页。

个而被规定,所以这个**存在物**必须是通过其概念而**充分地**被规定。[这是一个分析性的大前提。]现在,只有**一个**关于这个**存在物**的概念——即先天地对这个存在物作出充分规定的概念——是可能的,这就是关于**最实在的存在物**(entis realissimi[拉丁文])的概念。[这是小前提。]所以最实在的存在物之概念就是那个通过它能够思维那个必然的存在物的唯一概念,这就意味着**最高的存在物**[即最实在的存在物,即上帝]是必然存在的。[这是结论。]"①[这也是一个三段论:必然存在物的概念——最实在存在物的概念——最高存在物的存在。]康德认为[第5段],这个证明是动用一切辩证的技巧以完成最大的**先验幻象**,完全是骗人的把戏。

　　随后[第6~15段],是具体的批判。首先[第7~8段],他指出,从必然存在物的概念推出最实在存在者的存在,这是宇宙论证明的根据,而这正是本体论证明所承认的原理,所以实际上宇宙论的证明是以本体论的证明为基础的。这样宇宙论的证明就又回到本体论证明的老路上去了。接着[第10段],他列举了宇宙论证明所包含的四点错误假定:1.从偶然的东西推出其原因这一先验原理,只对感官世界有意义,但却被应用于超感官的世界[这一点在前面讨论力学性的二律背反时批判过];2.从原因到原因之原因的无限系列推出**最初的原因**,这是理性的经验性应用所不允许的,因而是不能超出经验范围的;3.理性对这一无限系列的完成的**虚假自我满足**,因为这种完成靠的是我们最终摆脱一切条件,而摆脱这些条件任何必然性的概念都不可能,可这样一来,人们就再也什么都不能理解了,于是就把这看成是这个无限系列的概念的完成;4.把包罗一切实在性的概念的逻辑可能性(不矛盾性)混同于这一概念的先验可能性,因为后者需要的是综合的可行性原则,而这一原则针对的却是可能经验的领域。康德还指出[第11段以后],完全可以假定一个最高存在物的存在,以其作为一切结果的最初原因,以便供理性把一切原因综合起来,但人们却说这个存在者必然存在着,这就是理性的一种大胆僭望。因此康德认为,作为一切物的最后承担者所需要的**无条件必然性**,对人类理性来说是一个真正的深渊。对于无条件和永恒之类的思想,我们既不能拒绝它们,也不能容忍它们,

---

①　康德:《纯粹理性批判》,蓝公武译,商务印书馆2005年版,第438页。

因为自然界中许多只有凭借其结果才能表现出它们存在的力,是我们通过观察永远无法探明的。例如作为诸现象基础的那个**先验的客体**之类的东西,我们是无法探明的。但纯粹理性的理想却不能称之为无法探明的,因为它必须作为单纯的理念而在理性的本性中找到它的位置和它的解决方式,因而必须能够加以探求,因为理性就在于,我们能够通过它对我们的一切概念、意见和主张——不管它们是出于客观的根据或者仅仅是幻象——作出解释。那么,因把必然性概念与最高实在性概念结合起来并把理念实在化和实体化而产生的辩证的和自然的幻象,其原因是什么呢?康德的回答是:根本原因不仅在于混淆了物自身与现象的区别,而且还在于把理性的调节性原则偷换成了构造性原则,从而把理性所追求的最高统一性**物化**,即**实在化**和**实体化**了。因此在他看来,唯一的解决办法还是坚持理性的调节性原则的老办法,用以消除关于上帝存在的宇宙论证明中的幻象。当然像他未能真正解决纯粹理性的二律背反问题一样,这里他也并未能真正解决纯粹理性的理想问题。

## [短评]

这里,康德又遇到了诸如存在与思维、现象与本体、经验与理想、偶然与必然、个别与一般、有限与无限、相对与绝对等一系列相互对立的范畴之间的相互关系问题,并且他试图用自己的方式来加以解决,这是有意义的。但是由于他没有掌握辩证的思维方法,因此他不能真正解决这些问题,这是他的不足之处。

### 四、对上帝存在的自然神学证明的批判[原书第六节]

按康德的看法,关于上帝存在的自然神学证明是从"一个确定的经验"出发所作的证明。这是第三个也是最后一个证明。如果说本体论的证明是从一般(纯粹概念)出发的证明,宇宙论的证明是从特殊(一般经验)出发的证明,那么自然神学的证明就是从个别(一个确定经验)出发的证明。下面是这个证明的要点:

**首先**[第4段],自然神学证明的主要论点:1.现存世界向我们展现出一个无比多样性、秩序性、合目的性和美丽的舞台,以至我们的语言感到无力,思想失去限制,致使我们对整体的判断必然化作目瞪口呆但却更加动人的惊愕。2.我们到处都看到结果与原因、目的与手段的链条,看到产生和消灭中的合规则性,并且因为没有什么是自己进入它所处的状态,所以它就总是指示着某种作为其原因的另外的物,而这个原因又使持续追寻成为必要,以至我们不假定在无限的偶然物之外有某种自在的东西作为它的起源的原因,那么整个宇宙都将沉入到虚无的深渊中去。3.这个最高的原因,不管它的**完善性**有多大,但既然我们在因果性方面需要一个终极的和至上的存在物,那么我们就很容易以一个抽象概念的模糊轮廓的形式,把它想象为**唯一的实体**,在它里面结合着**一切可能的完善性**。这样的概念有利于我们理性**节省原则**的要求,并且不自相矛盾,甚至通过这样一个理念在秩序和合目的性方面所给予的指导而有利于理性在经验中应用的扩展,又完全不与经验相矛盾。[这个论证的思路简单说就是:对世界的惊愕——需要追寻其最高原因——这个最高原因就是那个终极的至上的存在物,即上帝。]

　　**其次**[第5~7段],是评论,主要是:1.[第5段]这个证明是最古老、最明白、最适合于寻常的人类理性的,它激励着自然的研究,并反过来诱发理性,增强对一个最高创造者的信仰,并使这种信仰增长到不可抗拒的程度。2.[第6段]通过这一证明,理性不断为其证明的根据所鼓舞,不会因抽象思辨的怀疑而气馁,只要它看一看大自然的奇迹和宇宙的庄严,就会从冥思苦想的忧郁中惊醒过来,以便使自己从伟大到最高的伟大,从条件到至上的无条件的创造者为止。3.[第7段]但尽管如此,自然神学的证明永远也不能单独地说明一个最高存在者的存在,它任何时候都必须仰仗于本体论的证明,因为这种证明包含着唯一可能的证明根据,这是任何人类理性都不能忽略的。①

　　**再次**[第8段],对自然神学证明主要步骤的概括:1.在这个世界中我们到处都会发现由伟大智慧按一定目的安排的秩序的明显迹象,并且这种秩序是**既在**其内容[即质]上有无法描述的多样性,**又在**其规模[即量]上有无限的范围的**整体**中形成的。2.对世界中**事物**的这种合目的的**安排**完全是**异己的**,并且这些事物之间的连属只是偶然的,也就是说,如果不是

---

　　①　这种评论说明了康德对自然神证明既同情又持保留意见的复杂态度。(见康蒲·斯密:《康德〈纯粹理性批判〉解义》,韦卓民译,华中师范大学出版社2000年版,第556页)

有一条**实行安排**的理性原则,按照那些作为基础的理念,为此而作出全面的**真正挑选**和**费心安排**,那么各种各样的事物的本性是不可能**自己**通过如此多样地联结起来的办法,来同一定的**终极目的**一致起来的。3.因此存在着一个崇高的智慧的原因(或许是一些原因),它不单作为盲目起作用的全能的自然以其多产性,而且作为智慧的存在物以其自由性,而必然成为世界的原因。4.这种原因的统一性可以从世界各部分——作为人工建筑的一环——之相互关系的统一性中推断出来,即在我们观察所及的地方**确定地**推断出来,而在观察范围之外按照一切类比规则或然地推断出来。

随后[第9~16段]是评论。主要有以下几点:第一[第9段],康德认为,不能对这种自然理性的证明方法进行挑剔,因为对这种理性来说,除了它所用的类比方法外,不能有更可靠的方法了。第二[第10段],康德接着指出,按照这种推论,有如此之多的自然部署的合目的性与和谐性,必然只是证明形式的偶然性,而不是证明质料的即世界中实体的偶然性,因为要证明后者,就必须证明,世界中的各种**事物本身**如果不是那个最高智慧的产物(就其为实体而言),是不会与诸如此类遵循普遍法则的秩序与和谐相适应。但这样一来就需要别的证明根据,而不能依靠类比。因此康德认为,自然神学的证明所阐明的至多是一个世界的**建筑师**(设计者),而不是一个世界的**创造者**。而如果要证明质料上的偶然性,就必须求助于先验的证明,可这恰恰是自然神学的证明所要避免的。第三[第11~13段],康德又指出,自然神学的证明从世界中到处可见的秩序与合目的性推断出一个与其相称的原因的存在,但这个概念只能是关于一个具有全能、全智等本性的存在者的概念,是根本不确定的概念,而没有说清这个**物自身**是什么,也就是说,除了赞美它的量的伟大即实在的**全量**(omnitudo[拉丁文])外,什么都没有说清。[这就是说,只说出了最高存在者的量,而没有说清其质。]因此康德认为,这个证明对神学原则来说是不充分的,证明的经验性道路是走不通的。第四[第14~16段],康德认为,摆脱这种困境的出路是回到宇宙论的证明,而后者又以本体论证明为基础,这样自然神学证明以宇宙论证明为基础,而宇宙论证明又以本体论证明为基础,既然除了这三种证明外再不会有别的道路可寻,那么只要证明了本体论证明的谬误,一切关于上帝存在的证明以及一切思辨神学就都垮台了。

**[短评]**

康德把自然神学证明的根据,最后归结到本体论证明的根据上去,这是有一定说服力的。但他的具体论证却是含糊的和缺少逻辑清晰性的,因此是没有实际价值的。

# 第六节　"先验辩证论附录"[见第469~496页]

[提示]正如在先验分析论的结尾,康德安排了一个附录一样,这里,在先验辩证论的结尾,康德也安排了一个附录,以便为他的先验辩证论即**理性论**作出总体估价。前面康德用了很大的篇幅揭露和批判理念所造成的各种幻象,而在这个附录里,则主要论述了理性理念在科学认识中的"**积极意义**"①,这就是以下两部分所包含的主要内容。

## 一、纯粹理性理念的调节性应用

[提示]康德在先验分析论的附录中,曾从反思的高度,对感性的和知性的概念进行了定位,现在他又要给纯粹理性概念即理念进行定位,并指出了它们的**积极意义**,主要环节如下:

**1.**[第1~3段]人类理性的**积极意义**。康德指出,如上所述,纯粹理性的一切**辩证的尝试**不仅证明那些带领我们超出经验范围的推论是骗人的和没有根据的,但同时也告诉我们:人类理性具有超越这种经验界限的自然倾向,并且像范畴对于知性是自然的一样,理念对于理性也是自然的,而区别只在于范畴导致**真理性**,即导致我们的概念与其客体的符合,而理念则只能造成不可克服的**幻象**。但是康德又认为,如果能够防止理念的滥用,我们就能找到它们的"**正确方向**"。在他看来,理性永远不会直接与对象相关,而仅仅与知性相关,所以理性并不创造任何关于客体的概念,而只是整理这些概念并给它们以最大限度的统一。因此,理性其实是把知性及其合目的的应用作为对象,并且,正像知性通

---

① 见奥特弗里德·赫费:《康德的〈纯粹理性批判〉——现代哲学的基石》,郭大为译,人民出版社2008年版,第222页。

过**概念把客体的杂多**结合起来一样,理性则通过**理念把概念的杂多**结合起来。

**2.**[第4~8段]理念的调节性应用。根据上面的论述,康德提出,先验的理念永远也不会具有构造性的应用,而只能具有一种卓越的和不可或缺的"**调节性应用**",以使知性对准一个目标,集中于一点,虽然这个点只是一个理念(即想象的焦点),但却被用来为知性概念带来最大的统一连同最大的扩展。康德认为,这样一个想象的焦点,虽然类似于镜子背后的客体仅仅是一种幻象,但却仍然是不可缺少的和必然的。因为面对知性知识的整个范围,理性力图实现的是这种知识的"**系统化**",也就是这种知识依照一个原则的联结。但是,这种"**理性的统一性**"任何时候都要**假定**一个理念,而这种理念则假定知性知识的"**完满统一性**",正是有赖于这种统一,知性知识才按照必然的法则构成一个"**联结的体系**"。因此不能说这种理念是关于客体的概念,只能说它是那些知性概念的**完满统一**的概念,而正是这种统一性成为知性的规则。康德声称,这种理念像自然科学中纯土、纯水、纯气等理想物质一样,并非来自于自然,相反,我们依据这些理念来拷问自然,如果发现我们的知识同它不吻合,就认为我们的知识是有缺陷的。他认为,如果说理性是从普遍推出特殊的能力的话,那么由于这种普遍性是可疑的,因此理性的应用则是假设性的。所以这种以作为可疑性概念的理念为基础的假设性应用就不能是构造性的,而只能是调节性的,其目的是尽可能地把统一性带到知性所提供的特殊知识中去。但是这种统一性只是预见性的,不能看做是被给予了的。

**3.**[第9段以后]理性统一性的逻辑原则。康德认为,根据上面所说,理性的统一性(即知性知识的系统统一性)只是一种主观的"**逻辑原则**"或"**先验原则**",为的是给知性规则的差异性带来**一致性**和**连贯性**。康德以"基本力"的假设为例,来说明理性是如何按照经济原则追求这种统一性的。他把理性的这种逻辑原则或先验原则归结为三个具体的**形式原则**,即**同类性原则、特殊性原则**和**连续性原则**,其中第三个原则是第一和第二原则的结合。在他看来,理性给知性的杂多以系统化,正像知性给感性的杂多以系统化一样,所以"知性作为理性的对象,正如感性作为知性的对象一样"①。[这样,康德就为理念定了位。]

## 二、人类理性的自然辩证法的最终目的(Endabsicht)

[提示]这里,康德主要是在对先验理念的**应用价值**或**积极意义**进行"演绎"的同时,对纯粹理性的最终目的作出解释。

**首先**[第1~10段],关于先验理念的演绎。康德认为[第1~3段],纯粹理性的种种理念本身任何时候都不会是辩证的,只有对它们的滥用才产生不可避免的骗人幻象。对于理念虽然不允许像对范畴那样的先验演绎,但如果它们还有一点**客观有效性**,那么就需要有一种不同于范畴演绎的**演绎**。他指出:某物是作为一个**绝对对象**(Gegenstand schlechthin)还是作为一个理念中的对象被给予我们,这是很不相同的。在第一种情况下,是用我们的概念去规定对象,在第二种情况下,我们与之打交道的却只是一个**图式**[这种图式为"想象力的产物"②],对它来说并没有任何对象直接被给予,它只被我们用来间接地表现其他的对象。因此可以说,最高智慧者的概念是一个单纯的理念,也就是说,它的**客观实在性**不在于它直接与对象相关,而只在于它仅仅是把一般事物的概念最大限度统一起来的图式,仿佛理念的**想象的对象**(eingebildeter Gegenstand)就是经验对象的根据或原因。因此理念只是一个**启发性的概念**,而不是一个**明示性的概念**。所以如果人们指出,前面所讲的三种**先验的理念**(心理学的、宇宙论的和神学的)并不直接与其相应的对象及其规定直接相关,但是理性在其经验性的应用中依据理念中**对象的假设**而导致**系统的统一**,并在任何时候都在扩展经验性的知识而不与其相背离。这就是对思辨理性的所有理念——它们不是作为把我们的知识扩展到经验以外的对象的**构造性原则**,而是作为把经验性的知识系统地统一起来的**调节性原则**——所作的**先验演绎**。康德认为[第4段],很明显地按照上述原则,**第一**,在心理学中,我们必须按照内部经验的导线把心灵的一切现象、活动和感受性联结起来,使心灵好像是一个具有人格的、同一性的并恒久存在的**单纯实体**;**第二**,在宇宙论中,我们必须探究内部自然现象和外部自然现象的诸条件,使这种

---

① 康德:《纯粹理性批判》,蓝公武译,商务印书馆2005年版,第473页。
② 康德:《纯粹理性批判》,蓝公武译,商务印书馆2005年版,第145页。

探究永无完结,就像探究本身是无限的、没有最初开端和至上环节似的;

**第三**,在神学中,我们必须把一切属于可能经验的联结的东西,看做是一个受条件限制者的**绝对统一**和作为感官世界的一切现象的总合,而在其外面好像有一个唯一的、至上的和最充分的根据,即有一个独立的、源始的和创造性的理性,而一切对象都以它为**原型**似的。因此康德认为[第5~6段],没有什么东西能够阻止我们把**这些理念**设定为客观的和实体性的,唯独宇宙论的理念除外,因为宇宙论的理念会遇到二律背反,而心理学理念和神学理念则不包含任何矛盾。因此应当承认理念作为一切自然知识的**系统统一**的调节性原则之图式的实在性,从而它们只是作为现实事物的**类似物**,而不是作为现实事物本身而被作为基础。因此如果我们设定这样一种**理想物**(idealisches Wesen),我们并没有扩展我们的知识于可能经验的对象之外,而理念给我们提供的只不过是系统统一的图式,因此理念不能被看做是**构造性的原则**,而只能被看做是**调节性的原则**。例如[第7~10段],思辨理性给予我们一个关于上帝的先验的和唯一确定的概念,但理性并没有给这个概念以客观实在性,而仅仅给予了关于某物的理念,我们虽然不能**绝对地假定**其对象的存在(实存),但我们可以按照世界中实在性、实体性、因果性和必然性的类比来设想一个具有最高完善性的存在者,即设想一个作为世界整体之原因的独立理性,使世界整体中杂多的系统统一成为可能,就好像它们是这个最高理性的有意安排似的,而我们的理性不过是这个**最高理性**的摹本罢了。因此当我们把目光投向**理念的先验对象**时,我们不能按照只适用于感官世界的实在性、实体性、因果性、必然性等概念来假设它的现实性,因此理性关于一个最高存在者是至上原因的假设,虽然是必要的,但仅仅是相对的。[这样,从三种理念的演绎中就可以导出它们的调节功能或积极意义。]

**其次**[第11~29段],纯粹理性的最终目的。康德指出[第11~12段],纯粹理性除自身外并不涉及任何别的东西,因为被给予它的不是达成经验性概念之统一的**对象**,而是达成理性概念之统一即按照一个原则达成联结的统一的**知性知识**。他认为,这种理性的统一是**体系的统一**(Einheit des Systems)或**系统的统一**(systematische Einheit),它并不是**客观的**当做理性的**原理**(Grundsatz),把理性扩展到**对象**上去,而是**主观的**当做理性的**准**

则(Maxime),把理性扩展到关于对象的一切可能的**经验性知识**上去。但尽管如此,理性的系统统一不仅能够促进理性的经验性应用的扩展,而且能保证这种应用的正确性,因此这种系统统一的原则也是客观的,虽说是不确定的。所以,这种系统统一的原则不是构造性的,而是调节性的。从而这种系统的统一并不真正指向**先验的对象本身**,而仅仅是一个调节性的**理念图式**。因此在康德看来[第12~17段],纯粹理性在三种理念上所体现出来的最终目的就是以下三个**"系统的统一"**[这就是他的所谓"系统学说"①],这也就是它们的**积极意义**:

第一个调节性理念是心理学理念,它的**客体**是被看做是能思的自然(denkende Natur)(灵魂)的我自身[这是理念的第一个客体,即自我或灵魂]。但是这个所谓的客体不过是关于一个单纯的、独立理智的理性概念,它仅仅是一个调节性原则的图式,是不能具体地加以表现的。[在康德看来,这个心理学的理念(即灵魂)体现出"能思的自然"的系统统一。]但是尽管如此,只要人们不要让它超出单纯理念,只要人们把它认做是理性对我们灵魂现象的系统应用方面有效,那么这个心理学的理念就只有**好处**。

第二个调节性理念是宇宙论理念,即一般世界的概念,其客体是**自然**[这是理念的第二个客体,即宇宙或世界]。而自然又是双重性的,要么是能思的自然(denkende Natur)[精神实体],要么是有形的自然(körperliche Natur)[物质实体]。对于后者来说并不需要一个超经验的理念,像心理学的基本概念"我"那样,而只需要一个一般自然以及自然中合规则的诸条件系列之绝对完备性的理念。这个理念虽然在理性的经验性应用中永远不能完全实现,但毕竟可以作为解释被给予的诸现象(在回溯或上溯中)的一个原则,这样就好像条件系列本身是无限的。[在康德看来,这个宇宙论理念(即世界)体现出"有形的自然"的系统统一。]但是,在把理性本身看做是作出规定的原因的地方(在自由之中),即就实践原则而言,那么我们所面对的就好像不是感官的客体,而是纯知性的客体,那么现象系列的条件就不在现象系列之中,而是在它之外,这样现象中各种状态的系列就好像有一个绝对的(通过直悟的原因)开始一样。总之,宇宙论的理念只不过是一个调节

---

① 康德:《纯粹理性批判》,蓝公武译,商务印书馆2005年版,第215页。

性的原则,而远不是以构成的方式所设定的该系列的**现实整体**。

第三个理念是关于一切宇宙论系列的唯一和最充分原因的相对性假设,即关于上帝的理性概念。我们没有丝毫理由去假定这一理念的对象,我们只想说:理性要求按照系统统一的原则看待世界的一切联结,就像它们全都产生于一个作为至上的和最充分的原因之唯一一个**无所不包的存在者**[这是理念的第三个客体,即上帝]。因此,这里理性的目的只在于它在其经验性的应用中的**形式规则**,而绝不在于超经验性应用的**扩展**,也就是说,绝不隐含着任何针对可能经验之应用的构造性原则。康德认为,这种形式规则就是依据理性概念的**最高的形式统一**,也就是一切事物的合目的性的统一,理性的思辨兴趣就在于把世界的一切安排看做是好像来自于一个最高的理性,让它作为一切事物的原因,来达到**最高的系统统一**。[这样,在康德看来,这个"无所不包的存在者"的理念(即上帝)就体现出世界中"一切事物"的最高的系统统一。显然康德的"无所不包的存在者"的理念不是别的,正是黑格尔的"绝对理念"的原型,而反过来,黑格尔的"绝对理念"正是康德的"无所不包的存在者"的理念的孵化物。]

总之,在康德看来,纯粹理性的最终目的只在于为知性知识的系统统一进行调节或规范,而不在于构造一个最高的**先验对象**,这就是它的**积极意义**所在。

**最后**,康德对先验分析论和先验辩证论作了一个小结。他说:"一切人类知识从直观开始,由直观进到概念,而终于理念。"① 他称直观、概念和理念为人类知识的"三要素",认为三者都包含着先天的知识源泉,其真正使命是使用一切方法和原理,按照一切可能的统一性原则——其中最重要的统一性就是合目的性的统一——来探究自然,但绝不能超出自然的界限。这样,康德就把他的认识论限定在自然的和经验的领域中了。它作为一种科学认识论的积极意义也就在这里。

## [短评]

**首先**,康德想通过理念来达到世界的绝对的、终极的系统统一,即达到**绝对真理**,这就是他的独特的"系统学说"② 所追求的目标,这种想法

---

① 康德:《纯粹理性批判》,蓝公武译,商务印书馆2005年版,第495页。
② 康德:《纯粹理性批判》,蓝公武译,商务印书馆2005年版,第215页。

和追求不仅是无可指责的,而且也是科学与哲学所共有的,对科学认识论具有开创性的指导意义,是怎么估价都不过分的。

**其次**,问题是康德陷入了形而上学的窠臼,弄不清相对真理与绝对真理的辩证关系,这就是他的历史局限性。而对辩证法来说,相对与绝对的差别是相对的,相对之中有着绝对,因此相对真理与绝对真理的对立也是相对的,相对真理之中有着绝对真理①;绝对真理不是可望而不可即的,它是在科学与哲学的无限发展中实现的。在黑格尔看来,他的绝对理念就是绝对真理,而绝对理念则是主体与客体、思维与存在、理论与实践的绝对统一,这种统一是在活生生的发展中达到的②;在恩格斯看来,思维的至上性或绝对真理是通过人类生活的无限延续实现的③。

---

① 见列宁:《哲学笔记》,人民出版社 1974 年版,第 408 页。
② 见黑格尔:《小逻辑》,贺麟译,商务印书馆 1980 年版,第 421～423 页。
③ 见《马克思恩格斯选集》第 3 卷,人民出版社 1995 年版,第 426 页。

# 第七章　先验方法论 *

[提示]康德把**先验要素论**中所提供的先验知识(包括感性的、知性的和理性的)称之为纯粹理性大厦的"材料",而把**先验方法论**理解为"对纯粹理性的一个完备系统的诸形式条件的规定"①。因此这里所说的方法与一般所谓的逻辑方法或思维方法不同,更与黑格尔的作为"一切真正科学认识的灵魂"② 的辩证法不同,而是他自己的独特的"先验方法"。他把这种方法论归结为四项内容,即纯粹理性的训练、纯粹理性的法规、纯粹理性的建筑术和纯粹理性的历史。下面试分头加以介绍:

## 第一节　"纯粹理性的训练"摘要译评

康德认为,在先天知识的领域中,**消极地**防止错误、揭露幻象,比**积极地**盲目扩展知识更为重要。他把"限制和最终根除对某些规则的偏离之常有倾向的强制"叫做"训练"。康德认为,理性在其经验性的应用中无须批判,因为其原理在不断地受到(经验标准)的检验。同样数学也无须批判,因为数学概念必须在纯粹直观中得到具体表现,一切无根据的和任意的东西都会立刻暴露出来。但是在既没有**经验性直观**也没有**纯粹直观**来把理性保持在看得见的轨道上的情况下,也就是在理性仅仅按照概念作先验的应用时,为限制其越过可能经验的界限,以防止其放纵和迷误,就需要这种批判。因此纯粹理性的全部哲学就只能同这种消极的作用打交道了。这样就需要对理性进行训练。这种训练包括以下四

---

种(按原书标题)：

## 一、纯粹理性在独断应用中的训练

这里,康德主要是论证了哲学的**独断的确定性方法**与数学的确定性方法的区别,实际是对所谓"独断方法"或"独断论"的批判。康德认为[第1段],数学的成功一度**感染**了哲学,因此要求我们弄清**数学方法**与被称之为一种**独断方法**的哲学方法的不同。他认为[第2段]"哲学知识[与经验科学知识不同]是**来自概念**的理性知识,而数学知识则是**来自概念的构造**的理性知识"①。但是构造一个概念则意味着把同它相适应的直观**先天地**展示出来,因此要构造概念就必须有一个非经验性的直观(即纯粹直观),它既然是直观,就必是一个单个的客体(einzelnes Objekt)。但尽管如此,作为一个概念(即一个普遍的表象)的构造,必须在这个普遍的表象[概念]中,表现出对所有隶属于其下的可能直观的普遍有效性。[换言之,构造概念就是通过单一性的表象(即纯粹直观)来展示出普遍。]因此在康德看来[第3段],如果哲学知识是"在普遍中考察特殊"[即通过普遍以把握特殊],那么数学知识就是"在特殊甚至个别中考察普遍"[即通过特殊甚至个别以认识普遍]。因此数学知识与哲学知识的本质区别就在于它们的**形式**[即形式内容],而并非基于它们的**质料**或**对象**[即实在内容]。他认为[第4段],数学知识的形式[即形式内容]是它只能指向量的原因,因为只有量(大小)的概念才能够加以**构造**,[这就是说,形式决定量,而量则决定构造,]即能够**先天地**在直观中加以**表达**,而质却只能在**经验性的直观**中加以**表现**。所以关于质的**理性知识**只有通过概念[即从概念出发对经验的对象加以把握]才是可能的。这样,我们就只能从经验中,而绝不能先天地从自身中并在经验性意识之前[即不能在概念中]获得与实在性的概念[即具有客观实在性的概念]相应的直观。例如,人们无须经验的帮助就可以按照概念形成圆锥体的形状,但圆锥体的颜色却必须预先在经验中给予我们。所以对哲学来说,除了经验向我们提供的实例之外,我们不能在任何别的直观方式中来表现例如原因的概念。因此在康德看来,哲学知识没有可以依赖的纯粹直观,

---

① 见康德：《纯粹理性批判》,蓝公武译,商务印书馆 2005 年版,第 502 页。

也不能先天地拥有经验性直观,所以就只能依据概念,而数学却必须从直观开始去构造概念。虽然哲学与数学也有共同的对象,如量、质、总体性、无限性,但两者处理对象的方式则完全不同,一个按照概念来进行[哲学],一个按照直观来进行[数学]。康德认为[第7段],这种处理方式的不同,关键在于具有普遍性与必然性的先天综合命题。数学(几何学)的构造就是把纯粹直观中的杂多联结起来,从而获得一些先天综合命题。相反[第12段],哲学的先天综合命题绝不能通过**概念的构造**被给予,而只能通过**先天的概念**(即范畴)被给予出来。康德认为[第14段],这样就有一种"**双重的理性应用**",一种是数学的,"通过概念构造的理性应用";一种是哲学的,"按照概念的理性应用"。于是康德认为[第17段以下],哲学不能模仿数学的方法,后者的精密性依据的是定义、公理与演证。

第一,关于定义(Definition)。康德提出,下定义就是"把关于物的详尽概念在其界限内原原本本地表述出来"。但他认为,经验性概念是不能定义的,因为它所包含的属性是不能穷尽的,如"黄金"的概念,除了"重量"、"颜色"、"坚韧"外还可能包含"不生锈"等属性。同样,先天概念也不能定义,因这些概念(如实体、原因等)包含着许多"模糊的表象(dunkle Vorstellung)",通过分析是不能达到它们的"完备性"的,因此是"可疑的"。① 康德认为,只有数学是可以定义的,因为数学把自己的对象(如三角形)"先天地在直观中展示出来",因此其概念"唯有通过定义才能被给予",其所包含的"恰恰就是其定义中所指出的东西"②。

第二,关于公理(Axiome)。康德认为,公理就其直接的确定性而言,都是"**先天综合原理**",而**综合**就要把一个概念与另一个概念联结起来,这就需要一个"**第三者**"。他认为,数学中可以有公理,因为数学能够在对象的直观中,借助于概念的构造,先天地和直接地把对象的谓词联结起来,例如"三个点任何时候都处在一个平面上"的命题就是这样。[这就是说,数学是借助于先天的直观这个第三者来直接把两个概念综合起来的。]而哲学则不然,因为哲学不能把一个概念与另一个概念综合地、直接地联结起来,例如在"一切发生的事物都有一个原因"的命题中,"发生的事物"与"原因"

---

① 见康德:《纯粹理性批判》,蓝公武译,商务印书馆2005年版,第510~511页。
② 见康德:《纯粹理性批判》,蓝公武译,商务印书馆2005年版,第512~513页。

这两个概念就不能直接联结起来,而必须有一个第三者,这就是一个经验中的"时间规定的条件"。[这就是经验性的时间规定的先天条件①,即先验的统觉。]因此在康德看来,哲学的先天综合命题不像数学的先天综合命题那样具有直接的自明性[即确定性],而是间接的、论证性的,是需要演绎的,所以哲学里面没有公理。他说,先验分析论中所讲的"直观的公理"实际不是公理,而不过是需要证明的"原则"。②

第三,关于演示(Demonstration)。康德所说的演示是指一种直观的无可争辩的证明。他认为,**经验**[或经验性知识]只告诉我们什么东西存在,但不能告诉我们它不能是别的东西,因此不能造成无可争辩的证明。**论证的知识**[或哲学知识]从先天的概念出发永远不能产生直观的**确定性**或**自明性**。因此只有数学在先天的直观中借助于**概念的构造**,才能作出这种直观的和无可争辩的证明,因此才有演示。③ 但是康德又认为,纯粹理性虽然不能从概念出发作出**直接综合的判断**,使之成为**教义**[蓝译"定说"],然而理性自身(在主观上)却是一个按照统一性原理进行构造的体系,并且只有经验才能对这种构造提供材料。因此他认为,对于**先验哲学**的方法来说,只能通过批判的研究来看一看,用其所拥有的纯粹先天的概念,究竟能把自己的建筑物建造多高。④

## 二、纯粹理性在其争辩应用方面的训练

这里,康德要做的是对纯粹理性在所谓"争辩的应用"(polemischer Gebrauch)中所使用的**怀疑论方法**的批判。康德声称,理性的一切活动都应当经受批判,因此不能以任何禁令来损害批判的自由。而纯粹理性的"争辩的应用"指的是"为纯粹理性命题进行**辩护**,以反对对这些命题所做的独断的否定"。他认为理性的这种"**争辩**"和"**辩护**"既存在于宇宙论中,也存在于纯粹神学与纯粹心理学中。例如,在宇宙论中存在着纯粹理性的**悖论**,从而使理性本身陷入到**自我争执**中去,这是很可悲的。不过他又认为,这种悖论是来源于一种误解,即把现象当成自在之物本身,然后去

---

① 见康德:《纯粹理性批判》,蓝公武译,商务印书馆2005年版,第193、200页。
② 见康德:《纯粹理性批判》,蓝公武译,商务印书馆2005年版,第513~514页。
③ 见康德:《纯粹理性批判》,蓝公武译,商务印书馆2005年版,第514页。
④ 见康德:《纯粹理性批判》,蓝公武译,商务印书馆2005年版,第515、516页。

追求一种绝对的完备性(统一性),而现象却不能提供这种完备性或统一性。如"被给予的现象系列其自身有一个绝对最初的开端"与"这个系列是绝对的并且其自身没有任何开端"这两个相反的命题,并不存在理性与其自身的矛盾,因为两者是完全可以并存的。**又如**,在纯粹神学中关于"有一个最高存在者"和"没有最高的存在者"的争执,纯粹心理学中关于"一切思维的存在者都拥有绝对的永恒的统一性,因而区别于一切暂时的物质的统一性"与"灵魂不是非物质的统一性,也不能被排除于暂时的东西之外"的争执,就不能归咎于误解。因为这里知性所处理的并不是现象,而是物自身,因此这里就会遇到真正的冲突。**再如**,关于"有一个上帝"和"有一种来世"与两者都是"不可能的"的争执,双方都不能从理性那里找到充分的"根据"。① 因此康德认为,"真正说来根本不存在纯粹理性的悖论"②。但康德又认为,"理性甚至需要这样的争执,并且希望这种争执及早地并在不受限制的官方许可下进行"③。并且认为每一个人都有这种"说出自己的思想和怀疑"的自由,而不会被视为危险的公民,这是"人类理性的根本**权利**"④。

但与此同时,康德又对休谟等人的怀疑论解决方法提出批评。这个批评是在"纯粹理性在自我分裂时怀疑的满足之不可能性"⑤ 标题下进行的。康德把纯粹理性的事业划分为三个阶段,其第一步为儿童阶段,是**独断论**的,第二步为谨慎阶段,是**怀疑论**的,第三步为成年阶段,则是**批判**的。他认为,以休谟为代表的怀疑论对独断论哲学的怀疑是完全有根据的,但是毕竟不能因此而完全否定理性的进展。休谟可能不否认**经验性的综合判断**,但他却不会相信先天的综合判断。因为在康德看来,休谟没有把通过**纯粹知性**对可能经验的客体作出先天的综合判断,与通过**纯粹理性**对永远不能出现在经验中的对象作出先天的综合判断,这两种情况区分开来。所以他就由此推断,没有经验我们就无权作出先天综合判断,从而否定了知性先天地扩展自身的能力。所以在康德看来,怀疑论虽然

---

① 康德:《纯粹理性批判》,蓝公武译,商务印书馆 2005 年版,第 518~519 页。
② 康德:《纯粹理性批判》,蓝公武译,商务印书馆 2005 年版,第 519 页。
③ 见康德:《纯粹理性批判》,蓝公武译,商务印书馆 2005 年版,第 522 页。
④ 康德:《纯粹理性批判》,蓝公武译,商务印书馆 2005 年版,第 524 页。
⑤ 康德:《纯粹理性批判》,蓝公武译,商务印书馆 2005 年版,第 527 页。

可以成为独断论的训导师,但其处理问题的方式并不能使理性的提问得到满足,因此就必须求助于批判哲学,因为批判哲学(即纯粹理性批判)"应当被看做是纯粹理性的一切争执的真正法庭,因为它并不卷入直接涉及客体的争执之中,而是依据其最初制定的原理,去规定和评判**一般理性**的权限"①。

### 三、纯粹理性在假设上的训练

康德认为,理性的批判最终显示,通过理性的纯粹思辨的应用虽然不能向我们提供任何知识,但是却能向我们展示广阔的**假设空间**,如果想象力在理性的监督下进行构想,那么就应当**预先确定**某种对象的可能性,康德称这种构想为**假设**(Hypothese)。他认为:"我们的理性只能把可能经验的条件当做事物可能的条件去使用,而绝不能完全不依赖于可能经验的条件,仿佛是自己去创造事物可能的条件,因为这类事物可能条件的概念虽然本身并没有矛盾,但却不会有任何与之相应的客体。"② 因为在康德看来,理性概念只不过是理念,它们的确不包含任何经验中的对象,但是这并不表示这些对象就是虚构的,而与此同时却假定它们是可能的。这些对象只是被思考为有疑问的,为的是在对这些对象(作为启发式的虚构)的关系中建立起知性在经验领域中系统应用的**调节性原则**。除此之外,它们就只是些**纯粹的思想物**(bloßes Gedankending),其可能性是不可证明的,因此不能通过假设把它们作为对现实现象进行解释的根据。例如,康德指出,如果把灵魂思维为单纯的,那当然是允许的,但如果把灵魂假定为单纯的实体(一个超验的概念),那就是不可证明的了。康德称这种假设为**先验的假设**(transzendentale Hypothese)[实为超验的假设]。对于这种假设康德作出两点判定:**第一**是不能容许这种假设的自由。他说:"理性之思辨应用的先验假设,以及用超自然的根据去代替自然解释之根据的不足的那种自由,都是不能容许的。"③ 因为在他看来,如果给了这种自由,理性不仅不会超出经验走得更远,反而会把自己在经验基地上所取得

---

① 康德:《纯粹理性批判》,蓝公武译,商务印书馆 2005 年版,第 524 页。
② 康德:《纯粹理性批判》,蓝公武译,商务印书馆 2005 年版,第 535 页。
③ 康德:《纯粹理性批判》,蓝公武译,商务印书馆 2005 年版,第 536 页。

的果实全部丢掉。**第二**是这种假设有其**充分性**(Zulänglichkeit)。他认为，纯粹理性为了先天地规定被给予的结果而接受这种假设是值得的。但是为此目的而援引辅助性的假设(hilfleistende Hypothesen)(如灵魂的非物质的统一性和最高存在者的存在)，却给人以单纯虚构之嫌，因为它们本身同样是需要辩护的。因此这些假设虽然是允许的，但不能作为独断的应用，而只能作为辩护的应用。他说："我所理解的辩护不是为证明自己的主张而增加根据，而只是为了推倒反对者给这些主张带来损害的虚假论断。"① 所以他认为，这种假设在纯粹理性的领域中只许作为战斗的武器，其先验的应用本身就是辩证的，因此并没有"绝对的有效性"(absolute Gültigkeit)。

## 四、纯粹理性在其证明上的训练

康德把**纯粹理性**的**先验综合原理**的证明同一切其他先天综合知识(即数学与自然科学)的证明区别开来。他认为，数学与自然科学中的先天综合知识的证明具有这样的特性，即理性在这种证明中不能通过概念直接转向对象而是必须预先证明这些概念的客观有效性以及它们的先天综合的可能性，如果要先天地超出对象的概念范围就必须拥有某种特殊的和处在概念之外的**导线**(Leitfaden)。例如，在数学中，**引导**我们进行综合的是**先天直观**，并且在那里所有结论可以在纯直观的基础上直接得出来。而在先验知识(自然科学)那里，当它只与知性概念相关时，其**准则**则是**可能的经验**，因为没有经验做中介，一个概念(如"发生的事物")是不能直接跳到另一个概念(如"原因")上去的。所以康德认为，证明就应当同时指出综合地和先天地达到不包含在物的概念中的关于物的知识[即先天综合知识]之可能性。如果做不到这一点，那么证明就会泛滥，而流到主观性联想所带到的任何地方去。但是，如果要证明的原理是一个纯粹理性的命题(Behauptung)[如"灵魂是实体"、"世界有开端"、"上帝是存在的"等等]，并且想借助于**纯粹的理念**去超越自己的经验性概念的范围，那就更需使证明包含对综合步骤的辩护，使之作为其证明力的必要条件。例如关于我

① 康德:《纯粹理性批判》，蓝公武译，商务印书馆 2005 年版，第 537~538 页。

们的思维实体之单纯性的证明就难免遭到这类的质疑：既然这种单纯性的概念并不与感性的知觉相关，所以必须只作为理念来推论，那就看不出有什么理由把一种单纯的意识带到作为**单纯物**的**单纯实体**上来。康德宣称他就是这样发现了关于灵魂的谬误推理的。于是他提出对思辨的理性进行节制性的训练，并订立三条规则①：

**第一条**：在对你要从哪里得到自己的原理以便在它之上建立自己的证明进行深思熟虑之前，以及在对你有何**权限**（Recht）指望从这些原理中成功地推出自己的结论进行深思熟虑之前，不要试图进行**先验的证明**［实为超验的证明］。如果这些原理是知性原理（如因果性原理），那你就白费力气，因为它们只对可能的经验对象有效。如果这些原理是纯粹理性原理，那也是白费力气，因为它们是辩证的，顶多只能作为调节性原理起作用。

**第二条**：对任何先验的原理只能找到一种证明。因为如果我不是从概念出发，而是从与概念相对应的直观（包括纯粹的直观，如在数学中，或经验性的直观，如在自然科学中）出发进行推论，那么作为根据的直观就会为我向各**综合性原理**（synthetischer Satz）提供多种多样的题材，这样我就能够以多种多样的方式把这些题材联结起来，并从各个点出发通过各种途径来达到同一个原理。而一切先验原理都只能从一个概念出发，并依据这个概念来确定对象之所以可能的综合性条件，所以这个概念就成了证明的唯一根据，证明也就成了唯一的证明。例如要证明"一切思维者都是单纯的"这一原理，就只能守住一切思维都与之关联的"我"这样一个概念。又如对"上帝存在"的先验证明，只能以"最实在的存在者"和"必然的存在者"这两个概念的**互通性**（Reziprokabilität）为唯一的根据。因此，如果独断论者拿出十种证明来证明同一个原理，那就说明他们根本没有提出任何证明（如关于"灵魂是实体"和"上帝存在"的各种证明）。

**第三条**：先验的证明不应当是**反证的**（apagogisch），而应当是**明示的**（ostensiv）。在康德看来，明示的证明（或直接的证明）能够把对真理的信念与对真理源泉的洞识即刻联结起来；而反证的证明则虽然具有确定性，但却缺少对真理的理解性。他认为，后者（反正）与其说是满足理性的愿

---

① 康德：《纯粹理性批判》，蓝公武译，商务印书馆 2005 年版，第 543～545 页。

望的方法,莫如说是一种急救办法,而它的优点却是:**反面意见**(Widerspruch)表现得更加清晰,因而更接近于演示的直观性。他认为这可能是这种方法在其他科学中得到应用的真正原因。当一些知识的根据太庞杂或隐藏太深时,人们就尝试从后果推出原因,但这要在一切后果都摆出来时才行,而这是不可能的。但是,如果人们在把某个原理只作假设来证明时,还是可以用类比的方式来使用这种方法,但却永远不能把假设转变成演证的真理。还有一种三段推理的后件否定式推理,这就是从后件的假推出前件(即根据)的假。根据这种方法,人们从反面命题所得出的后果中找出一个假的以证明反面命题的假,从而证明正面命题的真。但是康德认为,这种方法并不适用于纯粹理性的先验证明。他指出:"纯粹理性的一切先验[证明]的尝试,都是在辩证幻象即主观性东西的真正媒介范围内进行的,这种主观性东西在其前提中,把自己作为客观性东西提供给理性,甚至硬塞给理性。"① 所以康德认为这种反证法只不过是玄想家们的骗术,因此绝不能用来证明纯粹理性的综合命题。

## 第二节　"纯粹理性的法规"摘要译评

康德称**法规**(Kanon)为"某些一般认识能力的正确运用的先天原理的总和"②。例如前面"先验分析论"所讲的就是纯粹知性的**法规**,因为只有纯粹知性才能提供真正综合的先天知识。但是,在**纯粹理性的思辨应用**中,一切综合知识都是不可能的,因此没有任何**法规**,而只有**训练**,如果有的话也只有在**纯粹理性的实践应用**中。这种法规包括以下内容:

### 一、理性纯粹应用的最终目的

康德指出,人类理性在先验的思辨应用中所导致的**最终兴趣**涉及到**三个对象:意志自由、灵魂不朽和上帝存在**。这三个基本命题对我们的知识来说是完全不需要的,但理性还是要向我们进行推荐,这至少是因为它们涉及到实践。例如,实践是一切通过自由而可能的东西,因此理性的**最**

---

① 康德:《纯粹理性批判》,蓝公武译,商务印书馆 2005 年版,第 546~547 页。
② 康德:《纯粹理性批判》,蓝公武译,商务印书馆 2005 年版,第 549 页。

**终愿望**要落实在道德上,因为如果有意志自由,有上帝和来世,那么最终就涉及到我们的行为(Verhalten),涉及到道德法则,从而容许有一种法规。

## 二、规定纯粹理性最终目的之根据的最高善的理想

康德把理性的兴趣归结为三个问题:1.我能知道什么? 2.我应做什么? 3.我可**希望**什么? 第一个是纯粹思辨的,它属于**纯粹理性**("纯粹理性批判");第二个是纯粹实践的,它属于**实践理性**("实践理性批判");只有第三个既是**实践的理性**又是**理论的或思辨的理性**("判断力批判")。他认为:"一切**希望**都指向**幸福**(Glückseligkeit,极乐),并且其对实践与道德律的意图正像关于物的理论认识对知识与自然法则的考虑是一样的东西。"①

康德给幸福下定义说:"幸福是对我们的一切爱好的满足。"② 然后他把追求幸福的实践法则即**实用律**(praktisches Gesetz)与道德律(Sittengesetz)加以区分,把"能做什么"与"应当怎么做"加以区分,认为存在着**纯粹的道德律**,它们规定着做还是不做,这就是"绝对"的命令。因此在他看来,纯粹理性虽然不在其思辨的应用中,但却在其实践即道德的应用中包含着经验可能的原则,它命令某种行动"应当发生",从而"必定能够发生"。这样道德的统一就必定是可能的了,所以理性的道德原则虽然不能产生**自然法则**,但却能够产生**自由行动**,这就是理性的道德原则所具有的客观实在性。

康德称与道德律相符合的世界为**道德世界**,而道德世界则是一个**直悟的世界**,又称道德世界所构成的**道德体系**为理智的理念,这就是**至善的理想**(Ideal des höchsten Guts)。他认为,这种道德世界是我们的未来世界,而与其不可分的则是上帝和来世的预设。但是他又认为,光是幸福还不是**完满的善**,只有把幸福与德性(Sittlichkeit)结合起来,才能构成世界的**至善**。为此他把这里所讲的**道德神学**与前面所讲过的**思辨神学**区分开来,认为只有道德神学才不可避免地导致唯一、最高、理性的原始存在者的概念,而这是思辨神学所做不到的。这样就有了两个世界:一个是**理智的世**

---

① 康德:《纯粹理性批判》,蓝公武译,商务印书馆2005年版,第554页。
② 康德:《纯粹理性批判》,蓝公武译,商务印书馆2005年版,第554页。

界,作为单纯的自然来说,它只能叫做感官世界;一个是作为自由的系统,即直悟的世界,也就是**道德的世界**。这两个世界,一个不可避免地导致万物(它们按照普遍的自然律构成一个大全)的**合目的的统一**,与此类似,另一个则按照普遍必然的道德律构成**诸目的的系统统一**,这就导致**实践理性**与**思辨理性**的联结,而这两者的一致就必须被设想为出自一个共同的理念。于是康德说:"最高的目的就是道德性,并且只有纯粹理性才能向我们提供对它的认识。"① 因此康德认为,正是纯粹理性与实践理性的结合才把我们引向道德神学,使我们按照理性的原则在合目的性的统一之下来探讨自由,并且只有在我们使理性从行动的本身的本性出发教给我们的道德法则保持神圣的限度内,我们才相信自己符合神的意志,而且也只有通过在我们和别人身上促进世上最高的善,才能相信自己在为神的意志服务。这样,在康德看来,道德神学就成为以纯粹理性为指导的**道德法规**。

### 三、意见、知识与信仰

康德认为,**当真**(Fürwahrhalten[复合名词,各本译法不一])是我们知性中的一件事。这种当真,如果有客观依据,即对所有人有效,就叫做**确信**(Überzeugung);如果只有主观依据,即只对个人有效,就叫做**轻信**(Überredung)。他认为,真理是以与客体相符合为依据的,而轻信则只是一种幻象。他按照当真或判断的主观有效性,在其与确信(它还具有客观有效性)的关系的三个层次,把**意见**、**信仰**与**知识**区分开来。意见是在主观上与客观上都不充分的当真;信仰是在主观上充分但在客观上不充分的当真;知识是在主观上与客观上都充分的当真。

关于**意见**,他认为,如果一点知识都没有,就不能构成意见,而据此,一个本身是可疑的判断就与真实性建立了某种联结,而这种联结的法则必须是确定的。在纯粹理性的判断中,是不允许有意见的,因为这些判断不依赖于经验,而是先天被认识了的,因此具有普遍性与必然性。在数学中也不能有意见。在道德原理中也一样,不能凭意见去冒险,而必须有

———————————

① 康德:《纯粹理性批判》,蓝公武译,商务印书馆 2005 年版,第 561 页。

真知。

关于**信仰**,他把"在实践关系中理论上不充分的当真"叫做信仰。他又把纯理论判断中与实践判断相似的信仰叫做**学理的信仰**,如来自于自然神学的上帝存在学说,认为这种信仰在主观上虽然坚定,但在客观上并不充分,因而是摇摆不定的。但是他认为,**道德信仰**却不同,因为在这里我必须听从道德律,所以这种信仰是绝对必然的,它作为**道德规范**同时也是我的**生活准则**,使我必须相信上帝存在和来世。康德认为,这种信仰具有道德上的确定性,与逻辑上的确定性是不同的。这样他就把纯粹理性的**实践应用**与**思辨应用**、**道德应用**与**理论应用**区别开来了。

## 第三节　"纯粹理性的建筑术"摘要译评

纯粹理性的建筑术是康德哲学的重要方法论。这里他主要从两个方面加以论述。

**首先是一般建筑术。**康德把一般的所谓"建筑术"理解为"**系统的艺术**",即一般学说系统的建造艺术。因为在他看来,正是**系统的统一**使普通知识成为科学,即使知识的单纯集合转变成一个系统,因此建筑术属于方法论。他认为,**一般知识**必须构成一个系统,而系统就是"杂多知识在一个理念下的统一",而理念就是"关于某个整体的**形式**的理性概念",它们先天地规定着杂多东西的范围以及各部分相互间的位置,所以它包含着目的以及与目的相一致的**整体的形式**。因此这种整体是**有机体**,而不是**堆积体**。

康德又认为,理念为了实现自己就需要一个图式,这种图式是出于**目的原则**(Prinzip des Zwecks)的先天规定的**本质的杂多和各部分的秩序**,这样建起来的东西不是"**技术性的统一**",而是"**建筑术的统一**"。他认为科学的产生不是技术式的,而是建筑术式的,这是因为它们都来自于一个唯一使整体成为可能的最高的内在目的而具有亲缘性和派生性。而这样一来,**科学的图式**就应当按照理念先天地包含着整体的轮廓以及整体对各部分的划分,并且按照原则把这个整体与其他整体区分开来。

但是康德又认为,每一门科学在建立之初,其图式甚至定义都很少与其理念相符合,这是因为这种理念像胚胎一样深深隐藏在人们心中,只是在收集了大量的知识材料,并长时间地从技术上去组合这些材料后,才能清晰地显现出来,并按照理性的目的以建筑术的方式来勾画出**一个整体**。他认为,这样构成的**学说系统**最初是残缺不全的,但随着时间的推移就完备起来。并且,理性在"自我展开"的过程中,都有自己的图式作为"**原始的胚芽**"①,不仅每一个系统都按照理念分出环节,而且所有的学说系统都在人类知识的系统中作为一个整体的各部分而合目的地相互联合起来,因此就容许有**一切人类知识的建筑术**,它不仅因为人类知识材料的积累而成为可能,而且也不会很困难了。但是康德指出,他这里的任务仅仅是把出自纯粹理性的一切知识,按照建筑术的方式勾画出来,并且从那样一点开始,在那里,我们知识能力的**总根**分权并生发出两根**支干**,这其中之一就是理性[另一个为感性],而这种理性是指全部高级认识能力(因此包括知性),并把它作为合理的东西与经验性的东西区别开来。

　　其次是哲学的分类。康德把一切知识从主观来源上区分为历史的(historisch)和合理的(rational),前者出自事实,后者出自原则(或原理)。他指出,正如前面所说,一切理性知识或者来自于概念,或者来自于概念的构造,前者是哲学知识,后者是数学知识。在康德看来,"一切哲学知识的系统就是哲学",而哲学就是"关于一切知识同人类理性之根本目的之关系的科学",从而哲学家就是"人类理性的立法者"。② 他认为,哲学作为人类理性的立法,有两个对象,即**自然**和**自由**,它一开始就把自然法则和道德法则包含在两个特殊的哲学系统中,而最终则包含在一个唯一的哲学系统中。其中自然哲学针对**一切存在之物**,而道德哲学则针对**应当存在之物**,当然这两者又是有机的统一体。

　　于是康德就对哲学进行了分类。首先,他把**一切哲学**分为两大类,即由纯粹理性而来的"**纯粹哲学**"和由经验性原则而来的"**经验哲学**"。纯粹哲学要么是检查理性能力的入门,即"批判",要么是纯粹理性的科学体系,即"形而上学"。形而上学又分为纯粹理性的思辨应用的"自然形而上

---

① 黑格尔关于理性发展的"萌芽"的提法(见黑格尔:《逻辑学》上卷,杨一之译,商务印书馆1977年版,第220页)。
② 康德:《纯粹理性批判》,蓝公武译,商务印书馆2005年版,第573~574页。

学"与纯粹理性的实践应用的"道德形而上学"。前者包含出自单纯概念(不包括数学)的关于一切物的理论知识之纯粹理性原则,后者包括先天规定并使我们的一切行为成为必然的原则。然后,康德又对自然形而上学(狭义形而上学)进行了划分,先把它分为两大类,即"**先验哲学**"[它是关于一切先验知识的"概念体系"的学问。①]和"纯粹理性的自然之学"。前者只**考察知性本身**以及在一切涉及一般对象的概念和原理体系中的**理性本身**,而并不考虑可能被给予的客体(Ontologia[即本体论])[这里的"本体论"是指:"关于一般物的先天综合知识"②,包括知性和理性的的概念和原理,而一般说来并不涉及客体本身,因此这种所谓的"本体论"实际上已经是一种非传统的本体论了],后者考察自然,即被给予的对象之总和。接着他又把这种自然之学分为"有形体的"(physisch)和"超形体的"(hyperphysisch)或者说"内在的"和"超验的"。而超验的自然之学又分为以"内部联结"为对象的和以"外部联结"为对象的两种;内在的自然之学则分为以外感官对象(有形的自然)为对象的"合理的物理学"和以内感官对象(能思的自然,即灵魂)为对象的"合理的心理学"。最后他把整个形而上学体系分为四个主要部分:1.**本体论**[这里的"本体论"是指上面所说的关于"知性本身"和"理性本身"的纯粹先天知识,可以说是一种现象本体论,或者更准确说,是一种先验本体论或形式(包括感性、知性和理性的先天形式)本体论,已经不再是原来意义上的本体论了];2.合理的自然之学(包括合理的**物理学**与合理的**心理学**两种);3.合理的宇宙论;4.合理的神学。这样,康德就运用他的"建筑术"式的方法设计了一个庞大的**先验哲学体系**(纯粹理性批判只是它的一部分),它因而被称之为"纯粹理性的建筑术"。他还声称,这一体系"具有不可改变的和立法的性质"③。显然,康德所设计的体系是以先验的形而上学为基础的。④

　　为了弄清这一体系各环节的关系,特制定下表以帮助理解:

---

① 见康德:《纯粹理性批判》,蓝公武译,商务印书馆 2005 年版,第 44 页。
② 康德:《纯粹理性批判》,蓝公武译,商务印书馆 2005 年版,第 215 页。
③ 康德:《纯粹理性批判》,蓝公武译,商务印书馆 2005 年版,第 578 页。
④ 黑格尔把康德以前的形而上学归结为四个部分:1.本体论,关于本质的抽象规定的学说;2.理性心理学或灵魂学,研究灵魂的形而上学本性;3.宇宙论,探讨世界;4.自然的或理性的神学,研究上帝概念及上帝存在的证明。(见黑格尔:《小逻辑》,贺麟译,商务印书馆 1980 年版,第 102～106 页)

表一：

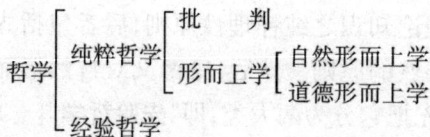

表二：

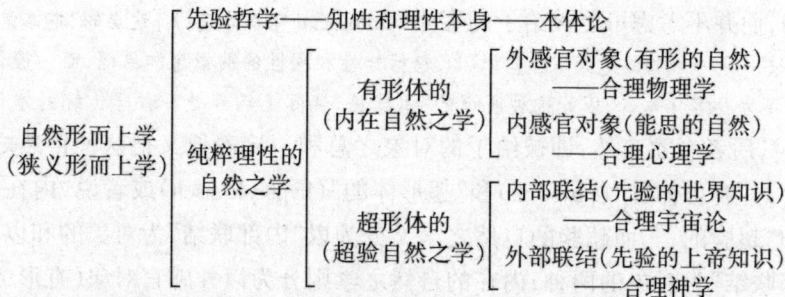

# 第四节 "纯粹理性的历史"简介

这里，康德从三个方面对纯粹理性的历史进行了简单的回顾。

**首先**，是关于一切理性知识的对象的。他认为有两派，一是**感觉论哲学家**，一是**智性论哲学家**。前者以伊壁鸠鲁为代表，主张只有感官对象才是现实的，而一切其他的东西都是想象；他们承认知性概念，但只接受感觉的对象。后者以柏拉图为代表，主张感官所提供的东西只不过是幻象，而只有知性才能认识真实的东西；他们要求真实的东西只能是直悟的，并允许有纯粹知性直观。

**其次**，是关于纯粹理性知识的起源的。他认为也有两派，一派主张来源于**经验**，一派主张来源于**理性**。前者以亚里士多德为代表，追随者有洛克；后者以柏拉图为代表，追随者有莱布尼茨。

**第三**，是关于方法的。他认为，自然研究中有两种流行的方法，即自然主义的和科学的。前者追随日常理性，奉行"我以我所知道的为满足"的格言。后者遵循**科学的方法**，包括**独断论**(沃尔夫)和**怀疑论**(休谟)。但是康德又强调，在**科学方法**的道路上，唯有批判的路子还没人走过，他要求读者能跟随他的道路,并指望在本世纪结束之前得以完成。

## [短评]

黑格尔称方法是"内容的灵魂"①,对康德来说也是一样。康德从他的先验唯心论立场出发,构建了一个庞大的、无所不包的和令人惊叹的哲学体系,其思想的细密与深刻以及结构的完美与严整也是无与伦比的,而这个体系的灵魂就是他的"先验方法"。今天看来,康德的"先验方法论"仍然有着不可估量的意义,他关于"纯粹理性的训练"、"纯粹理性的法规"的教诲有着许多合理的内容,特别是他关于纯粹理性体系的"建筑术"所体现的"系统统一"思想或"系统学说",更是对现代系统论的天才预见,这是特别值得肯定的。当然康德的方法论也有其历史局限性,例如他的方法论的独断论与绝对论色彩,这是我们不能苛求于他的。

---

① 黑格尔:《小逻辑》,贺麟译,商务印书馆 1980 年版,第 427 页。

# 结 束 语

到此为止,我们终于紧跟康德的思路,完成了一段艰苦而漫长的思维之旅,但我们付出的辛劳却是很有价值的,因为在这个过程中我们不仅得到了广博而深刻的教诲和启迪,而且还感受到了无比的震撼:一个哲学巨人,在专制制度的高压下仍能坚持自由而独立的思考,仅凭抽象的思辨就构筑了一个如此庞大并影响深远的思想体系。现在人们早已清楚地认识到,没有康德所开辟的道路,就没有德国古典哲学,而没有德国古典哲学就没有整个现代西方哲学,也就没有马克思主义哲学。目前我们的国家正在向现代化的方向迈进,但正如恩格斯所说:"一个民族要想登上科学的高峰,究竟是不能离开理论思维的"①,而令人忧虑的是,现在思想界的某些所谓专家、学者、权威似乎已经对理论思维感到厌倦,他们正在远离人类精神的家园,甚至放弃独立思考,甘当精神附庸。如果这种状况不能改变,我们的民族就不可能站在时代的前列。今天我们学习康德哲学,应当跟随康德的脚步,解放思想,追求自由,崇尚理性,探寻真理,不断推进我们全民族的理论思维。

当然,我们学习和追随康德,也不应忽略他的历史局限性。首先,康德哲学是建立在比较狭隘的学科基础上的,正如胡塞尔所说:"从笛卡儿到康德这整个近代的运动,一方面是由数学和纯逻辑学决定的,另一方面是由有关物理自然的精密科学决定的"②,而康德正是在这种狭窄的范围内构建他的哲学体系的,他凭借不知从哪里得来的几条先验的假设就推演出如此庞大的哲学体系,这种做法后来不仅感染了费希特与黑格尔,甚至也感染了马克思。其次,康德自以为发现了绝对真理,因此他试图建立

---

① 《马克思恩格斯选集》第 4 卷,人民出版社 1995 年版,第 285 页。
② 胡塞尔:《第一哲学》上卷,王炳文译,商务印书馆 2006 年版,第 537～538 页。

一个不可改变的和具有立法性质的哲学体系,但结果是,这个庞大的体系大厦却很快就倒塌了。今天我们学习康德哲学,应当深刻记取他的教训,以便使我们的哲学思维永远避开绝对主义和教条主义的陷阱,使我们全民族张开双臂,去迎接人类思想自由的伟大新时代!

# 主要参考文献

[1]康德:《纯粹理性批判》,蓝公武译,商务印书馆 2005 年版。

[2]康德:《纯粹理性批判》,邓晓芒译,人民出版社 2004 年版。

[3]康德:《纯粹理性批判》,李秋零译,中国人民大学出版社 2004 年版。

[4]康德:《未来形而上学导论》,李秋零译,《康德著作全集》第 4 卷,中国人民大学出版社 2005 年版。

[5]康德:《未来形而上学导论》,庞景仁译,商务印书馆 1978 年版。

[6]康德:《实用人类学》,邓晓芒译,重庆出版社 1987 年版。

[7]康德:《纯粹理性批判》,韦卓民译,华中师范大学出版社 2000 年版。

[8]康德:《判断力批判》,邓晓芒译,人民出版社 2002 年版。

[9]康德:《实践理性批判》,邓晓芒译,人民出版社 2003 年版。

[10]李秋零主编:《康德著作全集》第 4 卷,中国人民大学出版社 2005 年版。

[11]康德:《康德书信百封》,简称《书信》,李秋零译,上海人民出版社 2006 年版。

[12]华特生:《康德哲学讲解》,韦卓民译,商务印书馆 1963 年版。

[13]郑昕:《康德学述》,商务印书馆 1984 年版。

[14]瓦·费·阿斯穆斯:《康德》,孙鼎国译,北京大学出版社 1987 年版。

[15]康蒲·斯密:《康德〈纯粹理性批判〉解义》,韦卓民译,华中师范大学出版社 2000 年版。

[16]齐良骥:《康德的知识学》,商务印书馆 2000 年版。

[17]杨祖陶、邓晓芒:《康德〈纯粹理性批判〉指要》,人民出版社 2001 年版。

[18]加勒特·汤姆森:《康德》,赵成文等译,中华书局 2002 年版。

[19]奥特弗里德·赫费:《康德的〈纯粹理性批判〉——现代哲学的基石》,郭大为译,人民出版社 2008 年版。

[20]亚里士多德:《形而上学》,吴寿彭译,商务印书馆 1981 年版。

[21]洛克:《人类理解论》,关文运译,商务印书馆 1983 年版。

[22]休谟:《人类理解研究》,关文运译,商务印书馆 1972 年版。

[23]莱布尼茨:《人类理智新论》,陈修斋译,商务印书馆 1982 年版。

[24]费希特:《全部知识学的基础》,王玖兴译,商务印书馆 1986 年版。

[25]黑格尔:《逻辑学》,杨一之译,商务印书馆 1977 年版。

[26]黑格尔:《小逻辑》,贺麟译,商务印书馆 1980 年版。

[27]黑格尔:《自然哲学》,梁志学等译,商务印书馆 1980 年版。

[28]黑格尔:《哲学史讲演录》,贺麟、王太庆译,商务印书馆 1981 年版。

[29]《费尔巴哈哲学著作选集》,荣震华等译,三联书店 1962 年版。

[30]恩格斯:《自然辩证法》,曹葆华等译,人民出版社 1955 年版。

[31]《马克思恩格斯选集》,人民出版社 1995 年版。

[32]列宁:《哲学笔记》,人民出版社 1974 年版。

[33]列宁:《唯物主义和经验批判主义》,人民出版社 1972 年版。

[34]《列宁选集》第 2 卷,人民出版社 1972 年版。

[35]马赫:《认识与谬误》,李醒民译,商务印书馆 2007 年版。

[36]胡塞尔:《第一哲学》,王炳文译,商务印书馆 2006 年版。

[37]皮亚杰:《发生认识论原理》,王宪钿等译,商务印书馆 1986 年版。

[38]石里克:《普通认识论》,李步楼译,商务印书馆 2005 年版。

[39]波普尔:《猜想与反驳》,傅季重等译,上海译文出版社 1986 年版。

[40]罗素:《西方哲学史》,何兆武等译,商务印书馆 1981 年版。

[41]罗素:《西方的智慧》,崔全醴译,文化艺术出版社 1997 年版。

[42]施太格缪勒:《当代哲学主流》,王炳文等译,商务印书馆 1986 年版。

[43]冯·贝塔朗菲:《一般系统论》,秋同、袁嘉新译,社会科学文献出版社 1987 年版。

[44]欧文·拉兹洛:《系统、结构和经验》,李创同译,上海译文出版社 1987 年版。

[45]伽达默尔:《真理与方法》,王才勇译,辽宁人民出版社 1987 年版。

[46]史蒂芬·霍金:《时间简史》,许明贤、吴忠超译,湖南科学技术出版社2007年版。

[47]保罗·利科主编:《哲学主要趋势》,李幼蒸、徐亦春译,商务印书馆1988年版。

[48]北京大学哲学系编译:《十六—十八世纪西欧各国哲学》,商务印书馆1975年版。

[49]张世英:《黑格尔〈小逻辑〉绎注》,吉林人民出版社1982年版。

[50]李泽厚:《批判哲学的批判》,人民出版社1984年版。

[51] Кант И. Критика чистого разума. Перевод с немецкого Н. Лосского. Москва: Издательство《Эксмо》, 2006.